# 朱子学年鉴

## （2015）

朱子学会 编

商務印書館
创于1897 The Commercial Press

2016年·北京

**图书在版编目(CIP)数据**

朱子学年鉴.2015/朱子学会编.—北京:商务印书馆,2016

ISBN 978-7-100-12608-3

Ⅰ.①朱…　Ⅱ.①朱…　Ⅲ.①朱熹(1130～1200)—理学—文集　Ⅳ.①B244.75-53

中国版本图书馆CIP数据核字(2016)第239033号



**朱子学年鉴(2015)**

朱子学会　编

---

商　务　印　书　馆　出　版

(北京王府井大街36号　邮政编码100710)

商　务　印　书　馆　发　行

山西人民印刷有限责任公司印刷

ISBN 978-7-100-12608-3

---

2016年10月第1版　　开本787×1092　1/16

2016年10月山西第1次印刷　　印张20½

定价:54.00元

# 《朱子学年鉴》编委会

田智忠（北京师范大学哲学与社会学学院）
申绪璐（杭州师范大学国学院）
冯　兵（华侨大学哲学与社会发展学院）
史甄陶（台湾大学中国文学系）
许家星（南昌大学哲学系）
刘　倩（美国亚利桑那州立大学图书馆）
问永宁（深圳大学哲学系）
何善蒙（浙江大学哲学系）
吴　宁（中山大学博雅学院）
吴吉民（《朱子文化》杂志社）
吴启超（香港中文大学哲学系）
张丽华（上海师范大学哲学系）
张瑞元（西安石油大学思政部）
张锦枝（上海社会科学院哲学研究所）
杨得煜（台湾政治大学中国文学系）
李承贵（南京大学哲学系）
李春颖（中国政法大学国际儒学院）
苏费翔（德国特里尔大学汉学系）
陆建华（安徽大学哲学系）
陈晓杰（武汉大学国学院）
陈晨捷（山东大学儒学高等研究院）
板东洋介（日本学术振兴会）
周元侠（福建省社会科学院哲学研究所）
姜真硕（韩国外国语大学校）
赵甜甜（韩国成均馆大学校翰林院）
徐公喜（上饶师院朱子学研究所）
殷　慧（湖南大学岳麓书院）
郭　齐（四川大学古籍所）
郭晓东（复旦大学哲学学院）
高海波（清华大学哲学系）
曹海东（华中师范大学文学院）
彭永捷（中国人民大学哲学院）
彭国翔（浙江大学哲学系）
曾　亦（同济大学人文学院哲学系）
傅锡洪（中山大学博雅学院）

# 编者说明

《朱子学年鉴》是朱子学会主办的文献性、资料性学术年刊。2015 卷力求如实反映 2015 年朱子学界的研究现状，让广大专家、学者和读者更全面、更深刻地了解和把握当今朱子学研究的重大事件、重要问题和主要趋向。

《朱子学年鉴》(2015) 主要内容有："特稿"栏目选登了清华大学国学研究院陈来教授和韩国成均馆大学崔英辰教授的文章，前者以李退溪与李栗谷的理发气发说为中心来探讨韩国朱子学，后者分析了韩国朱子学的心说论争研究现况。"朱子学研究新视野"栏目推介了杨祖汉教授的《论朱子所说的"诚意"与"致知"关系的问题》、杨立华教授的《朱子理气动静思想再探讨》、方旭东教授的《无思有觉、圣凡体别——朝鲜儒者李珥的"未发"说》、朱人求教授的《朱子"全体大用"观及其发展演变》、许家星教授的《朱子学的羽翼、辨正与"内转"——以勉斋〈论语〉学为中心》、方笑一副教授的《〈近思录专辑〉简介》、吾妻重二教授的《周惇颐墓——其历史与现状》等。"全球朱子学研究述评"栏目比较详细地梳理了 2015 年中国、美国、韩国、日本等朱子学的研究现状，介绍了目前全球朱子学研究的最新进展。"朱子学书评"栏目选刊了对《朱熹大辞典》《朱熹文学思想研究》《宋明理学十五讲》等著作的书评。"朱子学研究论著""朱子学研究硕博士论文荟萃""学者简介""朱子学研究机构""朱子学研究重大课题""朱子学学术动态""资料辑要"等栏目尽可能全面地展示 2015 年全球朱子学界的最新成果和学术动态。

在编辑过程中，编辑部对有关信息进行了反复核实，但其中肯定会有疏漏、不足，我们恳请专家、学者和广大读者批评指正。需要说明的是，鉴于本刊的特点，本卷对所转载或摘登以及被数字出版物收录的相关文献均不再另付稿酬。

《朱子学年鉴》(2015) 的编辑出版得到了海内外朱子学界学者、有关科研机构和高校的鼎力支持。对此我们表示诚挚的谢意！

《朱子学年鉴》编辑部

2016 年 3 月

# 目 录

## 特 稿



## 朱子学研究新视野



## 全球朱子学研究述评

## 朱子学书评



## 朱子学研究论著

### 学术专著

## 学术论文

## 朱子学研究硕博士论文荟萃

### 博士论文



### 硕士论文



## 朱子学界概况

### 学者简介

**资料辑要**

朱子学年鉴（2015）

# 特稿

# 韩国朱子学新论

## ——以李退溪与李栗谷的理发气发说为中心

⊙ 陈 来

朱子心性论对于性情关系的基本看法是“情根于性，性发为情”[1]，以性为情的内在根据，情是性的外发表现。《孟子》曾把恻隐、羞恶、辞让、是非之心称为“四端”。朱子的解释是：“恻隐、羞恶、辞让、是非，情也。仁、义、礼、智，性也。”[2]《中庸》说“喜怒哀乐之未发谓之中，发而皆中节谓之和”，朱子解释说：“喜怒哀乐，情也，其未发，则性也。”[3]朱子哲学中的“情”有两种用法，一指四端（《孟子集注》说），一指七情（《中庸章句》说）。四端是道德情感，纯善无恶，七情则泛指一切情感活动，有善有恶。朱子以“四端”发于仁义礼智之性，这合于“性发为情，情根于性”的基本原则。而如果说喜怒哀乐等“七情”有善恶邪正，那就碰到一个问题，即七情中发而不善的情感是否也是发于仁义礼智的本性？如果说不善之情也是发于全善之性，这显然是有矛盾的。而且，朱子从未肯定七情中不善者不是发于本性。这是朱子学中没有解决的一个问题。

## 一

朱子哲学曾提出，人是由理气共同构成的，气构成人之形体，理则为人之本性。李退溪根据这一看法，提出了四端七情分理气说，主张道德情感（四端）发自人的本性（理），而一般生理情感（七情）发自人的形体（气）。退溪“四端发于理，七情发于气”这一命题的提出，主张四端与七情的内在根源是不同的，使朱子学性情论未解决的问题得到了一种解决。

在这个问题上李退溪曾与奇大升（高峰）反复论辩，成为朝鲜朝性理学史的一大事件。奇大升反对“四端是理之发，七情是气之发”的提法，他认为七情泛指人的一切情感，四端只是七情中发而中节的一部分，因而四端作为部分应与作为全体的七情共同发自同一根源，即皆发于仁义礼智之性。奇大升这个说法以朱子《中庸章句》说为据，并可在朱子学体系内找到较多支持，但无法解决朱子心性论自身未解决的问题。在李退溪看来，以为“七情”有两种用法，一种同于奇说，即“以混沦言之”，在这个意义上，四端包容在七情之内，一种则以七情与四端相对而言，以七情为四端以外的其他情感，包括反映人的生理需要的各种情感以及非道德情感等。退溪正是在后一种用法的意义上，认为七情不是发于性，而是发于气。

退溪的说法虽在朱子哲学中所能找到的根据较少，但显然力图在朱子基础上有所发展，使朱子学体系更加完备。同时，他认为四七分理气并不是说四端仅仅是理，七情仅仅是气，四端与七情都是兼乎理气的。他说“二者皆不外乎理气”[4]，“四端非无气”，“七情非无理”[5]，认为四端七情作为现实情感无不兼乎理气，因为心是理气之合，情也是理气之合，但二者“虽同是情，不无所从来之异”[6]，二者作为现实意识或情感虽皆兼乎理气，但就二者所发的初始根源说，四端发自性理，七情发于形气。他说：

大抵有理发而气随之者，则可主理而言耳，非谓理外乎气，四端是也。有气发而理乘之者，则可主气而言耳，非谓气外乎理，七情是也。[7]

退溪认为四端与七情虽然都兼乎理气，但二者的根源与构成方式不同。从性理发出而气顺随加入而成的是四端，从形气发出而理随之乘驭而成的是七情，所谓四七分理气，并不是说四端纯是理，七情纯是气，只是说四端发于理、主于理，七情发于气、主于气。退溪的这一思想，把人的情感区分为反映或适应生理需要的自然情感（七情）和反映社会价值的道德感情（四端），并认为二者形成的根据与方式不同，前者根于人的生理躯体，后者来源于人的道德本性。气随、理乘则指四七构成的方式和发用的机制，这些思想较之以前“理学”的处理更进了一步。

表面上看来，相对于奇高峰的主张，李退溪四七分理气的思想在朱子思想材料中的根据较少，但在实质上，可以认为是对朱子处理道心人心思路的一个扩展。按照朱子思想，人的意识被区分为“道心”和“人心”，道心指道德意识，人心则指感性欲念。朱子认为“人心道心，一个生于血气，一个生于义理”[8]，这也就是认为道心理之发，人心气之发。李退溪四端理之发、七情气之发的思想应该说是朱子道心人心说应用于情感分析的一个完全合乎逻辑的发展。

关于四七分理气的问题，其直接意义是区分自然情感与道德情感的不同来源与根据，并不意味着理发一定为善或气发一定为恶。根源并不是决定一切的，善恶的分别还决定于人调整自己、修养自己的努力，改善四七的构成方式和发用机制。李退溪说：

四端之情理发而气随之，自纯善而无恶，必理发未遂而掩于气，然后流为不善。七者之情，气发而理乘之，亦无有不善，若气发不中而灭其理，则放而为恶也。[9]

所以，四端虽发于理而无不善，但并非一切理发者皆为善，理发的过程中如果因气的冲击而不能保持原来的方向，则流于不善。七情发于气，如果气发的过程受到理的控制与有力引导，则可以为善；如果理不能在气发的过程中及时控制引导，则流为不善。可见善恶之间的关键还在于发作过程中理气的相为胜负。这里说的理气胜负实际上就是指道德的理性与感性的情欲之间的矛盾关系，"其发也，理显而气顺则善，气掩而理隐则恶"[10]，只有在意识活动的过程中使理性能驾驭、控制、引导感性即"以理驭气"[11]，思维情感才能呈现为善。这些讨论是在四七内在根源的问题基础上，进一步讨论的理发或气发的过程和机制。

可见退溪高峰的理发气发之辩，主要关注的是四七"发于"何处的问题，在此前提下又涉及了四七"发用"的过程和机制的问题。也就是说，在退溪和高峰的四七辩论中，所谓理发气发的"发"的讨论包含二义，一个是"发于"，如情发于性；另一个是"发用"，如性发为情。"情发于性"和"性发为情"，这两个命题在表达性情的体用关系上是一致的，而在表达的方向顺序上不同，其中"发"所连接的介词不同，从而造成了有关理发气发讨论的不同意义。在退溪、高峰的讨论中，"发于"的问题是主要的。

朝鲜时代儒学讨论的四七问题，在中国"理学"中虽有涉及①，但始终没有以四端七情普遍对举成为讨论课题，更未深入揭示朱子性情说中的矛盾和问题。在这一点上，朝鲜时代性理学是有其贡献的。

## 二

一般认为，栗谷的思想接近朱子而与退溪的立场相反，集中体现在有关四端七情的讨论。其实，栗谷更多的讨论是围绕道心人心之根源与发动的讨论，其观点和朱子多有不同。而在理发、气发的问题上，栗谷的真正思想却与退溪的立场异中有同，同中有异，并不都构成矛盾。下面，我们以《栗谷全书》卷十《栗谷答成浩原第一书（壬申）》（数日来道况如何）为基本资料，来梳理、分析栗谷的思想。

> 人生而静，天之性也。感于物而动，性之欲也。感动之际，欲居仁，欲由义，欲复礼，欲穷理，欲忠信，欲孝于其亲，欲忠于其君，欲正家，

① 朱子门人黄榦（勉斋）亦曾论及此类问题，如黄榦与李方子书云："发于此身者，则如喜怒哀乐是也；发于此理者，则仁义礼智是也，若必谓兼喜怒哀乐而为道心，则理与气混然无别矣，故以喜怒哀乐为人心者，以其发于形气之私也；以仁义礼智为道心者，以其原于性命之正也。"（《勉斋黄公肃先生文集·复李公晦》）黄榦即以喜怒哀乐（七情）为发于形气之私，而以四端为发于性理之正。

欲敬兄，欲切偲于朋友，则如此之类，谓之道心。感动者，固是形气，而其发也，直出于仁义礼智之正，而形气不为之揜蔽，故主乎理而目之以道心也。如或饥欲食，寒欲衣，渴欲饮，痒欲搔，目欲色，耳欲声，四肢之欲安佚。则如此之类，谓之人心。其原虽本乎天性，而其发也，由乎耳目四肢之私，而非天理之本然，故主乎气而目之以人心也。[12]

这一段是解释和说明道心人心的。栗谷从道心人心的界定开始而不是从四端七情的说明开始，表明他首先针对朱子之说。他从《乐记》的感动说开始，首先认为一切欲念的产生都是感动者引起的，而感动者都是形气。道德的欲念是道心，自然的欲望是人心。他认为，就欲念的发生而言，道心出于仁义礼智，而且没有受到形气的遮蔽；人心也是本源于本性，但其发生由乎耳目形气之私。照他的说法，道心、人心都应在本源上出自仁义礼智的本性，只是道心在发生的过程中没有受到形气的遮蔽，而人心在发生的过程中受了形气的影响而异变了。这个说法，如果用退溪、高峰的理发气发的说法，在内在根源的意义上，应当属于道心人心皆理发说，就是道心人心都“发自”于理的本性。这就与朱子不同，因为朱子《中庸章句序》主张道心原于性命之理，人心生于形气之私。①

这里还涉及一个根本问题，即栗谷所用的“发”字，如“其发也”是指发自，还是发出、发为？是表达未发的根源，还是已发的过程和形态？②

道心之发，如火始燃，如泉始达，造次难见，故曰微。人心之发，如鹰解鞲，如马脱羁，飞腾难制，故曰危。人心道心虽二名，而其原则只是一心，其发也或为理义，或为食色，故随其发而异其名。若来书所谓理气互发，则是理气二物，各为根柢于方寸之中。未发之时，已有人心道心之苗脉。理发则为道心，气发则为人心矣。然则吾心有二本矣，岂不大错乎。朱子曰：心之虚灵知觉，一而已矣。吾兄何从而得此理气互发之说乎。其所谓或原或生者，见其既发而立论矣。其发也为理义，则推究其故，何从而有此理义之心乎。此由于性命在心，故有此道心也。其发也为食色，则

① 朱子学中“发于”有时也说为“出于”，如“可学窃寻《中庸序》，以人心出于形气，道心本于性命”（《朱子语类》卷六十二）。而在这一点上，栗谷的说法开始不清楚起来，栗谷的不清楚之处在于，他既说人心本乎天性，又说人心由乎形气，这样一来，人心究竟发自理的本性，还是发自形气之私，就被“由乎”一词变得不清楚了。本来，如果与朱子一样，栗谷只需要说道心发自本性，人心发自形气，就不会发生什么问题。但栗谷既要说明人心根源于本性，又要说明人心来自形气，于是便不清楚了。

② 早在1994年论宋时烈的一篇论文中。我曾提出对栗谷思想的分析：“他的中心论点是：发者为气，所以发者为理。因此对他来说，发是指现象的活动和活动的现象，故只能说‘气发’。而对他来说，‘理发’的说法是不通的，因为理不是现象，不是活动。由于栗谷所用的‘发’是指‘表现’，而非‘发自’，所以一方面他说的发是心之发，指意识现象，而非溯其本质（根源）；另一方面，在追溯意识的本质时栗谷严格地使用‘原’‘本’，而避免使用‘发’。”（陈来：《东亚儒学九论》，北京：三联书店，2008年，第94～115页）

推究其故，何从而有此食色之念乎。此由于血气成形，故有此人心也云尔。非若互发之说或理发或气发而大本不一也。[13]

照上面的说法，“其发也或为理义，或为食色”，这里的“其发也”乃是已发的形态。他说道心人心是已发，故随其发作而异名，这一点是合乎朱子思想的。此下栗谷开始反驳道心人心理气互发说，但他的说法因“由于”而再次不清，他承认，朱子关于道心原于性命，人心生于形气的思想是从“既发”推本至根源，也就是从已发的状态推至未发的根源。朱子关于道心人心根源的思想与退溪有关四端七情根源的说法是一致的，但栗谷认为朱子这个说法与退溪的理发气发或理气互发的说法是不同的：

大抵发之者气也，所以发者理也，非气则不能发，非理则无所发。（发之以下二十三字，圣人复起，不易斯言。）无先后，无离合，不可谓互发也。[14]

这一段是栗谷此信的关键性表述，所以他自诩为圣人复起，不易斯言。“发之者气也，所以发者理也”，根据上面的分析，栗谷这里所说的“发之者”，是指已发而言，“所以发者”是指已发的欲念的内在根源。因此，按照退溪时代的讨论的用法，应该说，栗谷这个思想还是属于理发说，因为退溪所说的理发气发都首先是指内在的根源而言。虽然栗谷在这里还没有明确这个说法是专对人心道心而言或是包含四端七情而言，如果包含了对四端七情的看法，那就与高峰的看法一致，即四端七情都发于理、发于性。事实上栗谷确实是这样理解的。后面我们还会看到，栗谷所谓“气发”还可指已发与未发之间的过程状态，但都不是指发自于（作为根源的）气。从而，栗谷的“气发”与退溪的“气发”是不同的。

但人心道心，则或为形气，或为道义，其原虽一，而其流既岐，固不可不分两边说下矣。若四端七情，则有不然者，四端是七情之善一边也，七情是四端之总会者也。一边安可与总会者，分两边相对乎？朱子发于理、发于气之说，意必有在，而今者未得其意，只守其说，分开拖引，则岂不至于辗转失真乎。朱子之意，亦不过曰四端专言理，七情兼言气云尔耳，非曰四端则理先发，七情则气先发也。[15]

栗谷认为，道心人心，本原是一个，都是发自本性之源，它们的不同是流的分别。他认为，四端七情与道心人心不同，道心和人心可以说是两个不同的东西，而四端是七情的一部分，不能说作为部分的四端和作为整体的七情是两个不同的东西。这一点也是与高峰一致的。他认为，道心和人心可以两边说，即从理气两个方向追溯其根源，而四端七情不是两个东西，只能从一个方向追溯其根源。

退溪因此而立论曰，四端，理发而气随之；七情，气发而理乘之。所谓气发而理乘之者，可也，非特七情为然，四端亦是气发而理乘之也。何则？见孺子入井，然后乃发恻隐之心，见之而恻隐者，气也，此所谓气发也，恻隐之本则仁也，此所谓理乘之也。非特人心为然，天地之化，无非气化而理乘之也。是故，阴阳动静，而太极乘之，此则非有先后之可言也。[16]

于是栗谷对退溪的四端七情说明确提出意见，认为退溪的“气发而理乘”的说法是可以的，但退溪以七情为“气发而理乘之”，认为四端不是气发而理乘之（而是理发而气随之），这是他不赞成的。栗谷主张七情、四端都是气发而理乘之的。这个说法就在形式上不仅与退溪不同，也与高峰不同了。但是应该提醒读者的是，退溪所说的“气发而理乘之”，与栗谷所说的“气发而理乘之”并不相同，退溪所说的气发是发自于形气，而栗谷所说的气发是已发的情意心。栗谷进一步说，见孺子入井而恻隐，这是气，就是气发，而理乘载其上。由于栗谷的气发是已发的情意心，故把恻隐说成气，说成气发，这是与朱子和退溪不同的。他认为，气和理的这种动载关系是普遍的，不限于四端七情，整个天地之化都是如此。

前面我们分析栗谷的说法是一种理发说，但栗谷对“发”的理解与退溪不同，故他自己明确表示不赞成退溪的理发说或理发气随说：

若理发气随之说，则分明有先后矣，此岂非害理乎。天地之化，即吾心之发也，天地之化，若有理化者气化者，则吾心亦当有理发者气发者矣。天地既无理化气化之殊，则吾心安得有理发气发之异乎。若曰吾心异于天地之化，则非愚之所知也。（此段最可领悟处，于此未契，则恐无归一之期矣。）[17]

他认为，天地之化都是气化理乘，天地之化并没有理化气化之分，既然天地之化没有理化气化之分，人的心也必然没有理发气发之分。他在这里把天地之化只说成是气化理乘，并屡屡强调气发理乘，无形中遮掩了理作为气之主宰的意义，似显示出他理气论的偏向（虽然他也提到理是主宰和根柢）。

由以上可见，栗谷的思想是：第一，四端七情与道心人心不同，道心人心可以两边说其根源，四端七情不能两边说，只有一个根源；两边即所谓互发，即是二本。第二，即使朱子主张道心人心两边说，栗谷也不赞成，主张道心人心其实只是一个根源，朱子的说法是不得已。第三，四端是七情一部分，四端七情是一个根源而发。第四，栗谷的讨论的关注点已经从根源转向已发，用气发理乘为普遍命题贯通天地之化与人心之动，在哲学上即转向流行的现象世界。

且所谓发于理者，犹曰性发为情也。若曰理发气随，则是才发之初，气无干涉，而既发之后，乃随而发也，此岂理耶。退溪与奇明彦论四七之说，无虑万余言，明彦之论，则分明直截，势如破竹，退溪则辨说虽详，而义理不明，反覆咀嚼，卒无的实之滋味。明彦学识，岂敢冀于退溪乎，只是有个才智，偶于此处见得到耳。[18]

照这里的说法，退溪发于理的说法，是说性发为情，栗谷对此不持异议，也就说明他认可情发于性、“发自理”。而他关注的是“发为情”的过程机制。从而他讲的“发”，主要不是“发自”，而是“发为”。栗谷反对的是“理发气随”的说法，认为这样在理发与气随之间就有了时间的距离，理发在前，气随在后，这是他所反对的。他认为他自己所讲的“气发理乘”并不设定二者有时间的距离。

穷详退溪之意，以四端为由中而发，七情为感外而发，以此先入之见，而以朱子发于理发于气之说，主张而伸长之，做出许多葛藤，每读之，未尝不慨叹，以为正见之一累也。易曰：寂然不动，感而遂通。虽圣人之心，未尝有无感而自动者也。必有感而动，而所感皆外物也。何以言之？感于父则孝动焉，感于君则忠动焉，感于兄则敬动焉。父也君也兄也者，岂是在中之理乎，天下安有无感而由中自发之情乎。特所感有正有邪，其动有过有不及，斯有善恶之分耳。今若以不待外感由中自发者为四端，则是无父而孝发，无君而忠发，无兄而敬发矣。岂人之真情乎。今以恻隐言之，见孺子入井，然后此心乃发，所感者，孺子也。孺子非外物乎，安有不见孺子之入井，而自发恻隐者乎？就令有之，不过为心病耳，非人之情也。[19]

栗谷强调，四端七情，人的一切心，都是感于外物而动的，没有能够无感而动的；感有正邪，动有过有不及，于是有了善恶之分。栗谷这个说法亦有未尽之处，这就是，心感外物而动，外物的感是必要的条件，但心的发动完全是以外物为条件吗？有没有内在的根据呢？朱子、退溪关于道心人心、四端七情的讨论，都重视心之所发的内在根源为何的问题，而不是仅仅把心之所发归结为外感。

夫人之性，有仁义礼智五者而已，五者之外，无他性。情有喜怒哀惧爱恶欲七者而已，七者之外，无他情。四端只是善情之别名，言七情则四端在其中矣，非若人心道心之相对立名也。吾兄必欲立而比之，何耶。盖人心道心，相对立名，既曰道心，则非人心，既曰人心，则非道心。故可作两边说下矣。若七情则已包四端在其中，不可谓四端非七情，七情非四端也。乌可分两边乎？七情之包四端，吾兄犹未见得乎。夫人之情，当喜而喜，临丧而哀，见所亲而慈爱，见理而欲穷之，见贤而欲齐之者，（已上喜哀爱欲四情）仁之端也。当怒而怒，当恶而恶者，（怒恶二情）义之端也。见尊贵而畏惧者，（惧情）礼之端也。当喜怒哀惧之际，知其所当喜所当怒所当哀所当惧，（此属是）又知其所不当喜所不当怒所不当哀所不当惧者，（此属非，此合七情而知其是非之情也）智之端也。善情之发，不可枚举，大概如此。若以四端准于七情，则恻隐属爱，羞恶属恶，恭敬属惧，是非属于知其当喜怒与否之情也，七情之外，更无四端矣。[20]

栗谷坚持，七情包括四端，四端作为善的情，是七情中的一部分，这是与道心人心的关系不同的。故道心人心可以做两边说，四端七情不可做两边说。如前所说，这是与高峰对退溪的异议是一致的，只是这里没有涉及气发理发的问题。

然则四端专言道心，七情合人心道心而言之也。与人心道心之自分两边者，岂不迥然不同乎。吾兄性有主理主气之说，虽似无害，恐是病根藏于此中也。本然之性，则专言理而不及乎气矣。气质之性，则兼言气而包理在其中。亦不可以主理主气之说，泛然分两边也。本然之性与气质之性分两边，则不知者，岂不以为二性乎，且四端谓之主理，可也，七情谓之主气则不可也。七情包理气而言，非主气也。人心道心，可作主理主气之说，四端七情，则不可如此说，以四端在七情中，而七情兼理气故也。[21]

栗谷认为，道心人心与四端七情的关系不同，但四端七情可以与道心人心对应来看，四端对应于道心，七情则包括道心人心。他认为四端与七情的关系更类似于本然之性与气质之性的关系，因为四端专主理，七情包理气，本然之性专指理，而气质之性包括理和气，所以气质之性是包括本然之性在其中的。他对气质之性的理解合乎朱子之说。因此他反对四端主理、七情主气的说法，认为四端是七情的部分，整体包含部分，二者不能截然分两边说。四端主于理，则七情必然不能仅仅主气，必须包含主理的部分，故说七情兼理气。

其实，在此书之前，壬申年栗谷另一《答成浩原书》中已经提出："发者气也，所以发者理也。其发而直出于正理，而气不用事，则道心也，七情之善一边也。发之之际，气已用事，则人心也，七情之合善恶也。"[22] 该书中栗谷还说："情虽万般，夫孰非发于理乎？惟其气或掩而用事，或不掩而听命于理，故有善恶之异。以此体认，庶几见之。……人心道心皆发于性，而为气所掩者为人心，不为气所掩者为道心。"[23] 他承认七情皆发于理，道心人心皆发于性，惟发之过程中是否被气所掩，而分别成为善恶。退溪所说的理发，也是指发于理，发于性，可见栗谷后来否定理发说，只讲气发说，对他自己也是不合理的。

在退溪、高峰的辩论中，四端七情的兼理气问题，本来是与理发气发问题不同的讨论。但在二人的论辩中，在一定程度上被混同了。退溪、高峰理发气发主要是讨论四七的内在根源，兼理气的问题则是讨论现实的情感意念。高峰认为，一切现实的情感既不仅仅是理，也不仅仅是气，而是兼乎理气的。他说："愚谓四端七情无非出于心者，而心乃理气之合，则情固兼理气也。"[24] 退溪也是如此，他说"理气合而为心"，又说："二者皆不外乎理气，四端非无气，七情非无理。”[25]其实在朱子哲学中，已发之情，不必再用理气来加分析，也就不会有气发理乘的讲法。退溪关于主于理、主于气的说法也都是指已发而言。由于他们不仅以理气来说明四端七情之所发的根源，也用理气来直接说明作为已发的四端七情本身，这是导致栗谷把四七理发气发的讨论重点从未发滑转向已发的重要原因。不过，由于朱子思想中从未对情本身做过理气分析，也未说过情即是气，所以韩国性理学对四端七情以及对整个情加以理气的分析，乃至出现各种不同的认识，这也是朱子学自身讨论的一种深入。

## 三

下面我们以《栗谷全书》卷十《栗谷答成浩原第二书》（即承委问）为主，对栗谷思想进一步加以分析。

> 理，形而上者也，气，形而下者也。二者不能相离，既不能相离，则其发用一也。不可谓互有发用也。若曰互有发用，则是理发用时，气或有所不及，气发用时，理或有所不及也。如是则理气有离合，有先后，动静有端，阴阳有始矣。其错不小矣。但理无为而气有为。故以情之出乎本然之性，而不掩于形气者，属之理。当初虽出于本然，而形气掩之者，属之气。此亦不得已之论也。[26]

栗谷反对理气互发说，认为讲理气互发必然导致理气有先后，理气有离合，动静有端，阴阳有始，而陷于错误。在他看来，情皆出于本然之性，这里的“出于”实等同于退溪所说的“发于”，发于本性而不受形气遮掩的四端之情，属之于理；发于本性而被形气遮掩的情，属之于气。这应该是指朱子四端理之发、七情气之发这种说法，他认为这是朱子不得已的讲法。还可以看到，就他所说的属之气的情，“出于本然，而形气掩之者”，其说法实同于退溪所说的理发而气掩之。用退溪学的语言来分疏，他实际认为四端七情都是理发，即发自于理，这与高峰一致。从退溪、高峰论辩的意义上看，栗谷实际上认可四端是理发而直遂，四端以外的其他情感则是理发而气掩：

> 理之本然者，固是纯善，而乘气发用，善恶斯分。徒见其乘气发用有善有恶，而不知理之本然，则是不识大本也。徒见其理之本然，而不知其乘气发用，或流而为恶，则认贼为子矣。是故，圣人有忧焉，乃以情之直遂其性命之本然者，目之以道心，使人存养而充广之；情之掩乎形气而不能直遂其性命之本然者，目之以人心，使人审其过不及而节制之，节制之者，道心之所为也。夫形色，天性也，人心，亦岂不善乎。由其有过有不及而流于恶耳。若能充广道心，节制人心，使形色各循其则，则动静云为，

莫非性命之本然矣。[27]

这一段又说到道心人心。栗谷认为，理之本然即是性，性发为情的过程就是理乘气发用的过程，情在发作过程中能直接遂成其性命之理，这样的情就被看作是道心。情在发作过程中被形气所掩蔽而不能直遂其性命之理，这样的情就被看作是人心。从退高之辩的角度看，这里所说仍然是理发直遂为道心，理发气掩则为人心。

> 是故，天地之化，吾心之发，无非气发而理乘之也。所谓气发理乘者，非气先于理也，气有为而理无为，则其言不得不尔也。夫理上，不可加一字，不可加一毫修为之力。理本善也，何可修为乎。圣贤之千言万言，只使人捡束其气，使复其气之本然而已。气之本然者，浩然之气也，浩然之气，充塞天地，则本善之理，无少掩蔽。此孟子养气之论，所以有功于圣门也，若非气发理乘一途，而理亦别有作用，则不可谓理无为也。孔子何以曰，人能弘道，非道弘人乎？如是看破，则气发理乘一途，明白坦然。而或原或生，人信马足，马从人意之说，亦得交通而各极其趣。试细玩详思，勿以其人之浅浅而辄轻其言也。[28]

栗谷在这里明确把其主张概括为“气发理乘”，观其所说，气发理乘具有二义：第一个意义是普遍的理气观意义，即天地之化，“气发”指天地间阴阳动静的运动，是流行之已然；“理乘”指理搭载在气上随气而动静。可见，在一般理气观的意义上，气发理乘是就存在的总体而言，即就流行之统体而言，故气发理乘不是仅仅指气，也不是仅仅指理，而是理气合一的实存流行状态。气发理乘在理气观上是指现实的、整合的存在，不是分析的概念，由此可见理气合一思想实为其根本思想。他也指出，理具有动静的所以然意义。应该说，这些提法在朱子思想中都有根据。第二个意义特指人心，即吾心之发，所以在心性论的意义上，栗谷的“气发”不是指根于气而发出，而是指心气的发动本身。他指出，讲气发理乘，并不意味着气先于理，是因为气是能动的实体，理则是无为无形的，故不得不先说气再说理。可见他在内心有着一种以能动实体为第一性的观念。

他进一步把这个思想称作“气发理乘一途”之说：

> 气发理乘一途之说，与或原或生，人信马足，马从人意之说，皆可通贯。吾兄尚于此处未透，故犹于退溪理气互发，内出外感，先有两个意思之说，未能尽舍，而反欲援退溪此说，附于珥说也。别幅议论颇详，犹恐兄未能涣然释然也。[29]

他认为，用气发理乘一途说，可以贯通于朱子的道心人心或原于性命或生于形气的说法，也可以贯通于朱子关于太极动静的人马比喻。他甚至认为，气发理乘是根本之论，朱子的说法则是沿流之论：

盖气发理乘一途之说，推本之论也。或原或生，人信马足，马从人意之说，沿流之论也。今兄曰：其未发也，无理气各用之苗脉。此则合于鄙见矣。但谓性情之间，元有理气两物，各自出来，则此非但言语之失，实是所见差误也。又曰就一途取其重而言，此则又合于鄙见。一书之内，乍合乍离，此虽所见之不的，亦将信将疑，而将有觉悟之机也。今若知气发理乘与人信马足，马从人意，滚为一说，则同归于一，又何疑哉。道心原于性命，而发者气也，则谓之理发不可也。人心道心，俱是气发，而气有顺乎本然之理者，则气亦是本然之气也，故理乘其本然之气而为道心焉。气有变乎本然之理者，则亦变乎本然之气也，故理亦乘其所变之气而为人心，而或过或不及焉。[30]

道心原于性命，朱子的这一观点栗谷并不反对，而他的正面观点是“发者气也，则谓之理发不可也”，如前面我们所分析的，栗谷所用的理发气发，其发字不是指发自，而是指发动，因此退溪所说的气发是指根于气而发，或发自于气，是指情意思欲发动的根源；而栗谷所用的发是指发动，是运动作用的层面，不是根源的层面。因此在栗谷看来，气是现实化的力量，发动的只能是气，不能是理，因为理无为无形，理是不能活动的，于是只能说气发，不能说理发，理是不能发动、运动的。如果用已发未发的分别来看，退溪说的理发气发主要是指已发的根源，而栗谷所说的气发则是指已发的形态而言。退溪关注的是内在根源，而栗谷关注的是发动作用，二者的层次不同。前者的重点在“根源性”，后者的重点在“现实化”，退溪、栗谷都用“气发”，但二者的用法根本不同。栗谷说的发者气也，就是指已发的、发动的层面而言，因此他根本否定理发的说法。他在这里所说的人心道心都是气发，而这种说法是朱子思想中所没有的。另外，栗谷理气论、心性情论中对气的某种偏重，应与明代儒学理气论、心性论中气的因素越来越受重视有关。①

气顺乎本然之理者，固是气发，而气听命于理，故所重在理而以主理言。气变乎本然之理者，固是原于理而已，非气之本然，则不可谓听命于理也，故所重在气而以主气言。气之听命与否，皆气之所为也，理则无为也，不可谓互有发用也。但圣人形气，无非听命于理，而人心亦道心，则当别作议论，不可滚为一说也。且朱子曰：心之虚灵知觉，一而已矣，或原于性命之正，或生于形气之私。先下一心字在前，则心是气也，或原或生而无非心之发，则岂非气发耶。心中所有之理，乃性也，未有心发而性不发之理，则岂非理乘乎。或原者，以其理之所重而言也。或生者，以其

① 栗谷可能受到罗钦顺等的一定影响，关于罗钦顺与朝鲜性理学，朝鲜朝学者愚潭曾说：“愚意退溪则祖述朱子，洞见大体而主理，……栗谷则祖述整庵，昧于大本而所尚者气。”（《愚潭集》四七辩证）转引自张敏《立言垂教》，北京：北京大学出版社，2003年，第68页。

气之所重而言也。非当初有理气二苗脉也。立言晓人，不得已如此。而学者之误见与否，亦非朱子所预料也。如是观之，则气发理乘与或原或生之说，果相违忤乎？[31]

所以，栗谷讲的气发是“原于理”的，用退溪的话来说这个气发是发于理的。一切意识情感都为气发，但都是发自于本然之理。由于在栗谷思想中，认为从发自本性到发作为现实意识情感，是一个过程，这一过程中气参与其中，气是现实性的力量，没有气的参与，根于本性的“发”就不能真正发作为现实的意识情感。而在这一过程中，分化为两种发作的方向，一种是气顺乎本然之理，一种是气变乎本然之理，前者就发作为道心，后者则发作为人心。前者气听命于理，后者气不听命于理。栗谷把气听命于理视作主于理，把气不听命于理视作主于气；他认为朱子讲的或生于性命或生于形气，应当在这个意义上来理解，而不应从两种根源来理解（因为在栗谷看来只有一种根源即性理）。栗谷认为，无论前者后者，都与所谓理气互发没有关系。由于四端是七情的一部分的观点和四端七情皆发自性理的观点是高峰在退高之辩中所持的观点，故栗谷的中心观点无非有二：一是认可道心人心皆出自性理，二是强调已发的道心人心（四端七情）都是气发理乘。后者是栗谷思想的重点，表现出栗谷重视已发、流行的世界的倾向。至于栗谷在这里主张气之听命与否，皆气之所为也，理则无为也，已违离了朱子道心宰制人心、人心听命道心的思想，一切归为气之所为，一切功夫只落到检束其气上，这些与朱子重视检束此心的思想也是不同的。① 至于栗谷这里所说的“心是气”，把心只理解为已发之气，就更与朱子思想不同了，而有近于朱子所批评的“心为已发”说。而且，这与他自己说的七情兼理气也不一致，在栗谷，心之发当为气发而理乘，七情也是气发而理乘，他既说“七情谓之主气则不可”，又怎么能说心是气呢？

栗谷的这一说法也接近于王阳明对性气的说法。阳明曾说：“孟子性善是从本源上说，然性善之端须在气上看始得。若无气亦无可见矣。恻隐羞恶辞让是非即是气。”[32] 我曾指出，孟子所说的四端，朱子哲学称为情，而在阳明看来是气，照阳明的看法，似乎只要是“发”，就属于“气”。如果作用层次上的意识情感活动都可称为气，那么，就会导致“心即气”的说法，而这与“心即理”显然有冲突。[33] 事实上，正是在明代阳明学中有很多“心即气”的说法。

其实，栗谷的这种思想，就气顺或气掩而言，用退溪的讲法，实质是理发而气顺之或理发而气掩之。而这种理发气顺的意思，和栗谷口头上所反对的退溪的理发气随说是一致的。又由于栗谷不反对退溪的气发而理乘的说法，而且将退溪专指七情的这一说法扩大到四端，这样一来，在形式上，栗谷的真正立

① 朱子曰：“理即是此心之理，检束此心，使无纷扰之病，即此理存也。”（《朱子语类》卷十八）

场和退溪的“理发而气随之，气发而理乘之”，并不全部构成矛盾。在本体的层面他其实认可“理发而气随之”，在作用的层面他赞成“气发而理乘之”。所以在两个人表面矛盾的概念和命题形式下（栗谷批评理发气随），实质上的思想却有一致的地方；而两人命题一致的形式下（栗谷赞成气发理乘），却含有对气发的不同理解。此即所谓异中有同，同中有异。由此可见，一般认为栗谷以“气发理乘”反对退溪“理发气随”，其实退溪、栗谷思想的异同不能简单根据主张气发或理发的说法来判定，需要根据其文本做细致的思想分析，这是本文希望强调的一点。①

朱子所提出的哲学问题固然构成了朱子学的基本问题意识和体系框架，但朱子对这些问题所给出的答案并不都是究极性的，这一体系所包含的问题也没有被朱子个人所穷尽。因此后世朱子学对朱子的发挥、修正、扩展、深化都是朱子学的题中应有之义，而在这方面，朝鲜时代的朱子学做出了重要的推进和贡献。

## 注 释：

[1] 朱　熹:《朱子文集》卷三十二《答张敬夫》，四部丛刊本。
[2] 朱　熹:《孟子集注》卷三,四部丛刊本。
[3] 朱　熹:《中庸章句》第一章，四部丛刊本。
[4] 李退溪:《答奇明彦论四端七情第二书》,《陶山全书》第Ⅱ部第 2 卷，退溪学研究院，1988 年，第 42 页。
[5] 同上书，第 46 页。
[6] 同上书，第 49 页。
[7] 同上。
[8] 朱　熹:《朱子语类》卷六十二，北京：中华书局，1994 年，第 1487 页。
[9] 李退溪:《圣学十图·心统性情图说》,《增补退溪全书》第一册，成均馆大学校大东文化研究院，1972 年，第 206 页。
[10] 朱　熹:《朱子文集》卷二十五《答郑子中讲目》，四部丛刊本。
[11] 朱　熹:《朱子文集》卷十一《答李仲久》，四部丛刊本。
[12] 李栗谷:《栗谷全书》卷十《答成浩原壬申》，韩国文集丛刊本。
[13] 同上。

① 近十年多来中文世界关于栗谷的相关研究颇不少，除诸多论文以外，专书如李甦平《韩国儒学史》、张敏《立言垂教——李珥哲学精神》、洪军《朱熹与栗谷哲学比较研究》、杨祖汉《从当代儒学观点看韩国儒学的重要论争》、李明辉《四端与七情》、林月惠《异曲同调——朱子学与朝鲜性理学》等。但本文所讨论的问题，在我自己虽是二十年前已经提出，诸贤似皆未加注意，故敢再提出来加以讨论。

［14］ 同上。
［15］ 同上。
［16］ 同上。
［17］ 同上。
［18］ 同上。
［19］ 同上。
［20］ 同上。
［21］ 同上。
［22］ 李栗谷:《栗谷全书》卷九《答成浩原》，韩国文集丛刊本。
［23］ 同上。
［24］ 奇高峰:《附奇存斋论四端七情第二书》，《陶山全书》第Ⅱ部第 2 卷，退溪学研究院，1988 年，第 32 页。
［25］ 李退溪:《答奇明谚论四端七情第二书》，《陶山全书》第Ⅱ部第 2 卷，退溪学研究院，1988 年。
［26］ 李栗谷:《栗谷全书》卷十《答成浩原》，韩国文集丛刊本。
［27］ 同上。
［28］ 同上。
［29］ 同上。
［30］ 同上。
［31］ 同上。
［32］ 王阳明:《阳明全书》二《启周道通书》，四部丛刊本。
［33］ 陈　来:《有无之境》，北京：人民出版社，1991 年，第 89 页。

（原载《厦门大学学报》（哲学社会科学版），2015 年第 1 期，
作者单位：清华大学国学院）

# 韩国朱子学的心说论争研究现况及展望

〔韩〕崔英辰

## 一、序论

如我们所知，朱子学自14世纪末传入朝鲜以后，逐步成为主导朝鲜社会发展的治国理念。建立朝鲜的主体是士大夫（即官僚兼学者），他们主导了“易姓革命”并形成了超越王权的庞大权力集团。朝鲜王朝的权力结构把重点放在了权力的分散和抑制权力的过分集中上，力求通过政治的公正性和透明性来实现以民为本的民主社会。朝鲜社会推动政策实施的主体其实就是士大夫[1]，他们徘徊在辅佐和遏制王权的立场之间，创建了抑制王权的制度体系。[2]因此士大夫渐渐成了左右朝鲜王权更替的主导力量。[3]

作为官僚兼政治家的朝鲜士大夫，他们掌握实权并能参与政策的实施，所以具有很强的社会责任感。此外朝鲜学派和政派之间千丝万缕的联系，更使得学术论争往往会受到政治势力的影响。[4]朝鲜社会之所以发生激烈的学术论争，并在数百年以来持续发展并不断创造出新的理论，这与朝鲜社会的特殊性有着很深的关联。

众所周知，朝鲜的性理学是在三次比较集中而又持续的论争过程中形成并发展的，它们分别是：16世纪的“四端七情论争”、18世纪的“湖洛论争”以及19世纪的“心说论争”。四端七情论争是以“情”为中心，湖洛论争是以“性”和“未发心”为中心，心说论争则是以“心”为主题来展开。通过这三次论争，朝鲜性理学者对心性情的研究更加细致透彻，同时也发现了其中所包含的问题点。在解决这些问题的过程中出现了很多新理念，并以此确立且形成了有别于中国朱子学的韩国性理学。如此大规模的学术论争，在日本和中国是绝无仅有的。

在三大论争中，研究成果最多的应该是“四端七情论争”。最近，对“湖洛论争”的研究也陆续展开，而对“心说论争”的研究却还处于空白状态。特别是国外学者对“心说论争”更是陌生。而它与“四端七情”和“湖洛论争”一样，具有很高的学术价值。为了进一步探究朝鲜性理学史的深入发展，“心说论争”是我们必须要克服的一个难题。这也是本文的写作目的之一。

寒洲李震相（1818 ～ 1886）在 43 岁时撰写的《心即理说》成了引发岭南学派内部论辩的导火索，接着也引发了与畿湖学派的激烈论辩。在《心即理说》中，寒洲批判“心是气”，强烈主张“心即理”。

朝鲜性理学从 16 世纪退栗时代开始，就试图用理气论来解释心和其他世上存在的一切事物。例如湖洛论争讨论“未发论”的核心问题时，提出构成未发之心的气是“湛然纯善”还是“清浊美恶”，纯善的本然之心是否是“理气同实”[5]，这都是不同于朱子“中和说”的部分。而从理气论的角度去回答“心是什么”这一问题的时候，会有“心合理气”“心即理”和“心即气”三种不同的答案。如我们所知，朱子学中把心规定为“理＋气”，退溪也是主张“心合理气”。但是自栗谷主张“心是气”[6]之后，这便成了畿湖学派的宗旨。而寒洲认为“心是气”这一主张歪曲了由“孔子－孟子－朱子－退溪”所传承下来的儒学的一贯宗旨。这一点通过寒洲“论心莫善于心即理，莫不善于心即气”可以得到很好的证实。

为了批判“心是气”，寒洲提出了“心即理”，并认为自己的“心即理”才是真正传承并发展了退溪的理论。[7]但“心即理”类同于被退溪划为异端的阳明学的理论，所以不仅在岭南学派内部受到了极大的批判，在畿湖学派内部也是如此。

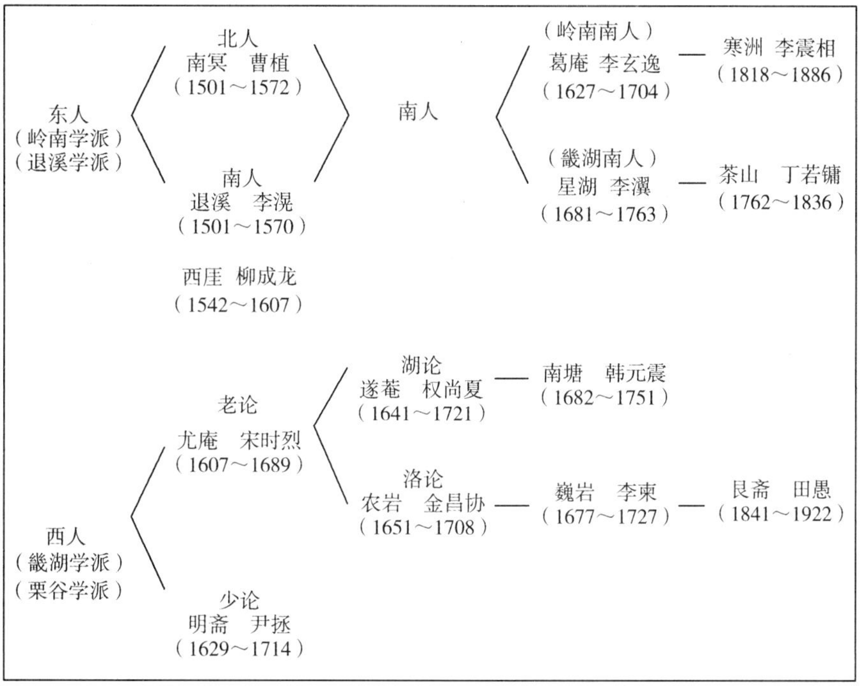

## 二、1902年～1990年的基础性研究成果

畿湖学派的其中一支是华西学派，张志渊的《朝鲜儒教的渊源》[8]一书对这一学派的心说进行了整理。书中记述了柳重教（1832～1893）和金平默（1819～1891）的观点，并简单叙述了他们对李恒老（1792～1868）心说定论的论争。李恒老是二人的恩师，柳重教在《论调补华西先生心说》中首先提出了对心说的异议，后金平默针对柳重教的论旨作《华西先生心说本义》，对恩师心说的意义进行了重申。张志渊以"京嘉两派的分裂"为题，将其分裂的过程进行了简单论述。这里的"京"是指以首尔为势力范围的洛论派系学者[9]，"嘉"是指李恒老居住在"嘉陵"，即现在嘉平一带的门生。[10]由于洛论学者的学脉师承梅山洪直弼，所以这场论辩也叫作"华梅是非"。

这之后玄相允（1893～？）也对此论辩做了记载。他在《朝鲜儒学史》[11]"柳重教"一条中，对与金平默明德主理主气的论争做了更为详细的记述。之后，裴宗镐在《韩国儒学史》[12]一书中以"明德主理主气论辩"为题，对李恒老的门人、洪直弼和吴熙常的门人，以及其再传门人之间的对立关系做了详细叙述，他评价说"这场论争比湖洛论争更加激烈"。这三本概论书中虽然都使用了"心说"这一单词，但是却没有提及"心说论争"这一词语。

"心说论争"这一词语最开始是1983年吴锡源在《关于华西学派心说论争的研究》[13]中使用的。[14]笔者认为可能是因为"心说"这一词语已经包含在了华西学派内，所以使用了"心说论争"这一词语。吴锡源在论文中首先考察了李恒老的心说，然后详细考察了柳重教、金平默、崔益铉（1833～1906）对于明德的看法，最后指出了"心说论争"的特征和意义。吴锡源的论文发表之后，间或有关于朝鲜后期"心说论争"的论文出现，逐渐扩大了心说的研究范围。

吴锡源论文发表后虽然出现了有关李恒老及其学派的研究[15]，但学界对于"心说论争"并没有表现出太多的关心[16]。这是因为学界的研究方向大多都是以人物为中心，再者就以四端七情论和人物性同异论为重点，关于心说论争的论文20世纪90年代后半期仅有两篇。

一篇是宋锡准的《对艮斋性师心第说和俛宇心即理说的考察》，1998年刊登于《艮斋学论丛》第二辑上，对艮斋的性师心第说和俛宇的心即理说进行了比较性考察。李炯性则着重考察了郭钟锡的老师李震相，对他的心即理说和以心使心论中心的主宰性进行了考察。[17]以心使心虽然是首次在性理学心性论领域里被提及，但其实它是李震相心主宰性的一环。[18]

另一篇是朴洪植的《明德理气论辨》(《东洋哲学研究》第20辑，东洋哲学

研究会，1999），文中指出明德理气论这一问题来源于明德主理主气的讨论，详细记述了参与此次讨论的人物及其观点，明德说以“主理”“主气”为分歧展开，“主气说”以洪直弼、任宪晦、柳重教为主，“主气说”以奇正镇、李恒老、崔益铉、李震相为主，并列举了他们的原文。

## 三、2000年～2009年研究领域的扩大和主要论文

近现代的性理学者虽然对性理学研究有很多的不足之处，但是2000年以来对性理学思想的关心越来越多，研究成果也日渐丰硕，其中关于心说论辩的博士论文如下：

朴鹤来:《芦沙奇正镇的哲学思想研究》，高丽大学，2001年2月。

李炯性:《寒洲李震相的性理学研究》，成均馆大学，2001年2月。

姜弼善:《华西李恒老的哲学思想研究》，成均馆大学，2002年8月。

朴性淳:《华西李恒老心主理说与斥邪论的研究——关于朝鲜后期畿湖老论洛学派心说的传承》，高丽大学，2003年8月。

李相下:《寒洲李震相性理学说的立论根据》，高丽大学，2003年12月。

李宗雨:《对寒洲学派和艮斋学派心性论争研究》，成均馆大学，2004年8月。

金勤皓:《华西李恒老的理学心论研究》，高丽大学，2008年2月。

李美林:《华西李恒老的华夷论研究》，成均馆大学，2009年2月。

以上论文中李炯性、李相下、李宗雨的论文是关于寒洲学派的，朴鹤来的论文是关于芦沙的，剩下的都是关于华西学派的。

### （一）以寒洲学派为主的研究

1. 关于寒洲的研究

李炯性:《寒洲李震相心即理说的含义》,《阳明学》，韩国阳明学会，2002年8月。

李宗雨:《对李震相心即理说渊源的考察》,《东洋哲学研究》，东洋哲学研究会，2003年9月。

朴祥里:《对寒洲李震相心即理说的研究》,《儒教思想研究》，韩国儒教学会，2004年8月。

李相下:《寒洲李震相心说的性质——以与岭南学派基本的心合理气说·王阳明的心即理说的差异为中心》,《东洋汉文学研究》第19辑，东洋汉文学会，2004年6月。

李炯性:《从修养论的层面来考察寒洲思想的心说》,《韩国思想和文化》第

36辑，韩国思想文化学会，2007年1月。

金洛真:《以知觉说为中心来看寒洲李震相的性理学——以心即理说成立的历史背景为中心》,《东洋古典研究》第36辑，东洋古典学会，2004年9月。

权相佑,《19世纪岭南退溪学的定论与创新二重奏——从李万寅与张福枢的立场来看李震相的“心即理说”》,《南冥学研究》第28辑，庆南文化研究院，2009年12月。

2. 对寒洲学派与艮斋学派论争的研究

李宗雨:《对寒洲与艮斋心说论争的研究——以“心即理说”和“李氏心即理说条辨”为中心》,《韩国哲学论集》第10辑，韩国哲学史研究会，2001年12月。

李宗雨:《对朱熹晚年定说论争的研究——以李震相学派和田愚学派的论争为中心》,《退溪学报》第114辑，退溪学研究院，2003年12月。

李宗雨:《李震相学派和田愚学派的知觉说论争》,《东洋哲学研究》，东洋哲学研究会，2004年3月。

李宗雨:《寒洲学派和艮斋学派对主宰论的论争及其评价》,《东洋哲学》第22辑，韩国东洋哲学会，2004年12月。

李宗雨:《寒洲学派和艮斋学派对义理实践的论争》,《韩国哲学论集》第15辑，韩国哲学史研究会，2004年9月。

李宗雨:《寒洲学派和艮斋学派对心统性情的论争及其意义》,《东洋哲学研究》，东洋哲学研究会，2005年5月。

林宗镇:《晚求李钟杞性理学的立场的考察——以与寒洲学派的论辩为中心》,《退溪学与儒教文化》第43辑，退溪研究所，2008年8月。

3. 对寒洲弟子郭钟锡的研究

洪元植:《俛宇郭钟锡的明德说——以李承熙·许愈·金镇祜的论争为中心》,《南冥学研究》第27辑，庆南文化研究院，2009年6月。

洪元植:《俛宇郭钟锡的性理说——以对寒洲性理说的继承为中心》,《南冥学研究》第27辑，庆南文化研究院，2009年6月。

李相下:《俛宇郭钟锡的性理说——对寒洲性理学的继承与传播》,《南冥学研究》第28辑，庆南文化研究院，2009年12月。

4. 其他

崔英辰:《对18～19世纪朝鲜性理学的心学化倾向的考察》,《韩国民族文化》第33辑，釜山大学韩国民族文化研究所，2009年。

以上这些论文可以分为关于寒洲心说的论文，关于寒洲学派与艮斋学派论辩的论文，关于寒洲的弟子郭钟锡的论文，而崔英辰的论文则将寒洲的心即理说与湖洛论争的代表性学者李柬的“心性一致”说相联系，从朱子心学的立场上对其进行分析、再解释。

除此之外，定斋柳致明（1777～1861）学派对寒洲学派[19]批判性考察的论文[20]、韩国阳明学者霞谷郑齐斗（1649～1736）与李震相的心性论的比较研究论文[21]也在学界发表，扩大了对李震相思想的理解范围。

（二）以寒洲学派为主的研究

李相益：《寒洲李震相的主理论及其批判》，《温知论丛》第27辑，温知学会，2011年1月。

尹丝淳：《寒洲李震相性理学式的心即理说》，《孔子学》第20辑，韩国孔子学会，2011年5月。

洪元植：《19世纪"洛上"退溪学派与"洛中"寒洲学派的分立以及性理学论争——以韩溪李承熙的"条辨"为中心》，《儒家思想文化史》第39辑，韩国儒教学会，2010年3月。

崔英辰：《19～20世纪朝鲜性理学"心即理"与"心是气"的冲突：以艮斋和重斋对寒洲"心即理"的论辩为中心》，《东洋哲学研究》，东洋哲学研究会，2013年2月。

这其中值得注意的是尹丝淳在论文中的主张：

> 细细体会李震相以主宰为基础的心即理说就会发现，他理论体系中的"心的主宰"就是"理的妙用"。心是意识作用，其作用就是理性的思考和担心的情绪。也可以把他的意识作用说成是形式上"主张和宰制"，但是主宰心的体是理，也即天，这种替天主宰的方式是不是可以作用于其他地方，是不是必须只能起到这一种作用，都是需要作进一步考察的。另外从根本上说"理的主宰"本身与气的作用性质就是"名目名分"的差异，按照李震相的理论其主宰作用免不了被看成是一种"观念的规定"。

尹丝淳是从一个全新的角度去理解李震相的心即理说，扩大了其范围。崔英辰的论文在2012年第四次国际汉学会议中儒学分科进行了初稿的发表，后经补完收录在了2013年由台湾"中央研究院"发行的《东亚视域中的儒学：传统的解释》中。有趣的是，此书中收录了14篇论文，其中关于韩国儒学的论文就有8篇之多。论文中崔英辰考察了艮斋对寒洲心即理说的批判以及寒洲的再传弟子金榥对此的回应，并分析了他对寒洲的理论的发展和完善以及其在思想史上的意义。

（三）以华西学派为主的研究

朴性淳：《毅庵柳麟锡对华西心说的传承样相》，《东方学》第27辑，东洋古典研究所，2013年5月。

金勤皓：《试论华西李恒老性理说的心学特征》，《栗谷思想研究》第26辑，栗谷学会，2013年6月。

金勤皓：《华西学派心说论争的展开过程与哲学的问题意识》，《栗谷思想研究》第27辑，栗谷学会，2013年12月。

杨祖汉:《韩国朝鲜后期儒学的心论：以华西学派为中心》,《东亚视域中的儒学：传统的解释》，2013年10月。

其中杨祖汉的论文是关于华西与其弟子省斋柳重教之间展开的心的论辩，省斋批判华西的“以理言”“以气言”，并主张将心和性严格按照形而上和形而下来区分，将心归属于气，杨祖汉认为这是对华西理论的修正和补充。

（四）以艮斋学派为主的研究

艮斋学会在学术会议上考察了艮斋学派与其他学派理论的同异之处，将这些论文集结成特辑发行在《艮斋学论丛》第10辑：

林月惠:《艮斋学派与俛宇学派在思想上的同异及特征——以艮斋与俛宇的心说论争为中心》。

蔡家和:《艮斋学派与寒洲学派的思想同异及特征——田艮斋“心是气”与李寒洲“心即理”的差异比较》。

李宗雨:《艮斋学派与华西学派的思想同异及特征》。

除此之外，艮斋学派的相关研究还有：

林玉均:《艮斋田愚与醒庵李喆荣性理思想的同异和特征》,《艮斋学论丛》第14辑，艮斋学会，2012年8月。

张淑必:《艮斋与华西学派心说论争的焦点与意义》,《栗谷思想研究》第27辑，栗谷学会，2013年12月。

（五）对奇正镇（1798～1879）学派心说的研究

朴鹤来:《奇正镇的心论与明德说》,《韩国思想史学》第16辑，韩国思想史学会，2001年6月。

朴鹤来:《畿湖学界围绕奇正镇“纳凉私议”的论争》,《民族文化研究》第36辑，民族文化研究院，2010年6月。

金勤皓:《从溪南崔琡民的“明德之学”看心论》,《南冥学研究》第30辑，庆南文化研究院，2012年12月。

朴鹤来:《对芦沙奇正镇学派心说的考察》,《儒学思想文化研究》第43辑，韩国儒教学会，2011年3月。

芦沙学派认为心是理气之合，并强调精爽之气。值得注意的是他们通过“心本善”确认了心与性都是善的，从修养和实践的层面上认为心的根本体系可以实现善。朴鹤来为了阐明心说论争在道德（教育）论上的意义，对韩末性理学界的心说论争进行了考察[22]，试图分析“心说论争‘以如何实现已知的人类道德本性为出发点，对心从实践层面的探讨’”。

朝鲜后期开始探讨华西学派内部的“心说论争”，其主要主旨虽然是明德主理主气，但同时也是通过认识真正的人类主体来确立人类学。

### （六）其他

金景浩:《栗谷学派的心是气与其哲学的问题意识》,《栗谷思想研究》第27辑，栗谷学会，2013年。

金勤皓:《从19世纪心论的主题来看栗谷学的样相——以任宪晦、宋秉璇、李恒老、奇正镇等为中心》,《栗谷思想研究》第28辑，栗谷学会，2014年。

金景浩:《栗谷学派的心学与实学》,《韩国实学思想研究》第28辑，韩国实学学会，2014年。

以上论文都是对栗谷学心说论争焦点的阐释。

## 四、“心说论争”研究的新探索

韩国朱子学的三大论争是始于对心性情理气论的规定，众所周知，朱子认为四端与七情都是情感，并没有系统地对心进行理气论的规定。因此，韩国朱子学者们试图用理气论的概念来定义人类的心性，在这个理论整理的过程中出现了很多问题，产生了很多的理论创新。

未来的研究课题如下：

韩国朱子三大论争之间的关系研究

目前为止对于各个论争的研究成果已经有很多了，但是三大论争之间的关系性研究，以及理论发展的研究则有很多不足。[23]

韩中日儒学思想之间的比较研究

抽出中日关于心说论争的理论进行比较研究，从而可以确认韩国儒学的正统性，同时可以阐明东亚儒学思想的普遍性和特殊性。

与其他学派心论的比较研究

通过与阳明学派及实学派的比较研究确立心说论争理论的特殊性。

从东西方比较哲学的立场上进行研究

通过与西方哲学的心论比较来阐明心说论争理论的特殊性。

有必要引入西方的心理学（特别是道德心理学）、脑科学等对人类心脏研究的最新现代科研成果对心说论争理论进行检证。[24]

## 注　释:

[1]　韩永愚:《再觅我们历史》第二卷，经世院，2004年，第75～78页。

[2]　其代表性的行政部门就是朝鲜时代的司宪部、弘文馆、司谏院，也称“言论

三司”。（韩永愚:《再觅我们历史》，第 78 页）

［3］ 这与以君主专制为基础的宋明清时的国家体制有区别。李春植认为宋朝树立了君主独裁体制，明朝进一步确立了君主独裁体制，清朝完成了君主独裁体制（李春植:《中国史序说》，教保文库，2005 年，第 6 ～ 8 章）。

［4］ 其代表性的例子就是围绕王室的服丧问题而展开的礼讼论争。在第一次礼讼论争中西人胜利而掌权，而在第二次礼讼论争中南人获胜并掌权。（李泰镇等:《韩国史特讲》，首尔大学出版社，1990 年，第 168 ～ 169 页）

［5］ 崔英辰:《韩国儒学思想研究》，东方出版社，2008 年，第 234 ～ 271 页。

［6］ 栗　谷:《栗谷全书》卷 10，《答成浩原》“心是气也”。

［7］《寒洲先生文集》:“（退溪）先生常曰，心之未发，气未用事，惟理而已，安有恶乎？此乃指心体之论。吾所谓莫善于心即理者，此也。”

［8］ 张志渊:《朝鲜儒教的渊源》，汇东书馆，1922 年。

［9］ 代表学者有俞莘焕、赵秉直，任宪晦等，他们都师承梅山洪直弼、老洲吴熙常。

［10］ 代表学者有金平默、柳重教、柳重岳、柳麟锡、李声集、崔鸿锡等。

［11］ 玄相允:《朝鲜儒学史》，民众书林，1949 年。

［12］ 裴宗镐:《韩国儒学史》，延世大学出版社，1974 年。

［13］ 吴锡源:《关于华西学派心说论争的研究》，《东方思想论考——道源柳承国花甲纪念文集》，1983 年，后收录在《朝鲜朝儒学思想的探究》（余江出版社，1986 年）。

［14］《韩国民族大百科字典》中，在记载学者文集里，只要是关于明德主理主气的问题或是心的理气论问题就会使用“心说论争”一词。

［15］ 吴锡源:《对 19 世纪韩国道学派义理思想的研究——以华西李恒老及华西学派为中心》，成均馆大学，1992 年。

［16］ 金炯瓒在对毅庵柳麟锡的思想进行整理时，对心说论争部分只是简单地提及了一下。（金炯瓒:《毅庵柳麟锡的哲学研究》，《东洋哲学》第 3 辑，韩国东洋哲学会，1992 年）

［17］ 李炯性:《寒洲李震相的心性论研究——以心即理说和以心使心为中心》，《韩国思想和文化》，韩国思想文化学会，1998 年。

［18］ 李炯性:《对李震相性理说中主宰性的考察——以以心使心为中心》，《东洋哲学研究》，东洋哲学研究会，1999 年。

［19］ 关于李震相与寒洲学派的基本论文有李炯性的《寒洲李震相与其学派研究的现况与展望》（《儒教思想研究》第 39 辑，韩国儒教学会，2010 年）。

［20］ 李相下:《定斋学派从心性论的立场上对寒洲学派心即理说的批判》，《儒教思想研究》第 43 辑，韩国儒教学会，2011 年。

[21] 李相勋:《霞谷郑齐斗与寒洲李震相心性论的比较研究》，第8回江华阳明学国际学术大会，韩国阳明学会，2011年10月。

[22] 朴鹤来:《韩末性理学界的心说论争及其道德（教育）论的意义》，《人文科学研究论丛》第33辑，明知大学人文科学研究所，2012年12月。

[23] 探讨湖洛论争（未发论）与四端七情关系的论文见崔英辰《南塘与巍岩未发论的再检讨：与退溪·高峰的四端七情论辩相比较》（邢丽菊译:《韩国儒学思想研究》，东方出版社，2008年，第234～270页）。

[24] 李允宁在《退溪与弗洛伊德心论的比较研究》（成均馆大学博士论文，2011年）中用精神医学的理论对退溪心性论做了比较研究。

（作者单位：韩国成均馆大学）

朱子学年鉴（2015）

# 朱子学研究新视野

# 论朱子所说的“诚意”与“致知”关系的问题

⊙ 杨祖汉

我最近借康德所说的必须对道德从一般的理解进至哲学的理解，才能克服“自然之辩证”，使人能有真正的道德实践之说，来诠释伊川的从“常知”到“真知”的见解，似乎可以为程朱所以要以穷理、致知格物为工夫，给出一较顺通的说明。而如果程朱所言致知，是对本有的知善恶，即德性之知做进一步的穷究，则由对道德之理之彻底明白，确可起信，而人之私心欲望，自无所容，而不会有借为善而暗中满足私欲的情况出现。而此所谓的“自然之辩证”是人生命中之普遍现象，人必须对治的。若如此解，则致知便有澄清人之意欲，使人不会自欺的功用，如是则致知便可以有诚意的效果，本文拟对此义略做讨论。因对“自然之辩证”义，前已有数文论及，[1]此文从略，而集中在致知乃是对道德义务、道德法则之知及在知道德之理时所会引发的影响上论说。

## 一、阳明与牟宗三先生对朱子致知与诚意关系的评论

朱子依《大学》八条目的顺序，认为“诚意”在“格物”“致知”之后，即以“致知”为“诚意”的先行条件。而他对“致知”的理解是使心知的作用充分发挥，于是“诚意”此一内圣成德的关键工夫是要以对于理有充分的了解为前提，此一诠释固然有《大学》原文做根据，《大学》所说的八条目确是先“致知”才能“诚意”，如云：“欲诚其意者先致其知”，“知致而后意诚”。故依《大学》，“致知”是“诚意”的根据，意思相当明白。对此一诠释，王阳明做出有力的批评，他说：“纵格得了草木来，如何反来诚得了自家意。”[2]阳明认为对于理的认识是知之事，知并不必含行，要在了解了理的意义后，又能依理而行，必须要有另外的工夫，故朱子要提倡敬的工夫，以敬的力量或作用使心依理而行。阳明认为如此理解《大学》并不切于实践，敬的工夫如果如此重要，何以《大学》会把它漏掉呢？[3]故阳明认为“致知”是“致良知”之意，并非推致心知去明理，而是努力推致、实现我们心中本有的良知。良知即是天理，良知呈现自然有自发的要求朝向天理的方向而实践的力量，依此良知而行就可以有

去妄存诚的效果，使我们的现实的生命，成为自发自主地依自己给出的理而实践的道德主体，故若如此解“致知”就可以有“诚意”的结果，工夫在致良知上用，而“致知”就必含“诚意”。阳明之说确是切于实践的，致良知的确当下可以洞开道德行动之源，挺立人的道德主体。牟宗三先生以阳明之说是直贯创生的系统，不同于朱子的横摄系统，分辨十分清楚。牟先生对于朱子由致知而诚意的实践次序的说法也给出了类似于阳明的批评，他认为依朱子所理解的“致知”，并不能达到诚意的结果，若致知是知理的工夫，则从致知到诚意并不能必然相连，故他认为朱子意的诚意，在朱子的理论中是一“软点”[4]，即是说朱子意的“诚意”，工夫全在致知上用，而致知是知的工夫，只是知的工夫则不必能开道德行动实践之源。牟先生对朱子意的致知为诚意的先行条件，及“知之者切，然后贯通得诚意底意思”之言，做了以下的批评：

> 此是以知之真切带出诚意。此固可说。然此种诚意黏附于“知”而见，很可能只表示知之诚，即实心实意去知，不是浮泛地知，真感到求知之迫切，真感到理之可悦而真切地去知，此所谓对于知、对于理、有存在的感受也。……然正心诚意所表示之心意，是道德之心意，是道德行动之机能，而知是认知之机能。求知活动固亦可说是一行动，因而作为行动之源的心意亦可以运用于心知之明之认知而成为真切地去认知，但却并不能限于此而与之为同一。意是行动之源，而实心实意去知、所诚的只是知，此与诚意以开行动之源、这其间毕竟有距离。[5]

另外，牟先生认为，依《大学》原文，诚意的工夫有其独立性，虽说八条目的次序是先致知后诚意，但在《大学》的“诚意章”对“诚意”的解释是“所谓诚其意者：毋自欺也，如恶恶臭，如好好色，此之谓自谦”并没说“所谓诚意在致其知者”，不同于其他纲目的关系的说法。[6]可知依《大学》此处原文，致知与诚意的因果关系亦可打断，诚意的工夫可以独立地做，此即慎独的工夫。

## 二、致知是诚意的先行工夫如何可能

依唐君毅先生的说法，朱子所说的理是当然之理。[7]我觉得从唐先生的说法可以给出对于理之知可以达至诚意的效果之论据。所谓当然之理或道德之理，只是一理所当然或义所当为之“意义”。即是说对于该行之事，吾人只能够因为此事是该行而行，而不能够有别的存心，此即康德所说的“按照无条件的律令而行”，所谓道德之理就是“为所当为之事只能纯粹的因为当为而为，而不能有其他存心想法。”此一意义，便应是朱子之致知格物穷到底，要了解的“理”。

如果穷理是穷道德之理，而道德之理只是一对义所当为者，只能为了义所当为而为，不能有其他想法，则此理当然是吾人所本知的，因为此义由人的理性而发，没有人会否认此义。举例来说，为子当孝而且其为孝只能因为孝是当为者，不能因为别的目的（如为了贪求父母财产）而孝。此一意义，人一反省就可以知道，而且一定赞成而不会反对，如果你反对此义，就表示说，你认为你的儿女可以因为别的目的而孝顺你，而不是因为孝顺是应该的而孝顺。人绝不会同意这种抱着别的目的而行善，为真正的善行。此理是很容易明白的，人一反省就可以知道，而一旦知道，便会同意，绝不会否定它。如果否定它，就等于是否定了自己按理而给出来的想法，故反对道德之理，会造成反对自己的理性，甚至自我否定的结果，这是不合理的。故如果理以上述的意思来规定，则对于理的认知，是有对于理本有之知来做根据的，此理并无经验之内容，对此理一反思即得，不假外求，根据此本有之知而进一步地求更清楚的理解便是致知，而如果致知是此义，则越致知便会越明理，此是有保证的。而越明理就会越肯定此理、认同此理，越能认同肯定此理，便会真切希望自己能够表现此理或完全地按照此理而实践。[8]对于道德之理的了解应该一定会有这种情况出现的，因为越了解此理，越知其为当然，则人便会越清楚了解此一意义是绝不能反对的。如此，就可以因着了解的深切，而引发人趋向于要求自己做一个纯粹的为了行所当行而行动的人。如此一来，致知当然会造成诚意的后果，知至与意诚之有因果关系可以成立。

这是从明理、知理而引发人要自诚其意的要求，此知理并非从对理毫无所知来开始，因为此理没有别的，只是义所当为或人应只因为当为而为，不能够做当为之事，另抱有别的目的。道德之理只是此义而无其他，则知之并无困难，甚至对此理之知可以说是先验的，因为对此理的了解虽然要通过认知或思辨的活动，但人稍一反省即可知之，而且所知的理都是一样的，即理是普遍的。如此说则此理并不能是由经验提供的，如果是由经验提供，则人不能都能知此理，而且所知的理也会不一样，而对道德之理的知，伊川正式说为“德性之知”，而且说德性之知不假于见闻。[9]伊川此语很明白表示此理不从经验而得之意。此同于张横渠所言“天德良知”非“闻见小知”之区分。[10]朱子虽然对于此德性之知的说明并不太多，但他认为对于理之知是凡人皆有的，依此意也可以说朱子有对于德性之知是人所本有之意，而且是很清楚的。虽然程朱强调必须要通过格物致知才可以对于理有真知，有真知而后能诚意，而如此才能生起相应于道德法则的行动，但不能因为他们这种说法，就认为他们所言之理与心截然为二，理外于心而为心的对象；或心的知理、心之具理是后天的认知地具。此中的关键在于道德之理的特殊性，此意见后文之讨论。

## 三、引朱子论致知与诚意关系之文献来说明

牟先生《心体与性体（三）》讨论朱子从致知到诚意的工夫进程，引了朱子相关的重要文献，再做批评。牟先生的批评大意，已见第一节所引。但牟先生所引的朱子原文似乎也可以做另一方向的诠释：

1.“‘知至而后意诚’，须是真知了，方能诚意。知苟未至，虽欲诚意，固不得其门而入矣。惟其胸中了然，知得路径如此，知善之当好，恶之当恶，然后自然意不得不诚，心不得不正。”因指烛曰：“如点一条蜡烛在中间，光明洞达，无处不照，虽欲将不好物事来，亦没安顿处，自然着它不得。若是知未至，譬如一盏灯，用罩子盖住，则光之所及者固可见，光之所不及处则皆黑暗无所见，虽有不好物事安顿在后面，固不得而知也。所以贵格物，如佛、老之学，它非无长处，但它只知得一路。其知之所（以）及者，则路径甚明，无有差错，其知所不及处，则皆颠倒错乱，无有是处，缘无格物工夫也。”[11]

朱子所谓的“知得路径”是从“善之当好，恶之当恶”来规定，故“知至”是从对善恶的“常知”进到“真知”，如果对善恶是本有所知的，则对此从一般的知进至真知，便是对道德上的善恶有透彻的了解，如此，人的私意就不能附着。引文中所说的“然后自然意不得不诚，心不得不正”，很能表达在人明白了道德义务是理所当然该行之事，吾人实践义务只能为义而行，不能抱有别的目的时，吾人对此便只能完全同意，不能起别的想法。如果不同意，便是反对自己的理性的想法，也等于是自我否定，此所谓“不得不”。如是则朱子所认为的真知“善知当好，恶之当恶”，便“意不得不诚”之论，是合理的，此中从知至到意诚，是可以以因果关系来说明的。

2. 问：“物未格时，意亦当诚。”曰：“固然。岂可说物未能格，意便不用诚！自始至终，意常要诚。如人适楚，当南其辕。岂可谓吾未能到楚，且北其辕！但知未至时，虽欲诚意，其道无由。如人夜行，虽知路从此去，但黑暗，行不得。所以要得致知。知至则道理坦然明白，安而行之。今人知未至者，也知道善之当好，恶之当恶。然临事不如此者，只是实未曾见得。若实见得，自然行处无差。”[12]

问者问在物未格时，是否亦要诚意？此问者之意，确如同牟先生所谓的，格物与诚意是可以分开而独立的两种工夫，二者间的因果关系可以打断。朱子对此提问的回应是说，人当然自始至终都要诚意，不能说物未格时，便不用诚意；但若非知至，虽欲诚意，也做不到。朱子此意可表示人本有自发的纯粹地为所当为之要求，故朱子说“岂可谓吾未能到楚，且北其辕”。但固然未致知时

也须诚意，或人亦会有诚其意之要求，但此时的诚意并不真实，如果不真知善恶的不同，便不能真实地诚其意。朱子此处仍旧对“善之当好，恶之当恶”之知有深浅来说，认为人虽然对善恶本有所知，但临事却往往不能为善去恶，此是因为未曾真正见得实理，若对道理能坦然明白，自然会安而行之。如果朱子所要致知穷理的理是道德之理，则如上文所说，真知道德的理，便会有自己对此理完全认同的效果。而朱子此处言理的确是从“善之当好，恶之当恶”，即道德之理来说。则朱子希望由致知达到诚意的效果，也是有理据的。

3. 问“‘知至而后意诚’，故天下之理，反求诸身，实有于此。似从外去讨得来”云云。曰：“‘仁义礼智，非由外铄我也，我固有之也，弗思耳矣！’。”（原注：厉声言“弗思”二字）又笑曰：“某常说，人有两个儿子，一个在家，一个在外去干家事。其父却说道在家底是自家儿子，在外底不是！”[13]

此段问者之意是说知至而有意诚，是格知天下之理，然后反求诸身，使理实有于己。如果是如此，似是从外而求理，即理非吾人本有。朱子回答强调仁义礼智我固有之，并厉声说此意。当然朱子的“厉声”之反应可能表示问者所说击中了朱子心理为二的理论弱点；但也可以理解为，朱子认为将其理论理解为理在心外，是很不恰当的，即他这格物致知论并不能被了解为理在心外。固然心是活动的，而理是存有而不活动，二者有不同，朱子所说的心，也不是陆王所肯认的心即理的心体；但虽如此，朱子并不认为理在心之外。理固然不同于心，但对于此道德之理——即“善之当好，恶之当恶”，而且为善是因为善之当为而为——是人一反省就可以知道的，故此理并不在心之外。朱子所说的在家的儿子与在外的儿子之喻，可以理解为，在心之理与在物之理是一样的，也可以用来区别对此理有常知与真知的不同。

4. 问椿：“知极其至，有时意又不诚，是如何？”椿无对。曰：“且去这里子细穷究。”一日禀云：“是知之未极其至。”先生曰：“是则是。今有二人：一人知得这是善，这是恶；又有一人真知得这是善当为，恶不可为。然后一人心中，如何见得他是真知处？”椿亦无以应。先生笑曰：“且放下此一段，缓缓寻思，自有超然见到处。”[14]

依朱子意，知至便涵意诚，故他所问的知极其至而意却不诚，当该是知实未能真正极其至，故魏椿所回答的是对的。然后朱子再问，一人知善恶，又一人真知善当为，恶不可为；此二人有何分别？按朱子所要求的答案应该是，真知者见善必为，见恶必去，即真知一定涵实践，另一人虽知善恶，但只是一般地知，不必能贯彻而为行动。而真知所以能有真正的道德实践，是知至一定意诚之故。[15]

5. 孝述窃疑：心具众理，心虽昏蔽，而所具之理未尝不在。但当其蔽隔之时，心自为心，理自为理，不相赘属。如“二”物未格（牟先生案：“二”当作“一”，下同），便觉此一物之理与“二”不“恨”入（（二）当作“心”，“恨”当作“相”），似为心外之理，而吾心“邀”然无之（“邀”当作“邈”）。及既格之，便觉彼物之理为吾心素有之物。夫理在吾心，不以未知而无，不以既知而有。然则所以若内若外者，岂其见之异耶？抑亦本无此事，而孝述所见之谬耶？先生批云：极是。[16]

此段李孝述所说的，朱子批云“极是”，应该便可以视作朱子的见解。此段认为理是心本有之物。只是心昏蔽时心与理不相赘属。格物之后，则觉得理是吾人素有之物，依牟先生，此段未能消解理在心外，“似从外去讨得来”之疑问；此处所说的心理的相属或心合理是在格物之后，即心通过后天的认知活动而关联到理。但其实亦可另做解释，此段强调理为心所固有，只是在昏蔽时心理不相属，一旦格之，心便知道理是本来固有的。这里一方面说心与理为二，另一方面说理固具于心，两种意思如何统一呢？我认为未必要如牟先生所说，心理是二，须由认知关联为一；可以用上文所说的由于理是道德之理，而此无条件的为其所当为之意义，是人的理性所首肯而不能反对的，故理虽不同于心，但心一旦明了此理，便会认为此理是吾心本来具有的。从自己对于此理的完全认同，便会觉得此理并不在心之外。朱子所说的心固然不是道德的本心，但对于道德之理是人心一反省就可以知道之义是屡屡言之的。

在《语类》有一条可以与上说相发明：

德元问：“何谓‘妙众理’？”曰：“大凡道理皆是我自有之物，非从外得。所谓知者，便只是知得我底道理，非是以我之知去知彼道理也。道理固本有，用知，方发得出来。若无知，道理何从而见！所以谓之‘妙众理’，犹言能运用众理也。‘运用’字有病，故只下得‘妙’字。”又问：“知与思，于身最切紧。”曰：“然。二者只是一事。知如手，思是使那手去做事，思所以用夫知也。”[17]（僩）

朱子所谓道理皆是我自有之物，可以从上文所说的当然之理来说，即人一旦了解此当然之理便会觉得此理是我本有的，非从外得。似乎只有从当然之理来了解朱子所谓的理，才能解消心理为二，但理又为心所本有二说之不一致。朱子于此段文说：“所谓知只是知得我底道理，非是以我之知去知彼道理也。”即他反对心的知理是知心之外的道理之说，即朱子之意，心与理并不可用主客相对，理是心之外在的对象这一方式来了解。这也可以证上所说的一旦知道当然之理，从理所当然的体会中涵有“此理是我固有的”之肯定。故以道德的当然之理，来规定朱子所说的理，可以解消“心理为二”与“心本具理”二义之相冲突。此段又说，“知”是使本有之理发出来的作用。知不是理，此是当然的，但在知理时，此当然之理的意义，就在我心中显发出来。知此时便成为理的彰显，即由于有此知理之知的作用，让吾人明白了此为吾人所本具之当然之理。而且越知此“本具的当然之理”，越使吾人肯认此理，即认此理为“真实的存在”。

对于理是无条件的当然之理之义，可以从下列诸条见之：

问：“南轩谓：‘为己者，无所为而然也。’”曰：“只是见得天下事皆我所合当为而为之，非有所因而为之。然所谓天下之事皆我之所当为者，只恁地强信不得。须是学到那田地，经历磨炼多后，方信得过。”

问为己。曰：“这须要自看，逐日之间，小事大事，只是道我合当做，便如此做，这便是无所为。且如读书，只道自家合当如此读，合当如此理会身己。才说要人知，便是有所为。如世上人才读书，便安排这个好做时文，此又为人之甚者。”

“‘为己者，无所为而然。’无所为，只是见得自家合当做，不是要人道好。如甲兵、钱谷、笾豆、有司，到当自家理会便理会，不是为别人了理会。如割股、庐墓，一则是不忍其亲之病，一则是不忍其亲之死，这都是为己。若因要人知了去恁地，便是为人。”器远问：“子房以家世相韩故，从少年结士，欲为韩报仇，这是有所为否？”曰：“他当初只一心欲为国报仇。只见这是个臣子合当做底事，不是为别人，不是要人知。”[18]

《语类》此三段都表明了“为己”，是“无所为而然”之义。为己是无所为而为，而为人便是有所为而为，此“有条件”“无条件”之辨，亦即是义利之辨。能明此义，方可说是知德，而且朱子此三段话都有“见得”之语，表示了对此无所为而然的道理，需要自己看出来。他对无所为而然，规定为“只是道我合当做便如此做”“不是要人道好”“若因要人知了去恁地，便是为人”，这些话都显示了朱子对于道德的行为是为了吾人所认为当如此行而行，如康德所说的按照无条件的律令而行之义，有深切的了解。此可证朱子所说的理当该是道德之理，朱子对于道德行为只是行其所当然之义，有深切的体悟。对于此义，人虽都有了解，“但只恁地强信不得”，要进一步学、磨炼，方信得过。此即是要以格物致知进一步明了此当然的道德之理。

对于道德之理的体认也就是通过义利之辨而得到的理解，此对道德之理的理解不只是理解而已，在理解此理之同时便会生发出朝向此理而力求实践的愿望。于是，从对于道德之理的理解就会产生实践的力量。所以会如此，是因为在了解到当然之理时，自己一定会肯定此理、赞成此理，而认为此理的规定是吾人本来就该如此做的。此理是我固有之理，既了解此理是我固有的，我所肯认的，那当然我就要把它实践出来。于是实践的力量就从明理、知理或朱子所说的“知极其至”而生发出来。于是致知的工夫虽然不能造成或达至知与理为一，但在知理的过程中，理的作用在吾人的生命中就得以彰显。道德之理如康德所说是理性的事实，此理性的事实一旦为吾人所了解，就不能不同意。而道德之理的力量就在此处生发出来。此如同上文朱子所说的“用知，方发得出来”之意。

在朱子与陈亮论汉唐的文字中，有以下一段：

尝谓天理人欲二字不必求之于古今王伯之迹，但反之于吾心义利邪正之间，察之愈密，则其见之愈明；持之愈严，则其发之愈勇。孟子所谓浩然之气者，盖敛然于规矩准绳不敢走作之中，而其自任以天下之重者，虽贲育莫能夺也，是岂才能血气所能哉！[19]

此段说对于天理人欲之分，人不必在古今历史之王霸之迹上探究，只须反省吾心所认为义利、邪正之区分，便可了解。此即表示上文所说对于所谓道德之理，人反省便可知之之意。吾人之心对于义利、邪正之分是清楚的，而对义利之辨“察之愈密，则其见之愈明”，同于上文所说，对于道德之理之知是使理得到彰显之活动。而“持之愈严，则其发之愈勇”，则也表示了对于道德之理的越加肯认便会越有力量，而自会朝此理的方向实践。此段说明了朱子说统中，知理可以诚意，或在对于理有所知时，理在人的生命中可以发生力量的根据。

## 四、结论

上文试图说明朱子意的致知格物所以能够达至诚意的论据，此论据的关键在于所知的理是当然之理、道德之理。而吾人对于道德之理一旦有所了解，便会加以肯认、赞同，而感到此理是吾人本有之理，是绝对不能反对的，反对之就等于反对自己的理性，也等于是自我否定。由于道德之理有如此的特性，故明白道德之理就使吾人不得不接受之，而愿意单因为是理的缘故便足以决定吾人的行为，如是就等于是道德之理产生了实践的力量。此道德之理的实践力量，依朱子是通过“知”才能产生的，故理虽然是我本有的，但必须要有知的作用，理的意义才能彰显。而知愈致，理的作用就愈得以生发。我认为如此解应可以为伊川、朱子强调“真知”及朱子意的“知至而后意诚”，做出较为顺当的解释。如果此说可通，则程朱对于道德之理的真知与阳明所说的致良知，都可以是儒家内圣之学的合理的工夫。除了上说之意外，按照康德所说道德法则与自由意志互相涵蕴（互相回溯）之说[20]，也可以说明致知与诚意的关系，即对无条件的实践法则越加了解，越会要求自己的意志需成为自由意志，即明道德之理会给出纯粹化自己的意志的动力。关于此意，我在另外的论文中已有阐述。[21]

当然，众所周知，朱子所说的格物穷理，范围是很广的，他说一草一木乃至天地万物都有其理，照此说理当该不只是道德的当然之理。但朱子要穷的理虽多，最后是可以通到太极之理的。而太极之理只有一，故理之多，只是虚的多相，所谓“月印万川”。依上文分析，吾人有理由说此作为根源的一理或理之一，是道德的当然之理。又若从道德的当然之理来规定朱子所说的理，此理可以说是形式之理，只表示了一理所当然，当该无所为地去合做的事之意义，至于在人生的种种的关系、情境中，哪些作为是我们应该无条件的行所当为呢？这就需要加入对于人生种种情境、关系的考虑，而在这个层面上说理，则此理或这些理是有内容的，也需要去格，如对父母的孝顺是应无条件的，因为孝是该行而行的，但怎么样才是具体的孝行呢？则冬温夏清等恰当的行为也需要研究，这些孝行或礼义便不只是一个理所当然的意义而已，这也需要去格。朱子所说的格物穷理，也常指这些意义的理或礼而言，但虽如此，此种种有内容的殊多之理，或礼仪，是在无条件地为所当为之形式之理规定下的，这好比形式与质料的关系，故此无条件的当然之理，是在先的。故我们还是有理由说，朱子所说的理主要是就此无所为而然的道德之理上说。

## 注 释：

［1］ 参见拙作：《儒家道德实践理论新诠》，刘笑敢主编：《中国哲学与文化》第十辑，桂林：漓江出版社，2012 年，第 147 ～ 176 页。以及《程伊川、朱子“真知”说新——从康德道德哲学的观点看》，《台湾东亚文明研究学刊》第 8 卷第 2 期，2011 年 12 月，第 177 ～ 203 页。

［2］ “先儒解‘格物’为格天下之物，天下之物如何格得？且谓一草一木亦皆有理，今如何去格？纵格得了草木来，如何反来诚得了自家意。”（《传习录・下》）

［3］ 阳明说：“大学工夫即是明明德。明明德只是个诚意。诚意的工夫只是格物致知。若以诚意为主，去用格物致知的工夫，即工夫始有下落。即为善去恶，无非是诚意的事。如新本先去穷格事物之理。即茫茫荡荡，都无着落处。须用添个敬字，方才牵扯得向身心上来。然终是没根原。若须用添个敬字，缘何孔门倒将一个最紧要的字落了，直待千余年后要人来补出？”（《传习录・上》）

［4］ 牟宗三：《心体与性体（三）》，台北：正中书局，2003 年，第 402 页。

［5］ 同上。

［6］ 牟宗三：《心体与性体（三）》，台北：正中书局，2003 年，第 403 页。

［7］ 唐君毅：《由朱子之言理先气后论当然之理与存在之理》收录《中国哲学原论・原道篇》卷三，香港：新亚研究所，1974 年。

［8］ 此意亦依唐先生的说法，唐先生认为对于理的了解、肯定与依理而行，三事

是“相持而共长”的。唐先生此义见于前注之论文。拙作:《唐君毅先生对朱子哲学的诠释》，刘笑敢主编《中国哲学与文化》第七辑，第143～166页。

[9]《河南程氏遗书》,《二程集》，上册，卷二十五，第317页。

[10] 张　载:《正蒙·诚明篇》。横渠又曰:“见闻之知，乃物交而知，非德性所知，德性所知，不萌于见闻。”(《正蒙·大心篇》)

[11] 黎靖德编:《朱子语类》，北京：中华书局，1984年，册二，卷十五，第302页。

[12] 同上。

[13] 黎靖德编:《朱子语类》，北京：中华书局，1984年，册二，卷十五，第303页。

[14] 同上书，第303～304页。

[15] 牟先生对此条做评论认为，由此问答可知朱子亦明觉到知至不必一定能意诚；又真知可从“他律之行”验之。(《心体与性体(三)》，第404～405页)按：既然朱子认为魏椿所回答的“知之未极其至”是对的，则朱子不会认为知至不必能意诚；而真知的确可以用能否表现出道德行为来检验，牟先生后一解应合于朱子意。但从明理而诚意，又表现出道德行为，此是否为“他律之行”？则可以再考虑。

[16] 朱　熹:《答李孝述继善问目》,《晦庵续集》，卷十(《四部丛刊》)，第89页。

[17] 黎靖德编:《朱子语类》，北京：中华书局，1984年，册二，卷十七，第382页。

[18] 以上三条都见黎靖德编:《朱子语类》，北京：中华书局，1984年，册二，卷十七，第384页。

[19] 朱　熹:《答陈同甫》,《朱子大全》，台北：中华书局，1970年，卷三十六，第21页。

[20] 见康德:《实践理性批判》第一部，第一章，牟宗三先生:《康德的道德哲学》(《牟宗三先生全集》，第15册)，第178页。

[21] 见拙著《从牟宗三先生康德第二批判的诠释看康德与朱子的思想型态》，“儒学的当代发展与未来前瞻”第十届当代新儒学国际学术会议，深圳大学，2013年11月16～18日。

(作者单位：台湾“中央大学”中文系)

# 朱子理气动静思想再探讨

⊙ 杨立华

关于理气问题的讨论，始终是朱子哲学的核心。程颐用“所以”二字建立起形上、形下的严格界限，从而埋下了与理气关系有关的各种问题的种子。当然，这些问题是到了朱子那里才真正得到充分展开的。

在与此相关的诸多问题当中，理气动静问题最难索解。虽然此前的研究，对此也提出了一些看起来颇具说服力的说法，但其中仍有难以通贯的地方，有待进一步梳解。本文将“理生气”与“理气动静”结合起来加以考察，以期对此问题的理解有所推进。

## 一、从程颐对张载的批评说起

《近思录》第一卷中有这样一段程子的话：

> 近取诸身，百理皆具。屈伸往来之义，只于鼻息之间见之。屈伸往来只是理。不必将既屈之气，复为方伸之气。生生之理，自然不息。如《复》卦言“七日来复”。其间元不断续，阳已复生。物极必返。其理须如此。有生便有死，有始便有终。[1]

正文后小注曰：“此段为横渠形溃反原之说而发也。”

《程氏遗书》卷十五“伊川先生语一”中有两段话，与此章相关：

> 若谓既返之气复将为方伸之气，必资于此，则殊与天地之化不相似。天地之化，自然生生不穷，更何复资于既毙之形，既返之气，以为造化？近取诸身，其开阖往来，见之鼻息，然不必须假吸复入以为呼。气则自然生。人气之生，生于真元。天之气，亦自然生生不穷。至如海水，因阳盛而涸，及阴盛而生，亦不是将已涸之气却生水。自然能生，往来屈伸只是理也。盛则便有衰，昼则便有夜，往则便有来。天地中如洪炉，何物不销铄了？[2]

> 凡物之散，其气遂尽，无复归本原之理。天地间如洪炉，虽生物销铄亦尽，况既散之气，岂有复在？天地造化又焉用此既散之气？其造化者，自是生气。[3]

这几段论述都是在批评张载的虚气循环的气化宇宙论。在张载那里，太虚聚而为气，气聚而为万物，万物散而为太虚。这样一来，太虚之气也就成了由万物消散而来的气的某种形态，也就是程颐所说的“既斃之形，既返之气”。在程颐看来，万物一旦消散，也就灭尽无余了，不会回复到“太虚”这一气的原初状态，更不会成为新的创生过程的材料和基础。

程颐对张载的批评，朱子是完全认同的。《朱子语类》卷九十五有一则材料，与上引《近思录》中程子的话有直接的关联：

> 又问：“屈伸往来，只是理自如此。亦犹一阖一辟，阖固为辟之基，而辟亦为阖之基否？”曰：“气虽有屈伸，要之方伸之气，自非既屈之气。气虽屈，而物亦自一面生出。此所谓‘生生之理’，自然不息也。”[4]

这段话里，朱子充分肯定了程颐不能以“既返之气”复为“方伸之气”的观点。其中，“物亦自一面生出”，强调的是创生的单向性，而不是像张载所讲的那样的循环。

上引《近思录》“近取诸身，百理皆具”一章下，江永集注中有这样一段解说：

> 果斋李氏曰：往而屈者，其气已散；来而伸者，其气方生。生生之理，自然不穷，若以既屈之气复为方伸之气，则是天地间只有许多气来来去去，造化之理不几于穷乎。释氏不明乎此，所以有轮回之说。[5]

这里提到的“果斋李氏”即朱子弟子李方子。李方子这段解说尤为透彻，也充分体现出了朱子对此一问题的看法。如果像张载所讲的那样，既散之气反归为太虚，太虚又聚而为气和万物，那么，宇宙间的气就有了恒定的量。所谓的造化不过是形态的改变，新的创造也就无从谈起了。

综上所述，程、朱对张载的虚气循环的思想的批评，可以总结为如下几点：其一，虚气循环论等于肯定了气作为材料的永恒存在。而程、朱认为，气作为有具体规定的存在者，是有限的，终究会灭尽无余；其二，既然肯定了气或材料的永恒存在，理就只能是气的形式或结构，因此是附属于气的。这样一来，以理为根源的道德价值也就会失去它的根源性。程、朱当然认为理是永恒存在的，气是有成有毁的；其三，如果有永恒的气或材料，那么，天地造化就只是永恒材料在形态上的改变而已，不会有真正意义上生生不已的创造。不再是生生不已，而只是永恒变化；其四，以永恒的气或材料为基础的造化，也就不再是无条件的，而是要依赖有恒定量的既有材料。这在程子和朱子那里，是完全不可理解的。

## 二、理生气与理必“有”气

既然消散的气是灭尽无余的，也就意味着气的产生不是源自既有的材料，而完全“凭空”而来的。当然，讲气是凭空而来的，并不是道家意义上的无中生有。道家意义上的无中生有，是强调世界有其开端，万物产生之前，有一个绝对空无的阶段。朱子显然是认为，世界作为一个整体，是无始无终的。在这没有开端和终结的世界里，具体的、有限的万物有始有终。具体的、有限的万物的产生，根源于凭空而来的有限的、分化的气。这实际上与郭象万物“自生”的观念是基本一致的。[6]与郭象不同的是，朱子认为气的产生根源于理。

在朱子那里，理是天地生生不已的根本。所以，“理生气”是很自然的一种理论的表达。朱子讲“理生气”，有两条材料。其一为《性理大全》中所引：“太极生阴阳，理生气也。阴阳既生，太极在其中，理复在气之内也。”此条材料经陈来先生考证，出自朱子弟子杨与立所编《朱子语略》。[7]另一条见于《朱子语类》：

> 谦之问：“天地之气，当其昏明驳杂之时，则其理亦随而昏明驳杂否？”曰：“理却只恁地，只是气自如此。”又问：“若气如此，理不如此，则是理与气相离矣！”曰：“气虽是理之所生，然既生出，则理管他不得。如这理寓于气了，日用间运用都由这个气，只是气强理弱。”[8]

这里特别值得注意的是，当朱子讲到“气虽理之所生”时，并没有受到学生的质疑。由此可见，在当时日常讨论当中，这一表达并不令人惊异。至少，“理生气”的观念是受到普遍认可和接受的。

但既然“理生气”的观念确是朱子的主张，且为门下弟子普遍接受，那么，为什么在现存的思想资料当中，“理生气”的明确表述却如此鲜见呢？可见，“理生气”或“气虽理之所生”这样的理论表述，并不是以理作为气的产生的根源的思想之准确表达。《语类》卷一有两条观念一致，但表述上略有区别的材料，可以给我们提供一个重要的线索：

> 有是理后生是气，自“一阴一阳之谓道”推来。此性自有仁义。[9]
>
> 问理与气。曰：“有是理便有是气，但理是本，而今且从理上说气。”……又问：“有是理而后有是气，未有人时，此理何在？”曰：“也只在这里。如一海水，或取得一杓，或取得一担，或取得一碗，都是这海水。但是他为主，我为客；他较长久，我得之不久耳。”[10]

前一段材料中的“有是理后生是气”与后一段材料中的“有是理而后有是气”，表达的是相同的观念。也就是说，在朱子涉及理气关系的论述中，“生”和“有”是可以互换使用的。而朱子之所以很少讲“理生气”，则是因为“有是理便有是气”这样的表达更为准确。“理生气”其实只是“理必有气”的思想的一种较为随意的表达而已。

“理必有气”的观念充分体现在朱子关于仁义阴阳的论述当中。在朱子的哲学当中，仁义属理，本不应分阴阳，但朱子又明确有仁阳义阴的论述：

“仁礼属阳，属健；义智属阴，属顺。”问：“义则截然有定分，有收敛底意思，自是属阴顺。不知智如何解？”曰：“智更是截然，更是收敛。如知得是，知是得非，知得便了，更无作用，不似仁义礼三者有作用。智只是知得了，便交付恻隐羞恶辞逊是非三者。他那个更收敛得快。”[11]

仁阳义阴的观念，绝非朱子一时之论。朱子晚年曾与袁枢就此问题论难往复。仁义虽是理，但有仁之理，便有仁之气，有义之理，便有义之气。仁义虽然属理，但已不像太极之理那样的无分别，而是分了段子的。仁作为理，自身便涵一种发舒伸展的倾向；义作为理，则有一种截断收敛的倾向。理必有其固有的“势”，而“势”就落入气的层面了。

理必有其固有倾向，也就是说，理必有气。天下没有不体现出某种气质性倾向的“孤露”之理。太极之理虽无分别，但既是“诚”之理，就体现出实的倾向来。只虚实的定向，已有了气质层面的趋向了。

既然理有其固有的倾向，这固有的倾向又必然有其气质层面的表现。理的气质层面的表现就是气。太极是实有的生生之理。一切根源于太极生生之理的东西，有始必有终。始就是阳，就有动的意思；终就是阴，就有静的意思。动静互涵，阴中涵阳、阳中涵阴而成水、火。所以，天地间最初只有水、火二气：

天地初间只是阴阳之气。这一个气运行，磨来磨去，磨得急了，便拶许多渣滓；里面无处出，便结成个地在中央。气之清者便为天，为日月，为星辰，只在外，常周环运转。地便只在中央不动，不是在下。[12]

“天地始初混沌未分时，想只有水火二者。水之滓脚便成地。今登高而望，群山皆波浪之状，便是水泛如此。只不知因甚么时凝了。初间极软，后来方凝得硬。”问：“想得如潮水涌起沙相似？”曰：“然。水之极浊便成地，火之极清便成风霆雷电日星之属。”[13]

由水、火二气，再凝结成天地万物。朱子的宇宙论就是以此为基础的。

## 三、理“有”动静

理气动静问题根源于周惇颐的《太极图说》。《太极图说》有“太极动而生阳，动极而静；静而生阴，静极复动”的表述。这一表述就自然引生了太极是否有动静的问题。在程颐以“所以”二字特别强调出形而上与形而下的分别之前，这个问题还并不构成真正的理论挑战。但在严格地区别了形上、形下，特别是理、气之后，理的动静问题就成了不能回避的哲学困境。在《太极图说解》中，朱子解释说：

太极之有动静，是天命之流行也，所谓“一阴一阳之谓道”。诚者，圣人之本，物之终始，而命之道也。其动也，诚之通也，继之者善，万物之所资以始也。其静也，诚之复也，成之者性，万物各正其性命也。……盖太极者，本然之妙；动静者，所乘之机也。太极，形而上之道也；阴阳，形而下之器也。是以自其著者而观之，则动静不同时、阴阳不同位，而太极无不在焉。自其微者而观之，则冲漠无朕，而动静阴阳之理已悉具于其中矣。[14]

这里，特别值得注意的是“太极之有动静”这一表述。细读整段解说，我们可以看到其中表述上的张力。单看“自其微者而观之，则冲漠无朕，而动静阴阳之理已悉具于其中矣”这样的论述，朱子似乎是在说，理当中有动静之理，而这动静之理是气的动静的根源。如果确是如此，那么，动就有动之理，静就有静之理。由此出发，就难免落入柏拉图式的分有说的困境。朱子哲学既强调一本，不可能在根源处便如此支离。[15]

关于理的动静问题，朱子有很多不同的表述。至少从表面上看，这些表述是有着很大差别的。但如能深入思考，我们会发现其中思想的一致性。《语类》卷九十四《周子之书》有几则相关的材料：

问“动静者，所乘之机。”曰：“理搭于气而行。”

问“动静者，所乘之机。”曰：“太极理也，动静气也。气行则理亦行，二者常相依而未尝相离也。太极犹人，动静犹马；马所以载人，人所以乘马。马之一出一入，人亦与之一出一入。盖一动一静，而太极之妙未尝不在焉。此所谓‘所乘之机’，无极、二五所以‘妙合而凝’也。”

周贵卿问“动静者，所乘之机”。曰：“机，是关捩子。踏著动底机，便挑拨得那静底；踏著静底机，便挑拨得那动底。”[16]

这几条材料讨论的都是《太极图说解》中的“动静者，所乘之机”这句话。其中，人乘马的比喻被广泛征引，用以说明朱子的理气动静观。但实际上，这是一个非常含糊的比喻。万物皆禀得太极之理，那么，太极之理是否会随万物的运动而运动呢？太极为形而上者，无形迹可言，因此无所谓动静。既然万物皆禀有太极，也可以说太极寓于动静之中。所以朱子说：“盖一动一静，而太极之妙未尝不在焉。”这里，朱子对“机”的解释值得留意。“机，是关捩子”，指能转动的机械。“踏著动底机，便挑拨得那静底；踏著静底机，便挑拨得那动底”，强调的是静以动为基，动以静为基，动静互为条件。因此，在解释《通书》中的“动而无动，静而无静，非不动不静也”时，朱子说：“动中有静，静中有动。”[17]

实际上，“太极之有动静”，其中的“有”字显然是经过了朱子深思熟虑的。《语类》卷九十四载：

梁文叔云：“太极兼动静而言。”曰：“不是兼动静，太极有动静。喜怒哀乐未发，也有个太极；喜怒哀乐已发，也有个太极。只是一个太极，流行于已发之际，敛藏于未发之时。”[18]

这里，朱子特别强调不能说太极兼动静。不仅不能说太极兼动静，甚至也不能说太极贯穿在动静之中。

《语类》卷九十四里有一段对话，对太极贯动静的说法，提出了明确的批评：

问：“动静，是太极动静？是阴阳动静？”曰：“是理动静。”问：“如此，则太极有模样？”曰：“无。”问：“南轩云‘太极之体至静’，如何？”曰：“不是。”问：“又云‘所谓至静者，贯乎已发未发而言’，如何？”曰：“如此，则却成一不正当尖斜太极！”[19]

从表面上看，张栻的讲法与朱子所说静为太极之体、动为太极之用的思想并无二致。朱子之所以不能接受“至静者，贯乎已发未发”的说法，应该是因为如果至静之太极贯穿于动静之中，那也就等于在动静之外别立一太极，从而将太极与动静分隔开来了。

综上所述，我们可以看到，“太极有动静”这个讲法，是朱子关于理气动静问题的究竟说法。实际上，太极“有”动静与我们前面讨论的理必“有”气，是相统一的。既然形而上之理，即使是无内在分别的太极，也有其固有的倾向，如太极就有个实的意思，仁就有个动和生的意思，义就有个静和杀的意思，那么，这种固有的倾向就必然体现出某种气质层面的表现。理的气质层面的表现，就是气。天下没有不具气质性倾向的理，无“孤露”之理。既然理必有气，气则在动静之中。所以，必然的结论就：理有动静。而这也就是朱子理气动静问题的最终结论。

## 注　释：

[1] 朱　熹：《近思录》，上海：上海古籍出版社，1994 年，第 16 页。

[2] 程　颢、程　颐：《二程集》，北京：中华书局，1981 年，第 148 页。

[3] 同上书，第 163 页。

[4] 朱　熹：《朱子语类》，北京：中华书局，1986 年，第 2437 页。

[5] 朱　熹：《近思录》，第 16 页。

[6] 参见赵金刚：《动静生生与“理生气”》，《中国哲学史》，2014 年第 1 期。

[7] 陈　来：《中国近世思想史研究》，北京：商务印书馆，2003 年，第 201～203 页。

[8] 朱　熹：《朱子语类》，第 71 页。

[9] 同上书，第 2 页。

[10] 朱　熹:《朱子语类》，第 2 ～ 3 页。
[11] 同上书，第 106 ～ 107 页。
[12] 同上书，第 6 页。
[13] 同上书，第 7 页。
[14]《太极图说解》，《朱子全书》第 13 册，上海：上海古籍出版社，合肥：安徽教育出版社，2002 年，第 72 页。
[15] 当然，《朱子语类》中的确有"太极自是涵动静之理"这样的说法，但详读那段文字，显然是在强调"静即太极之体，动即太极之用"，不是说另有静之理和动之理。
[16] 朱　熹:《朱子语类》，第 2376 页。
[17] 朱　熹:《朱子全书》第 13 册，第 112 页。
[18] 朱　熹:《朱子语类》，第 2372 页。
[19] 同上书，第 2375 页。

（原载《云南大学学报》（社会科学版），第 14 卷第 1 期，
作者单位：北京大学哲学系）

# 无思有觉、圣凡体别

## ——朝鲜儒者李珥的“未发”说

⊙ 方旭东

## 前　言

《中庸》首章末段：“喜怒哀乐之未发，谓之中；发而皆中节，谓之和。中也者，天下之大本也；和也者，天下之达道也。致中和，天地位焉，万物育焉。”其中提出了“中”“和”两个概念，这两个概念又与“未发”和“发”连在一起，因此，后来宋代新儒家学者在讨论“中和”问题时，也将“未发”和“已发”作为一对独立的范畴加以分析，更由于朱子的加入，“中和”与“未发已发”问题上升为理学最热门的话头之一。在朱子那里，诚如研究者所指出的那样，“未发已发”具有双重含义，一是它们分别指性与情，一是它们分别指心理活动的不同状态或阶段。[1]这两种含义分别指向理学的心性论与工夫论，其重要性自不待言。然而，关于未发工夫，不仅不同的理学家意见不一，乃至像朱子这样的学者，个人意见前后都有变化，使得这一问题十分复杂，也成为今人理解理学工夫论的一个难点。作为朝鲜历史上最重要的儒家学者之一的李珥（栗谷，1536～1584），在阐述其儒学思想之时，亦涉及这一议题。了解栗谷对于未发工夫究竟持何观点，不仅对于把握栗谷思想的特质很有必要[2]，对于弄清栗谷之学与朱子学的关系，乃至朝鲜儒学与中国儒学的异同，其意义也不言而喻。

本文以《圣学辑要》为中心考察栗谷的未发学说，盖栗谷著作虽丰，但与理学关系最密切的则是《圣学辑要》一书。该书由五部分构成：统说第一，修己第二，正家第三，为政第四，圣贤道统第五。其中，修己部分最长，又被分成上、中、下三篇，凡十三章。从篇幅上看，“修己”无疑是《圣学辑要》的重点。栗谷为学是典型的程朱进路，伊川的“涵养须用敬，进学则在致知”[3]，栗谷拳拳服膺，“修己”篇的章节安排即充分体现了这一为学顺序：收敛章第三（敬之始）——穷理章第四——正心章第八（敬之终）。正心章详论涵养省察之意，该章前面说涵养，后面说省察。栗谷所说涵养，主要是指静时工夫，属未发范畴[4]；而省察则主要是指动时工夫，属已发范畴。在涵养这个部分，栗谷主要选了程颐和朱熹语录，中间加了一段按语。正心章“涵养”一节的选文与按语，构成本文分析的主要依据。

栗谷所选诸家语录（包括按语所引），计有：程子（伊川）4 条，朱子 6 条，真德秀（西山）1 条，其学问门径及其对朱子的重视，一览无遗。栗谷所加按语，依其内容，可以分为 4 条：第 1 条论未发时无思虑而知觉不昧，第 2 条论未发时有无见闻，第 3 条论常人与圣贤未发之中之同异，第 4 条论李延平静中体认大本属未发工夫还是已发工夫。不难看出，这些按语都紧紧围绕未发问题展开，栗谷对于未发的理解尽在其中，而其关键则是未发时到底有无知觉。

> 1. 未发之时，此心寂然，固无一毫思虑。但寂然之中，知觉不昧，有如冲漠无朕，万象森然已具也。此处极难理会，但敬守此心，涵养积久，则自当得力。所谓敬以涵养者，亦非他术，只是寂寂不起念虑，惺惺无少昏昧而已。(《圣学辑要》三“修己第二中”,《栗谷全书》卷二十一，第 11 页）

据此可知，栗谷对于未发的理解包含两个要点：首先，未发时无思（毫无思虑）；其次，未发时有觉（知觉不昧）。不难看出，这两点之间存在一定的张力，因为，按照平常的理解，知觉与思虑很难分开。对于栗谷之说，很容易提出如下疑问：既然知觉不昧，也就是说，人有清醒的知觉，如何又能做到无一毫思虑？难道思虑不属于知觉？如果思虑不属于知觉，那么，栗谷所说的知觉又是指什么？

## 一、无思有觉

栗谷自己似乎也意识到，要理解他所说的这两点，存在很大的困难，所谓“此处极难理会”。因此他建议，把这些问题放到一边，“敬守此心”即可。如果将栗谷此说与程颐答苏昞（季明）问喜怒哀乐未发章做一对照，不难发现二者相似之处：

> 或曰：“先生（按：程颐）于喜怒哀乐未发之前下动字，下静字？”曰：“谓之静则可，然静中须有物始得，这里便（一作最）是难处。学者莫若且先理会得敬，能敬则自知此矣。”(《遗书》卷十八，《二程集》，第 201 ～ 202 页）

此节讨论喜怒哀乐未发之前究竟属动还是静，程颐先是给了一个模棱两可的回答，大概他自己也感到这个回答可能让人无可措手，遂告诉对方还是先去理会“敬”。栗谷在处理未发问题时，几乎照搬了伊川的教法。事实上，栗谷在选文中就收了伊川这一条材料。[5]

然而，在解释“敬以涵养”的具体方法（术）时，栗谷又回到未发的两个要点上来：“寂寂不起念虑，惺惺无少昏昧”。看来，不弄清无思（思虑、念虑）有觉（知觉不昧、无少昏昧）的确切含义，也无法去做“敬以涵养”的工夫。

看下面这段话，栗谷所说的知觉似乎主要指见闻这类感觉。

2. 或问：“未发时亦有见闻乎？”臣（按：栗谷自称）答曰：“若见物闻声，念虑随发，则固属已发矣。若物之过乎目者，见之而已，不起见之之心；过乎耳者，闻之而已，不起闻之之心，虽有见闻，不作思惟，则不害其为未发也。故程子曰‘目须见，耳须闻’，朱子曰‘若必以未有见闻为未发处，则只是一种神识昏昧底人，睡未足时被人惊觉，顷刻之间，不识四到时节，有此气象。圣贤之心，湛然渊静，聪明洞彻，决不如此’，以此观之，未发时亦有见闻矣。”（《圣学辑要》三“修己第二中”，《栗谷全书》卷二十一，第11页）

虽然问者没有直接就“未发时是否有知觉？”来请教，但“未发时是否有见闻？”这个问题与未发时思虑知觉的讨论显然相关。问者似乎困惑于“未发时亦有见闻”这样的说法，言下之意：有所见闻不就意味着已发吗？

栗谷了解问者心中之疑，所以一上来就说：在一般情况下，见物闻声往往会随之产生念虑，这当然属于已发状态。但他接着又指出，并不是所有闻见都一定会伴随着念虑，存在这样一种情况：物过乎目，人见之而已，不起见之之心；物过乎耳，人闻之而已，不起闻之之心，总之，虽有见闻，但人不作思惟。按照栗谷，这种情况应当被承认为未发。换句话说，不是有闻见就一定属于已发。在未发状态下，人一样可以有所闻见。这样，有无闻见这一点不应当被用来区分已发未发，有无思惟才是关键。那么，栗谷所说的“思惟”，又是什么意思呢？

从“若见物闻声，念虑随发，则固属已发”这句话来看，“思惟”是指伴随所见所闻而起念。而从“不起见之之心”“不起闻之之心”这些话来看，“思惟”又似乎是指有目的或计划性的意识活动。如果说前者是起念于闻见之后，那么，后者就是起意于闻见之前。相应的，“不作思惟”也表现为两种不同的状况：一种是有所闻见，但在头脑（内心）没有激起任何联想、情感、欲求；另一种是没有打算闻见或没有任何闻见的冲动而被动地闻见。[6]

以上是分析的说法，在栗谷本人那里可能没有这样的自觉。对他而言，无论是起念还是着意，都代表着一种自我控制或决定的意向性活动，既不同于喜怒哀乐这样的情感反应，也不同于闻、见这样的主要与身（与心相对）相连的感觉或认知行为，后两种精神现象的一个共同特征就是：它们不受自我控制或决定，俗语情不自禁、身不由己，有以形容之。

关于自我控制的意向性活动与情感反应和具身性认知活动的不同，我们可以通过以下例子说明。通常，只要眼睛是睁着的，只要视力正常，当眼前出现一片樱花，人就会看到，得到感官方面的印象：好漂亮的樱花。这个行为不需要主体意志（will）参与其中，无关于意志或意向。春天看到樱花盛开，觉得赏心悦目，乃至流连忘返，这种情感反应也不是出于主体有意而为。但是，是留在书房里完成论文还是去公园赏花，这些行为则是由主体决断的。栗谷说的思惟，更多是主体决断的意志或意向活动。强调未发时有见闻，无非是想对闻见这类比较简单的感觉或知觉活动与思考、意欲这类相对复杂的理智、情感活动做出区分。就提出已发未发概念的《中庸》本文来说，未发主要是与喜怒哀乐等情感或情绪反应连在一起的。换言之，《中庸》并没有说“未发时感觉器官处于沉睡状态”，也就是说，对于《中庸》作者，本来不会产生未发时有无见闻知觉这样的问题。那么，未发有无见闻知觉，是何时以及怎样变成了一个问题呢？历史地看，这是程颐、朱熹这些宋代理学家努力的结果。[7]事实上，栗谷这段话就提到了程、朱各一条语录。它再次显示，栗谷有关未发的看法是以程朱为旨归的。下面，我们就逐一参详。

2.1 目须见，耳须闻。（程颐）

这句话出自伊川答苏季明问后章第 11 节[8]，栗谷在选文中对原文做了具录：

> （程子语录 3）或曰：“当静坐时，物之过乎前者，还见不见？”曰：“看事如何。若是大事，如祭祀，前旒蔽明，黈纩充耳，凡物之过者，不见不闻也。若无事时，目须见，耳须闻。”（《圣学辑要》三“修己第二中”，《栗谷全书》卷二十一，第 11 页）

关于静坐时是否有见闻，伊川给了一个语境主义的回答：“看事如何”，有大事时（比如祭祀）无所见亦无所闻，而无事时则有所见亦有所闻。何以有此不同？伊川没有解释。此节与同章第 3 节可共看，后者亦是关于未发之前（当中之时）有无见闻的问答，其文如下：

> 曰：“当中之时，耳无闻，目无见否？”曰：“虽耳无闻，目无见，然见闻之理在始得。”（《遗书》卷十八，《二程集》，第 201 页）

如同之前有关动静的回答一样，伊川有关闻见的这个回答，亦有试图照顾两边的特点：一方面肯定目无见耳无闻，另一方面也提示见闻之理仍在。

将第 3 节与第 11 节对照，就会发现一个问题：按第 3 节，静时（当中之时）无见闻；按第 11 节，静时（无事时）有见闻。静时到底有无见闻？伊川的说法应以哪一个为准？又或者，伊川就没有一个统一的想法？

朱子曾经注意到这个问题，他认为，正确的说法应该是耳有闻目有见。

> 如耳无闻目无见之答，以下文前旒黈纩之说参之，其误必矣。盖未发之时，但为未有喜怒哀乐之偏耳，若其目之有见，耳之有闻，则当愈益精

明而不可乱，岂若心不在焉，而遂废耳目之用哉？（《中庸或问》，《朱子全书》第 6 册，第 562 页）

“以下文前旒黈纩之说参之”，可见朱子是以第 11 节的说法为准，准确地说，是以第 11 节后半截“无事时，目须见，耳须闻”为准。伊川关于“前旒蔽明，黈纩充耳，凡物之过者，不见不闻”的说法在朱子看来是错误的。

但其（按伊川）曰“当祭祀时，无所见闻”，则古人之制祭服而设旒黈，虽曰欲其不得广视杂听而致其精一，然非以是为真足以全蔽其聪明，使之一无见闻也。若曰履之有絇，以为行戒；尊之有禁，以为酒戒，然初未尝以是而遂不行不饮也。若使当祭之时，真为旒黈所塞，遂如聋瞽，则是礼容乐节，皆不能知，亦将何以致其诚意，而交于鬼神哉？程子之言，决不如是之过也。（《中庸或问》，《朱子全书》第 6 册，第 562 页）

按此分析，伊川答苏季明问的这条记录还存在失真问题。[9] 总体上，朱子对伊川答苏季明之后章评价甚低：“程子备矣，但其答苏季明之后章，记录多失本真，答问不相对值”[10]，“大抵此条最多谬误，盖听他人之问，而从旁窃记，非惟未了答者之意，而亦未悉问者之情，是以致此乱道而误人耳。”（《中庸或问》，《朱子全书》第六册，第 561 ～ 562 页）[11]

朱子之所以坚持未发时亦有见闻，在哲学上，是基于他对两组概念所做的区分：心之知、耳之闻、目之见是一组，心之思、耳之听、目之视是一组。前者属未发，后者属已发。

盖心之有知与耳之有闻、目之有见为一等时节，虽未发而未尝无；心之有思乃与耳之有听、目之有视为一等时节，一有此则不得未发。故程子以有思为已发则可，而记者以无见无闻为未发则不可。若苦未信，则请更以程子之言证之。如称许渤为持敬，而注其下云：曷尝有如此圣人？[12] 又每力诋坐禅入定为非，此言皆何谓邪？若必以未发时无所见闻，则又安可讥许渤而非入定哉？（《答吕子约第三十九书》，《文集》卷四十八，《朱子全书》第 22 册，第 2223 页）

朱子对思、听、视的用法与一般无异，都是以之为动词，表示认识活动意。但朱子对知、闻、见的用法与一般则不同，一般是以之为认识的结果或内容，而朱子则以之为认识的能力。通常，人们会说：思而不知（识），听而不闻，视而不见，以表示：真正的认识活动必须有意识（consciousness）参与其中，否则，就会出现没有结果的认识活动。朱子为了合于未发已发的规定，故于思、听、视不取活动义，而取能力义。实际上，准确表达朱子意思的词应该是：思考力、听力、视力，而不是：思、听、视。朱子所说的“有知觉”或“知觉不昧”，正是说认识能力或潜能，而不是说认识活动或认识结果。在未发的状态下，当然不能说有知、闻、见，但可以说有思考力、听力、视力。如果朱子只是强调未发状态下，心体的明觉不曾失去，这当然是不错的。就像以镜为喻：镜未照物，不妨其有光明（即能照之功），但不能说其中有影（所照之物影）。但是，当朱子说未发时有见有闻，在语义上就存在歧义，人们会以为是在说有所见有所闻（事实上，朱子本人有时就是这样用的，比如，他在上引这段话里就说“若必以未发时无所见闻”），这在理论上就说不通了：如果没有有意识地去认识（思、听、视），何谈认识的结果或内容（知、闻、见）？而按伊川之见，有思即是已发[13]，那么，有所见有所闻又如何还能说是未发呢？

这里的问题出在“思”上。由于伊川并没有规定“思”特指分散心神，使其不专一的“闲思杂虑”，人们当然可以将其广义地理解为所有的知觉活动。事实上，伊川本人有时也是这样看待的。如果伊川了解，他所说的“思”或“知觉”乃是特指产生使人从所从事的活动当中分散注意力的思虑、念头，再宣称“才思便是已发”或“才知觉便是已发”，就没有问题了。如此看来，未发已发成为问题，纠缠不清，是程朱（尤其是伊川）等人理解的问题，而非《中庸》本文的问题，因为，对《中庸》来说，它明明是讲喜怒哀乐之情的发动与否，而不是对所有知觉活动而言。[14]《中庸》所说的“喜怒哀乐未发”主要是指人心没有生出私心杂念，而并不是说心无知觉。

综观程、朱之说，无论是关于未发时有无见闻，还是关于未发时究竟属动还是静，其陈述都存在不能自洽和难以服人之处。栗谷采纳了经过朱子裁断的未发时亦有见闻之说，但从他在选取伊川论未发的语录时依然收入朱子批评甚烈的那条材料这一点来看，伊川之说的内在矛盾以及朱子对伊川的批评与修正，似乎并没有进入他的视野。

## 二、圣凡体别

为驳斥以未有见闻为未发的观点，朱子更发展出一种未发之体上的圣凡区别说，其大意是：未发之时，普通人或有无见无闻之事，而圣人则决不如此，其心聪明洞彻，闻见不爽。栗谷注意到朱子的这个说法，在按语中做了引用。

> 2.2 若必以未有见闻为未发处，则只是一种神识昏昧底人，睡未足时被人惊觉，顷刻之间，不识四到时节，有此气象。圣贤之心，湛然渊静，聪明洞彻，决不如此。（朱熹）

此为朱子《答吕子约第四十五书》中语，栗谷所引不全，读者从中难知朱子“圣凡未发之体有别”说之究竟，兹将上下文一并抄录。

> 须知上四句分别中和，不是说圣人事，只是泛说道理名色地头如此。下面说“致中和”，方是说做功夫处，而唯圣人为能尽之。若必以未有见闻

为未发处，则只是一种神识昏昧底人，睡未足时被人惊觉，顷刻之间，不识四到时节，有此气象。圣贤之心，湛然渊静，聪明洞彻，决不如此。若必如此，则《洪范》五事当云"貌曰僵，言曰哑，视曰盲，听曰聋，思曰塞"乃为得其性，而致知居敬费尽工夫，却只养得成一枚痴呆罔两汉矣。(《答吕子约第四十五书》,《文集》卷四十八,《朱子全书》第22册，第2235页)

朱子认为，"致中和，天地位，万物育焉"这个叙述才是"说做功夫处"，而且"唯圣人为能尽之"。至于"喜怒哀乐之未发，谓之中；发而皆中节，谓之和。中也者，天下之大本也；和也者，天下之达道也"，只是解释"中""和"等名词而已。朱子这样理解"致中和"，是把"致"看成动词，这个解释显然受到了《大学》"致知"一词的影响。而把"致中和"功夫看成只有圣人才能完成，则意味着，被子思认为是"天下之大本"的那个"中"，不是常人在喜怒哀乐未发之前就能达到的，而只能是圣人才如此。朱子的这个说法在《中庸》本文当中也可以找到一定的根据，如《中庸》第三十一章云："唯天下至圣，为能聪明睿知，足以有临也"，第三十二章云："唯天下至诚，为能经纶天下之大经，立天下之大本，知天地之化育，夫焉有所倚？肫肫其仁，渊渊其渊，浩浩其天。苟不固聪明圣知达天德者，其孰能知之？"不过，朱子用来证明自己观点的，却主要是《尚书·洪范》有关"五事"之说。

《尚书·洪范》提到九类常道（九畴），其中第二类就是所谓"五事"（"次二曰敬用五事"），"五事"指：貌、言、视、听、思。《洪范》作者还进一步规定了这五事所应达到的目标："貌曰恭，言曰从，视曰明，听曰聪，思曰睿。恭作肃，从作乂，明作哲，聪作谋，睿作圣。"（[汉]孔安国《尚书》卷七"洪范第六周书"，四部丛刊景宋本）从理论上说，恭、从、明、聪、睿这些性质是应然或规范，并不就是实然。不过，古人有一种倾向，即把这些规范看作主体内在自发的美德追求，孔子把这种自发的美德追求称之为"思"，而有所谓"九思"之说："君子有九思：视思明，听思聪，色思温，貌思恭，言思忠，事思敬，疑思问，忿思难，见得思义。"(《论语·季氏第十六》)[15]《礼记·玉藻》也有对君子容貌方面的要求，提出所谓"九容"之说："君子之容舒迟，见所尊者齐遬。足容重，手容恭，目容端，口容止，声容静，头容直，气容肃，立容德，色容庄。"(《礼记·玉藻第十三》)可以设想，一个君子经过长期修养，他在视听方面自然会达到聪、明之境，而其一举手一投足，也会给人以恭重之感。

从《洪范》本文看，貌、言、视、听、思这五事是各自独立的，但郑玄（127～200）在解释"睿作圣"时，认为"睿"是"通"的意思，还根据孔子说的"圣者，通也，兼四而明"把"圣"解释为"包貌言视听而载之以思心者，通以待之"[16]，从而，由"思"出发而达到的"圣"就变成了兼包貌、言、视、听四者的更高范畴。易言之，如果一个人通过“思”达到“圣”的境界，那么，他同时也就兼具了貌之恭、言之从、视之明、听之聪。合起来，就是：圣人聪明睿知。“聪明”是就耳目闻见这些感觉或知觉能力而言，本来并不是形容睿智（知）这样的理性能力，现在，经过学者诠释，《洪范》以及《中庸》当中包含了“圣人聪明睿知”这样的命题，就这样，原本形容感觉或知觉能力的聪明与形容理性能力的睿智很自然地结合到一起，并且，它们都统一在“圣”的名义之下。

对于这种聪明睿知的圣人，自然可以说其心“湛然渊静，聪明洞彻”，其听也聪，其视也明，亦即：即便与事物没有接触，其听之聪、视之明也不会消失。说未发时无见无闻，对于这样的圣人自然不适用。

伊川与苏季明讨论未发状态下有无见闻的问题时，只是一概而论，还没有像朱子这样把常人与圣人分开来说。按照朱子，关于未发状态下有无见闻，准确的回答应该是：未发状态下，圣人有见有闻。至此，朱子实际上已对未发状态下“目须见，耳须闻”的说法做了一定的修正，相对于之前他就伊川答苏季明问所做的裁决——未发时，耳有闻目有见，现在这个说法在辞气上已经减弱很多。

关于未发时有无见闻，朱子观点的不同版本，都为栗谷所继承。如前所述，栗谷接受了“目须见耳须闻”之说，现在，他也赞成朱子的“圣人未发时有见有闻”论。

> 3. 又问：“常人之心固有未发时矣，其中体亦与圣贤之未发无别耶？”臣（按：栗谷）答曰：“常人无涵养省察工夫，故其心不昏则乱，中体不立。幸于须臾之顷，不昏不乱，则其未发之中，亦与圣贤无别。但未久而或颓放，或胶扰，旋失其本体，则霎时之中，安能救终日之昏乱以立大本乎？”（《圣学辑要》三“修己第二中”，《栗谷全书》卷二十一，第 11 ～ 12 页）

在朱子那里，“圣人与常人，其未发之中体是否有别？”这样的问题，并没有以明晰的方式提出，朱子只是强调，《中庸》所说的作为“天下之大本”的“中”，唯有圣人才能如此，至于常人未发之中是如何，朱子则语焉不详。[17]而在栗谷这里，问题已经被尖锐地摆到面前，令他无法回避。栗谷的回答，是“圣凡未发之体有别”说的一个较强版本。

依栗谷，没有做过涵养省察功夫的常人，其心不昏则乱，因此，其未发之中，与圣人（圣贤）有别。栗谷也提到，常人之心在某些时刻，也许不昏不乱，从而，其未发之中与圣贤无别，但这种时刻稍瞬即逝，总之，都难以担当《中庸》所说的“立天下之大本”的重任。

栗谷关于常人与圣人未发之同异的讨论，其核心涉及如何认识《中庸》所说的“中”。这个“中”，《中庸》既说它是“喜怒哀乐之未发”，又说它是“天下之大本"。就前一个说法而言，"中"是一个中性描述，只要符合"喜怒哀乐"未萌这个条件，任何人的心，这个时候都可以说是"中"。然而，就后一个说法而言，"中"就变成了价值源泉，从而，再不能说，任何人的心，都可以作为人类的价值源泉。合理的解释，只能像朱子所说的那样，能够成为天下之大本（立天下之大本）的，是圣人未发之中。

吕大临（与叔）曾经把孟子所说的"赤子之心"理解为"未发之中"，结果被程颐讥为"不识大本"。伊川之所以作如是观，是因为他认定赤子之心属已发，而《中庸》所说的"大本"是指"未发之中"。吕大临则为自己辩解说，孟子意义上的赤子之心正是指未发之际而言的，其特点是无所偏倚，完全符合"未发之中"的要求。[18] 吕大临在申述时，也谈到赤子之心与圣人之心未发时同异的问题。

> 圣人智周万物，赤子全未有知，其心固有不同矣。然推孟子所云，岂非止取纯一无伪，可与圣人同乎？非谓无毫发之异也。(《与吕大临论中书》,《文集》卷九,《二程集》，第607页）

吕大临承认，赤子与圣人之心有所差异，但他坚持认为，孟子所说的赤子之心，正是就其与圣人相同而言的。按照吕大临的理解，孟子所说的"纯一无伪"的赤子之心，是指其处于喜怒哀乐未发之际。易言之，赤子之心与圣人之心在其未发时无不同。

朱子在评论程颐答吕大临论中书时，一方面肯定了程颐关于赤子之心不是中而未远乎中的观点，另一方面，对吕大临关于赤子之心属未发的说法也给予了一定的承认。

> 问："赤子之心，指已发而言，然亦有未发时。"曰："亦有未发时，但孟子所论，乃指其已发者耳。"良久，笑曰："今之大人，也无那赤子时心。"（义刚）(《朱子语类》卷五十七"孟子七离娄下·大人者章"，第1341页）

> 问："赤子之心，莫是发而未远乎中，不可作未发时看否？"曰："赤子之心，也有未发时，也有已发时。今欲将赤子之心专作已发看，也不得。赤子之心，方其未发时，亦与老稚贤愚一同，但其已发未有私欲，故未远乎中耳。"（铢）(《朱子语类》卷五十七"孟子七离娄下·大人者章"，第1341页）

与伊川一口断定赤子之心指已发的立场相比，朱子的看法显得更为圆融。而关于赤子之心与圣人之心未发之同异，朱子的观点与吕大临也更为接近，因为他说："赤子之心，方其未发时，亦与老稚贤愚一同"。然而，如此一来，朱子关于"常人之心与圣人之心未发时之同异"的看法就显出其复杂的一面。

朱子这种"一同"论亦见于另一条材料。

……又问："'赤子之心'处，此是一篇大节目。程先生云：'毫厘有异，得为大本乎？'看吕氏此处不特毫厘差，乃大段差。然毫厘差亦不得。圣人之心如明镜止水，赤子之心如何比得？"曰："未论圣人，与叔之失，却是认赤子之已发者皆为未发。"曰："固是如此，然若论未发时，众人心亦不可与圣人同。"曰："如何不同？若如此说，却是天理别在一处去了。"曰："如此说，即《中庸》所谓未发之中，如何？"曰："此却是要存其心，又是一段事。今人未发时，心多扰扰，然亦有不扰扰时，当于此看。大抵此书答辞，亦有反为所窘处。当初不若只与论圣人之心如此，赤子之心如彼，则自分明。"（可学）（《朱子语类》卷九十七"程子之书三"，第2504页）

朱子不同意说未发时众人之心与圣人不同，可能主要是基于"性即理"的观念。[19]不过，朱子在对未发时众人之心与圣人相同做肯定陈述时，语气并不那么强烈，而是表现出某种审慎："今人未发时，心多扰扰，然亦有不扰扰时"。如果说众人或常人未发时心多扰扰，那当然不能说众人或常人之心未发时与圣人同。按照这个表述，众人或常人之心未发时与圣人之心不同的概率要大于相同。栗谷关于圣人与常人未发之体有别还是无别的论述，在思路甚至个别用词上，都与朱子的这个表述有相似之处。有理由相信，栗谷之说是从朱子这里出去。

栗谷论未发的最后一条按语是关于李延平静中体认大本之说的评论。

4. 又问："延平先生于静中看喜怒哀乐未发之谓中未发作何气象，朱子曰'李先生静中体认大本'，此说何如？"臣（按：栗谷）答曰："才有所思，便是已发。既云体认，则是省察工夫，非未发时气象也。故朱子晚年定论，以体认字为下得重，此不可不察。但学者静坐时，作此工夫，轻轻照顾未发时气象，则于进学养心必有益，是亦一道也。"（《圣学辑要》三"修己第二中"，《栗谷全书》卷二十一，第12页）

"李先生静中体认大本"是朱子评其师李延平之教的话，语出《答何叔京第二书》：

李先生教人，大抵令于静中体认大本未发时气象分明，即处事应物，自然中节。此乃龟山门下相传指诀。（《答何叔京第二书》，《文集》卷四十，《朱子全书》第22册，第1802页）

此书写作年月，据陈来考证，当乾道二年丙戌（1166）。[20]时朱子37岁，即丙戌之悟"中和旧说"之际，上距延平之殁（隆兴元年癸未，1163）三载。

栗谷提到朱子晚年定论，以体认字为下得重，见《语类》卷一百三：

问："先生所作李先生《行状》云：'终日危坐，以验夫喜怒哀乐之前气象为如何，而求所谓中者'，与伊川之说若不相似？"曰："这处是旧日下得语太重。今以伊川之语格之，则其下工夫处，亦是有些子偏。只是被李先生静得极了，便自见得有个觉处，不似别人。今终日危坐，只是且收敛在此，胜如奔驰。若一向如此，又似坐禅入定。”（《朱子语类》卷一百三，第 2603 ～ 2604 页）

按：朱子这里所说，只是自悔旧日[21]为李先生撰《行状》时下得语重，并没有点出“以体认字下得重”，盖《行状》原文为“终日危坐，以验夫喜怒哀乐之前气象为如何，而求所谓中者”，并无“体认”二字。“以体认字下得重”是栗谷自己的理解。包括前面所说的“既云体认，则是省察工夫，非未发时气象也”，其根据应当都是下面这条语录。

问：“延平欲于未发之前观其气象，此与杨氏体验于未发之前者，异同如何？”曰：“这个亦有些病。那‘体验’字是有个思量了，便是已发。若观时恁著意看，便也是已发。”问：“此体验是著意观？只恁平常否？”曰：“此亦是不观观之。”（《朱子语类》卷一百三，第 2604 页）

朱子自述，对延平之教以伊川之语格之。这里提到的伊川语，还有栗谷所说的“才有所思，即是已发”，都是出自以下这条语录：

或曰：“喜怒哀乐未发之前求中，可否？”曰：“不可。既思于喜怒哀乐未发之前求之，又却是思也。既思即是已发。（思与喜怒哀乐一般。）才发便谓之和，不可谓之中也。”（《遗书》卷十八，《二程集》，第 200 页）

伊川正确地指出，“求中”之“求”含有明显的目的性或计划性在里面，即是“思量”（思），而“既思，即是已发”。所以，“喜怒哀乐未发之前求中”是无法成立的，因为一旦存了求的念头，就不再处于喜怒哀乐未发之前的状态，而变成已发状态了。对于延平之教，乃至整个龟山门下指诀，朱子的不满，不只是其在名义上说不通，更认为其有所偏。所谓偏，是指这种工大过于偏向静而忽略了动。朱子认为，伊川的持敬之学相比之下就要中正平和得多。

……道理自有动时，自有静时。学者只是“敬以直内，义以方外”见得世间无处不是道理，虽至微至小处亦有道理，便以道理处之。不可专要去静处求。所以伊川谓“只用敬，不用静”便说得平。（《朱子语类》卷一百三，第 2596 ～ 2597 页）

或问：近见廖子晦言，今年见先生，问延平先生“静坐”之说，先生颇不以为然，不知如何？曰：这事难说。静坐理会道理自不妨，只是讨要静坐则不可。理会得道理明透，自然是静。今人却是讨静坐以省事，则不可。……（《朱子语类》卷一百三，第 2602 页）

问：伊川答苏季明云：“求中于喜怒哀乐，却是已发”。某观延平亦谓验喜怒哀乐未发之前为如何，此说又似与季明同。曰：但欲见其如此耳。然亦有病，若不得道，则流于空。故程子云：“今只道敬”。（《朱子语类》

卷九十六，第 2468 页）

按照“既思即是已发”的观点，未发时做工夫几乎不可能，因为一有所念，就已经脱离未发状态。程、朱把体验、体认乃至观都理解为思量、思维，不能不说，这种解释太过偏于理性主义，道南一脉，尤其是延平，静中观未发气象，恰恰是以消除目的性或功利性念头（去念，融释）为特征的一种功夫。其日常修炼，以达到内心摆脱一切计较考虑的澄心为效验。

无疑，栗谷是程朱持敬之学的信奉者，以“观（体认、体验）未发时气象”为教法的延平乃至道南一脉的工夫论，与之终不相契，不过，难能可贵的是，栗谷对实践未发工夫的延平之教亦保有一份同情，要求“学者静坐时，作此工夫，轻轻照顾未发时气象，则于进学养心必有益”。然而，何谓“轻轻照顾未发时气象”，它与延平所说的“静中观未发气象”区别究竟何在？文献不足，不敢妄议。

## 结　语

本文通过评述栗谷在《圣学辑要》“涵养”一节所加的按语，对栗谷有关未发的思想做了分析，具体揭示了他对程、朱之教尤其是朱子观点的继承。限于篇幅，本文没有处理对栗谷思想具有重要意义同时也富于争议的“四七”之辩的内容，尤其是栗谷有关人心道心或气质变化的思想对其未发之说的影响。囿于语言，笔者对韩国学界丰富的栗谷研究成果虽然很感兴趣却也无法吸收。因此，关于栗谷的未发思想，本文所做，应当只是一个初步的探讨。

仅就笔者现有的考察来看，说栗谷之学是纯粹的朱子学路数，绝无可疑。栗谷作为一个朝鲜儒者，他对朱子学的熟稔程度，令身为中国学人的笔者感到吃惊，发自内心地表示敬佩。当然，笔者在肯定栗谷对程朱之学的认识与奉持的同时，也指出，栗谷对程朱理论的某些内部矛盾及其学说存在的病痛，似乎还缺乏明确的意识与进一步的讨论。总体上，就有关未发的思想来看，栗谷对朱子学，给笔者的印象是，继承有余，而开发不足。

## 注　释：

［1］陈　来：《朱子哲学研究》，第七章，尤其第 192～193 页。

［2］韩国学者孙炳旭在比较李滉（1501～1570）、曹植（1501～1571）、李珥（1536～1584）和崔汉绮（1803～1877）等人的静坐观之后，认为，李滉属

于道问学的居敬穷理的静坐观，曹植属于尊德性的主敬行义的静坐观，李珥则强调未发时的涵养功夫，崔汉绮是从气学切入的涵养省察论。参见所著：《韩国儒学之静坐法》。如其说成立，则栗谷的未发功夫论在朝鲜儒者中就颇有特色。

[3] 《遗书》卷十八，《二程集》，第188页。

[4] 在列举有关涵养的条目之前，栗谷有一个解释，说：孟子所谓存养，通贯动静而言，即诚意正心之谓。但先贤论静时工夫，多以存养涵养为言，故采其切要之语录之如左。（《圣学辑要》三“修己第二中”，《栗谷全书》卷二十一，第11页）栗谷没有使用“未发工夫”这样的字眼，但从他所采之语来看，基本上都是讨论未发工夫的，详下正文。

[5] 见程子语2. 或问：“喜怒哀乐之前，下动字，下静字？”曰：“谓之静则可，然静中须有物始得。这里便是难处。学者莫若且先理会得敬。能敬则自知此矣。”（《圣学辑要》三“修己第二中”，《栗谷全书》卷二十一，第11页）

[6] 所谓被动地闻见，意思是当外物与耳目这些闻见器官接触时（即“物之过乎目”“过乎耳”），这些器官自动地做出一种类似本能的反应，比如，一个人在毫无心理准备的情况下目击了一起交通事故。可是，在那样一种情况下，这个证人很有可能来不及做出反应，或一时没有反应过来。心理学实验表明，只有有意识地去观察，才谈得上观察，观察才能有得。设想课堂上一个心不在焉的学生，要是问他，老师刚才都讲了一些什么，板书了什么，很可能他答不上来，顶多说“好像是说……，好像写了……”那么，这个学生所说的“好像……”就是他的所见所闻？所以，这个时候仍然可以说有见有闻？如果继续追问：为什么一个学生即使上课时心不在焉，他也多少有所见闻？一个可能的回答是：这是因为他的闻见器官甚至思维器官都仍然处于工作状态。

[7] 宋元时期，佛道学者在讨论调心之法时，常常涉及如何处理闻见觉知的问题，这在一定程度上当是刺激理学家讨论未发已发时重视闻见觉知问题的一个外缘。宋代雪窦禅师（重显，980～1052）有一首著名的颂，为许多佛教典籍所收：“闻见觉知非一一，山河不在镜中观，霜天月落夜将半，谁共澄潭照影寒？”（《碧岩录》卷四，《指月录》卷八）又，北宋石门元易禅师有一段论心空的话，亦经常为人提及：“十方同聚会，个个学无为，此是选佛场，心空及第归。大众，只如闻见觉知未尝有间，作么生说个心空底道理？莫是见而不见，闻而不闻，为之心空邪？错！莫是忘机息虑，万法俱捐，销能所以入玄宗，泯性相而归法界，为之心空邪？错！恁么也不得，不恁么也不得。恁么不恁么总不得。未审毕竟作么生？还会么？”（《五灯会元》卷十四，亦见《指月录》卷二十七，《续传灯录》卷十二）又，宋人张嵲（1096～1148）作《法界颂》二首，其二云：“山河大地因谁有？闻见觉知非我亲。不挂一丝全

体露，真成本分住山人。”（《紫薇集》卷九，四库全书本）全真教祖师王重阳（王喆，1173～1170）论降心之道云：“凡降心之道，若湛然不动，昏昏默默，不见万物，杳杳冥冥，不内不外，无丝毫念想，此是定心，不可降也。若随境生心颠倒，寻头觅尾，此名乱心，败坏道德，损失性命，不可纵也。行住坐卧，常勤降伏，闻见觉知，此为病矣。”（《重阳立教十五论·第八论降心》，此据［清］郭元釪《全金诗》卷六十，四库全书本，同时参考了［明］阳道生《真诠》上，明嘉靖刻本。正统《道藏》本，字句有异，相较之下，前者胜之，故取彼而舍此）

［8］ 原文见《遗书》卷十八，《二程集》，第202页。

［9］ 牟宗三看到了此章第6节与第8节之间的矛盾：“夫前既言‘怎生言静？’，今又言‘谓之静则可’，不觉其矛盾乎？”，“若根据前‘既有知觉，却是动也，怎生言静？’之语，则因‘须有物’当即不得谓静矣！如此颠三倒四，为动静所困，总闹不明白，此其所以认为‘难’也。”（《心体与性体》第三部第二章，第316页）其说不为无见。遗憾的是，他对第11节的问题却轻易放过了。在其书中，他将此章第10节以下至结尾单列为一段，与此下两条以及从《遗书》卷十五选来的一条（“人多思虑”）并列，称赞此四条“察识亦颇精，言之亦颇亲切”。（《心体与性体》第三部第二章，第319页）则未免读书偶一失察。

［10］ 除了上文提到的那些疑处，朱子还提到，“所谓‘无时不中’者［按，即此章第4节：曰：“中是有时而中否？”曰：“何时而不中？以事言之，则有时而中；以道言之，则何时而不中？”（《遗书》卷十八，《二程集》第201页）］，所谓‘善观者却于已发之际观之’者［按，此即第5节：曰：“固是所为皆中，然而观于四者未发之时，静时自有一般气象，及至接事时又自别，何也？”曰：“善观者不如此，却于喜怒哀乐已发之际观之。贤且说静时如何？”（同上）］，则语虽要切，而其文意亦不能无断续。至其答‘过而不留’之问［按，此即第12节：或曰：“当敬时，虽见闻，莫过焉而不留否？”曰：“不说道非礼勿视勿听？勿者禁止之辞，才说弗字便不得也。”（《遗书》卷十八，第202页）］则又有若不相直而可疑者。”（《中庸或问》，《朱子全书》第六册，第562页）

［11］ 当然，朱子对此章也非完全否定，除了正文中提到的，他有取于第8节、第11节后半截之义理，他还肯定了第9节（“答敬何以用功之问”）与第10节（“答思虑不定之问”）。参见：《中庸或问》，《朱子全书》第6册，第562页。

［12］ 许渤事见《遗书》卷三：许渤与其子隔一窗而寝，乃不闻其子读书不读书。先生谓：“此人持敬如此。”（曷尝有如此圣人。）（《二程集》第65页）朱子如此解读此条，亦未有十分根据。从经验上看，许渤之事并非无可能。如果

一个人注意力高度集中于自身，他对周围发生的一切是有可能毫无察觉的。

[13] 见程颐答苏季明问：或曰："喜怒哀乐未发之前求中，可否？"曰："不可。既思于喜怒哀乐未发之前求之，又却是思也。既思即是已发。（思与喜怒哀乐一般）才发便谓之和，不可谓之中也。"（《遗书》卷十八，《二程集》第200页）栗谷采用了这条材料，文字略有改动：（程子语4.）苏昞问："于喜怒哀乐之前求中，可否？"曰："不可。既于喜怒哀乐未发之前求之，却又是思也。既思，即是已发。才发谓之和，不可谓之中也。言存养于喜怒哀乐未发之时则可，言求中于喜怒哀乐未发之前则不可。"（《圣学辑要》三"修己第二中"，《栗谷全书》卷二十一，第11页）

[14] 必须说，朱子在一定程度上是了解《中庸》所说的未发已发与闻见知觉问题不相干的，因为，他在批评吕子约有关未发无见闻的说法时就曾指出："子思只说喜怒哀乐，今却转向见闻上去，所以说得愈多，愈见支离纷冗，都无交涉。"（《答吕子约第四十五书》，《文集》卷四十八，《朱子全书》第22册，第2235页）

[15] "九思"之"思"，一般理解为"思惟""思虑"，详程树德：《论语集释》卷三十三季氏，第1160页。谢良佐则将其理解为"省察"工夫："未至于从容中道，无时而不自省察也。虽有不存焉者寡矣，此之谓思诚。"（转引自朱熹：《论语集注》卷八，《四书章句集注》，第173页）

[16] 郑玄在为《尚书大传·洪范五行传》"次五事曰思心。思心之不容，是谓不圣"这句话做注时说："容当为睿。睿，通也。心明曰圣，孔子说休征曰：圣，通也，兼四而明，则所谓圣。圣者，包貌言视听而载之以思心者，通以待之。"（转引自［元］马端临《文献通考》卷八十八《郊社考》二十一，清浙江书局本。"则所谓圣圣者"六字，疑当作"则所谓圣者"，两"圣"字，有一为衍出。孙星衍即做此解，参见所著《尚书今古文注疏》"洪范第十二上周书三"，清平津馆丛书本。）按：郑玄所引"孔子说休征"云云，不见经传，然"休征"一词语出《洪范》"九畴"之八"庶征"条，与"咎征"相对，意为"美行之验"，包括五种征验：肃时雨若、乂时旸若，哲时燠若，谋时寒若，圣时风若，在人事与天时之间建立起感应关系：肃—雨，乂—旸，哲—燠，谋—寒，圣—风。伏胜（前260～前161）在写《洪范·五行传》时，有意识地将"敬用五事"与"休征"当中的人事术语联系起来："一曰貌，貌之不恭是谓不肃"，"次二事曰言，言之不从是谓不艾"，"次三事曰视，视之不明曰不哲"，"次四事曰听，听之不聪曰不谋"，"次五事曰思心，思心之不容是谓不圣"（［汉］伏胜撰，［汉］郑玄注，［清］陈寿祺辑校：《尚书大传》卷三《洪范·五行传》，四部丛刊本）。董仲舒（前179～前104）《春秋繁露·五行五事篇》将"敬用五事"的实践者明确为"王"："王

者，貌曰恭，恭者，敬也；言曰从，从者，可从；视曰明，明者，知贤不肖者，分明黑白也；听曰聪，聪者，能闻事而审其意也；思曰容，容者，言无不容。”（转引自孙星衍：《尚书今古文注疏》“洪范第十二上周书三”）。孔安国（前156～74）在注《尚书》“休征”一段时，吸收了伏胜与董仲舒之说，把“庶征”理解为君王行事之验，同时，还把“圣”解释为“通理”：“君行敬，则时雨顺之”，“君行政治，则时旸顺之”，“君能照哲，则时燠顺之”，“君能谋，则时寒顺之”，“君能通理，则时风顺之”（［汉］孔安国《尚书注疏》附释音，卷第十二，清嘉庆二十年南昌府学重刊宋本十三经注疏本）。则郑玄之解“圣”为“通”，似乎亦有所本，并非杜撰。

［17］未发时无见无闻的情况，在朱子看来，容或有之，但他似乎认为，那只是极少数，他有些不屑地将其称作“神识昏昧底人”（《答吕子约第四十五书》，《文集》卷四十八，《朱子全书》第22册，第2235页）。

［18］吕大临说：“喜怒哀乐之未发，则赤子之心。当其未发，此心至虚，无所偏倚，故谓之中。以此心应万物之变，无往而非中矣。”（《与吕大临论中书》，《文集》卷九，《二程集》，第607页）程颐回应说：“喜怒哀乐未发谓之中。赤子之心，发而未远于中，若便谓之中，是不识大本也。”（同上）盖伊川认定，赤子之心为已发，可以谓之和，但不可以谓之中。（《与吕大临论中书》，《文集》卷九，《二程集》，第608页）吕大临则为自己辩解说，“今言赤子之心，乃论其未发之际”（同上）。不难看出，伊川与与叔的分歧主要在于他们对赤子之心的定位不同，一个以之为未发，一个以之为已发，而之所以有此不同，实缘于他们两人对心的理解不一，伊川称，“凡言心者，皆指已发而言”（《与吕大临论中书》，《文集》卷九，《二程集》，第608页），而与叔则质疑：“然则，未发之前，谓之无心，可乎？”（同上）吕与叔的这个质疑非常有力，以致伊川最后不得不收回自己的话：“‘凡言心者，指已发而言’，此固未当。”（《与吕大临论中书》，《文集》卷九，《二程集》，第609页）

［19］在朱子哲学中，未发已发的一个含义是性情，未发指性，已发指情。理学相信，人物之性皆禀之于天理，有所谓“理性”之说。

［20］陈　来：《中和旧说年考》，《朱子哲学研究》，第168页。

［21］《延平行状》撰于隆兴二年甲申（1164）正月，朱子35岁。参见束景南：《朱熹年谱长编（增订本）》卷上，第317页。

## 参考文献：

［1］程　颢、程　颐：《二程集》，北京：中华书局，2004年。
［2］朱　熹：《朱子全书》，上海：上海古籍出版社，合肥：安徽教育出版社，

2002 年。
［3］ 朱　熹:《朱子语类》，北京：中华书局，1986 年。
［4］〔韩〕李　珥:《圣学辑要》，收入《栗谷先生全书》，韩国古典综合数据库，http://db.itkc.or.kr/index.jsp?bizName=MM&url=/itkcdb/text/bookListIframe.jsp?bizName=MM&seojiId=kc_mm_a201&gunchaId=&NodeId=&setid=50852。
［5］ 杨　时:《龟山集》，四库全书本。
［6］ 吕大临:《蓝田吕氏遗著辑校》，北京：中华书局，1993 年。
［7］ 黄宗羲:《宋元学案》，北京：中华书局，1986 年。
［8］ 钱　穆:《朱子论静》,《朱子新学案》，台北：联经出版公司，1994 年，第 2 册，第 405 ～ 427 页。
［9］ 牟宗三:《心体与性体》，上海：上海古籍出版社，1999 年。
［10］ 陈荣捷:《朱子与静坐》,《朱子新探索》，上海：华东师范大学出版社，2007 年，第 199 ～ 204 页。
［11］ 陈　来:《朱子哲学研究》，上海：华东师范大学出版社，2000 年。
［12］ 陈　来:《朱子书信编年考证（增订本）》，北京：三联书店，2007 年。
［13］ 陈　来:《心学传统中的神秘主义问题》，收于陈来:《有无之境》，北京：人民出版社，1991 年，附录，第 390 ～ 415 页。
［14］ 束景南:《朱熹年谱长编（增订本）》，上海：华东师范大学出版社，2014 年。
［15］〔法〕谢和耐:《静坐仪、宗教与哲学》，耿升译，收于法国汉学丛书编辑委员会（编）《法国汉学》，北京：清华大学出版社，1997 年，第 2 辑，第 224 ～ 243 页。
［16］〔日〕吾妻重二:《静坐考——道学の自己修养めぐって》，收入同论集刊行会（编）《村山吉广教授古稀记念中国古典学论集》，东京：汲古书院，2000 年，第 753 ～ 778 页，亦收入所著《朱子学の新研究：近世士大夫の思想史的地平》，东京：创文社，2004 年。
［17］〔日〕藤井伦明:《日本研究理学工夫论之概况》，收于杨儒宾、祝平次（编）《儒学的气论与工夫论》，台北：台湾大学出版中心，2005 年，第 312 ～ 313 页。
［18］ 杨儒宾:《宋儒的静坐说》,《台湾哲学研究》，第 4 期，2004 年 3 月，第 39 ～ 86 页。
［19］ 杨儒宾:《论“观喜怒哀乐未发前气象”》,《中国文哲研究通讯》，第 15 卷第 3 期（2005 年），第 33 ～ 74 页。
［20］〔日〕中嶋隆藏著，陈玮芬等译:《静坐——实践与历史》，新竹：清华大学出版社，2011 年。
［21］ 杨儒宾、马渊昌也、艾皓德编:《东亚的静坐传统》，台北：台湾大学出版中

心，2012 年。

[22] 〔韩〕孙炳旭:《韩国儒学之静坐法》，姜雪今译，收入杨儒宾等（编）《东亚的静坐传统》，台北：台大出版中心，2012 年。

[23] 史甄陶:《东亚儒家静坐研究之概况》，《台湾东亚文明研究学刊》，第 8 卷第 2 期（总第 16 期），2011 年 12 月，第 347 ~ 374 页。

[24] 〔日〕高桥进:《李退溪与主敬哲学》，王根生等译，延吉市：延边人民出版社，1991 年。

[25] 〔韩〕李承焕:《朱子修养论中未发的涵义——心理哲学的过程及道德心理学上的涵义》，http://homepage.ntu.edu.tw/~philo/Chinese/conference/200607korea/pp/403.htm。

[26] Liu, Shu-hsien. "On Chu Hsi's Search for Equilibrium and Harmony, in *Harmony and Strife: Contemporary Perspectives East and West*, ed. Shu-hsien Liu and Robert E. Allinson. Hong Kong: Chinese University of Hong Kong Press, 1988, pp.249 ~ 270.

（原载《中国哲学史》，2015 年第 4 期，
作者单位：华东师范大学哲学系）

# 朱子“全体大用”观及其发展演变

⊙ 朱人求

朱子的格物致知既是知识论又是工夫论，是为学的起点，也是为道的起点，是明明德的工夫，“全体大用”思想则是其最高境界和最终归宿。然而，何谓“吾心之全体大用”？学术界对此语焉不详。回到朱子的思想脉络中，我们发现，“吾心之全体大用”就是明德，就是“心具众理而应万事”，就是仁，就是性体情用，就是心之动静，就是仁之体与忠恕之用，就是圣人气象等。我们认为，“全体大用”思想是朱子哲学的基本精神，朱子的政治实践、社仓建设、书院教化、家礼的推广与普及都是其“全体大用”思想的具体落实。朱子的全体大用思想影响深远，朱子后学、陆王心学以及东亚儒学对此都有不同的诠释，形成一道独特的风景线。

## 一、“心之全体大用”

朱子之学问，如浩瀚的大海，漫无涯际，令人望而生畏。朱子之博大实不可一言以尽之。如果勉强做一概括，我想答案应该是：格物致知，正心诚意[1]。朱子十分明确地表示，“格物致知是《大学》第一义，修己治人之道无不从此而出。”[2]格物致知是《大学》的第一义，儒家修己治人、内圣外王的道理都是从这里生发出来的。圣人创作《大学》的目的就是要所有人都能超凡入圣，一起进入圣人的境域，其中最为关键的地方就在于“格物”二字。四库馆臣也认为，“朱子之学，大旨主于格物穷理。”[3]

格物致知是为学的起点，是为道的起点，也是成圣的起点。何谓“格物”？何谓“致知”？朱子认为，《大学》“格物致知”有经无传，于是仿照古人的意思写了一段“格物致知补传”，这是朱子对格物致知的集中阐释，也是其晚年定论。“所谓致知在格物者，言欲致吾之知，在即物而穷其理也。盖人心之灵，莫不有知；而天下之物，莫不有理；惟于理有未穷，故其知有不尽也。是以《大学》始教，必使学者即凡天下之物，莫不因其已知之理而益穷之，以求至乎其极。至于用力之久，而一旦豁然贯通焉，则众物之表里精粗无不到，而吾心之全体大用无不明矣。”[4]朱子认为，格就是到，物就是事。穷尽事物的道理，就要认识到极致即无所不到。致就是扩充、推广到极致，知就是识。扩充我的知识，就要做到知无不尽。这就是说，探求自然、社会与人生的奥秘，不可只停留在表面，要达到它的极处，即达到事物本质的认知。只有持久努力，一旦豁然贯通，则事物的表里精粗、内心的全体大用都能彻底认知，获得一种彻悟性的知识，达到对最高天理的心领神会。这就叫作“物格”，叫作“知至”。“格物”之“物”，并非客观事物，“物犹事也”，尤指人伦物理，其致知之“知”主要指对生命意义的领悟和儒家价值的认同，格物致知乃在于确证内心固有仁义礼智等道德原则，寻找生命存在的社会意义与精神境界，以达到“全体大用”“心与理一”的最高觉悟和最高境界——道的境界、圣人境界。

概言之，朱子的格物致知的最后结果就是悟道，就是“豁然贯通”的悟的境界，具体所指就是“众物之表里精粗无不到”，“吾心之全体大用无不明”。然而，这样一个彻悟的境界究竟是什么样的境界，其具体内涵是什么，学术界多语焉不详。

格物致知很容易被误认为是两个工夫[5]，悟道之后的境界分别对应两种境界，格物的结果就是“众物之表里精粗无不到”，致知的结果就是“吾心之全体大用无不明”。他们的最有利的证据似乎就是朱子回答剡伯问格物、致知说“格物，是物物上穷其至理；致知，是吾心无所不知。格物是零细说，致知是全体说。”[6]实质上，他们只看到第一句，而忽视了第二句。其实朱子格物致知的境界是“心与理一”的境界，是“合内外之道”的境界，既有外在的“众物之表里精粗无不到”，又有内在的“吾心之全体大用无不明”，是二者的统一体。甚至，在朱子看来，“格物所以明此心。”[7]格物只要达到“里”的层面和“精”的层面，就开始达到“心”的全体大用的层面，就达到了“物格而后知至”的效果，“心”的全体大用才是格物的最终归宿。

那么，究竟什么是“表里精粗”呢？朱子认为，表里精粗首先指对“理”的认识的高低深浅。“理固自有表里精粗，人见得亦自有高低浅深。有人只理会得下面许多，都不见得上面一截，这唤作知得表，知得粗。又有人合下便看得大体，都不就中间细下工夫，这唤作知得里，知得精。二者都是偏，故大学必欲格物、致知。到物格、知至，则表里精粗无不尽。”[8]“穷理须穷究得尽。得其皮肤，是表也；见得深奥，是里也。知其粗不晓其精，皆不可谓之格。”[9]朱子坚决反对只做表面工夫，不追求终极天理的学人。更反对那些仅仅追求内在真理，又嫌眼前道理粗浅，对事事物物都不理会的学人。理之“表里精粗”是一个整体，表与里、精与粗是天理的一体两面。如果认识达到“知得里，知得精”，二者就达到物格、知至的境地。

其次，表里指“人物之所共由”和“吾心之所独得”。“表者，人物之所共由；里者，吾心之所独得。表者，如父慈子孝，虽九夷八蛮，也出这道理不得。

里者，乃是至隐至微，至亲至切，切要处。”[10]如果说，“表”是人物所共行之大道，是外在的，浅表的；那么，“里”就是我内心对大道的独特体认，它是非常隐秘、非常精微的，也是非常亲切可行的，是切中要害的。

再次，表里分别指“博我以文”和“约我以礼”。朱子回答弟子问表里时说：“所说‘博我以文，约我以礼’，便是。‘博我以文’，是要四方八面都见得周匝无遗，是之谓表。至于‘约我以礼’，又要逼向身己上来，无一毫之不尽，是之谓里。”[11]所谓“博我以文”，就是要四面八方都见得通透无遗，这是从外面的广博而言；所谓“约我以礼”，就是要像自家身心去探求，没有一丝一毫的未尽之处，这是从内在的精深处立言。朱子弟子子升感慨地说，自古学问亦不过这两件事情。朱子肯定了子升的观点，更加强调一定要看得通透、彻底，才能到达“知至”的境地。

最后，精粗指认知与境界之高下。朱子在回答弟子问精粗时说：“如管仲之仁，亦谓之仁，此是粗处。至精处，则颜子三月之后或违之。又如‘充无欲害人之心，则仁不可胜用；充无欲穿窬之心，则义不可胜用’。害人与穿窬固为不仁不义，此是粗底。然其实一念不当，则为不仁不义处。”[12]管仲之“仁”不过是不以兵车而九合诸侯，天下百姓得以保全，故孔子称颂他的仁德，这是指“事”而言，只不过是“仁”的外在表现。[13]而颜回“其心三月不违仁”这是指“心”而言，这才是“仁”的精妙、精微的境界。

在朱子看来，认识到“众物之表里精粗无不到”，也就达到了“吾心之全体大用无不明”的境界。究竟什么是体？什么是全体？究竟什么是用？什么是大用？“安卿问‘全体大用’。曰：‘体用元不相离。如人行坐：坐则此身全坐，便是体；行则此体全行，便是用。’”“问：‘全体大用，无时不发见于日用之间。如何是体？如何是用？’曰：‘体与用不相离。且如身是体，要起行去，便是用。“赤子匍匐将入井，皆有怵惕恻隐之心”，只此一端，体、用便可见。如喜怒哀乐是用，所以喜怒哀乐是体。’淳录云：‘所以能喜怒者，便是体。’”[14]体与用不即不离，体就是用，用就是体。那么，究竟什么才是朱子所称许的“全体大用”呢？

首先，在一般的意义上，“全体大用”指“明德”，指“心具众理而应万事”。“全体”指“心具众理”，“大用”指“应万事”。这是朱子明确写进《大学章句》的晚年定论。朱子曰：“明德者，人之所得乎天，而虚灵不昧，以具众理而应万事者也[15]。”“但为气禀所拘，人欲所蔽，则有时而昏；然其本体之明，则有未尝息者。故学者当因其所发而遂明之，以复其初也。”[16]“明德”即“心之本体”，人心具有万事万物的道理而能自然而然地接应万事万物。但人心受到气质之性的局限，被物欲所遮蔽，有时候不能发出本来固有的光明的德性，“明明德”就是要回到原初那一片光明的德性中去，回归本心原有的澄明。“人之明德，全体大用，无时不发见于日用之间，人惟不察乎此，是以汩于人欲而不知所以自明。《孟子集注》云：众人虽有不忍人之心，然物欲害之存焉者寡，故不能察识，而推之政事之间，则又似必着意体察然后有见。”[17]“明德”之“全体大用”具体体现在伦常日用之中，政事的具体运用只是“明德”的向外推衍而已。如果没有觉察到内心的光明的道德，人们就容易沉湎于物欲而不自知，无法恢复本心的自觉与自知。

其次，全体大用一开始指仁体义用。天命之性流行发用于伦常日用和万事万物之中，其全体就是“仁”，万事万物对天命之性的分享和发用，各安其性，各尽其分，这就是义。“熹尝谓天命之性流行，发用见于日用之间，无一息之不然，无一物之不体，其大端全体即所谓仁，而于其间事事物物，莫不各有自然之分，如方维上下，定位不易，毫厘之间，不可差谬，即所谓义。立人之道不过二者，而二者则初未尝相离也，是以学者求仁精义，亦未尝不相为用。”[18]仁义是人道的核心价值，二者互为表里，不可决然分割为二。朱子反对否定精义的空言，认为这是告子“义外”说的错误的根源。如果不知“义”而空谈“仁”，则尽不到仁的全体大用的功用。

再次，在心的运动变化的层面，“全体大用”又指心之动静而言。“夫人心是活物，当动而动，当静而静，动静不失其时则其道光明矣，是乃本心全体大用……吾友若信得及，且做年岁工夫，屏除旧习，案上只看六经语孟及程氏文字，着开扩心胸，向一切事物上理会，方知‘体用一源，显微无间’是真实语。”[19]又说：“心具众理，变化感通，生生不穷，故谓之易。此其所以能开物成务而冒天下也。圆神，方知变化二者阙一则用不妙，用不妙则心有所蔽而明不遍照。”[20]心具众理，变化感通，生生不穷，动静不失其时，能开物成务，世界一片光明祥和，这就是本心的全体大用。

第四，“全体大用”又指“仁”。朱子认为，“德是逐件上理会底，仁是全体大用，当依靠处。”又说：“据德，是因事发见底；如因事父有孝，由事君有忠。依仁，是本体不可须臾离底。据德，如着衣吃饭；依仁，如鼻之呼吸气。僩”[21]针对蜚卿的提问：“仁恐是生生不已之意。人唯为私意所汩，故生意不得流行。克去己私，则全体大用，无时不流行矣。”朱子回答说：“‘仁’字恐只是生意，故其发而为恻隐，为羞恶，为辞逊，为是非。道夫”[22]仁是全体大用，它的发用就是恻隐、羞恶、辞逊、是非之情。

第五，在推行方式上，全体大用即是推己及人，就是孔子之忠恕之道，即“仁”的具体推衍。“故圣人举此心之全体大用以告之。以己之欲立者立人，以己之欲达者达人，以己及物，无些私意。如尧之‘克明俊德，以亲九族；九族既睦，平章百姓；百姓昭明，协和万邦，黎民于变时雍’，以至于‘钦若昊天，历象日月星辰，敬授人时’，道理都拥出来 。人杰”[23]心的向外推衍、发用，就是己立立人，己达达人，推己及人。尧通过明明德的工夫而达到和睦九族、百姓昭明、协和万邦和天人合一，就是推己及人，就是把儒家忠恕之道发挥到极致的效果。在此意义上，明代理学的殿军刘宗周指出："求终身之行于一言，可谓善学矣！其恕乎！言举斯心推诸彼而已矣！心体与天下相关，仁者己欲立而立人，己欲达而达人是也。己所不欲，勿施于人，恕之端也，仁之方也。学者苟随所在而扩充之，则全体大用无不由此出矣。非终身可行之道哉？"[24]

第六，在心性结构上，全体大用指性体情用。在心性结构上，朱子主张心、性、情三分，心主性情，心统性情。贺孙因举《大学或问》云："心之为物，实主于身。其体，则有仁义礼智之性；其用，则有恻隐、羞恶、恭敬、是非之情，浑然在中，随感而应。以至身之所具，身之所接，皆有当然之则而自不容已，所谓理也，元有一贯意思。贺孙"[25]心是心的主宰，心之全体就是仁义礼智之性，心的发用，就是人的恻隐、羞恶、恭敬、是非之情。性即理，人性之中本来就具有众理，本来就能明万善，只是由于气质和物欲的杂质掺杂其中故昏暗不明。因而，只有剔尽心性的杂质，才能回归心性的光明，回归心性原初的光明的本体。"窃谓人性本具众理，本明万善，由气质物欲之杂，所以昏蔽。上智之资无此杂，故一明尽明，无有查滓。中人以降必有此杂，但多少厚薄之不同耳，故必逐一求明。明得一分，则去得一分之杂，直待所见尽明。所杂尽去，本性方复。学者体此，以致复性之功。"[26]

第七，"全体大用"指"圣人气象"。格物致知即到达圣贤之域。"大学物格、知至处，便是凡圣之关。物未格，知未至，如何杀也是凡人。须是物格、知至，方能循循不已，而入于圣贤之域，纵有敏钝迟速之不同，头势也都自向那边去了。""格物是梦觉关。格得来是觉，格不得只是梦。夔孙"[27]格物致知所达到的"吾心之全体大用无不明"的境界就是圣贤觉悟之后的境界，每个人一旦优入圣域，圣贤气象油然而生。"夫子之道如天，惟颜子得之夫子许多。大意思尽在颜子身上发见，如天地生物即在物上尽见，天地纯粹之气谓之发者，乃亦足以发之，发不必待颜子言之而后发也。颜子所以发圣人之蕴，恐不可以一事言。盖圣人全体大用，无不一一于颜子身上发见也。"[28]朱子称许的颜子气象就是"圣人气象"，体现出圣人的"全体大用"。这是一种自然和乐、从容、纯粹、澄明的气象，如天地生养万物，自然显现，生机盎然，在万事万物上自然体现。当然，在更多的时候，朱子认为，颜子作为亚圣，其精纯度可得九分，但与孔子的十分和圆熟相比，在境界上还略逊一筹。

## 二、"心之全体"的具体发用

表面上，朱子格物致知只是追求"心之全体大用"的境界，其实，格物致知所追求的“全体大用”也包含“理”之“全体大用”。在朱子的思想世界中，从“心之全体大用”推至“理”之“全体大用”是自然而然的事情。从“心之全体大用”推至“理”之“全体大用”基本遵循的是儒家从内圣到外王的内在逻辑，即从“德”到“治”的演变。后世许多思想家皆以“全体大用”为朱子理学的精神。[29]朱子充分肯定了弟子描述格物致知贯通之后的“心即理，理即心”的观点：“今日明日积累既多，则胸中自然贯通。如此，则心即理，理即心，动容周旋，无不中理矣。先生所谓‘众理之精粗无不到’者，诣其极而无余之谓也；‘吾心之光明照察无不周’者，全体大用无不明，随所诣而无不尽之谓……此谓格物，此谓知之至也。”[30]这里的“心即理，理即心”与陆王心学不同，它指心与理不即不离，是格物致知的觉解境界，其实质就是“心具众理”“心与理一”的意思。朱子强调，理必然有理之功用。“或问云：‘心虽主乎一身，而其体之虚灵，足以管乎天下之理；理虽散在万物，而其用之微妙，实不外乎一人之心。’不知用是心之用否？”曰：“理必有用，何必又说是心之用！夫心之体具乎是理，而理则无所不该，而无一物不在，然其用实不外乎人心。盖理虽在物，而用实在心也。”又云：“理遍在天地万物之间，而心则管之；心既管之，则其用实不外乎此心矣。然则理之体在物，而其用在心也。”次早，先生云：“此是以身为主，以物为客，故如此说。要之，理在物与在吾身，只一般。”[31]朱子甚至声称，治国平天下与诚意正心修身齐家只是一个道理，外王之道与内圣之道也只是一个道理。所谓格物致知，也就是要知晓这个道理而已，这是《大学》一书的基本宗旨。“治国平天下与诚意正心修身齐家只是一理，所谓格物致知，亦曰知此而已矣。此《大学》一书之本指也。今必以治国平天下为君相之事，而学者无与焉。则内外之道，异本殊归，与经之本指正相南北矣。禹稷颜回同道，岂必在位乃为为政哉！”[32]内圣外王之道，殊途同归，圣王与圣贤同道。大禹、后稷、颜回同道，并不是只有在位才能为政。

《大学》之道，内外一以贯之。“明德”就是“吾心之全体大用”，就是“具众理而应万事”。明德的使命就在于唤醒内在生命的主体自觉，唤醒自己内在光明的德性，排除物欲的遮蔽，回到原初光明澄澈的本心。这个原本光明澄澈的内心包含着万理，自然能应接万物，因而，明明德既是明此心，也是明此理。内心明德的向外推衍，也就是从修身推至齐家治国平天下，无不是明此明德，觉此明德，存此明德，不为物欲所遮蔽，只不过齐家治国平天下的规模更大、任务更重而已。“人本来皆具此明德，德内便有此仁义礼智四者。只被外物汩没了不明，便都坏了。所以《大学》之道，必先明此明德。若能学，则能知觉此明德，常自存得，便去刮剔，不为物欲所蔽。推而事父孝，事君忠，推而齐家、治国 、平天下，皆只此理。《大学》一书 ，若理会得这一句，便可迎刃而解。”[33]明明德需要从切近的身心由近及远推至家国天下，明明德的发用就是家齐、国治、天下平的功效。“明德，也且就切近易见处理会，也且慢慢自见得。如何一日便都要识得！……有甚不分明，如‘九族既睦’，是尧一家之明德；‘百姓昭明’，是尧一国之明德；‘黎民于变时雍’，是尧天下之明德。”[34]在朱子看来，明明德不仅要明此心，明此理，还包含着知此理、行此理的意义。“盖所谓明德者，只是一个光明底物事。如人与我一把火，将此火照物，则无不烛。自家若灭息着，便是暗了明德；能吹得着时，又是明其明德。所谓明之者，致知、格物、诚意、正心、修身，皆明之之事，五者不可阙一。若阙一，则德有所不明。盖致知、格物，是要知得分明；诚意、正心、修身，是要行得分明。然既明其明德，又要功夫无间断，使无时而不明，方得。”[35]光明的本心、透彻的道理就像是一个熊熊燃烧的火把，既照亮了自己的内心，也照亮了他人和整个世界。格物、致知、诚意、正心、修身都是“明明德”的工夫，包含着尽知和尽行两个方面。格物、致知就是要知得分明，知到极处；诚意、正心、修身就是要行得分明，行到极处，二者的结合才是朱子的“全体大用”。

格物致知就是即物穷理，接触事物并穷尽事物的道理，它需要在具体事物上落实。格物就是就着具体事物而做穷理的工夫，因此朱子特别强调《大学》以格物的入手工夫就是在于要在事上理会，即事明理，真知力行，否则所认识的道理只是一个悬空的道理。朱子认为：“人多把这道理做一个悬空底物。《大学》不说穷理，只说个格物，便是要人就事物上理会，如此方见得实体。所谓实体，非就事物上见不得。且如作舟以行水，作车以行陆。今试以众人之力共推一舟于陆，必不能行，方见得舟果不能以行陆也，此之谓实体。”[36]朱子格物致知工夫的真正落实，是“知之深”和“行之至”，即真知的获得和实践的圆满完成。致知所获得的“知”是“真知”，既是具有真切的感性经验之知，又是能真切实行的真知。二程指出，“知至则当至之，知终则当遂。终之，须以知为本。知之深，则行之必至，无有知之而不能行者。”[37]真知就能力行，知而不行，只是认知太浅薄，没有达到致知的目的。在朱子看来，格物致知不仅是一种认知工夫，它还诉诸行动，致知之“知”是“真知”，即能实行的真正的知识，那些不能真正落实为行动的知识谈不上是“真知”。知而不行，不是真知。“只为知不至。今人行到五分，便是它只知得五分，见识只识到那地位。譬诸穿窬，稍是个人，便不肯做，盖真知穿窬之不善也。虎伤事亦然。”[38]“‘反身而诚’，只是个真知。真实知得，则滔滔行将去，见得万物与我为一，自然其乐无涯。”[39]只有圣贤才能真正做到知行合一。朱子认为，“反身而诚”便是真知。真的知得这个道理，气势磅礴地展开行动，直到见得万物与我为一的天人合一的境地，那种快乐才是无边无际的。朱子以格物致知建立理学，通过格物致知来贯通内在之理与外在之理，内心具备众多的理能自然应接万事万物，使得内外一体，心与理一，全体大用，知行一致。

“全体大用”的精神还必须在实践上予以落实，这也是“致知”与“力行”的关系。“致知”兼指格物致知，朱子尤指通过格物穷理，达到对“天理”的认识。“力行”则指知识的实行和道德的践履。有了“全体大用”的精神指引，朱子学在应接万事万物之中有所依仗。这一切不仅仅体现在朱子的政治实践之中，也充分体现在朱子书院教化、身心修炼、家礼实践、社仓制度的社会关怀等理论与实践之中，它们不仅在历史上闪耀着璀璨的光芒，而且照亮了全球化时代的人文、社会与生活世界。

书院教育的推广。朱子是南宋书院教育运动的中坚与旗帜，终其一生，他以极大的热情投入到了书院建设之中。在南宋167所书院中，与朱子直接有关的书院有67所，占据40%以上，远远在同时代各位道学大师在之上，其对于南宋书院运动的贡献，由此可见一斑。朱子的《白鹿洞书院揭示》集中体现了朱子书院教化的理念。朱子强调：“父子有亲，君臣有义，夫妇有别，长幼有序，朋友有信。右五教之目。尧舜使契为司徒，敬敷五教，即此是也。学者学此而已。”[40]《揭示》首先以儒家的“五伦”立为“五教之目”，将传统的伦理纲常作为为学的目标，并强调“学者学此而已”。它有力地证明了这种道德教化精神正是传统书院的首要精神。朱子指出，尧舜时代之“敬敷五教”，也就是实施道德教化，即用《尚书》标举的人伦教化于民众。它表明，书院的教育目标不仅仅在士人个人的道德修养，还有传道济民的更高诉求，它是一个由道德、伦理、济世三者组成的共同体，相对于科举学校之学来说，体现出一种很特殊的浸透了道学教育理念的书院精神。朱子书院教化尤其重视“知行合一”，注重道德的践履。他接着说：“而其所以学之之序，亦有五焉，其列如左：博学之，审问之，慎思之，明辨之，笃行之。右为学之序。学、问、思、辨四者，所以穷理也。若夫笃行之事，则自修身以至于处事接物，亦各有要，其列如左：言忠信，行笃敬。惩忿窒欲，迁善改过。右修身之要。正其义不谋其利，明其道不计其功。右处事之要。己所不欲，勿施于人。行有不得，反求诸己。右接物之要。”[41]笃行、修身、处事、接物，无不显示出强烈的道德实践的倾向。笃行是博学、审问、慎思、明辨四项认知的归宿，即把外在的求知转化为内在的生命，在生命中生根发芽，然后在生命实践中展开落实。这样一来，书院之“学”就落实到了现实的人伦世界，而践履人伦则成为“为学”的终极目标。为了达到这一终极目标，我们必须做到知行合一，即做到“穷理”和“笃行”的合一。也就是说，穷理和笃行构成“为学”的两大部分。《白鹿洞书院揭示》只是蜻蜓点水般提及学、问、思、辨，而把浓墨重彩涂抹在“修身”“处事”“接物”等“笃行”事务上，把知识的获得与身心修炼弥合得天衣无缝，这是典型的道学家的教化理念，足见朱子书院教化的经世关怀。[42]《白鹿洞书院揭示》既是书院精神的象征，也是儒家文化精神的高度凝聚，影响久远，成为天下书院共同遵守的准则，成为历史上教育之金科玉律。

朱子家礼的实践。朱子集理学之大成，构建了以性理学说为核心的形而上的理学体系。但他同样关注与重视“天理”与“人心”的连接与过渡，重视“天理”对形而下的世俗社会的影响与干预。在他看来，“礼”就是进行这种影响和干预的最有力的手段，这也是朱子全体大用思想的具体落实。《家礼》一书确实是朱子将其理学思想应用于庶民，影响于草根，深入到社会的最基本细胞——家庭的一个社会实践。朱子礼学建构与实践对宋元以降的中国及其东亚社会产生了深远的影响。朱子《家礼》影响了元朝以降的中华帝国晚期很多社会仪式的实践活动，反映了儒家的家礼观。值得一提的是，台湾地区和福建的民间婚礼基本遵从《朱子家礼》，郑志明先生还在台湾地区推广朱子丧礼，韩国和中国大陆对朱子祭礼都十分重视，每年九月十五日（朱子诞辰纪念日），韩国和中国大陆都会举行隆重的朱子祭礼仪式。与此关联的是以家族为核心的民间文化的勃兴壮大，家谱文化、祠堂文化、宗亲论坛等日益兴盛，方式也多种多样，这些文化实践活动起到了捍卫根深蒂固的传统信仰的作用，它也有力地证明了朱子家礼茂盛的生命力。

社仓制度的社会关怀。社仓制度，系南宋朱子首创的一种民间储粮和社会救济制度。孝宗乾道四年（1168），建宁府（今福建建瓯）大饥。当时在崇安（今福建武夷山）开耀乡的朱子同乡绅刘如愚向知府借常平米 600 石赈贷饥民，仿效“成周之制”建立五夫社仓。“予惟成周之制，县都皆有委积，以待凶荒。而隋唐所谓社仓者，亦近古之良法也，今皆废矣。独常平义仓尚有古法之遗意，然皆藏于州县，所恩不过市井惰游辈，至于深山长谷力穑远输之民，则虽饥饿濒死而不能及也。”[43] 淳熙八年（1181），朱子将《社仓事目》上奏，“颁其法于四方”，予以推广。孝宗颁布的《社仓法》作为封建社会后期一个以实际形式存在的社会救济制度，实是当时的一项政治进步制度。淳熙九年（1182）六月八日，朱子又发布《劝立社仓榜》，勉励当地几个官员积极支持社仓的行动，他们或者用官米或者用本家米，放入社仓以资给贷。夸他们心存恻隐，惠及乡闾，出力输财，值得嘉尚。重申建立社仓的意义是“益广朝廷发政施仁之意，以养成闾里睦姻任恤之风”[44]。很显然，朱子设立社仓制度的根本目的仍然是要实现儒家政治思想中的仁政。这也表明，朱子的社仓除了救荒之外，也有保护贫民尤其是“深山长谷，力穑远输之民”的意义。在官府的推动下，朱子的社仓制度成为一个民间自我管理的社会救济制度。社仓制度既是朱子恤民思想的具体体现，也是朱子民本思想在实践中的一座丰碑，它也充分体现了朱子全体大用、视民如子、天下一家的淑世情怀。正是通过身心—家—国—天下的一体建构，朱子理学的精神关切也从自我扩充到家族、国家和整个世界。

## 三、朱子“全体大用”观的发展演变

朱子全体大用思想对朱子后学、陆王心学乃至东亚世界影响深远[45]，限于篇幅，本文主要介绍朱子后学对朱子全体大用思想的承传与创新。对于朱子的全体大用思想，其晚年得意门生陈淳的理解十分到位并适当发挥。“心有体有用。具众理者，其体；应万事者，其用。寂然不动者，其体；感而遂通者，其用。体即所谓性，以其静者言也。用即所谓情，以其动者言也。圣贤存养工夫至到，方其静而未发也，全体卓然，如鉴之空，如衡之平，常定在这里。及其动而应物也，大用流行，妍媸高下，各因物之自尔而未尝有丝毫铢两之差，而所谓鉴空衡平之体亦常自若而未尝与之俱往也。”[46]陈淳指出，心有体有用，“具众理”是体，“应万事”是用，心体寂然不动，这是指性之静而言，感而遂通是其发用，这是指情之动而言。圣贤存养工夫做得好，就能保持内心的贞定，其应接万事自然而然而没有丝毫的差错，这也是程颢、朱子极为推崇的“定性”的工夫和境界。朱子认为，定性就是明明德的工夫：“人心惟定则明。所谓定者，非是定于这里，全不修习，待他自明。惟是定后，却好去学。看来看去，久后自然彻 。”[47]只有内心贞定，人心才能一片光明。朱子强调，定性之“定”，并非定在这里，完全不用修养工夫，而心之本体自然光明。[48]定性之后，一定要去学习、修炼，天长日久，自然就能看得透彻。应该肯定，陈淳的理解十分透彻十分系统，对朱子全体大用的四个层次区分得十分明晰。只是陈淳主要在解释“心”的观念，没有办法把“明德”“仁”及其发用、“圣贤气象”等内涵容纳进来。

朱子的再传弟子真德秀的“全体大用”思想基本继承了朱子哲学的精神并有所创发，提出“明体达用”。真德秀认为，全体大用具体表现为“众理”与“万事”的体用关系，故全体大用又可以表达为：“理为事之本，事为理之用”。“理即事，事即理”又指理与事（物）之间的体用关系，“体”指事物的所以然和所当然之理，“用”指发为实践实行之事。真德秀认为：“大抵理之于事，元非二物。……惟圣贤之学，则以理为事之本，事为理之用，二者相须，本无二致，此所以为无蔽也。”[49]圣贤之学，以理为本，以事为用，理在事中，事在理中。真德秀进一步指出，学者求学无非就是穷理以致用，理最终必须落实到具体的用途，功用必定有终极的原理，理就是用，用就是理。“独尝窃谓士之于学，穷理致用而已。理必达于用，用必原于理，又非二事也。”[50]在这里，真德秀批判了佛老（异端）脱离事物空言道理，最后陷入空疏无用；而仅言事实而忽视大道，最终游于无根的粗浅之谈。只有圣贤之学，以理为本，以事为用，理即用，用即理，二者融会贯通才能称之为学之成。但是怎样才能称为“学之成”呢？真德秀的解答十分精到——“成己成物”，这才是学习的最终目标。“为”主要就事功而言。古圣先贤的“为仁”“为邦”分别代表成己成物的极致，它期许的是儒家内圣外王的终极理想的实现，也即由内圣推至外王，完成王者的事功，建立王者的丰功伟绩，儒学的体用本末都集中体现在这里。

真西山之学，即“明体达用”之学。真德秀极力反对那种把儒家成己成物、内圣外王之学割裂为二的做法，他说：“儒者之学有二：曰性命道德之学，曰古今世变之学，其致一也。近世顾析而二焉。尚详世变者，指经术为迂；喜谈性命者，诋史为陋。于是分朋立党之患兴。……然则言理而不及用，言用而弗及理，其得为道之大全乎？故善学者，本之以经，参之以史，所以明理而达诸用也。……天理不达诸事，其弊为无用。事不根诸理，其失为亡本。吾未见其可相离也。”[51]真德秀认为，儒家学问有经有史，性命道德之学是经，古今世变之学是史；同时前者又是个“理”，后者则是个“用”。换言之，“成己”是体，“成物”是用；内圣是体，外王是用。善学者应该本经参史、经史互证，这样才能“明理达用”，可见，真德秀努力在内圣和外王之间找到一个调和之处。蒙培元也认为，提倡“经史并用”、要达到“经世致用”的目的是真德秀学术的特色，这一点是对朱熹思想的一个发展。[52]后世多称道他的学说“有体有用”“明体达用”。清代张伯行说：“先生之学卓然有体有用，得孔孟之心传，可以继文公后而成一代大儒也。”[53]清代雷鋐也称：“先生未得亲事朱子，与朱子门人游，明体达用莫之先焉。故曰：朱子之学私淑而得其宗者，先生也。”[54]

真德秀还认为《大学》一书集中体现了朱子“全体大用”的精神。他运用朱子“全体大用”思想来推衍和阐释《大学》，著成《大学衍义》一书。朱子十分重视《大学》，他说：“《大学》是为学纲目。先通《大学》，立定纲领，其他经皆杂说在里许。通得《大学》了，去看他经，方见得此是格物、致知事；此是正心、诚意事；此是修身事；此是齐家、治国、平天下事。”[55]又曰：“今且须熟究《大学》做间架，却以他书填补去。”[56]可惜朱子未能完成这一设想，它的完成就是真德秀的《大学衍义》。真德秀指出：“臣闻圣人之道，有体有用。本之一身者，体也；达之天下者，用也。尧舜三王之为治，六经《语》《孟》之为教，不出乎此。而《大学》一书，由体而用，本末先后，尤明且备。故先儒谓：于今可见古人为学次第者，独赖此篇之存，而《论》《孟》次之。盖其所谓格物、致知、诚意、正心、修身者，体也；其所谓齐家、治国、平天下者，用也。人主之学，必以此为据依，然后体用之全，可以默识矣。”[57]《大学衍义》一书的目的就是让人君明白尧舜禹的体用之学，由内在的修身养性而达之天下，达到治国平天下的目标。

元代学者对朱子的“全体大用”思想的理解颇为平淡。元代大儒许谦认为，“吾心之全体大用无不明，全体即前具众理，大用即前应万事。”“表里精粗，事事皆有。且如子之事亲其道当孝，此是表；如《孝经》一书之中有许多节目，又诸书言孝节目不一，此是里。粗是节目中之所当然，谓其间事为礼节也。精是节目中之所以然，谓事为礼节中之至理也。”[58]许谦对全体大用的理解没有太多的创新，但他对“表里精粗”有所推进，认为，粗是节目中之所当然，精是节目中之所以然，粗与精的关系于是巧妙地转化为事与理的关系。新安陈栎则基本沿袭了朱子对“全体大用”的理解，他指出，“久字与一旦字相应用力，积累多时，然后一朝脱然通透，吾心之全体即释明德章句所谓具众理者，吾心之大用即所谓应万事者也。”[59]元代朱子后学熊禾在他的《考亭书院记》一文中充分肯定朱子之学就是全体大用之学，表现出德与治、本与末的内在关联。“惟文公之学，圣人全体大用之学也。本之身心则为德行，措之国家天下则为事业。其体则有健顺仁义中正之性，其用则有治教农礼兵刑之具。……推原羲轩以来之统，大明夫子祖述宪章之志，上自辟雍，下逮庠序，祀典教法，一惟我文公之训是式，古人全体大用之学，复行于天下，其不自兹始乎！”[60]朱子之学还继承了伏羲以来的道统，使得古圣先贤的全体大用之学重新大放光明。

明代邱浚对朱子的全体大用进行了系统的发挥和诠释，尤其重视其中的治道和致用。他认为，全体大用有不同的层次。首先，朱子之学即圣门“全体大用”之学。“朱子谓，平生精力，尽在此书。择焉而精，其在章句。语焉而详，其在或问乎。所谓析之极其精而不乱，合之尽其大而无余，其朱子自道欤。”“朱子章句或问一出，天下家传而人诵之，皆知圣门有全体大用之学，为学者不能外此以求圣贤之道，为治者不能外此以成帝王之功。治而外此则为伯道，用非其用，无体故也。学而外此则为异端，体非其体，无用故也。”[61]邱浚指出，朱子的《大学章句》《或问》倾注了他毕生的精力，为学者不能离开朱子的《大学章句》《或问》来追求圣贤之道，为治者不能离开《大学章句》《或问》来成就帝王之伟业。离开了朱子的《大学章句》《或问》，治道也就成了有用无体的霸道，治学则是有体无用的异端之学。

其次，《大学》为儒者全体大用之学。“《大学》一书，儒者全体大用之学也。原于一人之心，该夫万事之理，而关系乎亿兆人民之生，其本在乎身也，其则在乎家也，其功用极于天下之大也。”[62]“伏以持世立教在《六经》，而撮其要于《大学》明德、新民，有八目而收其功于治平，举德义而措之于事，为酌古道而施之于今政，衍先儒之余义，补圣治之极功，惟知罄献芹之诚，罔暇顾续貂之诮。原夫一经十传，乃圣人全体大用之书，分为三纲八条，实学者修己治人之要。”[63]在邱浚看来，《大学》一书集中体现了儒学的真精神，是六经的浓缩精华版，不愧为儒家的全体大用之学的经典文本。邱浚尤其关注《大学》治国、平天下之方略，其《大学衍义补》集中衍义了《大学》的治国、平天下的经世之学。

第三，《易》者其体，《书》者其用。“臣按天下大道二：义理、政治也。《易》者，义理之宗;《书》者，政治之要。是以六经之书，此为大焉。学者学经以为儒，明义理以修己，行政治以治人，学之能事毕矣，儒者之全体大用备矣。《易》者其体，《书》者其用也。”[64]《易》乃群经之首，义理之宗，学者学习六经成为儒者，讲明义理并以此修身，这就是“全体”之学。其“大用”则表现为治人与为政，它也是学的完成。《书》经是古圣先贤为政的文献，最能体现政治的精神。

第四，“横渠四句”是圣人全体大用之学的集中表达。“张载曰：为天地立心，为生民立命，为往圣继绝学，为万世开太平。臣按:《大学》之道其纲领在明德、新民、止至善，其条目在格物、致知、诚意、正心、修身、齐家、治国、平天下，外有以极其规模之大，内有以尽其节目之详。要必析之极其精而不乱，然后合之尽其大而无余，所谓全体大用之学也。所谓圣神功化之极也。由物格知至而至于天下平，则学问之极功于是乎备，圣人之能事于是乎毕矣！是以大学一经十传，行其道于当时，则有以为一世立太平。传其书于来世，则有以为万世开太平。”[65]圣人全体大用之学关乎道统的承传。“圣人阐明斯道，以立天地之心。推行斯道，以立生民之命。自伏羲尧舜以来，至于文武周公则然矣。不幸中绝，而孔子继之，作为《大学》经之一章。曾子又述其意，以为十传，惜其有德无位，不能立一时之太平，而实垂之天下后世，有以开万世之太平焉，不幸而再绝。”[66]从伏羲、尧、舜、禹、文、武、周公以至于孔子，这些圣人都在为有形而无心之天地立心，为有命而不能自遂之生民立命，使得凡夫俗子皆有机会优入圣域。而曾子的《大学》之教，则是为了承接孔子之精神和往圣之精神，接续道统，为万世开太平，承传圣人全体大用之学。横渠的“四句教”则是对《大学》全体大用思想的精练表达，是圣人全体大用之学的集中体现。

最后，全体大用又指“圣德之全体大用”。“臣按：朱熹谓前章言至圣之德，此章言至诚之道，然至诚之道非至圣不能知，至圣之德非至诚不能为，则亦非二物矣。夫理之在天者，至于至诚之道极矣。理之在人者，至于至圣之德尽矣。圣人者出，本至诚之道以立至圣之德，充积盛于外者则如天如渊，功用妙于中者则其天其渊，惟其有是德是以知是道。故曰：苟不固聪明圣知达天德者，其孰能知之？说者谓此言达而在上之大圣人。其圣德之全体大用如此，可谓至极而无以加矣。可以当此者，其惟尧舜乎！夫尧舜与人同耳，有为者亦若是，况承帝王之统，居帝王之位者乎！”[67]“圣德之全体大用”指向的是内心至圣之德，它来源于上天“至诚之道”，唯有聪明圣知的圣人才能上达天德，才能完成“全体大用”的功效，实现“全体大用的境界”。能做到这一点的唯有尧舜这样的圣王，邱浚勉励帝王要有所作为，要向三代学习，向尧舜学习，上达天德，成为一代圣君。

## 四、几点思考

“全体大用”思想是朱子哲学的基本精神，在思想史上具有极其重要的意义。所谓“全体”就是心中包含所有的道理，所谓“大用”就是人心自然能应接万事万物。“全体大用”精神落实在实际的社会政治层面，就是朱子书院教化的实践、朱子社仓的建立以及《朱子家礼》的推广，而作为学术层面展开则是《仪礼经传通解》的礼制研究，足见朱子思想中内圣与外王的统一，致知与力行的统一。朱子“全体大用”思想，经历了宋元明清的思想交锋、承传与创新，也渐渐从注重内在道德的提升不断融入社会生活的方方面面，不断走向东亚世界，成为东亚思想史上一道独特的风景线。通过仔细梳理朱子“全体大用”思想及其发展脉络，我们发现以下问题值得进一步深思。

### （一）隐藏在“全体大用”话语背后的信息十分丰富

话语分析的基本问题是话语与语境的关系问题，我们说话的内容与方式都与我们所处的日常生活世界密切相关。话语依赖于这个世界，话语意义与它的语境息息相关，同一话语在不同语境中意义甚至完全不同。在与语境和世界的关联中，Johnstone 认为，话语分析不但要重视说出来的话，更要重视没说出来的话和说不出来的话。话语是前景，沉默是背景。[68]（Barbara Johnstone, 第 102 页）如果我们进一步追问在“全体大用”整套话语的背后究竟隐含着什么？透过朱子的文本，我们可以读出朱子对内圣精神的推崇，读出对儒家价值的渴求，读出对心灵的安顿与提升，这也正是中国哲学一贯的隐喻言说、“微言大义”的传统。具体而言，“全体大用”除了朱子《大学章句》所标榜的“明德”和“心具众理而应万事”，还有仁体义用、性体情用、心之动静、仁之体与忠恕之用、圣人气象等不同的含义，这些内涵在“全体大用”思想的发展过程中催生了结论的科学性和深刻性，但它们隐藏在结论的背后，被历史所遮蔽。从“仁体义用”到“心具众理而应万事”，朱子的“全体大用”思想经历了一个漫长的发展历程，对这一历程的揭示，有利于我们进一步把握朱子哲学所经历的从片面到不断完善的艰辛历程。“全体大用”思想在朱子哲学发展不同时期不同内涵的揭示，呈现出一个立体的多维的视角，丰富了我们对朱子哲学的理解和把握。朱子的“全体大用”思想只是朱子格物致知的最高境界，只是其格物致知理论的一个环节。朱子的“格物”只是“明此心”，“全体大用”只是“心”之“全体大用”。因而，朱子“全体大用”思想必须回到朱子哲学的心性语境中来定位。“全体大用”就是明德，属于修身的功夫，它的向外发用可以推至齐家、治国、平天下，外在的功用只是心的作用的外推和放大，尽管朱子有诸多的社会关切，但在本质上它仍然属于心性儒学。因而，朱子“全体大用”思想的社会功用也不宜过分放大，朱子的活动更多还是在书院著书立说、授徒讲学，其社会事功总体来说建树不大，其在漳州任内正经界和晚年出任帝王师等活动则以失败而告终，这些也与他的内在于心性的“全体大用”思想紧密相关。

（二）“全体大用”思想所建构的社会语境

话语具有建构知识和社会的能力。费尔克拉夫（Norman Fairclough）和沃戴克（R.Wodak）把批评话语分析的主要原则概括为：批评话语分析关注社会问题；权力关系是“话语的”（ discursive ），即话语是社会权力关系生成和再现的场所；话语构成社会和文化。话语是社会和文化再生和变化的场所；话语从事意识形态的工作，话语结构展现，加强，再生社会中的权力和支配关系，并使其合理化或对其进行质疑；话语是社会行动的形式，它揭示权力关系的隐晦性。[69]后世对朱子的理解打上了时代的烙印。全体大用是朱子哲学的基本精神，对它的理解经历了一个漫长的“层累”的历史过程。在陈淳那里，朱子的“全体大用”仍然是一种真理权威，一种知识权力，只是在帮助他们完成心性知识的建构。师生知识共同体，朱子的思想与弟子的思想内部仍保持着高度的一致性。在真德秀那里，朱子的“全体大用”开始获得社会权力，走向权力的中心。元代朱子后学又走向了心性儒学的回归，明代邱浚则在经世致用的背景下引导全体大用走向帝王之学。可见，后世对朱子全体大用思想的理解经历了心性儒学—政治儒学—心性儒学—政治儒学的互动。我们认为，“全体大用”思想是朱子哲学的基本精神，朱子的政治实践、社仓建设、书院教化、家礼的推广与普及都是其“全体大用”思想的具体落实。后世对全体大用思想的理解和演化也基本演绎着德与治、内圣与外王的思想进路。

（三）从“全体大用”的视角重新审视朱子的心与理

朱子的“全体大用”思想内涵十分丰富，后世对其阐释进一步深化了我们对朱子思想体系的理解。“全体大用”是格物的最后境界和归宿，而格物致知的目的就在于获得最高天理的认识。天理是内在的还是外在的，“心”与“理”是“一”还是“二”，二者的分野构成了理学与心学的分界线。牟宗三先生认为，“心具众理”是认知地具，及“既格”而现实地具之，此理固内在于心矣，然此“内在”是认知地摄之之内在，仍非孟子“仁义内在”之本体地固具之之内在。此种“内在”并不足以抵御“理外”之疑难。此仍是心理为二也。二即是外。[70]（牟宗三，第368页）朱子思想的主旨为理学，理是根源性存在，是最高的实体。但并不表示此理只是心外之理，心与理截然为二。朱子虽然承认一物有一物之理，但他的格物就是“明此心”，“明此理”，是“明明德”的工夫。格物致知所到达的最高境界就是“吾心之全体大用无不明”，即“心具众理而应万事”。“心”不仅“具众理”，而且“包万理”，还能知“万理”。尽管朱子从本体论上坚决反对“心即理”，但“理”在心中，心具众理。心知众理，心管众理。所谓“盖理虽在物，而用实在心也”。“理遍在天地万物之间，而心则管之；心既管之，则其用实不外乎此心矣。然则理之体在物，而其用在心也。”（《朱子语类》卷十八）一句话，在朱子的思想世界里，理为体，心为用，心包万理，心管万理，全体大用的最高境界就是“心与理一”的境界。朱子指出，“心与理一，不是理在前面为一物，理便在心之中，心包蓄不住，随事而发。”（《朱子语类》卷五）这种“心与理一”的境界，指心与理交相辉映，融为一体，随事而发，物来顺应，自然而然。可见，在本体论意义上，心学与理学对“心与理”的区分十分清晰，但在认识论和境界论意义上，“心与理一”是心学与理学家共同信守的基本理念和终极关怀。

## 注 释：

［1］ 朱子晚年强调：“吾平生所学，只有此四字（正心诚意）。”（《文公朱先生行状》，《勉斋集》卷三六）如果说“格物致知”是朱子哲学的理论基石，那么“正心诚意”则是朱子哲学的行动纲领。朱子也说：“格物者，知之始也；诚意者，行之始也。”（朱熹：《朱子语类》卷十五）

［2］ 朱 熹：《答宋深之（五）》，《朱文公文集》卷五十八。

［3］《四库全书总目提要·〈近思录〉提要》。

［4］ 朱 熹：《大学章句》。

［5］ 朱子说：“致知、格物，只是一个。”（《朱子语类》卷十五）格物致知“只是一本，无两样功夫也。”（《答陈才卿（五）》，《朱文公文集》卷五九）陈来先生指出，朱子所说的“致知”只是主体通过考究物理在主观上得到的知识扩充的结果。致知作为格物的目的和结果，并不是一种与格物并行的、独立的、以主体自身为认识对象的认识方法或修养方法。参见陈来：《朱子哲学研究》，华东师范大学出版社，2000年，第288页。

［6］ 朱 熹：《朱子语类》卷十五。

［7］《朱子语类》卷一一八。

［8］ 同上书，卷十六。

［9］ 同上书，卷十八。

［10］《朱子语类》卷十六。

［11］ 同上。

［12］ 同上。

［13］ “子曰：桓公九合诸侯，不以兵车，管仲之力也。如其仁，如其仁。”（《论语·宪问》）

［14］《朱子语类》卷十七。

［15］《孟子集注》卷十三亦云："心者，人之神明，所以具众理而应万事者也。"

［16］《大学章句》。朱子在淳熙乙酉年（1189）三月序定《大学章句》。

［17］《答李孝述继善问目》,《朱文公文集续集》卷五。此书作于宋宁宗庆元四年（1198）。

［18］《答江元适（三）》,《朱文公文集》卷三十八。此书作于宋孝宗隆兴二年（1164），这是朱子首次对全体大用思想的诠释。

［19］《答许顺之（十四）》,《朱文公文集》卷三十九。此书作于宋孝宗乾道四年（1168）。

［20］《答张敬夫（三十五）》,《朱文公文集》卷三十二。此书作于宋孝宗乾道二年（1166）。

［21］《朱子语类》卷十八。僩指沈僩，戊午（1198）以后所闻。

［22］《朱子语类》卷六。道夫即杨道夫，己酉（1189）以后所闻。蜚卿为童伯羽，庚戌（1190）以后所闻。

［23］《朱子语类》卷十八。人杰即万人杰，庚子（1180）以后所闻。

［24］刘宗周:《论语学案》卷八。

［25］《朱子语类》卷二十七。贺孙即叶味道，辛亥（1191）以后所闻。

［26］《答余国秀（二）》,《朱文公文集》卷六二。此书作于宋光宗绍熙五年（1194）。

［27］《朱子语类》卷十五。夔孙即林夔孙，丁巳（1197）以后所闻。

［28］《答张元德（一）》,《朱文公文集》卷六二。此书作于宋宁宗庆元三年（1197）。

［29］清代李清馥认为朱子之学就是全体大用之学:"因叙述学派而敬书之至朱子之学，内圣外王之要，全体大用之详，前贤述之备矣。"(《文公朱晦庵先生学派》，李清馥:《闽中理学渊源考》卷十六）日本楠本正继博士认为，"全体大用"之思想是朱子思想的中心，在思想史上具有极其重要的意义。所谓"全体"就是心中包含所有的道理，所谓"大用"就是人心自然能应接万事万物。楠本正继指出:"全体大用思想乃源于所谓：虽然存在于相对的时空中，同时却也要求绝对，并不断试图在人世中，实践此种绝对的人类精神之必然要求，此思想的意义全然在此。"参见柴田笃:《楠本正继博士的朱子学研究》，吴震主编:《宋代新儒学的精神世界——以朱子学为中心》，上海：华东师范大学出版社，2009年，第297～312页。

［30］《朱子语类》卷十四。

［31］同上书，卷十八。

［32］《答江德功》,《朱文公文集》卷七。

[33]《朱子语类》卷十四。
[34] 同上。
[35] 同上。
[36]《朱子语类》卷十五。
[37] 朱　熹:《河南程氏遗书》卷十五。
[38]《朱子语类》卷十八。
[39] 同上书，卷六十。
[40]《朱文公文集》卷七十四。
[41] 同上。
[42] 参见拙著:《南宋书院教化与道学社会化适应——以朱熹为中心》,《孔子研究》，2010 年第 2 期。
[43]《建宁府崇县五夫社仓记》,《朱文公文集》卷七十七。
[44]《劝立社仓榜》,《朱文公文集》卷九十九。
[45] 朱子“全体大用”思想对陆王心学也有一定的影响，如刘宗周等。在东亚世界，韩国李退溪、李栗谷、丁茶山以及日本山崎暗斋、楠本正继等对朱子全体大用的思想多有阐发。鉴于篇幅，笔者将另文撰述。
[46] 陈　淳:《北溪字义》卷上。
[47]《朱子语类》卷十四。
[48] 关于朱子的“定性说”，可参见拙著《道学话语的形成发展与转折——以宋代“定性说”的展开为中心》,《哲学研究》，2008 年第 1 期。
[49] 真德秀:《讲筵卷子十一月八日》,《西山文集》卷十八。
[50] 真德秀:《跋刘弥邵读书小记》,《西山文集》卷三十六。
[51] 真德秀:《周敬甫晋评序》,《西山文集》卷二十八。
[52] 蒙培元:《理学的演变》，福州：福建人民出版社 ,1998 年，第 115 页。
[53] 真德秀:《西山文钞序》。
[54]《真西山读书记序》。
[55]《朱子语类》卷十四。
[56] 同上。
[57] 真德秀:《大学衍义札子》。
[58] 许　谦:《读四书丛说》卷一。
[59] 胡广等:《大学章句大全》。
[60] 李清馥:《熊勿轩先生禾学派》,《闽中理学渊源考》卷三十七。
[61] 邱　浚:《大学衍义补》卷七十七。
[62] 邱　浚:《大学衍义补原序》。
[63] 邱　浚:《进大学衍义补表》。

[64]《大学衍义补》卷七十三。
[65] 同上书，卷一六〇。
[66] 同上。
[67]《大学衍义补》卷七十七。
[68] Barbara Johnstone. *Discourse Analysis*. Oxford: Black Well. 2002.p.102.
[69] N .Fairclough/ R.Wodak .Critical Discourse Analysis.Van Dijk(eds.):*Discourse as Social Interaction: A Multidisciplinary Introduction*.Volum2. London, 1997. pp · 271 ~ 280.
[70] 牟宗三:《心体与性体》(下)，上海：上海古籍出版社，1999年，第368页。

（原载《哲学研究》，2015年第11期，
作者单位：厦门大学两岸关系和平发展协同创新中心，厦门大学哲学系）

# 朱子学的羽翼、辨正与“内转”[1]

## ——以勉斋《论语》学为中心

⊙ 许家星

当朱子于“伪学”声中去世时，朱子学即身陷恶劣的生态环境中，在此情况下，以勉斋为首的朱门弟子以竭力弘扬朱子学为己任。在如何诠释朱子思想这一重大问题上，弟子们虽因气质、学问等的不同而呈现出一定差异，但总体表现为以发明、维护朱子思想为宗旨。勉斋对朱子四书学的阐发，形成了羽翼、辨正、转向兼具的多元诠释路向，奠定了诠释朱子四书学的基本样式，形成了影响深远的勉斋学派，对“后朱子学”的发展做出了重要贡献。

### 一、“发前贤之未发而有功于后学”

勉斋认为，朱子最重要的著作是《四书集注》，但该书精密简严，且与《精义》《或问》《文集》《语类》颇多分歧之处，必须对之展开再阐释，方能把握其旨意所在。《论语通释》即是勉斋对朱子《论语》的诠释之作。据《勉斋年谱》可知，该书为勉斋一生心血所在，成于其生命之终。勉斋以《通释》命名此书，是希望消除朱子论说之分歧，以定于一是。门人对此书给予了高度推崇，认为已将朱子《论语》疏通无遗。陈宓《题叙通释》说：“先生合文公《集注》《集义》《或问》三书而通释之。……然《集注》《或问》间有去取之不同，发挥之未尽，先生追忆向日亲炙之语，附以己意，名曰《通释》。于是始无遗憾矣。”[2]《通释》对《集注》本旨的发明，主要采用以下方式：揭示《集注》用语、用意、针砭，辨析两说异同，以达到羽翼朱子的目的。

（一）用语、用意、学弊。《集注》用语“浑然如经”，须对之加以拆解式讲解，方能使其意义显明，利于理解。勉斋对《论语》学而章注的“善”和“复初”曾做了如下阐发：“‘明善’谓明天下之理，‘复其初’则复其本然之善也。”[3]很多情况下勉斋直接就《集注》“字义”逐字做出解释，如逐一解释温良恭俭让章“过化存神”四字。

如果说“用语”的解释是说明朱子说了什么，那么“用意”则要进一步揭示“用语”后面的用心所在。勉斋常以“何也”“故曰”等作为引语表示此意，仍以“学而”章注文阐发为例：“言君子而复归于学之正，习之熟、说之深。何也？学而至于成德，又岂有他道哉。”[4]

勉斋尤为留意存在多种诠释可能的文字，如《集注》解“伯夷叔齐”章“怨是用希”为“人亦不甚怨之也”。勉斋认为“怨”的施事主体可以是己、亦可是人，指出《集注》“人怨”解依据的是伯夷叔齐的圣贤境界。

《集注》特别重视针砭学弊的诠释原则，勉斋亦秉承此点。如《集注》为了激发学者修道进德之心，对接舆、沮、溺、丈人给予了高度肯定。勉斋以激昂之辞对四子做了高度赞扬，表达了对贪慕荣利之徒的痛恨。在“吾岂匏瓜”章亦指出，匏瓜是蠢然无知觉之物，人是万物之灵，应有所贡献于世界。世人借夫子此说为谋食四方辩护，丧失进退之义，背离了圣人本旨，必须加以辨正。“世之奔走以糊其口于四方者，往往借是言以自况，失圣人之旨矣。”[5]

（二）两说异同。朱子四书学是以《集注》为核心的学术系统，但《集注》与《或问》《语类》等存在差异;《集注》所引二程学派之说与朱子思想存在差异;《集注》前后两解并存之异同值得留意;《集注》历经修改形成的前后差异之说，究竟何者为朱子定见，关乎朱子思想之把握。勉斋针对此四方面异同加以再诠释。

勉斋尤重视《集注》与《或问》的异同,《论孟集注》与《论孟或问》因写作时间、修改历程有别，彼此颇多差异。[6]勉斋对此多采取“两存之可也”的态度。如他指出见危致命章“《集注》以为‘庶乎其可’，则固恶其言之太快，然《或问》之意，则又与《集注》不同。读者两存之可也。”[7]《集注》认为“其可已矣”意在贬子张断语过于伤快，不够周全，但《或问》在比较“可也”与“其可已矣”时则认为前者贬抑，后者揄扬,《或问》说对学者仍有其价值，故当“两存之”。对《集注》与《语类》的不同，勉斋亦主张并存之。《集注》“三月不违”章注引“内外宾主之辨”说,《语类》对此有不同表述，勉斋从文义与义理双重角度给出两说并存的合理性。宾主说大概以屋子为喻，内主外宾，具体有两解：一是以仁为屋，心之出入往来为宾主。“其心三月不违仁”指心是否安于仁，更合乎文本义。二是以身为屋，仁之存亡为宾主，从文义言有所隔阂，但就义理言，此说心仁合一，心即是仁，心在即仁在，于为学工夫更紧切。

勉斋亦注意《或问》文义之误可能产生的义理偏差。如指出《或问》“切磋琢磨”的理解存在不当：

> 若谓“无谄无骄”为“如切如琢”，“乐与好礼”为“如磋如磨”，则下文“告往知来”一句便说不得。“切磋、琢磨”两句说得来也无精采……前之问答，盖言德之浅深；今之引《诗》，乃言学之疏密。[8]

《集注》指出切磋、琢磨是处理骨角、玉石的由粗到精的两项工序，切琢为粗，磋磨为精。勉斋认为，若将此粗精说直接对应于“无谄无骄”和“乐与好礼”，则会导致下文“告往知来”毫无着落，没有体现子贡的领悟与夫子的赞许，“切磋琢磨”说亦失去了其应有的精神和力量。此虽为微小文义差别，却不可放过。子贡师徒问答当与《诗》句讨论分开来看，分别指道德境界深浅和学问工夫疏密。

勉斋指出，《集注》引文与朱子注语总体应相互融洽、互为补足，“各有所发明也。”如“可与共学”章程、朱经权之说不同，勉斋认为，《集注》经权有别说使经、权意义分明而不至于混为一团；程子权变本质只是经说亦有道理，朱子所言对程子说具有补足、完善意义，“足以继此章之旨”。面对程、朱之异，包括勉斋在内的门人通常认为朱子解更好。如“祭如在”章，《集注》先引程子以孝敬释祭祀祖先神灵说，再补充己说。勉斋认为，祭祀根本在于真实无妄之诚意，朱子所补“诚意”恰补充了程子说之不足。勉斋有时直接指出程子说“不若《集注》之说为当”。如子夏之门人章的“先后”诠释，程子从教学次第立论，朱子就义理精粗而论，故朱子学更确。勉斋对朱子超越前人的推崇在关于仁的论述中表现得最鲜明，认为“发前贤之未发而有功于后学”。他在“仁而不佞”章说：

> 仁者“爱之理心之德”，深味六字之义，则仁之道无余蕴矣。……又断之曰“非全体而不息者不足以当之”。深味“全体不息”四字，则学者而求至于仁，其至之标的，又昭然而可见矣。……其发前贤之未发而有功于后学，大矣！[9]

朱子孝悌为仁之本章以心之德、爱之理六字阐发仁的名义，透彻周全，可谓穷其底蕴而无余，本章则以“全体不息”四字昭然标示求仁之方。此四字极其精密含蓄地阐发了仁道及行仁之方，远迈前贤而有功于学者。且“全体”二字已囊括《集注》后章所引延平“当理无私心”之说，“不息”又进一步揭示其言外之意。

勉斋具有独立批判精神，对程、朱异同并非一味是朱非程，而是以自身判断为准，对朱子说同样有不少批评，有时亦认为“须是如程子之说，方为稳当”。如关于学而章解，他在《复叶味道书》中说：

> 今观程子云“不见是而无闷乃所谓君子”，是不愠然后君子也；朱先生云“故惟成德者能之”，则是君子然后不愠。以悦、乐两句例之，则须是如程子之说，方为稳当。[10]

《集注》所引程子说认为只有做到不愠方才是君子，朱子本人则认为只有成德君子方能做到不愠。据本章悦、乐、不愠三句文本的内在语义关系，程子说更恰当。其实，朱子说和程子说显然互补，勉斋从中看出朱子之不妥，颇出乎意外。

朱子就《集注》前后两说并存的情况有明确解释，认为这是因两说皆有可取，无法舍弃，但前说要优于后说。勉斋据贴切文义和为学工夫的原则对之有所辨析。如“是可忍孰不可忍”的“忍”，《集注》有忍心、容忍前后两义，但所选范氏说为容忍义、谢氏说为忍心义，这样就使得本应在后的范氏容忍义反而在前。勉斋的解答是：范氏、谢氏论域不同，前者就全章而发，后者仅针对“是可忍”而论。又如人而不仁章《集注》先后引游酢、程子说。游氏以人心解仁，较程子以正理解仁更亲切。朱子同时选用二说，表明仁应当包含人心与正理的统一。在勉斋看来，心与仁的关系更为紧密。

《集注》初本与改本是朱子后学极为关注的问题，它反映出朱子思想的演变，对准确把握朱子思想具有重要意义，亦能考验学者对朱子思想的把握能力。勉斋指出“博学笃志”章存在初本和改本之别：前者“心不外驰而事皆有益”过于分析，带有有所为而外求的弊病，后者“所存自熟”则纯从心之存主立论，专注于内心的操存涵养，进一步突出了心与仁的内在一体性，显示出《集注》修改之精密。

《集注》初本谓“心不外驰而事皆有益”，后乃以“所存自熟”易之。盖初本以博笃切近为“心不外驰”，学志问思为“事皆有益”。其后易之者，则专主于“心之所存”而言也。……以此见《集注》愈改而愈精也。[11]

## 二、“自今观之，亦觉有未安处”

勉斋于朱子兼具女婿与弟子双重身份，深知朱子四书诠释用心之勤，故再三告诫学者对《集注》切不可抱轻易之心。出乎意料的是，勉斋在《论语》诠释中，对《集注》却不大客气地给予批评。《复叶味道书》集中表达了他对《集注》的修正看法：

朱先生一部《论语》，直解到死。自今观之，亦觉有未安处。且如“不亦君子乎”一句……则须是如程子之说，方为稳当。……朱先生云：“敏于事者，勉其所不足；慎于言者，不敢尽其所有余。”此用《中庸》“有余不敢尽”之语，然所谓“慎”者，非以其有余而慎之也。“慎”字本无“不敢尽”之意，事难行故当勉，言易肆故当慎耳。人而无信一章“其何以行之哉”，“何以”之“以”，便当用“其何以观”例。“志道、据德、依仁”不当作次第说，若作次第说，则“游艺”有所不通，且有志道者未能据德、据德者未能依仁之病。……德则行道而有得于身，随其所得，守之而不失。[12]

勉斋指出，不应为了保持统一而删除《语录》不同之说。朱子对二程语录的处理，亦是尽量保持原貌。天下义理无穷，并不能保证编者所见为的当之论。即便朱子穷毕生精力所注之《论语》，亦多有不满人意处，这恰可以借《语录》之说看出，《语录》异说具有参考、矫正《集注》的价值。他举出《集注》中四处错误，从文义、义理、工夫上加以批评：学而章朱子解不如程子说精当；以《中庸》“有余不敢尽”解释“慎于言”不妥，慎只是谨慎勉励，并无有余义；“何以行之”的“以”解为“能够”不对，当解为“居上不宽”章的“凭借”义；志道章《集注》《语录》皆反复言及四者先后次序不可乱、本末精粗必有序，这一视四者为造道次第的观点，不仅导致“游于艺”无所安置，且割裂了志道、据德、依仁与人的关联，学者对道、德、仁皆需要始终用力而不可有须臾放弃，四者在价值序列上具有同等重要意义，它们是并列而非次第关系。在文义上，勉斋还质疑《集注》博文约礼章的“约，要也”说，认为此处约之于礼的“约”显然为动词，是“约之”义，训为“要”不合文理。如训为“约束”，虽合乎文义，却未能突出与“博”的对举义，当合二者而取之，为“反而束之以求其要”，其实质不过是存心而已。勉斋有时会通过否定《集注》所引说来间接表达批评。如“君子九思”章《集注》引程子“九思各专其一”说，勉斋认为专一而思的弊病是泛泛而思却毫无统绪、效果，思应当建立在戒慎敬义的基础上。

历来对十五志学章的理解，存在一个困惑：夫子所言自十五有志至于七十不逾矩的修道历程当如何观之？是开示真实语还是示教象征语？《集注》引程子说，认为“孔子自言其进德之序如此者，圣人未必然，但为学者立法，使之盈科而后进，成章而后达耳”。朱子自评为，“愚谓圣人生知安行，固无积累之渐，然其心未尝自谓已至此也。是其日用之间，必有独觉其进而人不及知者，故因其近似以自名，欲学者以是为则而自勉，非心实自圣而姑为是退托也。后凡言谦辞之属，意皆放此。”认为夫子生知之圣，其进道修得次序未必循此阶梯而进，未必有如此明确的渐进过程。但圣人并不自以为是，其说乃为学者展示为学上升之次第，是夫子修道进程的大略标示，希望学者据此为准则而加以对照自勉，并非是夫子内心自以为已达到了圣人境界而托之以此谦虚推脱之辞。故此说虽为夫子的一种谦辞，但此谦辞仍有其真实内容所在。勉斋对此提出了批判性看法：

> 圣人生知安行，有见夫义理之在人，不啻如饥食渴饮之急，则夫知而必学，学而必好者，此其所以为圣人也。十年十五年而后一进，亦圣人之心至此而自信耳。……说者以为圣人立法谦辞以勉人，则圣人皆是架空虚诞之辞，岂圣人正大之心哉！故《集注》虽以勉人为辞而又以独觉其进为说，亦可见矣。[13]

所谓圣人生知安行乃是指知义理之深，学义理之笃，好义理之切，是对学的知之、好之、乐之，此是圣人之为圣人的本质所在。圣人与常人的区别不是从所谓的“无所不知无所不能”的成就论，而是就其对义理之学的学习态度、能力论。至于十年、十五年的进学层次，则是圣人之学达到某一层次自信的表现，是见之真、行之切的真实自得的流露，并非是圣人为了勉励学者、为学者立法的谦辞。《集注》尽管主张这是圣人之勉辞，但同时又提出是圣人“独觉其进”处。其实，《集注》更强调勉人、立法、谦虚之说，“独觉其进”说不过略有此意而已。勉斋则以后者来否定前者，以此作为对《集注》的批评修正。

朱子《集注》之修改完善，是在与弟子讲学辩难中展开的。朱子善于包容、吸取意见的学风培育了弟子勇于质疑的学术品格。勉斋尤其保持了这种学风，故对《集注》时加质疑，体现出唯理是从的精神，勇于批判亦成为勉斋学派的一大特色。如传勉斋学的江西一派，以“多不同于朱子”的饶双峰为代表，其对朱子四书义理有着精细辩难，涉及格物传、忠恕解、心性论等核心论题，如批评朱子忠恕之道说仅突出了忠恕的道体义而忽视了工夫义，犯了“主一而废一”的毛病；指出以朱子之高明、精密，对程子说的理解仍然存在重要差失，可见质疑问难之必要。“《集注》主一而废一，所以于曾子用工处，又别说从一路去。以老先生之高明精密，而于前人语意尤看得未尽如此。”[14]勉斋所传于浙江的北山学派亦秉承此种怀疑批判精神，如金履祥《论孟集注考证》从考据学入手，对《集注》文字音韵训诂等颇多补正。

## 三、“圣贤言学，无非就身心上用工”

勉斋据当时学术情况，有意彰显了心的本体意义，提出“心便是性”“心便是仁”等心性为一思想，指出较之讲学穷理，“点检身心”“求放心”“反身一念”等身心之学才是工夫根本，是道之传承与否的关键所在，显示出对“心学”的包容与工夫论的内转。

“心便是性，性便是心”。勉斋体现出重“心”的立场，视心为万化根本，人身主宰，具有参赞天地之化育，修齐治平之效用，批评世人对心有所轻视。“心者，天地之蕴，化育之机……甚矣，人之轻视其心也。”[15]他于礼云章、人而不仁章辨别《集注》二说优劣时，皆强调心对于理的优先性，事理必须安顿在人心上才有意义，若无心为据依之地，则理是寡头无根的。并于《舜禹传心周程言性二图辨寄黄子洪》中提出“心便是性，性便是心”的心性为一论，发朱子所未发。说：“孟子曰仁义礼智根于心，则仁义礼智皆具于心，而谓‘心在性外’，可乎？至于为说，则曰‘心出于性’，何其与孟子之言相戾乎？……则此心之妙，但有虚明而无礼义矣。”[16]批评黄子洪的心在性外、心出于性说割裂了心性关系，作为性之内容的五常皆根于心，故性在心内，“心出于性”则导致心丧失了义理内涵，仅仅成为知觉虚明之心。在“明德”的讨论中他亦主张心即性、性即心的心性为一说。《复杨志仁书》说：

此但当答以“心之明便是性之明，初非有二物”。……今观所答，是未免以心性为两物也。如“回也其心三月不违仁”，则心自是心，仁自是仁；如孟子言“仁，人心也”，则仁又便是心。《大学》所解明德，则心便是性，性便是心也。[17]

解答明德究竟是性是心的疑问，应从心性为一的角度着眼，批评杨志仁说导致心性为二。心与仁具有分合关系，既有各自为二，不可合一的情况，如颜子三月不违仁；亦有心即是仁的合一情况，如孟子仁人心说。“明德”则是心性即一的概念。勉斋特别突出了“心即仁也”这一心与仁相合的向度，在分析仁的内外宾主之辨即提出“以义理言，则心即仁也。……其旨尤切”。弟子双峰指出孟子“仁人心”与“求放心”之心皆应指义理之心，批评《集注》从知觉之心理解“求放心”，与“仁人心”说不相应。勉斋认同双峰说，提出心有义理、知觉两面，其中又存在专指一面和合指两面的情况，故心性之分合说需具体分析，“心字有专指知觉一边而言者，有专指义理一边而言者，有合知觉义理而为言者。须逐处看得分晓”。勉斋还提出“非性情之外别有心”说[18]，意在强调心与性情并非为二，心就是性情，是性情中对之起主宰作用者。

勉斋指出，重章句与重存养的朱陆两家工夫主导学界，二者“各守一偏于先王之道”，各有优劣。在一般意义上，勉斋主张讲学、存养不可偏废，此即朱子合尊德性、道问学为一的立场。《复饶伯舆》言，“守章句者不知存养之为切，谈存养者不知玩索之不可缓，各守一偏于先王之道，卒无得焉”[19]。但因药发病、矫正学弊是决定勉斋工夫立场的关键因素，有见于朱子学者易于偏向章句讲学，缺乏身心存养，勉斋反复呼吁学者工夫当从以讲学穷理为主转移到身心上来。存养决定了致知之效，无存养，致知将流入讲说文字的口耳之学而毫无益处，说“须是切己用工，若只是辨论辞章，恐终不济事也”[20]。

“检点身心”。勉斋反复论及学问根本就是治心修身。“学问之道，治心修身而已。”在给双峰信中指出，古人之学在身心用功，以检点身心为主，讲学穷理为辅。透过格物穷理与检点身心工夫的对比，突出检点身心工夫的主导地位。《复饶伯舆》言：

近亦颇觉古人为学，大抵先于身心上用功……无非欲人检点身心，存天理去人欲而已……故初学之法，且令格物穷理……亦卒归于检点身心而已。年来学者，但见古人有格物穷理之说，但驰心于辨析讲论之间，而不务持养省察之实……大本大原，漫不知省，而寻行数墨，入耳出口，以为即此便是学问，……则虽曰学者之众，而适足以为吾道之累也。[21]

就往古圣贤用功之语来看，如尧舜精一之传、文王心事之制等，皆是检点身心工夫。钻研圣贤经典的格物穷理之功，是为了探究为学之方、获得正确义理，以做到居敬集义，最终归于检点身心。检点身心是格物穷理的目标所在。为此，勉斋严厉斥责学者放荡身心，埋头义理辨析之中，丧失了操存涵养自我反省的身心工夫，流于言行背离的口耳之学，走向了圣人之教的背面。痛切指出，讲学穷理人数虽众，却不仅无益于道之传承，反而会伤害之。强调检点身心而非格物穷理，才是道之传承的根本所在。为此，他强调持养省察工夫与讲学穷理的区别，批评饶鲁将二者合说有误。

> 不以持养省察为主，而曰吾惟讲学穷理者，皆务外者也。……居敬集义乃是要检点自家身心，格物致知乃是要通晓事物道理，其主意不同，不可合而言之也。

既然圣贤教人工夫皆是检点身心，故学者为学用心，自当以持养省察、敬义夹持工夫为主，讲学穷理乃辅助涵养省察工夫者，为学不以持养省察为主，而仅仅追求讲学穷理，则是向外为人之学，而非切己向内之学。敬义工夫要求在念头思虑上用功，通过持养、省察双向并进之方，达到内直外方之效用。敬义是检点身心的实践工夫，格致是探究事理工夫，二者所主不同，应严格区分而不可混为一体。在与李燔的信中，他亦将检点身心与讲学穷理对立起来，痛斥流于讲学是儒道失传的罪魁祸首，强烈表达了应以身心点检为主的思想。《与李敬子司直书》言：

> 近读《中庸》，因推考古先圣贤言学，无非就身心上用工。……博文易而约礼难。后来学者专务其所易而常惮其所难，此道之所以无传……若但务学而于身心不加意，恐全不成学问也。……独南康德契兄与诸贤维持，讲学最盛……但不知于身心上点检处如何耳。[22]

古代圣贤之学皆是就身心用工，如《书》之人心道心、《易》之直内方外，皆是论身心工夫而非讲学。夫子担心学者认识倾向一偏，故以博文与约礼对举，希望兼顾讲学之文与实践之礼。就先后论，博文在约礼之前；就难易论，约礼更甚于博文，而学者流于外在讲学而放弃了约礼工夫，直接导致道的失传。当以戒惧慎独工夫为补救之方，以之为毕生事业而时刻遵循，讲学穷理不过起讲明戒慎的辅助作用。如仅知讲学则丧失了学问根本，学问根本在于身心实践。南康虽然为目下师门讲学最盛之地，更应用功于身心检点。

勉斋反复指出检点身心的意义，以极为强烈的对比性措辞强调是否有检点工夫是人生分界所在。“不到此间议论，虽杀人放火，自不相干；既到此间议论，须是检点自己，从头到尾，得彻方是。”[23]晚年屡屡道及检点身心是人生唯一重要之事，百事皆当放下，唯独检点身心工夫不可丝毫放松。“吾人年事至此，百事只得放下，且以检点身心为急也。”[24]只有检点身心才能使人性光明、纯粹、洁净如初，而恢复本初，不负此生。“今亦他无所用心，只得检点身心，令明净纯洁，交还天地父母耳。”[25]

勉斋非常重视孟子的“求放心”说，认为此是极重要的身心工夫，提出“存心之学”与辞章记问之学的区别。人心受到物欲拖累，就会放荡奔跑，从而丧失天理之约束，故圣贤以战战兢兢的静存动察工夫，来确保本心的存在。孟子求放心说是对学者提出的真切警诫，事关儒家之道的传承，秦汉以来学者沉溺于辞章、记问之学而丧失了古人存心、求心之学，直到周程先生，方才接续道统。学者于动静寝食中，皆当时刻牢记“求放心”而不可须臾偏离之，此为读书穷理之根本。“且是以‘求放心’为本，一动一静、一寝一食，不可离此三字，便有以为之根本，然后可以读书玩理也。”[26]多次告诫学者读朱先生书，应加倍于求放心工夫，反复批评过于思索文义的行为。强调自家心灵是书本文义的主宰，不能以书本之说漫过身心，提出“以心照书，无以书入心”说，此与象山“我注六经，六经注我”说精神颇有相通。并多方设法，诱导学者反归于求放心。

先生曰：“以心照书，无以书入心，可也。”又尝言，“学者役精神于文义而不反求诸心，终未免有口耳之学。”故于讲论之际，必宛转而归诸求放心、存天理者焉。[27]

勉斋亦强调存念头的重要。指出作为工夫之首的戒惧，具有自然、简易、内在、当下的特点，一念即是，不待他求，不待外索。直接将之简化为当下一念，这与心学的当下说相通。《复黄会卿》言，“戒惧谨独，不待勉强，不假思索，只是一念之间，此意便在。”[28]如能存心，则念头存而不失的当下，万理皆在。“存心则一念存，万理具”。帝王之学亦不过是通过检束、防制其心，使念头皆合乎中道。穷理玩索工夫未能专注精一，原因在于“反身一念”未能做到。而贤愚之分的关键亦在于为学念头是在身心之内还是在其之外。

勉斋尽管凸显了心的本体义，推崇反身向内的“求心”工夫，但并未走向象山“心学”，而是坚持并发展了朱子学的主敬立场。为学首要是检点身心而非读书，检点身心之首则是持敬。“为学须先理会心，理会心先须持敬。”[29]主敬不仅是求放心之要旨，更是必须牢记于心、须臾不可离的“护身符”，是学者为学的必备之方，是儒家抗拒一切鬼魔上身的救命符。“敬以直内，义以方外，此便是护身符。”[30]

勉斋身心内转之学，得到后人的继承认可。吴昌裔指出，勉斋以居敬集义为主的身心点检向内工夫，是对文公之学的进一步推阐。“先生体贴居敬集义之旨，专欲教人点检身心，其功尤为近里亲切，是则文公有功于程氏，而先生有助于师门。”[31]勉斋“内转”之学在弟子双峰那里得到弘扬。除批评朱子“求放心”章对“心”的理解析为义理与知觉外，在牛山之木章双峰又提出同样的批评。双峰之学体现出追求合一、简易之学的特点，多处批评朱子之解过于分析，如批评朱子将“诚”与“道”析为“本、用”“明善又为思诚之本”等说过于支离；以知行交互解三达德又“头绪未免太多”等。

朱陆异同是朱子后学面临的重要课题。北溪表现出极力捍卫师门、抨击象山的态度，勉斋对陆学态度相对温和，认为其最大问题是“不读书”，但勉斋自身对读书的态度又颇矛盾，认为只是第二义，第一义是持敬收心，批评“后生辈皆以为读书者，充塞时文之具矣”[32]。双峰虽亦不满于象山不读书说，却提出“尊德性以为之本”说。如何看待尊德性与道问学是判定朱陆学者立场的一个重要指标，作为双峰后学的吴澄则更因力倡“尊德性为本”而被视为陆学，成为元代朱陆合流的代表。其中虽不无误解，但自朱子格物穷理到勉斋“点检身心”再至双峰、草庐“尊德性为本”，确乎显示出“后朱子学”演变的某种真实轨迹和趋向。

勉斋《论语》诠释，体现出对朱子学羽翼、辨正、转向兼具的多重趋向，奠定了“后朱子学”经典诠释的基本样式，弘扬了朱子学的理性辨正精神，指引了朱子学转向内在身心的工夫路线，昭示了日后朱陆异同话题的彰显，对深入研究朱子学的演变具有重要意义。

## 注　释：

［1］ 基金项目：国家社科基金重大项目《朱子门人后学研究》（14ZDB008）、国家社科青年项目《朱子四书学之系列比较研究》（13CZX045）。

［2］ 黄　榦：《勉斋集·年谱》，北京：书目文献出版社，1988 年，第 843 页。

［3］ 赵顺孙：《四书纂疏》，长春：吉林出版股份有限公司，2005 年，第 84 页。

［4］ 同上书，第 87 页。

［5］ 同上书，第 346 页。

［6］《四书或问》当分成《论孟或问》《学庸或问》两大类别看，参拙稿《朱子四书学形成新考》，《中国哲学史》，2013 年第 1 期。

［7］《四书纂疏》，第 363 页。

［8］ 同上书，第 102 页。

［9］ 真德秀：《四书集编》，长春：吉林出版股份有限公司，2005 年，第 71 页。

［10］《勉斋集》，第 374 页。

［11］《四书纂疏》，第 364 页。

［12］《勉斋集》，第 374 页。此处“德”之解尚有初本、定本之争，一说为“行道而有得于身”，一说为“得道于心”，据《集注》下文言“得之于心而守之不失”，似乎《四书纂疏》等说更确。

［13］《四书纂疏》，第 108 页。

［14］ 史伯璇:《四书管窥》，文渊阁《四库全书》本，上海：上海古籍出版社，1988 年，第 733 页。
［15］《勉斋集》，第 509 页。
［16］ 同上书，第 589 页。
［17］ 同上书，第 422 页。《勉斋语录》有相似记录，参《勉斋集》，第 789 页。
［18］《四书纂疏》，第 442 页。
［19］《勉斋集》，第 464 页。
［20］ 同上书，第 466 页。
［21］ 同上书，第 464 页。
［22］ 同上书，第 350 页。
［23］《勉斋集 · 语录》，第 790 页。
［24］《勉斋集》，第 426 页。
［25］ 同上书，第 349 页。
［26］ 同上书，第 434 页。
［27］《勉斋集 · 年谱》，第 842 页。
［28］《勉斋集》，第 462 页。
［29］ 同上书，第 790 页。
［30］ 同上书，第 791 页。
［31］ 同上书，第 847 页。
［32］ 同上书，第 385 页。

（原载《中国哲学史》，2015 年第 4 期，
作者单位：南昌大学江右哲学研究中心）

# 《近思录专辑》简介

⊙ 方笑一

众所周知，朱熹是南宋著名的理学家、思想家、哲学家、教育家、诗人，是儒家自孔、孟以来最杰出的宗师。作为其思想之承载，朱子著述“致广大，尽精微，综罗百代”，是全世界宝贵的精神财富。其中，朱子与吕祖谦合辑的《近思录》最受后世关注，被誉为“六经、四子之阶梯”“凡义理根源，圣学体用，皆在此编”“后人治宋代理学，无不首读”，在中国以至东亚思想史上具有重要地位。因此，历代学者或注解研习，或订补递修，创作过数量庞大的“后近思录”，这些文献是《近思录》学术史的载体，也是朱子学发展、传播史的一个缩影，在古籍版本、历史传承和文化积累各方面都具有巨大价值。2011 年，华东师范大学古籍研究所国家社科基金重大项目“朱子学文献整理与研究”分设“《近思录》后续研究著述”子课题，专门就这一问题进行深入探究，并选择最有代表性的“后近思录”凡二十一种，细致校勘，精心标点，是为《朱子学文献大系・历代朱子学研究著述丛刊・近思录专辑》。

作为《朱子学文献大系・历代朱子学研究著述丛刊》第一个专辑，交由华东师范大学出版社出版。《近思录专辑》，不惟内容精优，形制典丽，更将为《近思录》学术史专题研究提供最基本、可采信、成系列的文献资料库，对朱子后学思想、宋明理学乃至泛中华文化圈历史文化研究做出重要贡献。

《近思录专辑》总目

第　一　册 ［宋］杨伯嵒　泳斋近思录衍注
　　　　　 ［宋］叶　采　近思录集解

南宋衢州学宫刻本杨伯嵒《泳斋近思录衍注》十四卷，注解语录六百二十二条，是《近思录》注本中现存最早的宋刊本。半叶九行十八字，注文小字双行十七字，左右双栏，有界行，白口，顺鱼尾。杨伯嵒衍注时，拟定了十四卷卷名，注文多引用孔子、孟子、伊川、南轩、朱子、吕东莱等诸子之语要以及四书、五经等儒家经典来注释，与历史上南宋叶采《集解》同中有异，具有很好的文献价值。本次校点整理以北京大学藏本为底本。

南宋朱熹再传弟子叶采《近思录集解》十四卷，注解语录六百二十二条，成书于宋理宗淳祐八年（1248），现存元刻本三种，或残缺或补修或抄配。明清时叶采《近思录集解》刻本繁多，盛行于世。本次校点整理以清初邵仁泓校刊本为底本，以元刻明修本为校本。叶采集解《近思录》时，根据各卷的主旨拟定了篇名，为后世《近思录》注释者提供了颇有价值的纲领，叶采所拟篇目几乎成为一种范式，也成为后世续编、仿编者重要的参考纲目。叶氏注本具有很好的文献价值、学术价值，是历史上东亚学界非常尊崇的文本，影响久远。

第　二　册　［宋］陈　埴　近思杂问
［宋］蔡　模　近思续录
［宋］蔡　模　近思别录
［宋］佚　名　近思后录
［明］江起鹏　近思录补

南宋朱熹再传弟子蔡模《近思续录》十四卷，是蔡模编纂朱熹语录四百三十八条而成，主要选自朱熹《文集》《语录》《易本义》《书传》《论语或问》《太极图》《论语集注》等。本次校点整理以国内现存最早的刻本为底本，即清康熙二十八年（1689）刻本，清柯崇朴校订，天盖楼藏版，嘉兴图书馆藏。以日本宽文八年（1668）刻本为校本，日本国立公文书馆藏。该仿编本对后世东亚《近思录》续编、仿编者影响很大，具有一定的学术价值、文献价值。

南宋无名氏《近思别录》十四卷，据校点者考证认为是蔡模所为。蔡模此编采集朱子两挚友张栻与吕祖谦的语录共计一百零八条编纂而成。现存最早的藏本是日本国立公文书馆宽文八年（1668）刻本《近思别录》，本次校点以此本为底本。它具有一定的文献学价值。

第　三　册　［清］张习孔　近思录传
［清］李文炤　近思录集解

《近思录传》十四卷，清张习孔撰。张习孔（1606～？），字念难，号黄岳，歙县（今安徽歙县）人，明万历三十四年（1606）生于江都。父张正茂，善诗古文，有《元晨诗集》。习孔十一岁丧父，家道中落，无资求学，“然性好书，史、鉴、百家暨诗赋、稗野间有所觏”（《宗雅集叙》）。为诸生十年，于顺治六年（1649）中进士，官刑部郎中，九年（1652），官山东提学佥事，仅数月即丁母忧，“见世途崄巇，绝意仕进，家食十余年”（《家训》）。晚年侨居扬州，筑诒清堂。据本书自序，康熙十七年（1678）仍在世。习孔学术通博，贯于四部，著有《大易辨志》二十四卷，《檀弓问》四卷，《云谷卧余》二十卷、续八卷，《诒清堂集》十三卷、补遗四卷，另有《家训》一卷，《系辞字训》一卷，《七劝口号》一卷，《使蜀纪事》一卷。其中《云谷卧余》《诒清堂集》收入《四库全书存目丛书》。

据《近思录传》自序的落款可知，本书的最后编定时间为康熙十七年

（1678）二月。然序中自述作者少时便受读《近思录》，“喜其约而备，微而显，昕夕玩诵，意有所会，辄不自揆，敬为传数行，附缀本文之下，以相发明，序次篇章悉本朱子之旧，日诠月徙，积成篇集”，可见本书的编纂经历了一个很长的过程。又据序中所云“自甲寅编定以来，又已数易其稿”，则初稿编成于康熙十三年（1674），后又经修订，方成定稿。关于本书的编纂目的，作者在自序和凡说中皆有交代，一是不满于明人周公恕“取叶氏本参错离析之，先后倒乱，且有删逸”“创为二百余类，全失朱子之意”，欲恢复《近思录》一书的原貌，所谓“保其故物，无使紊轶”；二是作者也想将其长期阅读近思录的体悟记录下来，传之后世，所谓“微志窃同夫朱子”。故而，作者编纂本书的态度是十分严肃的，无论我们对其内容做何评价，本书都是后世研究张习孔学术思想与近思录诠释史的一部重要文献。本书对《近思录》的诠释，主要着眼于义理的阐发，而非文字的训释，作者时常表露自己对于近思录所涉议题的种种看法，如云“善风俗，正人心者，全在上耳”（卷七《出处篇》），这是对当权者提出要求；又云：“国家之坏，由官邪也。今方能饰治而振起，则尊高洁之志，以励天下之廉耻，使不至于复坏。”（同上）这则是为治理腐败提供药方了。应当说，这些论述对后世颇有启迪。本书的版本，目前所知的仅有上海图书馆藏清诒清堂刻本十四卷，此本黑口，单鱼尾，正文半叶九行，行二十二字，每卷首署作者名外，并署“男潮、渐同校”，为张习孔家刻本。末卷“殆亦与此意近”以下阙，故为残本。今以此本为底本加以校点整理，正文校以上海图书馆藏明吴邦模刻《近思录》白文本。由于本书为孤本，因此整理出版对于研究理学史和清代学术史具有重要的意义。

第　四　册　［清］张伯行　近思录集解

《近思录集解》注家很多，此书注解颇遵叶采，偏于义理发微，且用语明白晓畅，疏解务于精细，令人难生歧义，一向受到清代理学家和各地学堂、书院学子的推崇，故有清一代，屡有刊刻，在理学发展史上具有重要地位。张伯行《近思录集解》的版本众多，学界多以乾隆元年（1736）尹会一重刻本最为嘉善，学者也多以此书为整理和研究对象，如张京华的《近思录集释》等书。但据各种著录，与张伯行《近思录集解》尚存天壤之间，最后几经周折，从日本东京大学获得初刻本。经认真比对和研读，发现初刻本较尹会一重刻本多出40余则，具有重要的学术价值。本次整理，第一次以东京大学所藏初刻本为底本，校以尹会一重刻本和马氏存心堂刻本。因底本和校本的完备，最终成果在一定程度上具有定本意义，具有重要的出版价值。

第　五　册　［清］张伯行　续近思录
　　　　　　［清］张伯行　广近思录

《续近思录》十四卷、《广近思录》十四卷，清张伯行辑。张伯行（1652～1725），字孝先，先号恕斋，晚号敬庵，河南仪封（今兰考）人，学者称“仪封先生”。康熙二十四年（1685）进士，历官江苏按察使、福建巡抚、江苏巡抚，后入值南书房，由户部侍郎擢礼部尚书。雍正三年（1725）卒于官，赐谥清恪，光绪初从祀文庙。张伯行学宗程朱，笃信谨守，躬行实践，居官清廉刚直，清圣祖称誉为“天下清官第一”，世宗曾钦赐“礼乐名臣”四字褒之。

自《近思录》编订行世以来，由于其作为理学经典文本和入德之门的重要地位，备受后世儒者的推崇和重视，历代注解诠释之作层出不穷，而依仿续编之作亦蔚为大观，张伯行所辑《续近思录》《广近思录》即为其中较为重要的两种。张氏于《近思录》极为服膺，以为其书“体用兼该，义理条贯”，学者由此问途，方可望见先圣门墙，进而深入堂奥，故对其详加诠释疏解，撰成《近思录集解》，后又相继纂成《续近思录》《广近思录》。《续近思录》十四卷，凡六百三十九条，皆采辑朱子之语，并为之疏解。《广近思录》十四卷，凡一千二百十七条，每卷依次采择宋 张栻、吕祖谦、黄榦，元 许衡，明 薛瑄、胡居仁、罗钦顺七家之言。二书分卷门目仿诸《近思录》之例，所采录条目皆依据“关于大体，切于日用”之标准。据张氏自言：“余于《近思录》所为既诠释之而又续之，既续之而又广之，冀有以章明义蕴，引进后人，而且以辅翼儒书于不堕也”，“学者诚由《近思录》而并及夫《续》与《广》二录，寻绎玩味，沉潜反复，万殊一理，悠然会心，然后六经四子之书不为日耳，当必有身体而心验之者，入圣之阶梯无逾斯矣”。是为其所以纂集此二书之意。从《近思录集解》到《续近思录》《广近思录》，构成一个脉络相承的经典体系，体现了张伯行对程朱理学渊源统绪和论学要旨的认识、提炼和阐扬，对《近思录》的流传和理学的发展皆有积极意义。

《续近思录》《广近思录》今存刻本两种，分别为康熙年间苏州正谊堂刻本（康熙初刻本）和同治年间福州正谊堂全书本（同治重刊本），其中康熙初刻本较为稀见，而同治重刊本流传较广。但同治重刊本其所据之原本内容已有残缺，且校勘不甚精审，故其版本价值远不及康熙初刻本。此次校点整理，我们利用康熙初刻本作为底本，以同治重刊本作为校本，同时广泛参校所引诸家之书，严格遵循古籍整理规范，认真进行文字校勘，准确施加标点符号，精心撰写校勘记，力求形成精审准确的现代通行本，从而为广大读者带来方便。这也是此二书首次系统整理出版，因此该整理本既具有重要学术价值，也具有极大出版价值。

第　六　册　［清］黄叔璥　近思录集朱

清代黄叔璥《近思录集朱》十四卷，稿本，现仅存于国家图书馆善本室。

成书于1754年，作者将散见于《或问》《语类》《大全》《文集》内的朱子言论，裒辑荟萃，附于《近思录》正文下。此外，还汇集了先贤，朱子的好友、门人、后学等著述中可发明《近思录》的言语，堪称续、广《近思录》诸书中“以朱释朱”一巅峰之作。此书因为是未竟稿，堪称稿本信息著录之集大成者，是从事版本、校勘研究工作的人员不可不研读的精品。目前，凤凰出版社出版的《子海珍本编》据国图所藏稿本影印收录此书。迄今为止，还未见有关此书的校点整理本问世。整理出版此书，应该具有极高的文献价值和学术价值。

第 七 册 ［清］茅星来 近思录集注

朱熹《近思录》是一部指导初学入门的理学启蒙书。《近思录集注》十四卷，是对《近思录》的详细注释，清茅星来撰。茅星来（1678～1748）字岂宿，浙江归安人。他极其推崇朱子的学说，因对于当时坊间流行的叶采、杨伯嵒《近思录》注释不满意，“病其粗率肤浅，解所不必解，而稍费拟议者则阙，又多彼此错乱，字句讹舛”。故此，茅星来《近思录集注》有以下特点：一：博采众说，参以己见。“取四先生全书及宋、元来《近思录》本，为之校正其异同得失”。二：名物训诂，考证尤详。“其名物训诂，虽非是书所重，亦必详其本末。”后人以为，开清人以考据方式注解《近思录》之风尚，并为乾嘉时期江永的集注《近思录》导乎先路者，即茅星来。其《近思录集注》亦为清中期以来最为流行的《近思录》注本之一。

第 八 册 ［清］施 璜 五子近思录发明

施璜《五子近思录发明》是朱熹、吕祖谦合辑的《近思录》的一个重要衍生品。《四库提要》介绍朱熹、吕祖谦合辑的《近思录》云：

> 臣等谨案:《近思录》十四卷，宋朱子与吕祖谦所共辑。盖周、张、二程之书，宏深奥衍，承学之士，莫由得其涯涘。朱子虑其不知所择，因与祖谦分类辑纂，以成是书。书以“近思”名，盖取“切问近思”之义，俾学者致力于日用之实而不使骛于高远，论者谓为《五经》之阶梯，信不诬欤！宋明诸，儒若何氏基、薛氏瑄、罗氏钦顺，莫不服膺是书。其后因有续而广之者，亦堪辅翼，而权舆之精，无过是编云。

由此可知，在朱、吕合辑的《近思录》中只有四子，没有朱熹。《近思录》由四子变为五子，肇始于清初的汪佑。汪佑也是休宁人，学者称为星溪先生。施璜在《五子近思录发明序》中记此事云：

> （朱子）尝谓学者曰:“《四书》者，《五经》之阶梯;《近思录》者，《四书》之阶梯。”夫阶梯也者，言所由以从入之序也。然则《五经》以《四书》为阶梯，读《四书》无入处，则不可以言《五经》;《四书》以《近思录》为阶梯，读《近思录》无入处，则不可以言《四书》也明矣。虽然，

孔子之道自孟子后失传者一千四百余年，至周子、二程子、张子而始着，至朱子而始大着。夫既集周、程、张四先生之言为阶梯，若不得朱子精粹切要之言合观之，则学者终有所缺憾。故星溪汪子（按：即汪佑）将琼山先生所著《朱子学的》，与梁溪先生所著《朱子节要》合编之，以续于周、程、张之后，《近思》于是为完书，而阶梯之说亦于是为详备矣。

实事求是地说，汪佑《五子近思录》超过了朱、吕合辑的《近思录》。为什么？因为讲宋明理学而没有朱熹，缺了主帅，那是不可思议的事。从数量上来说，朱、吕合辑的《近思录》原共六百二十二条，汪佑分门别类予以增补，共增补朱子语录五百四十八条，合计一千一百七十条。

朱、吕合辑的《近思录》，注者多家。而汪佑《五子近思录》尚未有注家。施璜是《五子近思录》唯一的注家。施璜的注释不叫注释，而叫“发明”。之所以叫“发明”，是因为施璜的注释主要是采用明代理学家薛瑄、胡居仁、罗钦顺、高攀龙四家著作中的原话来发明五子的真谛，故曰“发明”。这样的注释方法，近乎清人所说的“以经解经”，说服力更强。

朱熹在《朱子语类》卷一百五中说：“修身大法，《小学》备矣；义理精微，《近思录》详之。”由此可知《五子近思录》在宋明理学研究中所占的地位。而要透彻理解《五子近思录》的内容，则《五子近思录发明》是当仁不让的首选。此书不仅反映了宋明理学的精华，其注释水平亦非今日之今注今译所能遽然企及。考虑到宋明理学在中国传统文化、传统学术中所占的地位，为了满足研究宋明理学的需要，则施璜《五子近思录发明》的出版价值不言而喻。

第　九　册　［清］江　永　近思录集注
　　　　　　［清］汪　绂　读近思录

《近思录集注》十四卷，清江永撰。江永（1681 ～ 1762），字慎修，号慎斋，徽州婺源（今江西婺源）人。康熙四十年（1701）岁试，补婺源学弟子员；雍正八年（1730）檄升太学，因家计艰难而未赴；乾隆十五年（1750）特诏荐举经明行修之士，婺源县令特往起之，称病且老而谢之；乾隆二十七年（1762）卒，终年八十有二。江永邃于经学，尤精三礼，兼擅音韵、钟律、步算之学。不止发挥汉学，精擅考据，且能深入宋儒奥窔，研悦而羽翼之，卓然为当世大儒。

《近思录集注》的特点：一是仍《朱子遗书》原本《近思录》次第，恢复旧貌；二是“凡朱子文集、或问、语类中，其言有相发明者，悉行采入分注”。《集注》既出传世，即为编修四库全书收入，馆臣称其“引据颇为详洽”，“亦具有体例，与空谈尊朱者异也”。儒林学界，并多赞誉，谓之“辑朱子之语以注朱子之书，至为精切”，“比类发明，条理精密，不特不敢轻下己见，并不敢杂以他儒之议论，俾后之学者一意遵朱而不惑于多歧”云云，以为“自叶仲圭集解以下注释者数家，惟此最为善本”。是以，后世屡屡重刻再造，成为清中期以降最为流行的近思录注本。

第　十　册　［清］刘源渌　近思续录

钱穆说：“后人治宋代理学，无不首读近思录。”（《宋代理学三书随札》）正是由于《近思录》这种特殊的意义和影响，后世出现了不少与其相关的书。其中清初理学家刘源渌的《近思续录》，便是颇有特色的一部著作。此书因朱熹《近思录》篇目，采辑朱熹《文集》《语类》《或问》精粹分门编辑，分内外两篇，以道体、为学、致知、存养、克己为修己之本，家道、出处、治体、治法、政事、教学、警戒、异端、圣贤为治人之事。据刘源渌门人陈舜锡、马恒谦所作序，为编此书，刘源渌沥尽心血二十余年，意在以此书为《近思录》之阶梯。

第　十一　册　［清］陈　沆　近思录补注
［清］郭嵩焘　近思录注
［清］吕永辉　国朝近思录

《近思录补注》十四卷，清陈沆撰。陈沆（1785 ～ 1825），原名学濂，字太初，号秋舫，湖北蕲水（今湖北浠水）人。嘉庆二十四年（1819）状元及第，授翰林院修撰，官至四川道监察御史，年四十一卒。陈沆以诗文饮誉当时，《近思录补注》是其唯一的学术著作。

自《近思录》问世以来，历代注释之作层出不穷，其中以江永《近思录集注》最为著名。《近思录补注》则基于江永《近思录集注》而作，全书对江永《集注》多有因袭取舍。其注解之特色，是略于训诂考证，亦不重诠解文义，而重在采辑后儒之说，借以阐明本文旨意。注文所引以朱子之说为主，与江永《集注》性质相似，具有“辑朱子之语以注朱子之书”的特点。此外还广泛采择自宋至清诸儒之说，间亦附有陈氏本人的案断发明。

《近思录补注》是比较重要的《近思录》注本，自有其独特的学术价值。相较而言，江永《近思录集注》很多条目的注解比较简略，有些甚至没有注文，而《近思录补注》则广征博引，荟萃众说，补入大量注文，注解更为详密。作为晚出之《近思录》注本，《近思录补注》充分汇集前人成果，对叶采《近思录集解》、茅星来《近思录集注》、施璜《五子近思录发明》等，亦皆有借鉴参考，而其所引据诸儒论说，总数不下七八十家，其中不乏具有重要价值者。如所引魏源之说十一条，魏源文集中均不见记载，吉光片羽，弥足珍贵。又引秦氏别隐之说三十八条，其姓氏著作皆隐而不彰，录存秘逸，洵属可贵。《近思录补注》之价值意义，即此可见一斑。

《近思录补注》今存钞本一种，系陈氏原稿，现藏湖北省图书馆，已收入

《续修四库全书》。刻本有多部，藏于清华大学、南开大学、北京大学、南京图书馆等处。迄今为止，《近思录补注》尚未经校点整理，对其流传和研究是重大缺憾。因稿本多有增删修改和墨笔勾画之迹，很多字迹难以识别，而刻本数部庋藏于图书馆，流传亦不甚广，对普通读者而言实不便于阅读。此次校点整理，我们严格遵循古籍整理规范，精心选择底本和校本，认真进行标点和文字校勘，力求提供一部精审准确的现代通行本，从而为读者带来方便。

（作者单位：华东师范大学古籍研究所）

# 周惇颐墓

## ——其历史与现状

⊙〔日〕吾妻重二　　傅锡洪 译

### 前　言

北宋的周惇颐（1017～1073）是近世东亚思想史上大放光彩的人物。他的揭示宇宙生成与构造的《太极图·图说》，不拘泥于俗务的“胸中洒落”的高雅精神，以及任何人都可以通过学习而成圣的“圣人可学论”等等，都无不因其蕴含深刻的思想和崭新的内容，而被南宋的朱熹（1130～1200）吸收从而构成朱子学的重要组成部分。随着朱子学的广泛传播，周惇颐的思想与品格对其后的中国以及韩国、越南、日本等所谓“儒教文化圈”产生了巨大的影响。对此笔者在旧作中已有论及。[1]

笔者于2011年10月19日至20日参加了一次国际朱子会议并发表了论文[2]，这次会议是在与朱熹渊源极深的，位于江西庐山山麓的白鹿洞书院召开的。会议结束后的10月21日，笔者得以拜访了周惇颐墓。[3]

周惇颐的墓位于庐山北部的九江市南郊。在历尽沧桑之后，如今已经整修得气势恢宏。本文即欲对其曲折的历史以及现状进行考察。它近来的变化也从一个侧面展现了儒教在当代中国的发展情况。

另外还须交代的是，本文使用的周惇颐文集是十二卷的南宋版《元公周先生濂溪集》的影印本（北京图书馆古籍珍本丛刊八八，书目文献出版社），以下简称“南宋版《文集》”。

### 一、周惇颐墓

周惇颐，字茂叔，号濂溪，北宋天禧元年（1017）出生于道州营道县（今湖南省）。他因恩荫入仕，但始终与权力中枢无缘，而是作为地方行政官迁转于江西、湖南、四川和广东等地，并取得政绩。这期间，在南安军（今江西南部）他教授了少年时代的程颢、程颐两兄弟，并对他们产生了巨大的影响。这是众所周知的事情。熙宁四年（1071）八月初，已经五十五岁，步入迟暮之年的周惇颐出任位于庐山东面的南康军的知事，但他随即隐退，住进建于庐山北部莲花峰山麓的“濂溪书堂”，并在那里度过了晚年。熙宁六年（1073），周惇颐去世，享年五十七岁。[4]

周惇颐的墓建于“江州德化县德化乡清泉社”的三起山。[5]如后所述，这个墓区是由清末光绪年间所扩大和整修而来，清代当时的地名是“九江郡德化县德化乡清泉社栗树岭”（栗树岭即三起山），位于庐山莲花峰以北 20 里，即现今江西省九江市庐山区周家湾。

饶有趣味的是，埋葬于此的除了周惇颐以外，还有他的母亲郑氏、他的原配陆氏以及继室蒲氏，为四人的合葬墓。接下来本文就考察他们四人先后埋葬于此的经过。

1. 母亲郑氏（仙居县太君）。周惇颐的母亲郑氏是郑璨的女儿，郑向的妹妹，她嫁给了周惇颐的父亲周辅成。周辅成是特奏名赐进士出身，天圣九年（1031）卒于贺州桂岭（今广东北部）令任上，葬于家乡道州营道县。十五岁便成为孤儿的周惇颐，跟随母亲寄身于舅舅郑向门下。郑向是大中祥符年间的进士，任过知制诰，后以龙图阁直学士身份成为杭州知事的高官，周惇颐入仕也是受其恩荫。不过在周惇颐母子投靠五年之后的景祐三年（1036），郑向便在知杭州的任上去世，死后葬于润州丹徒县（今江苏镇江）。接着，次年景祐四年（1037）七月郑氏于五十五岁之际去世，死后葬于郑向的墓旁。

然而后来润州的墓因为水害而损毁，熙宁四年（1071）十二月十六日，刚刚就任南康军知事的周惇颐特意将母亲郑氏的遗骸移至庐山，将其改葬于现在的墓地。潘兴嗣在《仙居县太君墓志铭》（南宋版《文集》卷八）中详细记载了此事。

此外，关于母亲郑氏的改葬，度正在其《濂溪先生周元公年表》（南宋版《文集》卷首，以下简称《年表》）的“熙宁四年”条目中有如下的记载：

> 俄得疾，闻水啮仙居县太君墓，遂乞南康。八月朔，移知南康军。十二月十六日改葬于江州德化县清泉社三起山。葬毕曰：“强疾而来者，为葬耳。今犹欲以病污麾绂耶？”上南康印，分司南京。

另外潘兴嗣的《仙居县太君墓志铭》在叙述郑氏葬于润州之后接着记载道：

> 后二十年，水坏墓道。惇颐以虞部郎中为广南东路提点刑狱，乞知南康军。遂迁夫人之衬窆于江州德化县庐阜清泉社三起山，熙宁四年十二月十六日也。

从这些资料可以看出，周惇颐乞知南康军不外乎是为了将母亲改葬到庐山。尤其是《年表》中所说“强疾而来者，为葬耳”，可以让我们强烈意识到这一点。

而《仙居县太君墓志铭》的说法则略有不同，患病、乞知南康和改葬母亲这一连串的事情具有密切的联系。此外，《年表》最后“上南康印，分司南京”说的是周惇颐辞去南康军的职务，转而担任南京应天府的分司官。分司官即便不担任实际职务也可获得一定俸禄，乃是官员将要引退之际担任的闲职官。[6]这也意味着周惇颐就任南康军仅仅四月有余。由此可推知，患病后的周惇颐考虑在自己所酷爱的庐山隐居下来[7]，安静地度过余生，并希望将母亲的墓安置在其旁边。母亲郑氏在丈夫去世之后艰难地将周惇颐抚养成人则已如前所述。

而郑氏在去世后获赠“仙居县太君”的称号，依照的则是北宋当时对文武百官的母亲以及妻子实行的叙封制度。[8]

2. 妻子陆氏（缙云县君）。正室陆氏是职方郎中陆参的女儿，在景祐三年（1036）周惇颐二十岁时嫁给他。陆参的生平已无从考证，职方郎中是相当于从六品的小官，他的其他传记资料也没有留下，由此或可推知他的一生并不显赫。陆氏为周惇颐生下长子周寿，于嘉祐三年（1058）周惇颐四十二岁的时候去世。[9]

3. 妻子蒲氏（德清县君）。继室蒲氏是蒲宗孟的妹妹。蒲宗孟比周惇颐年少十岁左右，是皇祐五年（1053）的进士，后任翰林学士，并于元丰五年（1082）高升至相当于副宰相的尚书左丞，但仅仅一年后就左迁汝州知事，在辗转担任多地知事之后，卒于知大名府（今河北南部）任上。嘉祐四年（1059），由于景仰周惇颐的品行，蒲宗孟将妹妹嫁给了他。其时周惇颐四十三岁。蒲氏为他生下次子周焘。蒲氏于何时去世并不清楚，从蒲宗孟《先生墓碣铭》[10]称“德清县君”可知她在周惇颐之前去世。

我们并不清楚周惇颐的两位妻子是何时被合葬在一起的。不过就陆氏而言，她去世时，周惇颐正以合州（今四川）签曹判官厅公事的身份赴任四川。她可能被暂时埋葬于某处，熙宁四年（1071）以后再移葬于此。

4. 周惇颐。如上所述，熙宁六年（1073）六月七日周惇颐五十七岁时去世。随后十一月二十一日按其遗言，他被葬于母亲郑氏墓左侧，一如潘兴嗣《先生墓志铭》所记载的：“其年十一月二十一日，窆于德化县德化乡清泉社母大人之墓左，从遗命也。”葬于母亲墓侧的遗言较为罕见，由此也可看出周惇颐对于母亲的深情。

## 二、对周惇颐的表彰及其墓的修复

1. 南宋

南宋建立后不久，周惇颐便受到了朱熹、张栻（1133 ～ 1180）等以道学士人为中心的群体的推崇，对其的某种“表彰运动”也由此开始了，尤其是淳熙年间以降更为显著。道学家们竞相在与周惇颐渊源颇深的地方的州县学或书院里奉祀他，借此为自己的学说寻求正当性的根据。这些从南宋版《文集》和《濂溪志》为数众多的《祠记》《祠堂记》中便可窥知。以下举出其中几个显著的例子。

如淳熙二年（1175）冬，广南东路提点刑狱公事詹仪之在韶州曲江县（今广东省）建立周惇颐祠之际，张栻为其撰写了《祠堂记》。[11]同年，静江府知事张某在府学的明伦堂之侧建立“三先生祠”，张栻也为其撰写了《祠记》。[12]“三先生”即周惇颐和二程。上述祠堂均供奉有周惇颐的画像。淳熙五年（1178），张栻还为周惇颐出生地道州营道县（舂陵）重修的祠堂撰写了《祠堂记》。这所祠堂是在南宋初绍兴年间兴建的祠堂基础上重修、扩建而成，据称达到了“堂四楹”的规模，堂中央供奉有周惇颐和二程的画像。[13]

而在江州（九江）的庐山山麓，江州知事潘慈明与通守吕胜己于淳熙三年（1176）重建了濂溪书堂。濂溪书堂原为周惇颐的住处，当时已经荒废。重建的翌年即淳熙四年（1177）二月，朱熹为此写了《江州重建濂溪先生书堂记》，文中写道：

> 先生姓周氏，讳惇颐，字茂叔，世家舂陵，而老于庐山之下，因取故里之号以名其川曰濂溪，而筑书堂于其上。今其遗墟在九江郡治之南十里，而其荒茀不治则有年矣。淳熙丙申，今太守潘侯慈明与其通守吕侯胜己始复作堂其处，揭以旧名，以奉先生之祀。而吕侯又以书来，属熹记之。[14]

此后，朱熹每当读到周惇颐之书便想要拜访江州和庐山，对周惇颐的为人仰慕备至。

两年后的淳熙六年（1179）三月，他成为周惇颐曾担任过的南康军知事，由此得以前往江西，实现上述愿望。四月，朱熹在南康军学建立周濂溪祠，供奉他的画像，并以二程配享。朱熹《文集》中的《奉安濂溪先生祠文》即为那时所读的祭文。[15]张栻也为此寄来了《祠记》。[16]此外，据记载朱熹在此期间踏访了周惇颐的遗迹，由此可推断他应该也到过周惇颐墓。[17]五月，朱熹在南康军学刊行了周惇颐的《太极通书》[18]，十月，复兴了白鹿洞书院。[19]

这样，南宋中期道学家们的表彰运动极大地突出了周惇颐的存在。其后值得注意的是，嘉定十三年（1220）应魏了翁等人的请求，周惇颐被朝廷赐予“元”的谥号。[20]淳祐元年（1241），南宋朝廷将周惇颐、张载、程颢、程颐和朱熹从祀孔庙，并追封周惇颐为汝南伯。[21]不用说，这意味着始于周惇颐的朱子学（道学）的系谱亦即“道统”的确立，周惇颐在传统中国的地位也由此确立。

在这前后，嘉定十四年（1221），朱熹门人度正收集周惇颐的遗文编成《文集》。[22]至于墓，则在端平元年（1234）得到修复，并设置了祭田。[23]宝祐元年（1253），在墓右侧筑室，并置周惇颐像于其内。[24]

2. 从元明清

对周惇颐表彰的势头在元代以降依然持续。元代延佑六年（1319），加封周惇颐为道国公，明代正统元年（1436），修复其祠堂和墓地，并给予其后人以恩惠。[25]

弘治三年（1490），九江府知事童潮修复杂草覆盖的墓地，在墓前修建三间祠堂，安置周惇颐的像，并挂上“宋元公濂溪先生祠”的匾额。另外设立“爱莲室”三间，在其前面开凿池塘，种植莲花，并设立了祭田。[26]弘治十六年（1503），江西督学副使邵宝将祭田扩大，并将周惇颐后代周纶从道州迁来管理祭祀。[27]正德六年（1511），傅楫修复了墓地和祠堂，并增置祭田。[28]紧接着正德七年（1512），廖纪拨出“公廪陶甓数万”，用了两个月时间修葺了墓区。[29]而在嘉靖三十三年（1554）的修复中，则刻上了“宋知南康军濂溪周先生”的文字。[30]

清代咸丰五年（1855）二月，罗泽南与李续宾修葺了墓地。[31]罗泽南（1807～1856）是湖南湘乡县人，在太平天国军兴之际，他组织的乡勇成为曾国藩湘军的主力部队，他也以此闻名。在九江附近激战之余，他拜访了周惇颐的墓地，并命人将其修复。他虽然身为武将，但朱子学的修养却很深，而且著述颇丰。李续宾是其部下和同乡。[32]他们同为湖南的出身，无疑有意表彰乡土先贤周惇颐。

总而言之，自南宋至清代，历代王朝和士人乡绅对于周惇颐墓的维护和修复，始终在持续不断地进行。

## 三、清末光绪年间的整修

周惇颐墓的整修，以彭玉麟及其部下在光绪九年（1883）完成的大规模扩建为标志，达到了顶峰。彭玉麟编辑的《希贤录》对此进行了记载，本文以下主要据此进行叙述。

《希贤录》刊本共上下二卷，上卷二十二叶，下卷十四叶，内题下有“衡阳后学彭玉麟谨辑”，并有光绪九年（1883）春三月彭玉麟的序文。在卷首《濂溪墓图》所附的《说》中，写着“光绪癸未秋八月益阳丁义方谨撰”，可见该书是光绪癸未即光绪九年（1883）秋天到冬天期间刊刻而成的。各卷末写着“桐城存之方宗诚／善化麓樵胡传钊分校”“正江与吾李成谋／益阳燕山丁义方合刊”。[33] 另外毋庸赘言，《希贤录》这个名字来源于周惇颐《通书》中“士希贤”一语。

编者彭玉麟（1816～1890）是湖南衡阳人，又名玉麐。他与前述的罗泽南都是湘军武将，他在曾国藩领导下创建湘军水师，在镇压太平天国时屡建战功，官至太子少保、一等轻车都尉，并制定了湘军水师营制。光绪九年（1883）编辑《希贤录》之际他已是任职兵部尚书的高官。

丁义方是湖南益阳人，李成谋是湖南芷江人，两人均是彭玉麟麾下的武将。光绪九年（1883）丁义方是湖口镇总兵，李成谋是长江水师提督[34]，胡传钊是江西新昌县知县[35]。方宗诚是安徽桐城人，《汉学商兑》作者方东树的族弟，后期桐城派的代表人物之一，是与朱子学有着共鸣的学者。[36]

卷首的《濂溪墓图》如图 1 所示。

附于其后的丁义方的《说》，叙述了此次修复的详情。在此全文引用如下：

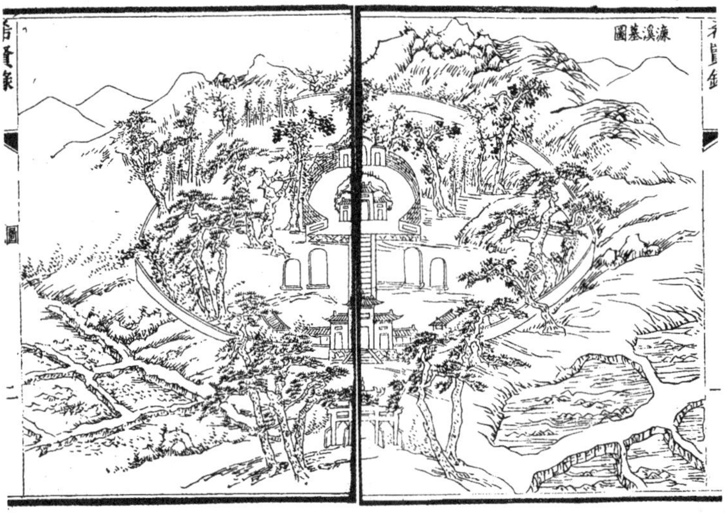


图 1　濂溪墓图

《〈希贤录〉卷首》

濂溪周元公墓在九江郡南十里许，系隶德化县属之德化乡清泉社，地名栗树岭，亦名三起山，即庐阜了髻山西北之分支也。墓虽面莲花峰，而相去二十余里，《廖记》所称窆于清泉社莲花之岑，《罗记》所称墓在浔城东南莲花峰下，皆误。义方始闻德化知县刘君长景之言，得确知元公墓所。暨于光绪辛巳，随侍彭大司马率同正任新昌知县胡君传钊，往谒之，乃定集赀修墓之举，自壬午夏经始，洎癸未春蒇事。计拓垣围长八十余丈，高视旧加倍，深其址，而石累以甓而增厚焉。宰木数十株，周环于内，墓之碒魂原蜉也，则规石而封之。前有祠，明季已毁于兵。今且濂溪祠与书院遍天下，复可不亟。遂度祠基，建舍于左右，俾奉守者有栖息，展礼者有斋沐之处。崇高其门，而坊表之，自门至墓，级石为道。旧有碑仍之，新立碑四，中为元公母仙居县郑太君墓，左为元公墓，右为元公配缙云陆县君，继配德清蒲县君墓，皆彭公所敬题。义方则谨摹元公遗像，兼图所爱莲花于石，以表洁而遗芳，庶俾过墓则式者有所宗仰乎。工竣以告彭公，为之记。彭公复以征考文献有系于元公最要者，辑为《希贤录》，命胡君传钊继方存之先生分校督刊。义方亦遵命绘锲《墓图》，且为《说》以附于后。抑更有说者，圣贤道大原无不包，以墓为元公体魄所藏，则任修毋嫌越俎。况有京兆赵将军重修濂溪祠宇之例，在责何敢辞。但不为希贤君子所讥，斯为幸耳。时光绪癸未秋八月，益阳丁义方谨撰。

上文主要讲了以下几点：

1. 厘清了周惇颐墓的正确位置，并指出了廖纪《廖纪重修濂溪先生墓记》和罗泽南《罗泽南修濂溪先生墓记》里记述的错误。

2. “光绪辛巳”亦即光绪七年（1881）彭玉麟率江西新昌县知县胡传钊等前往墓地，并制订对其进行修复的计划。

3. “壬午夏”亦即光绪八年（1882）夏修复工作开始，“癸未春”亦即次年光绪九年（1883）春竣工。

4. 围墙长度达八十余丈，高度在原来基础上增加一倍，墙基也挖得更深，并在墙顶盖上了瓦，墙体也进行了加厚。

5. 种植几十株树木，将周围围起来。

6. 在出现了裂缝的坟墓土堆上盖上了切割整齐的石块。

7. 墓前原有的祠堂毁于明末的战火，在其左右建立屋舍，以供守墓者休息和祭祀者斋戒沐浴之用。

8. 将门加高，且竖立牌坊。

9. 铺设从门到坟墓的石板路。

10. 在原有石碑的基础上，新建了四块石碑。中央是周惇颐之母郑氏的墓碑，左侧是周惇颐的墓碑，右侧是周惇颐妻子陆氏和蒲氏的墓碑。墓碑表面均由彭玉麟题字。

11. 石碑上刻有丁义方描摹的周惇颐遗像以及莲花。

12. 彭玉麟将有关周惇颐的主要文献整理成《希贤录》，并命胡传钊、方宗诚等校勘之后将其出版。

13.《希贤录》中，由丁义方画了墓区示意图，并附以解说。

14. 在上述引文之外，根据彭玉麟的《重修周子墓碑记》还可了解到，他在原有墓碑题词“宋知南康军濂溪周先生墓”中加上“元公”二字。

由上可见，这是一次规模极大的修复。在竣工后的光绪九年（1883）六月四日，彭玉麟率文武宾客幕僚数十人前往拜谒，并进行了祭祀。[37]

## 四、常盘大定的调查

彭玉麟整修之后，周惇颐墓的面貌维持了很长时间。日本大正十一年（1922），在彭玉麟整修后的三十九年，日本学者常盘大定对此进行了实地调查。他拍摄的照片收入《支那文化史迹》，向我们展示了当时的情形。

常盘做了如下的记录：[38]

周濂溪墓

江西省九江市南十里铺，有周濂溪墓，其位置在十里铺往左转走大约五里处。穿过横梁上写着“元公周夫子墓”的石门，就是墓地的大门。墓非常气派，在儒家学者的墓中能有如此雄伟规模的，恐怕非常罕见。其缘由或许在于周夫子的后人就住在这里。登上大门内的石阶，就是周濂溪的墓。周围环绕着石墙，墓前有三块碑，左右有两块碑，周子墓上所刻的内容如下：

濂溪先生像赞

道脉
先贤宋元公濂溪周子墓　光绪癸未
宋赠仙居县太君周子母郑太君墓
宋赠缙云县周子元配陆夫人
德清县周子继配蒲夫人　墓

在将这个墓围起来的石墙的中央，有如下三块碑：

宋知南康军濂溪周先生墓　嘉靖甲寅
重修濂溪周子墓碑 咸丰甲寅
太极图

笔者是在大正十一年（1922）十一月二十八日访问此地的。

常盘当时拍摄的照片如图 2、图 3 所示。

图 2　周惇颐墓的门
（常盘大定、关野贞：《支那文化史蹟》，1940 年。）

图 3　周惇颐墓
（常盘大定、关野贞：《支那文化史蹟》，1940 年。）

若将这两幅图与图 1 的《濂溪墓图》及其解说对比，可以看出常盘当时所见的墓地，与后者所记载的光绪时代的情形非常吻合。高大的门以及围墙，覆盖在坟墓上的石块，刻在石碑上的周惇颐像等，都还是原来的样子。此外，墓前并立着的三块碑，中间是母亲郑氏的墓碑，左边是周惇颐的墓碑，右边是两位妻子的墓碑。周惇颐墓碑上“元公”二字也是彭玉麟整修后的样子。丁义方描摹的周惇颐遗像也在他墓碑左边（从前面看则在右侧）的碑上。如丁义方解说里提到的，遗像旁边刻着《濂溪先生像赞》，这些都延续了光绪时代的光景。

此外，常盘还提到围墙中央的三块碑，写着“宋知南康军濂溪周先生墓嘉靖甲寅”和“重修濂溪周子墓碑 咸丰甲寅”的两块不外乎就是前述明嘉靖和清光绪时所立的两块碑。这两块碑就是图 2 左后方嵌入墙体的碑。常盘说周惇颐墓“非常气派”，“在儒家学者的墓中能有如此雄伟规模的，恐怕非常罕见”，但原因并不在于他说的“周夫子的后人就住在这里”，而是清末声名显赫的彭玉麟对其进行了大张旗鼓的整修，才有了这样的规模。

## 结语：鲁迅、周树人、周恩来及“文革”以后

本文追溯了周惇颐墓漫长的历史，最后对从“文化大革命”至今的情况做一考察。

墓在“文化大革命”中遭到了彻底破坏。笔者留学北京大学期间的 1983 年 5 月 14 日到访了此地。那次漫长的独自旅行的路线是：北京—南京—镇江—扬州—镇江—无锡—苏州—上海—九江—庐山—九江（周惇颐墓）—汉口—北京。根据笔者当时的日记，在从九江市内前往墓地的巴士上，向旅客询问周惇颐墓的情况，得到了“现在就算去的话，因为什么都没有了，所以找都找不到”之类的回答，由此引来大家纷纷议论。下了车以后沿着田间小路，朝着像是墓地的方向走去，在洼地中心人工堆放的土就是周惇颐的墓地。周围杂树丛生，建筑物也已不复存在，只剩下满地的残垣断瓦。如果不向当地人请教，根本不知道这就是周惇颐墓。展现在眼前的风景，与随身带来的常盘著作复印件上的截然不同。询问当地人，他们均说墓是在“文革”中被毁坏殆尽的，笔者对此感到非常震惊。不过从墓地往南远眺庐山的风景，确实非常美丽，当地人对此也都如是说。

不过正如开篇所述，在那以后墓被修复一新。就其经过，以下根据墓地中的碑文《盛世修文颂濂溪——濂溪墓重修记》（资料 1）加以说明。

周惇颐墓在 1959 年被列为省级文物保护单位，但是在“文革”中被破坏，

只剩下墓穴而已。不过“文革”结束后周氏后裔便为修复而奔走，1998年香港周氏宗亲会从政府和民间募集到20万元，首先复原了墓冢和围墙等。2004年由其后人出资举办“周氏后裔祭祀先祖暨濂溪墓修复规划研讨会”，会上设立了“修墓委员会”，委员会向海内外的周氏后人募集约200万元的捐助，在九江市政府支持下，对墓进行了全面的修复，从而恢复了往昔的盛况，整个墓区面积达四千余平方米。（图4、图5）

图4 牌坊、墓道、墓区

图5 周惇颐及其母亲、妻子的坟墓

宗亲会尽可能将墓地复原回彭玉麟当时整修的样子。但也存在着不同之处。周惇颐母亲和两位妻子的墓碑上都有“公元一九九九年九月 日 重立”的字样，在母亲的碑左侧的那块碑上，虽然刻着周惇颐的像，但没有了常盘大定照片上“濂溪先生像赞”的文字。只有周惇颐的墓碑上刻着“后学衡阳彭玉麟敬题”的文字，可见这应是光绪时代的原样。此外，背后的石墙上确实嵌入了三块石碑，上面是《太极图·图说》《通书》和《爱莲说》。本来这里嵌入的应是嘉靖年间“宋知南康军濂溪周先生墓”和咸丰年间“重修濂溪周子墓碑”，但都已经荡然无存了。

不过，更让人意外的是，墓区的展览馆里竟然陈列着本文多次提到的潘兴嗣《仙居县太君墓志铭》，并且是刻在石板上的原物。从带领我们参观的许家星那里得知，这是近年从田里发掘出来的。墓志铭原来埋在墓前，可见北宋周惇颐将母亲从润州改葬到这里时，也将墓志铭一起移过来埋藏于此了。这几乎就是周惇颐墓唯一遗留至今的原物，无比珍贵。假如没有“文革”的破坏，这块墓志铭一直埋在地里的话，人们就连它的存在本身都不知道吧。这也许可以说是不幸中的万幸了！

还有一点，参观了展览馆才知道周树人（鲁迅）、周作人、周建人兄弟以及周恩来均是周惇颐的子孙。挂着“周氏家谱展”匾额的展览馆里，与新的周惇颐坐像摆在一起的有《周氏后裔名人介绍》，其中就包含了上述几人的展区。展出的还有几种《周氏宗谱》。另一个展馆挂着周恩来亲笔写的“爱莲堂”匾额。现在笔者无暇考证他们的家系，但是他们作为周惇颐子孙的事实应该没有错吧。

因为向来鲜为人知，所以在此提及，希望引起世人的注意。

笔者在此再次惊叹于“文革”对传统文化造成的可怕破坏。方宗诚在光绪年间修复周惇颐墓之际提到，咸丰以后战乱频仍，庐山的很多名胜以及佛寺都遭到破坏，而周惇颐墓的树木、石碑以及坟堆等都并未受损，即便是盗贼，也不敢破坏墓地。[39]就算在清末大乱期也保存下来的墓，却在“文革”期间遭到了真正的毁灭。不得不说，即使在漫长的中国历史长河中，像“文革”这样无情破坏文化的例子也是非常少见的。

不过另一方面，近年来中国也在深入推进对传统文化包括儒教的再评价，周惇颐墓的修复也得到了海外华人的支持。靠近墓的南边的崭新的道路，还被命名为“濂溪大道”。附近还有“九江濂溪宾馆”“濂溪农贸市场”。墓的西边近处有一座于2000年兴办的九江学院，在这所大学偌大的校园里挖掘了一座很大的爱莲池，还立了周惇颐的像。登录九江学院的网站就能看到，这所大学的历史可以追溯到1071年建立的“濂溪书院”（准确说应是“濂溪书堂”），濂溪书院在清末1902年改称九江中学，成为现在九江学院的前身。以上所述，可以说都在诉说着中国正致力于再度“盛世修文”的动向。

## 资料1 《盛世修文颂濂溪——濂溪墓重修记》

### 盛世修文颂濂溪

——濂溪墓重修记

盛世修文，古今皆然。今重修濂溪墓，以承先人之遗风，夙后世子孙之愿，供仰慕者以瞻。

濂溪墓历千年沧桑，1959年被列为省级文物保护单位。毁于“文革”，仅存墓穴。“文革”后，族裔周观源奔走四方，呼吁修复。1998年香港周氏宗亲总会周国枚、国材、楚阶、汉明等来浔谒祖，九江市文物名胜管理处与之连手，以政府拨款和民间募捐计20万元，完成了一期墓冢、围墙、照壁的复原。2004年苏州鸿利机电设备公司董事长周斌炎出资召开“周氏后裔祭祀先祖暨濂溪墓修复规划研讨会”，会上成立修墓委员会，由香港周氏宗亲总会理事长周楚阶担任委员会主任。他广结善缘于海内外，联同美国侨领周谦益、苏州周斌炎、重庆周厚勇等，共筹款200万元左右，九江市文物名胜管理处主任吴宜先积极支持，组织全面修复，终使墓园焕然于世。

濂溪先生，理学鼻祖，图说太极，诠释周易；胸中洒落，光风霁月；道德文章，千古流芳。后世凭吊者络绎不绝。今景观已复，而道脉重传，告慰先生于九泉之下。特为之记以志其盛。

周氏宗亲重修濂溪祖墓委员会

顾　　问：吴锦萍　郭建林　周　仪　周谦益　周炎沐
周汉彬　周国枚　周国材　周汉明　周振基
周炳树　周国屏　周朝宜　叶伟平

主任委员：周楚阶

常务副主任委员：周斌炎　吴宜先　周厚勇

副 主 任 委 员：周黄丽英　周厚立　周开泉　周志峰
叶筱慧　周桂洪　周日新　周镇隆
周锡强

九江市文物名胜管理处　立

## 注　释：

原文《周惇頤の墓—その歴史と現況》載于関西大学大学院東アジア文化研究科《東アジア文化交渉研究》東アジア文化研究科開設記念号，2012年3月，第145～162页。

[1] 吾妻重二：《周惇頤について——人脈・政治・思想》，收入氏著《宋代思想の研究——儒教・道教・仏教をめぐる考察》，大阪：关西大学出版部，2009年。（中文本《论周惇颐——人脉、政治、思想》可参见吴震主编《宋代新儒学的精神世界——以朱子学为中心》，上海：华东师范大学出版社，2010年。——译者注）

[2] 关于本次国际会议的情形，可参井泽耕一：《江右游記——〈哲学与時代　朱子学国際学術研討会〉に参加して》，《日本中国学会便り》，2011年第2号，通卷第20号。

[3] 同行前往的是大阪大学的汤浅邦弘、岛根大学的竹田健二和茨城大学的井泽耕一。领路的是南昌大学许家星，在此对其致以谢意！

[4] 关于周惇颐的传记，若非特别说明，本文依据的是许毓峰《周濂溪年谱》，金陵齐鲁华西三大学《中国文化研究汇刊》三，1943年，以及注1所揭抽文。

[5] 潘兴嗣：《先生墓志铭》及《仙居县太君墓志铭》、蒲宗孟：《先生墓碣铭》，均见南宋版《文集》卷八，度正：《濂溪先生周元公年表》，南宋版《文集》卷首。

[6] 可参龚延明：《宋代官制辞典》，北京：中华书局，1997年，第668页“分司官”条。

[7] 周惇颐嘉祐六年（1061）四十五岁时赴任虔州（今江西南部）通判的途中，游玩了庐山，被其美景吸引。他将莲花峰下的小溪命名为“濂溪”，在溪旁建立“濂溪书堂”，此后他惦记着将来何时能到此隐居。可参度正《年表》。（据此，本文末尾提到的九江学院的历史可追溯到“濂溪书堂”建立的1061年，而非周惇颐隐退后定居于此的1071年。——译者注）

[8] 基于《宋史·职官志十·叙封》中“庶子、少卿监、司业、郎中、京府少尹、赤县令、少詹事、论德、将军、刺史、下都督、下都护、家令、率更令、仆，母封县太君，妻县君，其余升朝官以上遇恩，并母封县太君，妻县君”的制度。这项制度在北宋末的政和三年（1113）被蔡京修改，蔡条《铁围山丛谈》卷一记载：“改郡县君号为七等，郡君者为淑人、硕人、令人、恭人，县君者室人、安人、孺人，俄又避太室人之目，因又改曰宜人。”根据这项规定，此后不再用“县太君”或“县君”的称号，而以“宜人”或“孺人”代替。如朱熹的高祖父、曾祖父和祖父均未入仕，凭借朱熹父亲朱松的官职而使他们及其夫人获得“承事郎”和“孺人”的称号。朱熹：《皇考左承议郎守尚书吏部员外郎兼史馆校勘朱府君迁墓记》，《朱文公文集》卷九十四。朱熹母亲祝氏称“先妣孺人”也是依照此制，朱熹：《尚书吏部员外郎朱君孺人祝氏圹志》，《朱文公文集》卷九十四。

[9]《周子全书》卷二十所收《进呈本年谱》，财团法人台北市广学社印书馆，1975年，第390页；陈克明点校：《周惇颐集》，北京：中华书局，1990年，第98页。

[10] 蒲宗孟：《先生墓碣铭》，南宋版《文集》卷八。

[11] 张　栻：《濂溪周先生祠堂记》，《南轩集》卷十，杨世文、王蓉贵校点：《张栻全集》中册，长春：长春出版社，1999年，第794页。

[12] 张　栻：《三先生祠记》，《南轩集》卷十，杨世文、王蓉贵校点：《张栻全集》中册，长春：长春出版社，1999年，第707页。

[13] 张　栻：《道州重建濂溪周先生祠堂记》，《南轩集》卷十，杨世文、王蓉贵校点：《张栻全集》中册，长春：长春出版社，1999年，第698页。

[14] 朱　熹：《江州重建濂溪先生书堂记》，《朱文公文集》卷七十八。

[15] 朱　熹：《奉安濂溪先生祠文》，《朱文公文集》卷八十六。

[16] 张　栻：《南康军新立濂溪祠记》，《南轩集》卷十，《张栻全集》中册，第706页。

[17] 王懋竑：《朱子年谱》“淳熙六年三月”条，束景南：《朱熹年谱长编》卷上，上海：华东师范大学出版社，2001年，第621页。

[18] 朱　熹：《再定太极通书后序》，《朱文公文集》卷七十六。

[19] 王懋竑：《朱子年谱》“淳熙六年十月”条。

［20］ 参度正《年表》。

［21］《宋史·理宗本纪》，及《进呈本年谱》，《周子全书》卷二十所收。

［22］ 度 正：《书文集目录后》，南宋版《文集》卷八。

［23］ 赵善璙：《濂溪书堂谥告石文》，《希贤录》卷上，有关《希贤录》请参见后文。

［24］ 何子举：《先生墓室记》，南宋版《文集》卷八。

［25］《希贤录》卷上《历代尊崇典礼》，《周子全书》卷二十一《列代褒崇》。

［26］《童潮濂溪祠墓记》，《希贤录》卷下。

［27］“《庐山志》：了髻山东北为凤凰山、天花井山，西北为栗树岭，其下有濂溪先生墓。”见《希贤录》卷下。《查取后裔赴九江守墓公檄》，亦见《希贤录》卷下。

［28］《傅楫重修墓祠增置祭田记》，《希贤录》卷下。

［29］《廖纪重修濂溪先生墓记》，《希贤录》卷下。

［30］ 彭玉麟：《重修周子墓碑记》，《希贤录》卷下。（彭玉麟原文如此，但据下文常盘大定的记载，“宋知南康军濂溪周先生”之下应有一“墓”字。——译者注）

［31］《罗泽南修濂溪先生墓记》，《希贤录》卷下。

［32］《清史稿·卷四百七·罗泽南传》，《卷四百八·李续宾传》。

［33］《希贤录》近年被收入俞冰、马春梅编《周濂溪先生实录》第四册（《中国历史名人别传录》2，北京：学苑出版社，2007 年）影印出版，本文所用即此影印本。

［34］ 丁义方与李成谋的传记均在《清史稿》卷四百十五中，彭玉麟《重修周子墓碑记》则在《希贤录》卷下。

［35］ 根据后文将述及的《濂溪墓图》所附的《说》。

［36］《清史稿·卷四八六·方宗诚传》。

［37］ 方宗诚：《谒周濂溪先生墓记》，《希贤录》卷下。

［38］ 引文出自常盘大定、关野贞：《中国文化史踏踌》“解说下”，京都：法藏馆，1976 年。该书原先以《支那文化史蹟》之名在 1940 年由法藏馆出版。（常盘大定（1870 ～ 1945），日本宫城县人，研究中国佛教的学者，古建筑研究者。本文所录图版出自《中国文化史蹟》第十册第 44 ～ 46 页。另，根据《希贤录》卷下《罗泽南修濂溪先生墓记》，常盘在文中提到的“咸丰甲寅”疑为“咸丰乙卯”之误，因罗泽南修复濂溪墓在咸丰五年乙卯春，而非在此前一年的甲寅年，恐涉上“嘉靖甲寅”而误。——译者注）

［39］ 方宗诚：《谒周濂溪先生墓记》，《希贤录》卷下。

（作者单位：日本关西大学文学部）

朱子学年鉴（2015）

# 全球朱子学研究述评

# 2015年中国台湾学界朱子学研究成果综述

⊙ 杨得煜

笔者从台湾地区2015年的博士论文与期刊论文当中，分别摘录数篇来进行摘要说明[1]，所摘录论文以台湾地区重要期刊、重要学者或对朱子义理有新意之青年学者为主要依据。为了让读者快速掌握到这些学者之研究成果，笔者以论文问题意识、论文架构、论文结论等三大项之方式作为架构。这样的架构分类可以帮助读者清楚掌握作者所要解决的问题、论证与结论。以下所摘录的分别有博士论文二篇、期刊论文六篇。其中赖柯助先生博士论文虽为2014年研究成果，但其采取分析论证的方式，处理了当代学者对于朱子"心"义以及"格致工夫"看法不一致之问题。此研究成果，对于欲处理朱子心性论与工夫论相关议题研究者，极具参考价值，故一并列出。

## 论文摘要

### 一、期刊论文

1. 黄莹暖:《从"心之知觉"论朱子之"心"的道德动能——从知觉是智之事谈起》,《国文学报》, 第57期（2015年6月）, 第57～86页。

（1）论文问题意识

作者指出自牟宗三先生判朱子思想型态为"别子为宗""他律道德"之后，迄今仍是学界争论的议题。由于朱子曾以其理气概念来说心性，而有"性是理""心是气之灵"的说法，牟先生因此据以断言朱子之性理不活动、心只是形而下的认知心、道德心体义减杀，而心性关系是"心性平行为二""心性情三分"。但是，作者认为从原典资料来看，朱子有甚多肯定"心"具有道德实践动力的言论。由此来看，作者认为朱子之心性似乎也是具有道德主体意涵，欲处理此一问题，就必须先处理"性理是否具有活动义？"与"心的属性及其特质为何？"关于这两个议题，也是目前学界尚未有定论之议题。然而，作者也由原典文献中注意到，朱子曾多次说到"知觉是智之事"。作者指出朱子"知觉是智之事"的主张，则是视"心之知觉"专属于"智"，如此，是否意指"心之知觉"

为专属于智德的动能，而此一动能是否即是心的道德动能？顺此，作者欲处理的问题在于："在朱子的思想脉络中，'心之知觉'的作用到底是什么？"对于感官知觉、道德知觉、闻见知觉，朱子皆用"知觉"一词来指涉，对于知觉概念是否有不同意义上之区分？作者论文工作在于：第一，就是由"知觉是智之事"这个命题的解读出发。第二，进一步对朱子"心之知觉是否具有道德动能（moral agency）"加以探究与论证。透过这两步骤，企图对朱子心性论思想提出另一种诠解进路。

（2）论文架构

作者论述的程序为：第一，举出朱子批谢上蔡"以觉言仁"的言论。第二，朱子论"人心、道心"言论。第三，论喜怒哀乐未发时之心的状态。第四，"智藏"思想等相关资料。作者从这四条进路来论证朱子"心之知觉（虚灵明觉）"具有道德动能之义。作者本文分成三个章节。第一节，朱子反对谢上蔡"以知觉言仁"言论中的"知觉"义。第二节，从"人心道心说"看"心之知觉"的动力趋向。第三节，从朱子其他言论数据，看"心之知觉"的道德动能。

（3）论文结论

作者从朱子对上蔡"以知觉言仁"的批评、朱子的"人心道心说"、朱子谈"喜怒哀乐未发"时的心性状态，以及朱子"智藏"思想等几个面向，来论证说明朱子言"心之知觉"，是具有道德动能之结论。作者强调如果将朱子的心性论完全对应到理气论来理解，那么强调理气二分之结果，就会后设地析解朱子的性与心二分，如此就很容易将朱子推向"他律"系统。作者一方面指出，其并非全然否定朱子言心含气的一面，但另一方面，如果将朱子所说的"心"以及其"虚灵知觉"两个概念，若全然以"形而下之气"的概念来规定之，显然不能全尽朱子的意蕴。作者认为对于朱子所说的"理与气合"的"心之虚灵明觉"与其含具的道德动力义，诠释者若只着眼于"气"的"形下属性"，亦将对之无法正视。

2. 杨祖汉：《朱子"鹅湖寺和陆子寿"诗探索》,《鹅湖》40 卷，第 12 期，总号 480（2015 年 6 月），第 10 ～ 14 页。

（1）论文问题意识

作者欲讨论朱子于鹅湖寺和陆子寿一诗中："却愁说道无言处，不信人间有古今"，最后两句之意义。作者举出当前学界对于此两句大致上有两种看法：第一，是对于象山兄弟学问的批评。第二，朱子本人做学问之体会。作者对于前者的看法提出反驳认为此时朱子与陆九龄在铅山之晤，气氛融洽，不似在鹅湖时的相互对立，虽然此时朱陆思想见解仍有不同，但朱子似不应直言批评。作者赞成第二种说法，认为是朱子述说自己的想法。但是，问题在于：朱子为何会说"道"无古、无今的无言处？此"无言"是指什么？此问题便是作者此文欲讨论之处。

（2）论文架构

本文大致上区分为两部分，第一部分，作者说明“却愁说道无言处，不信人间有古今”一诗，当前学者的几种观点与看法。第二部分，虽然作者赞成第二种观点，但作者欲进一步说明其理解有进于前人学者之处。

（3）结论

作者认为要用儒家言“天理流行”之境界来理解朱子所谓“无言处”，而并非是如同前人学者用“禅宗境界”来理解此“无言处”。作者理解之进路就是透过格物致知来对于事事物物之“然”，来了解其“所以然”。通过对于事物之理充分之理解后，而使精神上达至无古今之永恒世界。此句诗文是朱子说明自己从持敬穷理的实践当中，达到绝对天理之境界，而此一境界不会局限在现实当中的古今之区别。作者认为这句诗是朱子典型之义理型态，即：“通过对于理之真知，而达到心完全合于理的地步。”此合于理之心便是天理之流行境界。

3. 陈林[2]：《朱熹晚年修订〈大学章句〉〈诚意〉章的心路历程及义理探析》，《“国立”政治大学哲学学报》，第34期（2015年7月），第613～641页。

（1）论文问题意识

作者指出，《大学》八条目中，朱熹最为注重“格物”与“诚意”两个工夫概念。而历代学者多为重视朱熹“格物”思想的研究，而对于“诚意”学说则相对较少关注。作者进一步引证指出：朱子晚年对于《大学·诚意章》的修订次数频繁。顺此引证，作者欲提出的问题为：为何朱子要多次修改《大学章句诚意章》之处？具体之修订为何？这些修订又要说明什么义理？作者此篇论文工作就是处理朱子晚年修订《大学章句诚意章》之心路历程与《大学章句诚意章》之思想义理变化。

（2）论文架构

本文架构分为四个章节，第一节，朱熹晚年对《诚意章》理解之关键转折点。第二节，朱熹同李敬子对话前，对《诚意章》之理解。第三节，朱熹同李敬子对话前后，对《诚意章》理解之转变过程。第四节，《大学章句·诚意章》定本辨。

（3）论文结论

作者此篇论文提出几个结论。笔者直接将作者的结论引出如下：第一，使义理上与修养工夫上更能圆融与真切易行。第二，朱子晚年对于《大学章句》《诚意》章之修订集中在“毋自欺”此一概念上。原先朱子将“毋自欺”理解为要人在几微处做工夫，之后将“自欺”修正为人阳善阴恶之心理状态，即人之知道要为善去恶，但内心所发之意念有所不诚之心理状态。第三，作者提出为何修正“无自欺”之理解，理由在于：“毋自欺”与“慎独”是同一层次的修养工夫。如此，《诚意》章所提到的诚意、慎独、自慊之间之工夫关系便能更为通畅。第四，作者指出《大学》经文当中对于“诚意”概念之批注应该是“实其心之所发，欲其必自慊而无自欺”，而并非是“实其心之所发，欲其一于善而无自欺”。

4. 王雪卿：《读书如何成为一种工夫——朱子读书法的工夫论研究》，《清华中文学报》，第13期（2015年6月），第49～106页。

（1）论文问题意识

作者指出在当前东亚经典诠释传统的建构中，西方诠释学的方法论架构，对于朱子读书或经典诠释的研究，提供了一个不同的理解进路，也做出不少的重要贡献。但作者认为诠释学的进路是透过“认知”作为理论之切入点，与传统儒家以关注道德、身心体验、日用伦常等课题，仍是存在着差异。作者认为朱子仍是守着儒家传统之基本立场，即以“道德实践”优先于“理论思辩”。顺此，作者欲从工夫论角度来探讨朱子读书法，来说明读书与身心、认识活动与修养两者之向度是不可割裂为二来分别讨论的。

（2）论文架构

论文分析架构共分为五个章节。第一，朱子读书法的基本立场。第二，讨论朱子的经典学习地图。第三，读书与存心。第四，读书工夫中的身体。第五，读书与静坐。

（3）论文结论

作者指出，第一，朱子读书法之性格并不真正属于单纯的“知性探究”一路，读书的体悟贯穿人的整个存在，如此之方式虽然迂回，却又处处与生命相关。第二，朱子的读书法之思路不同于心学，也和一般意义下之“认知活动”有很大差异。朱子的读书目的是扣紧着自家“身心性命”来说的，为的是安顿身命。最后，作者认为朱子并非是将“认识”与“修养”分割为二的义理系统，朱子读书法初步是达到转化身心性命、变化气质，终极目标是达到“心与理一”之境界。方法上则是透过经典的阅读以及心灵、身体、静坐之参与配合。

5. 黄信二：《论象山与朱子文本所呈显之儒学宗教性》，《哲学与文化》42卷，第10期，总号497（2015年10月），第145～161页。

（1）论文问题意识

作者指出人文文明从神话、宗教时代进入哲学时期，在文明进入哲学时期后，借由哲学所强调之理性原则来转化原始宗教，这样的转化成果是否排除神话，使得原始宗教因而具有绝对理性化之特征。基于这样的因素，引发作者对于儒家宗教问题的两项方法性的思考，即：转化系统下所观察的儒学宗教性与保存系统下所观察的儒学宗教性。前者称为“转化系统”，后者称作为“保存系统”。作者论文欲说明这两种系统是否可以不相冲突地并存于儒学宗教性当中，抑或是儒学文本中仅仅只保留了转化系统，而完全消除了对原始宗教的保存系统，形成重大的人性之质变。

（2）论文架构

论文共分为三个章节。第一节，研究背景：问题意识与探讨问题之方法性说明。第二节，朱子与象山之文本分析与诠释。第三节，朱陆文本所呈现之宗教意涵与对文本理论预设之检讨。

（3）论文结论

作者指出，所谓的“转化系统”是指：儒者依哲学追求理性的原则，将人性中的宗教需求面对生死的忧虑，透过道德实践加以转化与提升为天道论哲学。当代哲学相对应的就是体用不二、道德的形上学、既超越又内在等等的概念。所谓的“保存系统”是指：儒家在转化原始性宗教进入哲学时代后，在儒学史内保留了某些原初宗教的余音。例如，《尚书》中“上帝”的概念、《论语》中“知我者其天呼”等等概念。作者主张在心性修养上来说，儒家的宗教性是侧重在“转化系统”之层次。但是，在祭祀、鬼神、生死等方面上，儒家无法和“保存系统”相分离。

6. 张忠宏:《论朱熹对程颐易学的批评》,《“国立”台湾大学哲学论评》, 第49期(2015年3月), 第107～149页。

（1）论文问题意识

作者指出，对于朱熹与程颐在《易经》之相关研究中，当前学者的观点认为程颐重义理，而朱熹认为《易经》是为卜筮之书。但是，对于为何朱子对于程颐易学有两极的评价之问题，却着墨不多。作者指出所谓两极评价是指：朱子一方面称赞程颐易学“义理精，字数足，无一毫欠阙”，且“平淡地慢慢委曲，说得更无余蕴”。另一方面又批评程颐易学“本意浸失”、“与易元不相干”。顺是，作者提出“为何朱子的批评看起来驳杂而不一致”之疑问。于此，作者欲解决的问题在于：厘清朱熹的批评，并且从这样的批评中看出朱熹的立场与关怀。

（2）论文架构

论文共有两个重要章节。第一，朱子评论解析。第二，先天之学的重要性。

（3）论文结论

作者提出了几点结论，笔者将其整理如下：第一，朱子赞成《程氏易传》的理由在于：程颐将《周易》中做人与做事之道理给阐发出来。第二，朱子批评《程氏易传》的理由在于：程颐不能透过《周易》之六十四卦的变化来说明宇宙及存有架构等天地之理。第三，为何程颐犯了上述第二点之过错，原因在于《周易》经传中的一些文本应当用筮法或先天易学来理解，但程颐并未如此思考。第四，朱子认为如果拒绝先天易学的立场，上述的困难就无法解决。理由在于，先天易学具有：（一）表象万物生成变化之功能。（二）彰显天地之心之生生之德。这两点是能够统整《周易》之义理、筮法与象数。

二、博士论文

1. 金慧洙：《从朱子工夫论诠释其理气心性论》，台湾“中央大学”博士论文，2015年。

（1）论文问题意识

作者认为朱子义理系统，自从牟宗三先生提出，朱子言理是一“只存有不活动之但理”，理气二分，心为形下气心等分判后，这样的观点就成为当前诸多学者所讨论的重点所在。金慧洙博士论文主要是从工夫论进路来解释朱子的理气、心性论，其重点在于厘清三个问题：第一，朱子之理的活动性问题。第二，心是否为气的问题。第三，理是当具或是本具于心。第四，心性二分的问题。

初步来看，对于理之活动性一问题，金慧洙博士主张：朱子的心不应该以理气二分的架构来分解，而必须从下工夫的入手处来了解。金博士借由唐君毅先生对于此理气关系的“活人骑活马”的比喻来说明，理能够活动，理就为命令主体，气为实践主体或行动主体。金博士主张从工夫论之进路来解释心性论的问题，心是理气合，心统摄作为理的性与作为气的情，亦主宰性与情。其理由在于：心就本来具有此性理。金博士譬喻此心似乎与指挥管制中心相似。性为指挥官的命令，奉命而行就为情，即性下了道德命令，遵其道德命令而发道德情感。在此，性为道德命令的主体，即道德主体；心就主管道德实践及行动，即道德行动主体或道德实践主体。

对于心是否具理一问题，金博士指出从牟宗三先生对朱子的分判来看，朱子对于理与心的了解，仍然保留理气二分的架构。由此两层存有之架构来看，朱子的心性论便与传统儒家正宗义理不相应。但是，金博士认为从朱子工夫论来看，我们可以透过朱子的居敬穷理工夫历程，使得本具理的心能发挥道德本心之性理。这样的状态下使得理在气的清明之中发光出来，即气中之理被呈现出来。顺此，金博士进一步主张，朱子工夫论的意义是：心的工夫之下，理气为一身，即性情为一心。此即是朱子理气心性论系统与工夫论的意义与其关系。作者认为如此理气心性论系统，就是为了确立居敬穷理工夫论之预设。

最后金博士认为，第一，朱子建构的理气论与心性论，并不是从形成万物存在的宇宙论所说明，亦不是从存在之所以为存在之形而上之存有论来做诠释；而是从人之所以为道德价值存在的道德实践根源来建立。第二，顺此理路，金博士主张朱子的理气心性论系统必须从实践工夫论来诠释其架构及意义。

（2）论文架构

金博士论文章节分别为：第一，朱子早年工夫论开端。第二，朱子工夫论之演变及确立。第三，朱子工夫论之架构。第四，从朱子工夫论诠释其心性论。第五，从朱子工夫论诠释其理气论。

（3）论文结论

金博士对于其第二与第三章节结论，主张就朱子早年工夫论的演变而言，朱子早年的工夫型态是趋向穷理与察识之渐教工夫。这样的渐教工夫是心之道德知觉与保持其心之清明状态之工夫型态。作者认为朱子早年虽然出入于佛家禅学，但还深受到以《大学》为入道之门之影响，以及受到李延平之未发体认工夫与参究中和之工夫论的影响，而建立出居敬与穷理之实践工夫架构。作者认为朱子虽然未有对李延平的"未发涵养"与湖湘学的"已发察识"的真正了解。但是，朱子工夫论是以涵养察识与敬两种型态所综合而成之工夫。故金博士认为，居敬与穷理就是朱子早期的工夫论架构。

论文第四章主要分析说明"朱子的实践工夫论架构"。金博士认为朱子所说的居敬与穷理工夫之成圣工夫，即是使心之知觉能自觉道德而成为道心之状态。在此状态之下，道心能自发地实现道德实践，以成就道德人格者。顺着上一章的结论，金博士主张居敬工夫是保持能自觉道德与推动道德实践的心之状态的工夫，这是一种贯通心之已发与未发之工夫。而这样的工夫其目的在于使心处于虚灵明觉之状态。居敬工夫贯通心之未发时之涵养与已发时之省察。另外，金博士主张，穷理工夫初步来说是即物而穷其理，透过穷究事物之理，进而扩充道德意识。对于朱子而言，穷理即是格物。作者主张朱子格物工夫的目标是："心之知觉接物而发见道德善端，而确保道德意识，自觉道德之真实性，以达到'真知'，此乃是外求内觉的真知之道德知觉工夫。"顺是，作者认为此工夫关键在于在现实世界中之格物或即物的经验，即通过心接物而感的经验，自觉即物而觉察道德善端在内，同时从其道德自觉实现于宇宙万物。最后对于居敬穷理工夫，金博士所采取的观点为：保持虚灵明觉之道心与自觉道德之真实性的心之道德主体工夫，并且两者是互补互发，互相并进，缺一不可。

金博士第五章所讨论为"对心性论的工夫论的诠释"。金博士认为朱子言心，虽然并不是如孟子所说的道德本心，即此心本身为道德根源之主体。但是，朱子言心是在经验的现实世界中表现道德实践的道德行动主体，即实现道德实践的所在。关于心性之关系，金博士认为性理内在于此心当中，而成为其心实现或表现道德实践的根据。进一步来说，两者的关系是：性，其自身是一种使心实现或表现道德实践的道德命令，其本身乃是纯粹至善的天理。心，其听从性之道德命令而实行道德活动，成为道德之心。顺此，金博士便主张：心具有道德之心的意义。但是，金博士也认为朱子之心义，并非是道德根源意义下之道德本心，仅仅只是包含道德意义的道德实现可能的气质之心，此即所谓的人心。这样的人心，有为善或为恶的可能性。然而，这样的人心需要透过修养工夫，而向至善的道心跳跃上去。金博士指出，心之所以能够成为道心，其根据在于：心本身具有虚灵不昧的道德知觉能力。如此虚灵不昧之心能够自觉于其所具的道德之理，而推动道德实践行动，就成为道德主宰的心。在讨论完心性关系之后，金博士接着解释“心统性情”意义，他对于此一概念之理解为：即心统摄天理之性与心所发之情。此心乃是具有天理之性与气质之欲的潜在善恶的总体的心。若此心就听从性之道德命令，自然而呈现天理之性，而成为纯粹至善的道心；反之，若人欲之私支配心，心就容易违抗性之道德命令，妨碍呈现天理之性，而流于人欲之恶之心。金博士认为朱子所强调的修养工夫目标乃是其气质之心能克服感性爱好之欲，进而使心能成呈显其虚灵不昧之状态。换言之，使人心不会流于人欲。当道德之心处于虚灵不昧之状态时，其同时具备能自觉道德及实现道德实践的力量，即能有道德主宰力，主宰着吾人行为活动能是一个具有道德价值意义的行为活动。金博士用一个特别的譬喻来说明此虚灵不昧之心，即：似乎是一种“道德指挥控制本部”（moral command post），即心能够遵从天理之道德命令而控制气质人欲，以发挥道德实践行动，而成为道德实践主体。最后金博士主张，从朱子工夫论来看，心所具的性理，并不是指存有论上的存在之理或本体之理而言，而是指道德命令及道德实践动力的道德之理而言。

金博士第六章主要是对“理气论的工夫论的讨论”。金博士此章最重要的一个论点即是，朱子理气关系是一体而不分的，这样的一体不分一定要从道德实践意义上来看。他所采取的根据就是《中庸》言“天道性命相贯通”的说法。首先，金博士将朱子言理此一概念区分为三种，分别为道德之理、存在之理、生生之理的意义。虽然理可以区分为三种意义来理解，但，金博士认为朱子自身对其三种之理没有那么清楚区别的说明。金博士主张，在工夫论方面，朱子所说之理乃是：“天道流行而化生万物的生生之理与内在于人之心的道德之理。”然而，气如果依生生之理而流行生物的事，此一状态就是天德实现的纯粹至善的天道境界。人道效法天道，人依道德之理而行道德实践的事亦是天理实现的纯粹至善。此理与气、人道与天道此两个境界本质上为一致。在这个意义下天理具有两种意义：第一，天理为不可抗拒与不可改变的义务及命令。第二，道德创生的道德立法者，以及能实现道德实践的动力。顺此看法，在《中庸》言“天道性命相贯通”意义下，金博士认为朱子所重视之理不是“存在之所以存在”的存在之理，而是天地流行的生生之理，以及心之所以实现道德实践的活泼泼之道德之理。金博士指出在工夫论上是理与气为一体，这样的一体要从道德实践意义上来看，即：理自身命令实现于心中，气自身完成道德任务。

2. 赖柯助：《朱子道德哲学重定位：如何回答“道德规范性”问题？》，台湾“中央大学”博士论文，2014 年。

（1）论文问题意识

赖柯助博士论文题目为《朱子道德哲学重定位：如何回答“道德规范性”问题？》而这个题目要分析说明的是：朱子诠释孟子道德理论的合理性问题。作者对于这个议题的问题意识是来自于：朱子道德哲学之定位问题，或者朱子诠释孟子道德理论是否具合理性之判定之问题，此二议题，从传统至近代学者的看法并不一致。关于朱子道德哲学定位问题，当代学者有不一致观点者，作者举出钱穆先生、牟宗三先生与劳思光先生为例。钱穆先生认为，朱子是继承孔子及其以下儒学，并加以发扬光大之继承者。牟宗三先生，则判定朱子之义理系统是孔孟儒家之歧出，并非宋明儒之正宗，而以别子为宗来判定朱子义理系统。关于朱子诠释孟子道德理论是否具合理性判定之问题，则是想要回答朱子诠释下的孟子是否是孟子之本意，抑或是孟子用自身的义理架构来创造性地诠释孟子义理，其内涵已经并非是孟子之精神，也就是说作者论文工作在于：判定朱子与孟子伦理学型态之异同。

（2）论文架构

此论文可分成六个章节。第一章，导论。第二章，诠释进路的转向：心具众理是诠释心之意涵的起点。第三章，从人心道心说论心的双重身份：道心是反省判断的实践主体。第四章，朱子格致工夫理论架构之重建以常知进至真知为架构。第五章，论朱子诠释孟子义利之辨的合理性：朱子学的伦理学型态之重定位。赖博士的论文进路大致可以区分两个方向，第一，重新诠释朱子心性论中的心之意涵以及重建其工夫论中的格致工夫理论架构；第二，处理朱子诠释孟子义利之辨是否合理之问题。

（3）论文结论

本论文的研究成果笔者依照赖博士在其论文第六章的论述，来进行摘要说明。首先，作者在导论中引出美国哲学家 Christine Korsgaard 的道德规范伦理理论。所谓道德规范性理论，约可用两点来理解：（一）为何道德原则对行动者具有规范性。作者指出，当行动者面临道德冲突抉择时，此行动者必须有行动理由，来作为其实践道德之规范，也就是说透过这样的规范，使得行动者放弃自身的感性欲求，而能产生道德行动。（二）这样的道德规范性是如何证成的？作者指出根据 Christine Korsgaard 的道德规范伦理理论：理性的反省功能（人类意识的反省结构）就是规范性的来源。

第二，作者将此理论对应到朱子之道德理论当中，那么会与理性之反省能力相对应的是朱子系统中心的功能。作者指出，如果朱子道德理论要能够响应道德规范性的问题，则：（一）确定心具备反省判断的功能与先天的道德判断标准。（二）确定如何可以给出道德行动之理由。

第三，顺此，作者从心具理来作为理解心之意涵之进路。透过这样的论证进路，作者将厘清心具理之具字的诠释歧义之问题，进而证成朱子言“心具理”是：心先天本具此理，也就是指：心以性理作为其先天的内涵。作者认为心具理此一概念是偏重在从先天的关系申明性理是内在于心而为其内涵之形式义。

第四，作者指出，性理是先天内在于心而为其内涵，在这样的前提之下，朱子的道心人心说所提到的知觉概念，可以指向两个功能：（一）认知意义。（二）反省意义。笔者将作者重点整理为：知觉则作为类似及物动词来使用，认知意义下的知觉其受词是形气，反省意义下的知觉，其受词是性命。然而，对于认知意义下的知觉其主词是指人心，在反省意义下的知觉其主词是指道心。顺此可以这样说：人心是认知功能，以形气作为其认知对象；道心是反省功能，以性命作为其反省对象。作者进一步说明：当心的身份是道心时，心的责任在实践道德生命的要求。当心的身份是人心时，心的责任在于满足自然生命的需求。对于道心人心说的诠释，作者证成：道心是以先天本具的性理为道德判断标准的实践主体；而并非如前人学者主张：道心是后天赅摄的性理为道德判断标准的实践主体。作者进一步指出，道心不能被诠释为是经验实然或心理学意义下的心。

第五，当判定朱子道心之意义后，作者接着对于格致工夫之相关论述进行判定工作，即：常知与真知关系。作者认为所谓常知：未经道德反省的先天道德之知；真知：透过道德反省后的道德之知。而两者的差异在于：前者无法克服在道德实践时感性欲望所产生的反弹，后者则能解决此一感性欲望反弹之问题，进而在行动者处于道德冲突之情境时能够给出实践之道德要求。然而，如何从常知进到真知，朱子认为则需要透过格致工夫来完成。

第六，作者顺着朱子真知概念来理解，说明：如果就道德规范性问题来看，真知概念可以说明道德规范问题的行动理由。作者认为一旦行动者对于道德之知达到真知下的意义，则必然会驱动着他将道德命令付诸实践。

第七，对于朱子诠释孟子合法性之问题，作者指出两人的伦理体系有四点共通之处，摘要如下：（一）两人对于义利之辨都是预设严格意义下的存心伦理学立场。（二）两人都能合理地说明道德内在如何可能。（三）两人都采取道德自我立法的立场。差异在于：道德判断的来源不同，孟子是本心当下呈现；朱子则是透过反省认可之方式。（四）虽然朱子与孟子都是属于自律伦理学体系，但朱子的自律概念和孟子与康德意义下的自律不相同。作者主张朱子自律伦理学为：“以先天的道德之知作为反省认可标准而做道德判断。”

## 三、专书摘要

1. 孙致文：《朱熹仪礼经传通解研究》，台北市：大安出版社，2015年。

孙教授在其书中提此书的目的在于透过探究《仪礼经传通解》一书，一方面，梳理朱子的礼学见解；另一方面，探究此书在学术史中各面向的意义，并借此揭举朱子于“内圣”“外王”两个面向的成就。孙教授认为从学术史的意义上来说，有汉宋之争与礼理之辩两大学术概念之争辩，然而，朱子的《仪礼经传通解》可以成为检证这两组学术史概念的最好材料。在文献学上来看，朱子《仪礼经传通解》一书在文献、典章制度等考据研究上，确实不如清代在礼学上的研究成果。虽然如此，此书仍有其意义之所在，孙教授提出了一个观点，即：在学界的研究上，长久以来对于朱子的研究都偏重在心性义理等形上学的问题上，对于经世致用等较为现实层面意义的研究较为缺少。孙教授认为《仪礼经传通解》恰好就可以补足这方面研究之不足之处。

该书大致上可以分成几个讨论重点。第一，说明朱子礼学兼具“实践”与“学术”两个面向，并由此说明《仪礼经传通解》与《家礼》性质之不同。第二，说明《通解》在文献学上的意义，探讨朱子对《仪礼》经传的整理与编次。第三，针对《仪礼经传通解》对前人解经成果的质疑与修正，探究其得失。第四，探讨朱子解经特别着意之处。第五，举例说明《通解》的现实意义，由此掘发朱子礼学之经世用意。第六，综述《仪礼经传通解》一书在“礼理争辩”“汉宋之争”的学术氛围中，所代表的学术史意义。

笔者概述作者的几项重要观点。第一，朱子《通解》编纂的做法开启了后世之先河。朱子将“注疏附经”“分章定句”“定章名”“以传配经”的这种传统的编纂方式运用在《仪礼》的研究上，使得后世研究《礼》之学者都可以得到启发。第二，朱子编纂《通解》的用意，并非只是典籍礼制的考察，更非以恢复古礼为目的。其重点在于欲透过礼学研究的倡导，而对现实政治制度与社会生活产生正面的影响。第三，虽然朱子编纂《通解》一书其目的并不在于文献学上的考据工作，也并非想将恢复古礼作为其意图；并且《通解》在考据研究上远不及清代的水平。但是，那些带有汉学色彩之清代学者们，在《仪礼》学之研究上，无一不是站在朱子《通解》此书之肩膀上，来继续发展。

2. 高荻华：《从郑玄到朱熹：朱子〈四书〉诠释的转向》，台北市：大安出版社，2015年。

作者开宗明义本书是从解经学的角度来理解朱熹四书学，作者的用意在于透过这样的方法论可以补足哲学或历史学角度的不足之处。该书从两种进路来研究朱子四书学。第一，以宏观的历史角度，来看学术思想之变化。第二，以微观的经注变化，来讨论变革的意义。

全书分为六个章节。第一章，绪论。第二章，论《大学章句》对《礼记・大学》的改造。第三章，论《论语集注》以理释“仁”。第四章，论《孟子集注》的内转。第五章，论《中庸章句》与人道。第六章，结论。

从作者的分章结构来看，分别以朱熹批注《论语》《孟子》《大学》《中庸》

四书来作为每章的讨论核心。作者把《大学》放在此书首章来做讨论，约略地可以看到作者的用心之处。理由在于：作者提出中国传统经学家不仅仅是要解释世界，更为重要之处在于改变世界。然而，改变世界的方式首先就是透过对于诠释经典来建立一套套的世界观，在这样的世界观下，来思考人存在的意义和价值、人和自然世界之关系、整个人群社会发展的和谐。作者认为这个才是经学家解释经典的企图之所在，而朱熹也不外乎如此。从这样的观点来看，《大学》中的《格致补传》可以直接地反映朱子的世界观。在这样的世界观下，如何透过人道上的工夫努力来契入天道，建立儒家学者与自然世界之关系。

作者更指出，朱熹诠释经典的“转向”之处在于：直接地面对经典本身，而跳过了过去传统的注疏，来理解圣人的本意。作者说明这样的“转向”，反映了经学家背后一种精神，即：理性精神的抬头，信任自身的理性能力，认为以理性作为工具，来直接面对经典本身，进而了解、掌握圣人的本意。

作者最后提出，朱熹诠释四书的目的在于：成就人独特之超越的内在价值和意义以及凸显了人的主体价值的完成。这样的内在价值与主体价值，分别在四部儒家文献的诸多概念当中，表达出了殊途同归的义理。在《大学章句》中就是透过对于“明德、新民、至善”的重新解释。在《论语集注》中透过“仁”作为“心德之全而人道之备”来说明。在《孟子集注》中则是透过“大人者，大人之德，正己而物正者也”来实现。在《中庸章句》则是学者透过“成德、诚之，而能体现天理之浑然”，来说明人道价值之极致展现。

## 注　释：

［1］为了避免因笔者的误读，而扭曲了作者的本意，故摘要之方式尽可能使用作者原有的论述说明，而不加上笔者自身的诠释于其中。

［2］陈林先生虽为大陆学者，但《政大哲学学报》为台湾地区发行之期刊，故一并收入。

（作者单位：中国台湾政治大学哲学系）

# 2015年日本朱子学研究综述

⊙〔日〕板东洋介

## 一、向“方法论”的挑战

在当今日本学术界，日本朱子学尽管在“东洋哲学”“政治思想史”“伦理思想史”等各专门领域内开展研究，但在质量与数量上都构成该研究之核心的是名为“日本思想史”的学科。日本思想史学会现拥有730名个人会员与来自31个机构的团体会员[1]，每年出版学会期刊《日本思想史学》。业已发行了47期的《日本思想史学》是一部刊登日本国内特别是有关日本近世儒教研究方面——主要原因之一是不存在如古代、中世思想中的与佛教研究、国文学研究相竞争之状况——具有最高水准的论文的杂志，这一点是众口一词的。

该日本思想史学会，于今年（2015）围绕思想史研究的“方法论”展开了针锋对麦芒的争论。首先是2015年9月12日在东京大学本乡校区（东京都文京区）举办了题为“思想史之对话”的研究会。在会上，学会现任会长前田勉（爱知教育大学教授）在对率领战后的日本近世思想史研究——实质上其大半为儒教研究——的丸山真男、安丸良夫、子安宣邦等人各自描绘的近世思想史的“全体像”进行概括的基础上，对今后思想史应如何描绘“全体像”提出了建议，笔者（板东）也做了若干应答。接着，在10月17日、18日接连两日于早稻田大学户山校区（东京都新宿区）举办的日本思想史学会大会上，首日下午举办了以“思想史学的设问方式——基于两个日本思想史讲座”的整体研讨会。这一研讨会不限于近世思想史、儒教研究，与前田勉同样毕业于东北大学的日本儒教研究核心人物之一田尻祐一郎（东洋大学教授）做了题为“回顾战后近世思想史研究”的报告，泽井启一（惠泉女学园大学名誉教授）与高山大毅（驹泽大学讲师）各自对此加以了细致的点评。[2]

为何当今日本的研究者们要对其研究对象，即以引入朱子学而开其端绪的日本儒教提出诸如“全体像”“设问方式”“方法论”等大问题呢？ 这大概是源于东亚其他各地域的儒教研究中少见的日本特有的情况。说到底，是因为与其他地域不同，在日本不存在将儒教——无论是古为今用，还是与之交锋——视为“我们的传统”的这一想法。当然，在日本也存在跨越19世纪的近代化，融入基层民俗活动与行为方式中，宛如潜流的思想传统。可是大半都被视为“佛教”与“神道”，而绝不是“儒教”。因此，日本研究者不得不长期意识“为何要探究儒教？”这一问题来开展研究。如果研究者们对这个单纯的设问提不出简明的回答，在日本人文学面临崩溃的状况中，近世创造出的无数的朱子学、新儒学的文本群就只能一直藏在各地书库中，不见天日。

在此意义上，在上述两次会议中，前田勉与田尻祐一郎两人都重点选择丸山真男与子安宣邦的近世思想史研究为题是耐人寻味的。通过名著《日本政治思想史研究》(东京大学出版会，1952)发现了近世的朱子学向徂徕学、国学的展开过程中的日本内发性近代化之萌芽(及其限界)的丸山真男之论述于战后日本与日本思想史学重新起步之际，吸引了众人瞩目。直至当今日本思想史学“偏重于”近世思想是深受丸山真男影响的。另外，1990年代将法国、美国的最新批评理论用于近世思想研究的子安宣邦的研究，一方面运用高度抽象的分析概念，另一方面也带有彻底批判近、现代日本的民族主义这一极其明了且兼具现代性的意义。[3] 尽管两者都容易受到来自实证性文献研究视点的批评，但通过添加重要的辅助线，提出“故事”，在不具有将儒教视为“传统”之共识的日本，明确了当地揭示出将日本儒教作为主题来探讨的当下意义，激起众多日本人关心这一贡献是巨大的。今日重提他们的工作，恰是由于将日本儒教再次变为对众多日本人具有切实意义的对象来把握这一点已是燃眉之急的课题。

尽管对现状拥有上述共同的认识，但前田勉与田尻祐一郎的建议是对照性的。力图构筑超越丸山真男的近世儒教研究之“大理论”的前田勉不断提出基于其膨大知识素养的崭新的“全体像”，如认为近世日本的基底思想不是朱子学，而是作为武家政权之基本教养的“兵学”，朱子学只不过是作为外来思想占据着局部性地位而已[4]，以及提出近世后期的儒教经典“会读”之场所与近代以后的自由的言论空间直接相关的“会读”论[5]等，直至今日强有力地带动着日本儒教研究。与他相对，以扎实的山崎暗斋与徂徕学派研究而闻名的田尻祐一郎[6]则指出：“与伟大的思想家不断踏实对话这一态度(方法)，在当今的思想史研究中是否淡化了”(据上述大会发表资料)。田尻祐一郎所提倡的该“态度”或“方法”是认真研读《论语》或《书经》，通过与圣贤开展内在性对话来获得真理，甚至尝试磨炼人格修养，这倒是儒教中传统的“态度”与“方法”。当今的日本人文学越来越趋于不容忍那种做法，但儒教是以“读书”“学文”为其基础行为的思想这一点有必要不断被想起。

## 二、两个思想史讲座

田尻祐一郎、泽井启一、高山大毅等人参加的学会研讨会之副题中写道："基于两个日本思想史讲座"，正如那样，2015年的特色在于，这是日本思想史学相关书籍的主要出版社——岩波书店与ぺりかん社两公司分别出版的新的日本思想史讲座完成之年。前一节中提及的围绕思想史之"方法论"的活跃论争同时也具有总体概括两个讲座的意义。

岩波书店邀请苅部直、黑住真、佐藤弘夫、末木文美士担任编集委员而出版的《岩波讲座　日本の思想（日本的思想）》共八卷，按主题分卷。各卷探讨的主题分别是"'日本'与日本思想""场与器""内与外""自然与人为""身与心""秩序与规范""礼仪与创造""走向神圣"（按卷数顺序），令人想起当下颇受关注的问题群之分布。[7]而由ぺりかん社在上述学者之外并邀请田尻祐一郎共五人担任编辑委员而出版的《日本思想史讲座》共五卷，在"古代""中世""近世""近代"各时代分卷之后，第五卷还探讨了"方法"。这一讲座按时代顺序编排，因此更加便于使用，特别是"近世"卷（2012年刊行）是把握日本国内开展的日本儒教研究目前状况之梗概的最佳著作。

不同于2014年编辑完成的岩波讲座，ぺりかん社版讲座的最终卷之完成遇到了困难，最终于本年12月出版，两个讲座系列才大功告成。在此将ぺりかん社版讲座第五卷（《日本思想史讲座5——方法》，ぺりかん社，2015年12月）作为日本思想史研究的今年代表性著作，仅就与日本朱子学相关的内容做一简洁的介绍。

内容大体上分为四部分。首先，在"研究的课题与方法"中，黑住真（东京大学教授）与片冈龙（东北大学教授）提出了日本思想史的"研究与课题"。其次，在"方法的诸方面"中，针对"拟古""论争""训读""书物""性与性别""环境"等具体的研究视角，由各领域的领军人物分别做了概括。并且在"世界中的日本思想史——来自海外的研究"中，介绍了中国（包括台湾）、韩国、欧美等的研究。其中，卞崇道与吴光辉、蓝弘岳介绍的中国研究状况都以日本儒教为核心主题。最后，在"走进日本思想史——概括介绍"中，对"神道""佛教""儒教""基督教"等各种思想分别做了简明的"概括介绍"。"儒教"一节的执笔者是前年的本系列综述中也曾介绍的土田健次郎（早稻田大学教授）。并且在卷末附有"日本思想史学相关文献一览表"与最新的"日本思想史年表"，相当有助于学习者。特别是在文献一览表的"近世、一般"栏中，恰当地刊登了至今仍受重视的日本儒教研究文献，非常便于海外研究。

## 三、“训读”的思想史



当今日本儒教研究中广为议论，与日本朱子学也关系颇深的一个主题是ぺりかん社版讲座中也提及的“训读”。该主题的国内领军人物正是在讲座相关处执笔的中村春作（广岛大学教授）。中村春作关于“训读”的论述，此外还有岩波书店版讲座第二卷所收的《训读と翻译——原典との间をつなぐ（训读与翻译——联结与原典之间的距离）》，另外在总结了文部科学省科学研究特定地域研究“东亚海域交流与日本传统文化形成”（2005～2009，代表：小岛毅）中由他主持的“日中儒学班”之研究成果的内容浩瀚的《“训读”论——东アジア汉文世界と日本语（“训读”论——东亚汉文世界与日语）》（勉诚出版，2008）、《续“训读”论——东アジア汉文世界と日本语の形成（续“训读”论——东亚汉文世界与日语之形成》（勉诚出版，2010）之中，与各位专家所著专论一起，刊登了他思路清晰的概论。下文将根据其中被视为阐述得最精当的收入岩波讲座的《训读与翻译》来介绍该研究主题所及范围与有趣之处。[8]

据文献记载，自6世纪儒教经典传至日本以来，日本人长期地不是将《书经》《论语》等经典类书籍作为中文，按中文发音来读，而是在原文上加入独特的符号，将它“翻译”成日语来读。其中当然需要对汉语与日语语序不同的词语进行调整其顺序，增补中文中不存在的（在日语话者看来需要的）助词，用与之相当的日语词汇来对汉语单词进行更换解读等的工作。这就是“训读”。虽经种种周折，该技法至今仍保留在中等、高等的语文教育中，正因如此，当现代的日本人见到古典汉语文字列时，脑中不会浮现出中文语音之连续，浮现的是被“训读”的特殊的日语文言文。“训读”是因日本处于汉文文化圈周边这一位置而形成的巧妙的翻译技法。

然而，这一持续了千年多的“训读”传统曾遇到一大转折。那正是因导入朱子学而发生的。时值15世纪，当时，因贵族社会之颓废，“训读”技法为世袭的博士之家所垄断。在其中“秘传的、匠人气的汉文读书法”（第36页）成为主流，充斥着极其封闭的气息。可是在其中出现了号称“儒学不依晦庵无以为学”（《桂庵和尚家法训点》），尊信朱子学的禅僧桂庵玄树（1427～1508），开创出了更为一般的公开的训读技法。从桂庵玄树继承到南浦文之（1555～1620），并通过近世的林罗山、山崎暗斋、佐藤一斋等醇儒而一般化的该新训读法与博士家的“古法”相对，被称为“近世训点”。17世纪以后日本的经典类书籍之大半是以属于该近世训点的林罗山的“道春点”来训读的。

该训读之转换“不单是技法上的转换”（同上），也是“与接受朱子学相呼应的一种思想性转换”（同上）。中村春作得出的结论是，桂庵点，乃至近世训点一般的特征在于仔细地读“而”“矣”等“助字”，“桂庵的这一‘置字’必须一字一字训读，将原文的每一字都改为日文的姿态是与对经书上的每一字都逻辑性地、抽象地进行概念规定，做完全解释的朱熹的注释方法相呼应的”（第37页）。一方面以“理一分殊”为理论前提，一方面作为对格物致知的实践，而细致地注释经书的朱熹的姿态在日本的对应物正是向所有人公开的简明平易的近世训点。

其后，正是否定朱子学“理”之思想的荻生徂徕提倡废除训读，并且，近世末期的读书人习以为常的训读文体变为文明开化时期书写规范文体的母体，乃至当今日本的书面语仍处于其决定性的影响之下，这些有关“训读”与朱子学的问题群正构成了日本儒教史、日语史、日本文学史、日本文化史等中最关键的结点，这样说也绝不为过。当今日本人阅读、书写的语言本身正处于朱子学遥远的遗留下的影响之中。对于“训读”的这一重要性，除了哲学、历史学方面的研究者之外，文学研究者也当然相当关注[9]，目前在“训读”研究领域，自然地呈现出充满活力的跨学科研究之面貌。令人期待进一步的研究成果。

## 注 释：

［1］ 据学会简讯第23期（2015年度冬季，2015年12月23日）。

［2］ 定于2016年出版的《日本思想史学》第48期中将刊登大会报告。

［3］ 最明确地体现了子安宣邦研究之现代性的论文有：《鬼神论——神と祭祀のディスクール（鬼神论——神与祭祀的话语）》（白泽社，1992）。从朱子的鬼神论出发，并通过分析近世日本继承了这一理论的新井白石与平田笃胤等人的鬼神论等，论述了以靖国神社、护国神社为代表的当今日本的“国家与祭祀”问题群。

［4］ 详细内容参阅《近世日本の儒学と兵学（近世日本的儒学与兵学）》（ぺりかん社，1996）、《兵学と朱子学・兰学・国学——近世日本思想史の构图（兵学与朱子学、兰学、国学——近世日本思想史的构图）》（平凡社，2006）两本著作。

［5］ 详细内容参阅《近世后期の思想空间（近世后期的思想空间）》（ぺりかん社，2009）、《江户の读书会——会读の思想史（江户的读书会——会读的思想史）》（平凡社，2012）两本著作。

［6］ 最具代表性的著作有《山崎闇斎の世界（山崎暗斋的世界）》（ぺりかん社，2006）。该书在日本出版之前，先在韩国出版，这象征着日本儒教研究扩展到

东亚规模。

[7] 岩波讲座全八卷中，可称得上日本朱子学的专门论文甚少。相对较多言及朱子学者仅可举出：马渊昌也《心身把握の历史的概观——佛教、道教、近世儒教（对心身把握的历史性概观——佛教、道教、近世儒教）》（第五卷）、高桥文博《现世を生きる——近世的死生观の倾向（活在现世——近世生死观之倾向）》（同上）、小岛毅《儒教の圣人像——制作者か人格者か（儒教的圣人像——制作者还是人格者）》（第八卷）。当然这一状况本身或许正体现出日本对儒教的关心之弱。

[8] 虽然ぺりかん社版讲座第五卷所收的《训读》比较侧重于概论，但其中刊载了与本主题相关的参考文献一览表，相当有助于研究。

[9] 来自文学研究立场的代表性训读研究有：金文京《汉文と东アジア——训读の文化圈（汉文与东亚——训读的文化圈）》（岩波书店，2010）与斋藤希史《汉文脉と近代日本（汉文脉与近代日本）》（NHKブックス，2007）。

（作者单位：东京大学大学院人文社会系研究科）

# 2015年日本朱子学研究综述

⊙〔日〕板东洋介

## 1.「方法論」への問い

今日の日本学術界では、日本朱子学は「東洋哲学」「政治思想史」「倫理思想史」等々のさまざまな専門分野から研究がなされているが、質・量ともにその研究の中核をなすのは、「日本思想史」と名指されたディシプリンである。日本思想史学会は現在、個人730人、団体31機関の会員を擁し[1]、学会誌『日本思想史学』を逐年で発刊している。すでに47号を重ねた『日本思想史学』は、とくに日本近世の儒教研究については、——古代・中世思想における仏教研究や国文学研究との競合状況が存在しないことを大きな要因として——日本国内ではもっとも水準の高い論考が掲載される雑誌であると、衆目の一致する所である。

その日本思想史学会では、本年（2015年）、思想史研究の「方法論」をめぐって丁々発止の議論が交わされた。まず2015年9月12日には、「思想史の対話」と題する研究会が東京大学本郷キャンパス（東京都文京区）で行われた。そこでは現学会長である前田勉（愛知教育大学教授）が、戦後の日本近世思想史研究——実質的にはその過半が儒教研究である——をリードした丸山真男、安丸良夫、子安宣邦らがそれぞれに描いた近世思想史の「全体像」を総括したうえで、これからの思想史の「全体像」の描き方について提言し、それに報告者（板東）がいくつかの応答を行なった。ついで、10月17日・18日両日にわたって早稲田大学戸山キャンパス（東京都新宿区）で開催された日本思想史学会大会では、第一日の午後に「思想史学の問い方——2つの日本思想史講座をふまえて——」と題した全体シンポジウムが開催された。こちらは近世思想史／儒教研究に限定されたものではないが、前田とならんで東北大学出身の日本儒教研究の重鎮である田尻祐一郎（東洋大学教授）の「戦後の近世思想史研究をふりかえる」と題する報告に対し、澤井啓一（恵泉女学園大学名誉教授）と高山大毅（駒澤大学講師）とがそれぞれ精緻に論評を加えた[2]。

なぜ今になって、日本の研究者たちはその研究対象、すなわち朱子学の移入を嚆矢とする日本儒教に対して、その「全体像」・「問い方」・「方法論」等々の大仰な問いを問うのか。そこには、おそらく東アジアの他の諸地域の儒教研究には見出せない、日本特有の事情が存する。それは端的にいって、他の地域とは異なり、日本には儒教を、——今に活かそうとするにせよ、対決せんとするにせよ——“われわれの伝統”として捉える了解が存在しない、ということである。無論、日本にも19世紀の近代化を越えて、基層的な民俗行事や行動様式の中に融けこみ、底流し続けている思想伝統は存在する。しかしそれは「仏教」や「神道」として観念される場合が大半であり、決して「儒教」ではない。そこで、“なぜ儒教を問うのか”という問いを、日本の研究者はつねに意識しながら研究を進めざるをえないのである。この単純な問いに研究者たちが明快に答えることができないならば、日本の人文学の壊滅的な状況の中で、近世に生産された無数の朱子学・新儒学をめぐるテクスト群は、いたずらに各地の書庫に死蔵されるだけとなりかねない。

その意味で、上記の二つの会合の中で、前田と田尻の両者がともに、丸山真男と子安宣邦との近世思想史研究を重点的に取り上げているのは示唆的である。名著『日本政治思想史研究』（東京大学出版会、1952）で近世における朱子学から徂徠学・国学への展開過程の中に日本の内発的近代性の萌芽（と、限界と）を見出した丸山の議論は、戦後の日本と、日本思想史学との再出発に際して、多くの人びとを引き付けた。今日にまで至る日本思想史学内での近世思想の“偏重”には、丸山の影響が大きい。また、1990年代にフランス・アメリカの最新の批評理論を近世思想研究に導入した子安宣邦の研究は、非常に抽象度の高い分析概念を駆使するものでありながら、同時に近・現代日本のナショナリズムへの抜本的な批判という、極めて明瞭かつ現代的な意義をも併せ持つものであった[3]。両者はともに、実証的な文献研究の視点からは批判も受けがちであるが、強い補助線を引き、“物語”を提示することで、儒教が“伝統”としてのコンセンサスをもたない日本において、日本儒教を主題的にとりあげる現代的意義を明快に示し、多くの日本人の関心を惹起したその貢献には多大なものがある。彼らの仕事が今想起されるのは、日本儒教をもう一度、多くの日本人にとって切実な意義を帯びた対象として捉えなおすことが焦眉の課題となっているためにほかならない。

このような現状認識を共有しつつも、前田と田尻との提言は対照的である。丸山を越える近世儒教の「グランド・セオリー」の構築に意欲的な前田は、近世日本の基底思想は朱子学ではなく武家政権の基本教養としての「兵学」であり、朱子学は外来思想として部分的地位を占めたに過ぎないとする把握[4]や、また近世後期における儒教経典の「会読」の場が、近代以降の自由な言論空間へと直結したとする「会読」論[5]など、膨大な知識に裏付けされた斬新な「全体像」を提言し続け、現在に至るまで日本儒教研究を強力に牽引している。対して、山崎闇斎や徂徠学派の篤実な研究で知られる田尻[6]は、「偉大な思想家とじっくり対話を重ねるという態度（方法）が、今日の思想史研究で弱体化しているのではないか」（上記大会発表資料）と指摘する。田尻が提唱するその「態度」あるいは「方法」とは、『論語』なり『書経』なりを味読し、聖賢との内的対話を通じて真理の獲得、ないしは人格の修養を目指すという、むしろ儒教に伝統的な「態度」「方法」である。今日の日本の人文学はますますそのような余裕を許さない方向に向かいつつあるが、儒教が「読書」・「学文」を基底的な営為とする思想であることは、繰り返し想起されねばならないだろう。

## 2. 二つの思想史講座

田尻・澤井・高山による学会シンポジウムの副題に「2つの日本思想史講座をふまえて」とあったように、2015年は、日本思想史学関連書籍の主要な版元である岩波書店とぺりかん社との両者からそれぞれに上梓された新たな日本思想史講座が完結した年としても、特徴づけられる。前節でとりあげた活発な思想史の「方法論」をめぐる議論は、両講座の総括としての意義も併せもっている。

岩波書店から苅部直・黒住眞・佐藤弘夫・末木文美士を編集委員として発刊された『岩波講座　日本の思想』は全八巻で、テーマごとの巻分けとなっている。それぞれの巻が扱うテーマは「「日本」と日本思想」「場と器」「内と外」「自然と人為」「身と心」「秩序と規範」「儀礼と創造」「聖なるものへ」（巻数順）であり、現在関心が持たれている問題圏の布置を彷彿させる[7]。一方、ぺりかん社から同じメンバーに田尻祐一郎を加えた五名を編集委員として発刊された『日本思想史講座』は全五巻で、「古代」「中世」「近世」「近代」の時代ごとの巻に加えて、第五巻では「方法」を論じる。こちらは時代順であるのでいっそう利便性が高く、とくに「近世」の巻（2012年刊）は日本国内での日本儒教の現在の研究状況の概要を把握するためには絶好の書となっている。

2014年に完結した岩波講座とは異なり、ぺりかん社版講座の最終巻の完成は難航し、本年12月の刊行をもって、両講座はようやく完結を迎えた。そこで、このぺりかん社版講座第五巻（『日本思想史講座5――方法』、ぺりかん社、2015.12）を、本年を代表する日本思想史研究の著作と位置づけ、日本朱子学に関係する限りでの内容の簡潔な紹介を行ないたい。

内容としては大きく四部にわかれる。まずⅠ.「研究の課題と方法」では黒住眞（東京大学教授）と片岡龍（東北大学教授）とが日本思想史の「研究と課題」を提示する。次にⅡ.「方法の諸相」では「擬古」「論争」「訓読」「書物」「性とジェンダー」「環境」等々の具体的な研究視角を、それぞれの第一人者が概説している。さらにⅢ.「世界のなかの日本思想史——海外からのアプローチ」では中国・韓国・欧米といった「海外からのアプローチ」が報告される。このうち卞崇道と呉光輝と藍弘岳による中国の研究状況が、日本儒教を中心的な主題とする。最後にⅣ.「日本思想史へ——ガイダンス」では、「神道」「仏教」「儒教」「キリスト教」等の諸思想ごとに簡便な「ガイダンス」が付されている。「儒教」の執筆者は一昨年の本稿でも取り上げた土田健次郎(早稲田大学教授)である。また、巻末に「日本思想史学関係文献一覧」と最新の「日本思想史年表」を掲載して学習者のために有益である。特に文献一覧の「近世・一般」の欄には、今日なお重要と思われる日本儒教研究文献が、ほぼ過不足なくリストアップされており、海外からの研究にも大いに資するであろう。

## 3.「訓読」の思想史

今日、日本儒教研究の上で盛んに論じられており、日本朱子学とも深く相関するテーマとして、ぺりかん社版講座にも取り上げられていた「訓読」が挙げられる。このテーマの国内での第一人者は、講座の当該箇所の執筆者でもある中村春作(広島大学教授)である。中村の「訓読」に関する論は、ほかにも岩波書店版講座第二巻所収の「訓読と翻訳——原典との間をつなぐ」があり、また文部科学省科学研究費・特定地域研究「東アジアの海域交流と日本伝統文化の形成」(2005-2009、代表:小島毅)内の、彼を首魁とする「日中儒学班」の研究成果をまとめた浩瀚な『「訓読」論——東アジア漢文世界と日本語』(勉誠出版、2008)、『続「訓読」論——東アジア漢文世界の形成』(勉誠出版、2010)にも、さまざまな専門家による専論とともに、大変明晰な総説を掲載している。以下、これらのうちで、もっとも簡にして要を得た論考と思われる岩波講座所収の「訓読と翻訳」に拠りつつ、本テーマの射程と面白さとを紹介したい[8]。

文献上では六世紀の儒教経典渡来よりこのかた、日本人は長く『書経』『論語』等の経典類を中国語として・中国語の音で読むのではなく、本文に独自の記号を付して、日本語とへと「翻訳」して読んできた。そこでは無論、中国語と日本語とで語順の違う語の順番を入れ替え、(日本語話者からすれば)中国語に存在しない助辞を補い、中国語の単語をそれに該当する日本語の語彙で読みかえる等々の作業が行われる。これが「訓読」である。まがりなりにもこの技法が今日に至るまで中等・高等国語教育の中で存続しているからこそ、古典中国語の文字列を見る現在の日本人の脳内では、中国語の音の連なりではなく、「訓読」された変格的な日本語の文語文が読み上げられるようになっているのである。「訓読」は漢文文化圏の周縁という日本の位置が成立させた、巧みな翻訳の技法である。

しかし、この千年以上続く「訓読」の伝統には一大転機が存在した。それはまさに朱子学の導入によって起こったのである。十五世紀のことである。当時、貴族社会の退廃によって、「訓読」の技法は世襲の博士の家に独占されていた。そこでは「秘伝的、職人芸的漢文読書法」（p.36）が主流となり、きわめて閉鎖的な空気が醸成されていた。しかしそこに、「儒学は晦庵に原(もと)づかざれば、以て学と為さず」（『桂庵和尚家法訓点』）と朱子学を尊信した禅僧・桂庵玄樹（1427–1508）が現われ、より一般的で公開的な訓読の技法を開発した。桂庵から南浦文之（1555–1620）へと継承され、さらに近世の林羅山・山崎闇斎・佐藤一斎といった醇儒たちによって一般化したこの新しい訓読法は、博士家の「古法」との対照で「近世訓点」と呼ばれる。十七世紀以降の日本における経典類は、大半が、この近世訓点に属する林羅山の「道春点」で訓読されたのである。

そしてこの訓読の転換は、「単なる技法の転換ではなく」（同）、「朱子学受容と連動した、一種の思想的転回であった。」（同）桂庵点、さらには近世訓点一般の特徴は、「而」「矣」などの「助字」を丁寧に読んでいく点に求められるが、「この桂庵の、「置き字」一字一字を必ず訓読し、原文の一字一字をすべて日本語に直していこうとする姿勢は、経書の一字一字をすべて論理的、抽象的に概念規定し、解釈しつくしていく朱熹の注釈の方法に相応するものであった」（p.37）と中村は結論づける。「理一分殊」を理論的前提としつつ、格物致知の実践として入念に経書を注釈してゆく朱熹の姿勢の日本における対応物が、誰にでも公開された簡明平易な近世訓点なのである。

その後も、朱子学の「理」の思想を否定した荻生徂徠が、まさに訓読の廃止を提唱したり、さらには近世末期の知識人たちの骨身に染みついていた訓読文体が開化期の書記文体の母体となり、今日の日本の書き言葉までもその決定的な影響下にあったりと、「訓読」と朱子学とをめぐる問題圏は、さながら日本儒教史・日本語史・日本文学史・日本文化史等々の最肝要の結節点をなしているといって過言ではない。今日の日本人が読み、書く言語そのものが、朱子学のはるかな残響のもとにあるのである。こうした「訓読」の重要さについては、哲学・歴史学の方面の研究者のみでなく、もちろん文学研究者も注目するところであり[9]、現在「訓読」研究界隈は、おのずと活気ある学際研究の様相を呈している。いっそうの成果が俟たれるところである。

## 注　释:

［1］ 学会ニューズレターNo.23(2015年度冬季、2015年12月23日)による。

[2] 本年刊行予定の『日本思想史学』48号に、大会の報告が掲載される。

[3] 子安の研究の現代性が最も明瞭に現われている論考として、『鬼神論—神と祭祀のディスクール』(白澤社、1992)が挙げられる。朱子の鬼神論から、それを近世日本において継承した新井白石や平田篤胤らの鬼神論等の分析を通じて、靖国神社・護国神社に代表される、今日の日本における「国家と祭祀」の問題圏にまで論じ及んだものである。

[4]『近世日本の儒学と兵学』(ぺりかん社、1996)、『兵学と朱子学・蘭学・国学—近世日本思想史の構図』(平凡社、2006)の二著に詳しい。

[5]『近世後期の思想空間』(ぺりかん社、2009)、『江戸の読書会—会読の思想史』(平凡社、2012)の二著に詳しい。

[6] もっとも代表的な著書として、『山崎闇斎の世界』(ぺりかん社、2006)が挙げられる。本書は日本での刊行以前に、まず韓国で発刊され、日本儒教研究の東アジア規模への拡大を象徴している。

[7] 岩波講座全八巻のうちで、日本朱子学の専論と呼べる論考は大変少ない。馬淵昌也「心身把握の歴史的概観—仏教・道教・近世儒教」(第五巻)、高橋文博「現世を生きる—近世的死生観の傾向」(同)、小島毅「儒教の聖人像—制作者か人格者か」(第八巻)が、比較的朱子学への言及が多いものとして挙げられる。無論こうした事態そのものが、日本における儒教への関心の低さのひとつの表れである。

[8] ぺりかん社版講座第五巻所収の「訓読」のほうはやや概説性が高いが、本テーマに関連する参考文献の一覧を掲載しており、有益である。

[9] 文学研究の立場からの代表的な訓読研究として、金文京『漢文と東アジア—訓読の文化圏』(岩波書店、2010)と斎藤希史『漢文脈と近代日本』(NIIKブックス、2007)がある。

(作者单位：东京大学大学院人文社会系研究科)

# 2015年度韩国学者对朱子学及韩国儒学的研究[1]

⊙〔韩〕姜真硕

## 一、朱子学研究

2015年度韩国学者的朱子学研究大体上可分为朱子哲学、比较哲学、教育学、工夫论和文学等五个领域。

首先，在朱子哲学及朱子学的研究方面，各种核心概念的研究、深入探讨及解释朱子哲学的领域较突出。其中，朱子仁学与朱子对仁的理解方面的研究比较多，这显示仁学是儒学中永久不变的核心思想。李致亿:《关于宋代性理学者“仁思想”的研究》、李天承:《从朱子仁说看以自然为基础的道德规范》、辛正根:《朱子对仁与知关系之解析》、成贤昌:《朱熹对颜回的理解》等研究都探讨了仁学及仁者方面的内容。

另外，田炳郁的论文值得详细介绍及讨论。田教授专门探讨了絜矩之道与忠恕的异同及絜矩之道的解释问题。他在《从絜矩之道的解释看朱子的共同体伦理》中深入探讨了《大学》的“絜矩之道”的多种解释以及“絜矩之道”“忠恕”等概念的应用问题。朝鲜时代的韩国儒家对朱子“絜矩之道”的解释有几种，他们以这几种解释更深入探讨了“絜矩之道”的应用问题。大体上，“絜矩之道”有“以矩絜之”和“絜而矩之”的两种解释。其中，“絜而矩之”的解释得到星湖李瀷（1681～1763）和茶山丁若镛（1762～1836）的支持。贞山李秉休（1710～1776）更明确地主张“絜矩之道”不是指“度物以矩”而是指“度物得方”。在田炳郁看来，朱熹对“絜矩之道”的解释可能都包含“以矩絜之”和“絜而矩之”的两种解释。但更重要的是从“以矩絜之”到“絜而矩之”的实践过程。因此从实际成果的意义上说我们更需看重“絜而矩之”的解释。而且我们还要注意“恕”与“絜矩之道”的差异。田炳郁主张“恕”侧重于说明《大学》传的“齐家治国”的概念，是强调为政者为提高百姓之道德观念时具有的一种人格态度；而“絜矩之道”则是“治国平天下”的中心概念，是涉及如何实现已具备道德心的老百姓的道德要求等内容。换言之，“恕”是比较注重于说明以自我之道德心推己及人的次序过程，而“絜矩之道”则是要说明已经处于国家的共同体的人们都要实现某种道德的要求的预设环境。因此，为了实现“絜矩之道”，需要两种条件：一是“以恕己之心以恕人”，另一是得具有以公正的心实行公正的政策的能力。此“絜矩之道”可运用于许多政策方面，例如“财政”“恒产”“用人”等项目。我认为田教授的论文给我们提供朱子学及韩国儒学关于“絜矩之道”的多种解释具有的意义，同时提供共同体伦理及运用之学的视角。

除此之外，还有黄志源:《汉代训诂学与宋代朱子学对〈孟子〉的解释的差异及其哲学史的意义》、Chen Yuan:《湛若水吸收朱子小学论的研究》、李相惇:《从理一分殊看朱子的格物致知说》、李贤仙:《程颢哲学与明代儒学的脱离朱子学的倾向》、Kim Dong-Min:《朱子的〈春秋〉解释方法论的研究》及卢映实:《从朱熹鬼神论看知与行的背离问题》等论文。

第二，朱子学与其他哲学的比较研究也不少，这些比较哲学研究可说为韩国学术界开拓了新的领域。他们的研究有卞熙郁:《大慧的看话与朱熹的格物的差异研究》、申春浩:《德治的目的与难题——朱熹与陈亮的王霸争论》、Chin Hyung-Jun:《二元论与一元论——西方的二元论与朱子学的一元论的比较》、lee Gwang-ju:《朱子学与大巡思想的修养论比较研究》、权相佑:《朱子学与伊斯兰教的互相文化哲学的探讨：以儒诠回、以回补儒、回儒共明》和金京秀:《从天人论比较崔汉绮与朱熹的普遍性》等。

其中，我想以往韩国学术界比较少谈到权相佑的研究方向。他的《朱子学与伊斯兰教的互相文化哲学的探讨：以儒诠回、以回补儒、回儒共明》是关于儒家与回教的比较研究。权教授在序论中介绍在唐朝时期伊斯兰教首次传入中国。宋代和元代在中国的伊斯兰教都受到政府和民众的重视和支持，而到明末清初，由于穆斯林受到中国官方和儒家的镇压，穆斯林学者从此开始进行以儒诠回、回儒共明的解释工作。其代表人物有王岱与、马注、马新德和刘智等。他们都精通儒家思想与伊斯兰教，并致力于经典的翻译和两者间的融合。权相佑介绍王岱与根据儒家的修身、齐家、治国、平天下的伦理道德来理解伊斯兰教，同时以伊斯兰教的奥义重新解释儒家思想。这可说是以儒诠回、以回补儒的思想工作。王岱与还主张儒家的君臣、父子、夫妇、兄弟、朋友的五伦与伊斯兰教的五性是一脉相通的道理。但儒家以父子的道理为根本，而伊斯兰教以夫妇的关系为根本。而且从政教一致的伊斯兰教看，对君主的忠诚就意味着对神的忠诚。但另一方面王岱与批判儒家未尽讲述万物与人类的根源和来世等思想。相反的，伊斯兰教主张宇宙万物的创造思想和回归安拉神（真主）的思想。因此中国穆斯林都重视真数体的思想。真是安拉神的属性，数是神创造宇宙的过程，体是体认神的意思。刘智试图将伊斯兰教的“五功”与儒家的“五伦”相结合，主张“五功修完，天道尽矣；教守五典（五伦），人道尽矣”，“尽人道，即是尽天道，未有尽天道，不始于人道者也”。我认为以往韩国的学术界对朱子学与伊斯兰教的比较研究非常少。权相佑的论文不但系统地梳理伊斯兰教传入中国的历史，而且详细论述以儒诠回、以回补儒、回儒共明的内容，给韩国学术界提供比较研究的新视角。

第三，其他在朱子的教育学、工夫论及文学方面的研究有李愚辰：《新儒学的儿童教育——以朱子与王阳明为主》、Lee Seung-Yeon:《朱子教育思想的现代解释》、安永皙:《朱子与阳明的道德教育论研究》、Lee Jung-Sang, Kim Jong-Du:《养生的呼吸法考察——以胎息法与吸收朱子“调息箴”说为主》、Lee Seung-Yeon:《李侗工夫论的时代含义》、邓庆平：《朱子涵养论初探》及郑羽洛：《文学界对朱子诗的吸收与应用——以〈观书有感〉为主》等。韩国学者每年都做出朱子教育学的研究成果，这都表示儒学和朱子学一向给韩国社会和教育界提供参考及运用的资源。当然还有很多朱子学的研究论文，在这里仅择取这些论文作为介绍和参考。

## 二、韩国儒学研究

2015年度韩国儒学的研究大体上（栗谷学是另外谈）在退溪哲学与退溪学、退溪政治学、朝鲜时代的朱子学及儒学、星湖李瀷学及书院学等领域上比较突出。

第一，退溪哲学与退溪学的研究成果相当多。其中，关于退溪《圣学十图》的研究有吴知奂:《退溪〈圣学十图〉的道德哲学基础》、姜保承:《〈圣学十图〉的退溪修养论及其实践含义》、安琉镜:《天命图说的精华——〈心通性情图〉》等。在退溪“理发”的解释方面，有梁明洙:《在退溪思想中的理之能动性含义》、姜卿显:《退溪李滉对“理发”与“理自到”的联想理解》、金应鹤:《从书法美学探讨退溪的“理发气随”》等。在退溪心性论及工夫论方面，有李相益：《退溪学派的“以心使心”的解释》、尹天根:《退溪李滉的“感性哲学”——以天观念为主》、Jeong Weon-Jae:《李滉对七情的理解——从〈礼运〉到〈中庸〉》、李致亿:《退溪的心工夫》、Lee Jeong-Hwa:《在退溪诗中的心的含义》和Im Sik, Ju Dong-Jin:《从人文学的养生试论退溪〈活人心方〉》等。还有金美荣：《在传统婚礼中的传统性和外来性——退溪〈婚礼笏记〉与〈朱子家礼〉比较》的研究。

第二，退溪政治学的研究也相当多。这方面的论文有全世营:《退溪的人物评价研究》、成海俊:《退溪的对日观具有的和平思想》、金容宪:《政治同伴的李滉与奇大升》及金彦钟:《退溪的行政与逸事的一些例子》等。其中，全世营的《退溪的人物评价研究》特别突出，他介绍了退溪在《退溪全书》中所直接评估的人物中抽出133人作为代表人物之例，通过11个评价的标准，得出退溪所重视的标准比率和顺序等统计结果。在全教授看来，退溪的评估标准和次序是学问及学问态度（26.1%）、生活态度（23.0%）、品性（16.3%）、政治态度及倾向（13.9%）、聪明性（6.5%）、行政能力（4.0%）等。此研究不但大量分析《退溪全书》的人物，而且用统计来显示评估的客观标准，是值得参考的。

第三，朝鲜时代的朱子学及儒学的研究成果颇多，有禹贞任:《从“言行录”类的书籍输入与理解过程看16世纪道统成立的过程》、李东熙:《高桥亨的朝鲜朱子学研究的虚实》、崔真德:《隐藏在朱子学中的阳明学——卢守慎的朱子学及其人心道心的解释》、林熙国:《19世纪末到20世纪初士大夫或儒者出身的基督教徒的信仰范畴研究》、宋赫基:《朝鲜朱子学与〈朱子大全答疑辑补〉》、金容载:《在朝鲜时代反阳明学的文献调查，批判阳明学的内容与反阳明学的思潮研究》、金东熙:《关于至善之中的牛溪与栗谷之论辩及其同实异指的哲学立场》及金基柱:《寒洲李震相的理气说——以“理发一途说”为主》等。

其中，我特别注意到林熙国的《19世纪末至20世纪初士大夫或儒者出身的基督教徒的信仰范畴研究》。林教授的论文是关于20世纪初韩国的首尔士大夫与地方儒林接受基督教的政治社会背景、生平、宗教信仰等的研究。他从介绍首尔士大夫的代表人物李商在（1850～1927）的著作《共鸣散吟》出发，专门探讨这批士大夫如何改信基督教的整个过程，以及介绍了退溪后裔李源永（1886～1958）等地方儒者如何成为基督教徒和他们的宗教活动。李商在曾经是1896年设立的韩国独立运动组织“独立协会”的成员。1898年他因积极参加独立运动而被收监，协会也被解散了。该协会的成员们在监狱里接触基督教书籍，也接受西方传教士的访问，后来改信基督教。这些改信者大部分是当时的士大夫，也是朝鲜的政府官僚。1904年，他们被释放出来之后，是在韩国首座教会莲洞教会开始活动的。他们的入教象征着当时官僚阶层的上流人士的入教，也打破了平民与贵族之间的阶级束缚，以及带来了儒家士大夫改信基督教之后，主导国民启蒙运动和圣经翻译运动等结果。1904年在莲洞教会活动的前独立协会人士又主导了基督教青年会（YMCA）活动。1906年，活动于莲洞教会的汉学家李昌稙（1866～1936）等人完成了新约圣经的韩译工作，1911年出刊了旧约圣经的韩译本。1909年在首尔的北村设立了安洞教会。当时许多两班阶层的人士和政府官员入教了。后来他们积极参加抗日独立运动，而且设立了新式学校。林教授接着介绍李退溪的14代孙李源永的生平。李源永因在1919年参加“3·1”独立运动而被收监一年，在监狱改信了基督教。他以朱子学者的态度攻读《圣经》。1921年受洗后，1926年入平壤神学院。20世纪30年代，他全力传教、担任牧师，而由于他极力反对日本的黄民政策，被免职而收监。1945年光复之后，他致力于解决日本统治时代参拜神社的问题和教团分裂等问题，被世人称为“活着的殉教者”。以往韩国儒学的研究很少注意到韩国儒学家与基督教的关系。这篇论文重新探讨了韩国儒者如何改信基督教及他们的宗教学术活动，可谓开拓了新的研究领域。

还有李东熙对日本学者高桥亨的朝鲜朱子学研究进行批判的思考也值得讨论。李东熙的《高桥亨的朝鲜朱子学研究的虚实》是从现代儒学的观点批判地理解近代以高桥亨为代表的日本学者对韩国儒学的见解。首先李教授从宏观的角度介绍高桥亨对朝鲜朱子学的梳理和解释的整个内容。然后他从现代哲学的视角批判地探讨高桥亨所发挥的概念和论点的恰当性。李东熙认为高桥亨不正确地使用一些概念。例如，高桥亨把朱子的理当作条理，又把李退溪的理与气当作理性与感性或氧气与氢的关系是不太合理的。高桥亨总结地说朝鲜时代的四端七情论辩的整个过程是不合理的。但这可说他过度地使用西方哲学的模式来贬低韩国儒学思想。此外，高桥亨把金昌协的哲学思想当作退溪与栗谷的折中的见解也是不正确的，应当把它看作朝鲜儒学深化发展的过程。总之，高桥亨不但对整个朱子学的理解，特别是对有机宇宙论的理解相当不够，而且对概念的说明和错综复杂的逻辑思考也露出弱点。但是他有些部分善用西方哲学的概念对韩国儒学进行先进的解释是值得学习的地方。这篇论文综合地介绍日本学者高桥亨对韩国儒学的解释具有的正确的论点和逻辑上的漏洞，给当代韩国学术界提供了一个重要的参考资料。

第四，在星湖李瀷学的研究方面，有Seo Geun-Sik:《星湖李瀷的〈大学疾书〉研究》、Seo Geun-Sik:《星湖李瀷的〈论语疾书〉研究》、辛炫承:《星湖李瀷的公共性理念与政治哲学研究》、元在麟:《星湖李瀷对朱子的理解与讲学活动》及秋制协:《李瀷的四端七情说与星湖学派的思想分歧》等论文。其中，我想介绍秋制协的《李瀷的四端七情说与星湖学派的思想分歧》。这是关于被称为近畿退溪学派的星湖李瀷（1681～1763）的四端七情说与星湖学派的思想分歧的研究。秋教授梳理了从李瀷到星湖学派对四端七情说的解释过程，以及详细探讨了星湖学派的分歧具有的思想内涵。李瀷虽然主张他继承了李退溪的四端七情说，但实际提出的内容是“四端不因形气而直发，故属之理发；七情理因形气发，则属之气发。……余故曰，理发气随，四七同然”。他又主张四端是公，七情是私。因此李瀷试图一边维护退溪的学说，一边反驳李栗谷的学说，以补充自己学说的弱点，但是结果得出了与退溪不同的论点。后来，李瀷思想本身具有的不同解释的可能性引起了星湖学派的思想分歧。该思想分歧有三种类型。第一是以李瀷思想再解释李退溪的立场，第二是以李退溪的思想补充李瀷思想的立场，第三是把李退溪与李栗谷的思想折中的立场。我认为这篇论文充分提供了退溪之后在星湖学派内进行的四段七情说的演变过程和思想内容。

以上我综合地介绍了2015年度韩国学者对朱子学及韩国儒学的研究。在我看来，2015年韩国学者的研究在比较哲学方面比较突出，他们无论是在中国哲学、韩国儒学、西方哲学或宗教学等范围，都进行了与朱子学比较的研究。还有，他们对朱子学、退溪学、退溪学派、朝鲜时代的儒学也进行了分析和解释，给韩国学术界提供新的视角。他们所涉及的领域很广。其中，退溪政治学（人物学）、韩国儒者的基督教化、综合地探讨星湖李瀷学等研究是以往韩国学者较少深入研究的领域，是需要继续思考和讨论的。

## 注　释：

[1] This work was supported by Hankuk University of Foreign Studies Research Fund of 2016.

（作者单位：韩国外国语大学中文学院）

# 2015年日本学界朱子学研究综述

⊙〔日〕福谷彬

1. 宫下和大[1]:《朱熹修养论的研究》，丽泽大学出版会，2016年1月。

学界长久以来多从哲学角度来研究朱熹的思想。然而，宫下在这部专著中却从工夫论的“实效性”的角度详论朱熹的思想。

关于“实效性”这个词，作者有如下说明:“实效性”有三个含义：第一是工夫的“确实性”；第二是“实证性”；第三是“有效性”。此外，作者使用的“修养”这个词对应于古代汉语“工夫”。这部书提倡的“工夫的实效性”的观点是非常新鲜的，但书中的内容却是十分坚实的。

全书除了《序言》《结语》之外，共有九章，分为三个部分：第一部《朱熹的“知”的修养》；第二部《朱熹的“心”的修养》；第三部《从修养论角度再论朱熹思想》。

朱熹的工夫论的宗旨，常常概括为“主敬穷理”，所谓“主敬以立其本，穷理以进其知”。“主敬”或者“涵养”是一种修养内心的工夫；“穷理”或者“格物”是一种积累知识与追求真理的工夫。第一部论述“主敬”的工夫，第二部则论述“穷理”的工夫。

这部书中，最重要的内容之一是关于朱熹与程颐的工夫论的差异的部分。因为朱熹本人说他采用程颐学说来建立自己的工夫论，所以我们容易认为程颐的工夫论与朱熹的工夫论基本上是一致的，没有很大的差异。然而，作者通过分析朱熹取舍程颐“敬”说的情况来考察程颐和朱熹的“敬”说的差异，得出如下认识：

程颐认为，“存诚”不是工夫，而是作为“闲邪”工夫的结果的心理状态。程颐不说直接使心“诚”，而说排除心里的“邪”的要素来使心“诚”的状态这样“间接”的方法。作者指出程颐并非执着于“主一”之说。程颐“主一”说一般被看作是程朱“敬”说的核心内容。宫下调查《二程语录》中的“主一”这个词的用例的分布情况，发现“主一”的用例集中在卷十五（伊川语，公元1080年左右的记录），其他只有卷十八（伊川语，公元1095年左右的记录）一处。作者认为程颐壮年多用“主一”的说法，晚年较多用“闲邪”与“整齐严肃”的说法，在此可见其学说的变化。对程颐而言，“主一”说不必是他的定论。

在第七章，作者论及朱熹和程颐对于“涵养”的看法的差异，认为：程颐是将“理义”或者“义理”进行“涵养”，而朱熹则是将“敬”进行“涵养”。朱熹采用程颐“涵养须用敬，进学则在致知”的理论来建立自己的工夫论。但是，其实二程著作中，这样将“敬”和“涵养”一起说的例子只有两个，应该说属于例外。其他有关“涵养”的说法，是说将“理义”或者“义理”进行“涵养”。从朱熹工夫论来看“理义”“义理”这些概念，则是与格物穷理这样的“知”的工夫有关的概念。朱熹只采用“涵养须用敬，进学则在致知”的说法，而不采用程颐以“理义”与“义理”说明涵养的部分来建立自己的工夫论。这意味着朱熹是有意识地构建将“知”和“行”加以区别的工夫论。

朱熹“存养”的解释以《孟子·告子上》“操则存，舍则亡”的“操存”的概念为依据，二程却对《孟子·告子上》这句话的评价很低，并且看作“非夫子之言”。朱熹有“以静为本”的看法，程颐则认为“静”的工夫颇涉老佛，更加重视“动”的观点。[2]因而，作者认为，朱熹不予采用程颐的发言，正与湖湘学重视“动”工夫论的观点思想上有接近的地方。牟宗三在《心体与性体》中将程颢、胡宏列为一系，将程颐、朱熹列为一系。[3]日本学者冈田武彦也有一样的看法。[4]作者认为，湖湘学派重视“动”的观点也可说是渊源于程颐，湖湘学派与朱熹的思想差异是对程颐的解释的差异。

在《结语》中，作者通过回顾本论的内容来说明他再三使用“实效性”这个词的意义，认为“实效性”这个词有三个含义：

第一，朱熹的“敬”与湖湘学的察识端倪说不一样，不直接以“心”为对象，而是以认识作为“主体”的“心”所进行的工夫。因为朱熹认为“心”是别扭的东西，是无法直接捕捉的。此即“确实性”的观点。

第二，关于朱熹的“知”的修养，朱熹总是比照经书的内容或者日常生活的感觉来检证，确认不存在问题，然后采用此理论。此即“实证性”的观点。

第三，朱熹认为“静坐”是一种工夫，这一点与程颐不一样。虽然“静坐”是和禅宗有关的工夫，可是因为朱熹重视“静坐”作为工夫的效果，所以朱熹采用“静坐”。此即“有效性”的观点。

如此，作者指出，朱熹是从“实效性”的观点来建立自己的工夫论的。

2. 田中秀树：《朱子学的时代——统治者的“主体”形成的思想》，京都大学学术出版会，2015 年 3 月。

全书八章，分为两部分：前半部分是对朱熹的政治思想方面的研究，后半部分是对日本江户时代的儒者石川香山和《陆宣公奏议》的出版情况的研究。

正如朱子学常常被称作是“修己治人之学”，朱子学的目的不止于个人自我的修养，而是要进一步实现天下国家的安宁。长久以来学界多从士大夫角度探讨朱子的政治思想，该书则是从帝王学的角度讨论朱熹的政治思想，书中后半论及《陆宣公奏议》正体现作者关注帝王学这一课题。

第二章《朱子学的君主论——作为主宰的"心"》为该书的中心论考。作者把君臣或者军民关系比喻为人身体的"国家有机体说",通过分析中国的"国家有机体说",指出朱熹以前的"国家有机体说"将君主比喻为"元首",朱熹则比喻为"心"。朱熹将君主比喻为"心"的理由是他试图将君主论与工夫论结合考虑。一直以来,朱熹说的君主的"诚意正心",与一般的工夫论一样,被认为是内心的修养。然而,作者通过朱熹的《封事》《奏札》的内容分析其"国家有机体说",指出朱熹所说的君主的"诚意正心"(身体的"心"),实际上包含了职务分工明确各司其职的官僚制度(身体"手足")的正常化的意义。

3. 垣内景子[5]:《朱子学入门》,ミネルヴァ文庫,2015 年 8 月。

该书是面向一般读者的入门书,并非研究专著。但正如作者在《后记》中所言,该书又是脱胎于作者的博士论文《"心"と"理"をめぐる朱熹思想構造の研究》(汲古书院,2005 年),是该博士论文的"普及版"。因而,该书虽然是针对那些只知"朱子学"之名,尚不知其实的普通读者介绍朱子学的内容和意义,却也不是一般的概说书,而有其独自的观点和认识。

作者认为:阳明学是狭义的"心学",朱子学是广义的"心学";主张"心"的问题是朱子思想体系的核心,"心"就是宋明理学共有的思想核心。

在第一章《打破佛教!》中,论述到朱子学对于佛教的对抗意识。作者指出,佛教的最重要的关注点是"心"的安宁的问题,对于"心"的问题,用"理"的概念来说明的就是朱子学的观点。

第二章讨论"气",第三章讨论"理",分析朱子学与佛教思想的对于"心"的看法。

第五章、第六章作者论及"居敬"与"穷理"这两个朱子学最重要的工夫。作者强调,与佛教的"以心观心"的工夫不同,朱熹的工夫论是用"敬"来涵养。作者对于朱子学的"敬"这个概念,用"模仿"这个词来说明。作者认为,"敬"是用心模仿心的。模仿什么心呢?模仿经典中记录的行为中表现的心。作者进而认为,朱子学的"敬"是在"小学"基础上继续的"习惯化[6]"的工夫。还有,"格物致知"的主要对象也是经书。研究经书的内容,然后发现"心"和"理"融合起来的心理状态,此即所谓"脱然贯通"。

如此,作者从朱子对佛教思想的批判与反击的角度来梳理和说明朱子学的特征。

4. 三浦秀一[7]:《科举与性理学——明代思想史新探》,研文出版,2016 年 2 月。

全书分为三部分:

第一部《〈大全〉与程策》,论述《性理大全书》的成立与影响,其中第一章《〈性理大全书〉的书志学的考察》尤为重要，讨论了从《集览》到《补注》与《集释》等《大全书》的注释的成立与展开。

第二部《考试与督学》、第三部《举业与德业》，论述有明一代的考官与提学官的实相与其活动。

## 总　述

最近几年来，除垣内景子《朱子学入门》以外，小岛毅《朱子学と陽明学》（筑摩学艺文库，2013年）、小仓纪藏《入門朱子学と陽明学》（筑摩书房，2012年）、木下铁矢《朱子：「はたらき」と「つとめ」の哲学》（岩波书店，2009）、《朱子学》（讲谈社，2013年）等朱子学的入门书，在日本相继出版，而岛田虔次《朱子学と阳明学》（岩波书店）则是导夫先路的标志性著作。

岛田氏《朱子学と阳明学》自1967年问世以来，至2013年已经是第41次印刷，可见其影响力之一斑。该书上起宋儒，下迄明末李卓吾，描述了理学发展的内在逻辑，为日本的初学者提供了一部简要的入门书[8]。岛田氏对朱子学以及阳明学的理解，以及他对《大学》《中庸》的解读，在日本至今被认为具有权威性。不过，此书初版在半个世纪以前，现在看来并非没有瑕疵。其中比较大的问题是岛田氏的观点太偏于朱子学的“哲学”方面。他常常用西方式的概念，将朱熹的思想放在“存在论”或者“伦理说”的框架下进行解释。近年出版的新著入门书都存在与他不一样的观点。

2015年的研究，如关注工夫论的“有效性”的宫下和大《朱熹修养论的研究》、把朱子学看作“心学”的垣内景子《朱子学入门》等等，从比较新的角度对朱子学进行考察的论考比较多。朱子经学的研究虽未有专著，但相关论文也提示了研究者最近关心的重点[9]。

此外，研究者们也致力于朱子学文献的日语翻译和注释[10]，为年轻一代积极参与到朱子学的学习和研究中来提供了便利的条件，期待今后有更多新生力量的加入。

以上，就日本2015年的朱子学研究和学界概况做了简单介绍。由于笔者的学识和汉语能力的不足，难免挂一漏万，敬请谅解为感。

## 注　释：

[1] 宫下和大，早稻田大学大学院文学研究科东洋哲学专攻，博士后期课程修了，文学博士。现为丽泽大学助教，研究领域为宋代儒学思想史等。

[2]《朱熹修养论的研究》，第140页。

［3］《心体与性体》第三部第三章《胡五峰之〈知言〉》，上海：上海古籍出版社，1999年。

［4］《冈田武彦全集16朱子の伝記と学問》，胡五峰论，明德出版社，2010年。

［5］垣内景子，明治大学教授。主著有《"心"と"理"をめぐる朱熹思想構造の研究》，汲古书院，2005年。

［6］《朱子学入门》，第100页。

［7］三浦秀一，毕业东北大学文学部，同大学大学院博士前期课程修了，文学博士，现为东北大学教授，研究领域元明思想史。

［8］中文翻译版，西安：陕西师范大学出版社，1986年。

［9］种村和史:《段昌武毛诗集解所引朱熹诗説考》,《庆应义塾大学日吉纪要中国研究》第8号，2015年，第1～76页。土田健次郎:《〈论语集注〉はどのような书物か》,《国学院中国学会报》第61号2015年12月，第1～16页。重野宏一:《〈诗经〉桑中篇をめぐる吕祖谦と朱熹の论争》,《诗经研究》第36号，2014年12月，第15～32页。服部宽风:《朱熹の〈论语〉解释形成に関する部分的考察》,《名古屋大学中国哲学论集》第14号，2015年，第103～142页。

［10］梅原郁 编译:《宋名臣言行录》，筑摩书房，2015年。中纯夫编，朱子语类大学篇研究会译注:《〈朱子语类〉译注 卷15》，汲古书院，2015年。吾妻重二、秋冈英行、白井顺、桥本昭典、藤井伦明译注:《〈朱子语类〉译注 卷87～88》，汲古书院，2015年。

（作者单位：日本京都大学文学研究科）

# 2015 年美国朱子学研究综述

⊙ 戚轩铭

纵然美国有关朱子学的研究在数量上无法与中国以及其他亚洲国家等量齐观，但当中亦不乏创见者。以下将分别述之。

田浩（Hoyt Cleveland Tillman）为当今美国朱子学之领军人物之一。他于去年与武汉大学陈曦一同撰写《鬼、神、与宋代地方官员的礼仪实践：以朱熹于南康军为中心》（*Ghosts, Gods, and the Ritual Practice of Local Officials during the Song: With a Focus on Zhu Xi in Nankang Prefecture*）一文并刊登于《宋元研究学刊》（*Journal of Song-Yuan Studies*）中。[1] 该文运用了很多明清时期的材料，特别是地方志来讨论南宋时期地方的宗教祭祀。虽然陈曦与田浩承认朱熹有时候否定地方鬼神，他们认为朱熹对于鬼神存在与否的态度也有相对开明的方面。而在罗列多条朱熹在地方如何推广国家礼仪标准的例子后，两人指出朱熹亦接纳民间的宗教以及祭祀一些儒家传统所不认同的神祀，并试图为这些宗教赢得政府的认可。而作为沟通朝廷与民间的重要桥梁，作为地方官的朱熹对于民间宗教的开放态度使他得到地方人民的支持。结果在明代开始，他成为南康地方祭祀系统中被祭祀的其中一员。尽管朱熹这种态度与儒家的思想有些冲突，但两人认为，这正好显示了儒家的正统思想远比现代学者所想象的要复杂得多。两人亦相信有关研究能对北美学界认为儒家正统思想与民间宗教截然划分这种观点做出挑战。

又，田浩于 2015 年 11 月应台湾政治大学的邀请，主持了三场王梦鸥学术讲座。而其中两场涉及他过去有关朱熹的研究，它们分别名为:《朱熹“淫祠”祈祷文的分析及其意义》和《朱熹对“夷”的看法及其价值观的普世意义》。由于前者与上文所提及之论文的内容多有重复，故此处不再做描述。至于后者则把关于朱熹夷狄观的研究和现代中国针对普世价值的讨论结合在一起，试图对今天各种价值观提供一个历史文化背景，以及它们的普世意义。

其次，《东西哲学》（*Philosophy East and West*）于 2015 年亦刊登了两篇涉及朱熹的研究，包括：Asher Walden《朱熹、四七辩论、以及维根斯坦的窘境》（*Zhu Xi, the Four-Seven Debate, and Wittgenstein's Dilemma*）[2] 以及 Gregory Aisemberg《拯救诺斯·怀海德有关创造力的思想及通过朱熹拯救诺斯·怀海德》（*Saving Creativity in Whitehead and Saving Whitehead through Zhu Xi*）[3]。Asher

Walden 的文章以韩国的四七辩论为中心，说明韩国哲学家李滉和李珥如何解释朱熹的道德形而上学，即“理”为使人向善的基础。作者认为两者的解释虽互有不同，但却有互补性，并指出两人均与理学家一样，同意心运作的基准隐藏于其正常的运作之中，而“敬”与“诚”只是说明心运作正常的现象性指标（phenomenal indication）或说明其时有何发生的一种本体论的描述（ontological description）。作者相信这能很好地解释朱熹的道德哲学，盖他认为其哲学乃建基于通过静坐与格物而培养“敬”与“诚”的工夫之上。虽然如此，这些说明心运作正常的指标却不等同于“理”。

至于 Gregory Aisemberg 的文章则以分析阿尔弗雷德·诺斯·怀海德（Alfred North Whitehead，1861 ～ 1947）有关创造力的思想为主，而对朱熹思想的论述则多用于说明前者的哲学思想。此文以白诗朗（John Berthrong）对于诺斯·怀海德与朱熹的分析为开端，认为朱熹的思想可用于解决诺斯·怀海德有关创造力的思想中不连贯的地方。作者认为南乐山（Robert C. Neville）误解了周惇颐的《太极图说》，连带他有关诺斯·怀海德思想的理解或批评都因而出现了误差。在说明朱熹有关“理”“无极”“太极”等的理解后，作者便将有关思想应用到分析诺斯·怀海德的思想之上。例如，诺斯·怀海德认为上帝是一终极原则（Limiting Principle），以及其所谓之永恒的事物（Eternal Objects）可与“太极”和“无极”的无限可能性相关联。

就学位论文而言，张晓宇（Cheung Hiuyu）于去年亦以《权力的顺序：宋代（960 ～ 1279）有关祭祖仪式中昭穆制度的礼法争议》（*Sequence of Power: Ritual Controversy over the Zhaomu Sequence in Imperial Ancestral Rites in Song China*（960 ～ 1279））[4]一文于美国亚利桑那州立大学得到历史学博士学位。此文试图从有宋一代关于昭穆制度的讨论，对于宋代思想史，以及礼制研究的一些问题提出新的解释。[5]此文第五章讨论了南宋时期道学群体对于北宋的礼法争论所做之回应，以及他们的礼学研究如何受到新学的影响，更分析了朱熹有关昭穆的看法。张氏于文中指出，朱熹十分遵守“昭常为昭穆常为穆”的坚定原则（constancy principle），但面对其他有关太庙布置的记录，以至新学学者关于昭穆制度的论述时，他又表现了一定的灵活性。另外，此文又指出朱熹主张昭与穆的神主牌的摆放是由西至东的。张氏更强调，朱熹的礼书成就虽高，但由于“古制不可晓”，且朱熹本人亦明言自己未能全面掌握古礼的部分内容，如周代神主牌的排序等，故学者亦不应过分夸大其中所记礼仪的仔细度。

最后，宋在伦（Song Jaeyoon）《太平之迹：经典与中华帝国时期的国家行动主义》（*Traces of Grand Peace: Classics and State Activism in Imperial China*）[6]一书于 2015 年由哈佛燕京出版社出版。传统经学与帝国政府的关系向来都是研治中国经学史者所关注的其中一个重要课题，此书亦是在这种学术关怀下撰写而成的。该书以王安石手撰的《周礼义》的残篇为中心，间及李觏《周礼致太平论》和王昭禹的《周礼详解》，考察了《周礼》这部从成书年代以至作者等问题都成疑的儒家经典如何在北宋时期被王安石转变成一部“章程”（Constitution），即构成一个政体基本组成原理的政策与常规的主体[7]，作为支持其变法的合理依据。尽管此书所讨论的内容没有涉及朱熹的思想，然其第十四章所论者亦不可谓与朱子学全无关系。作者于该章中以王与之《周礼订义》这部以更正王安石《周礼新义》为主的书籍为起点，追溯了南宋时期学者对于《周礼》的讨论，以及他们对于王安石的批评。该章提到一些与朱熹关系较为密切者有关《周礼》的著作，如叶时的《礼经会元》、项安世的《周礼丘乘图说》等。这对于我们理解朱熹所处之学术环境，以至其身边的学者对于某个学术问题的态度都有一定帮助，故附记于此。

## 注　释：

［1］ Chen Xi, and Hoyt Cleveland Tillman, *Ghosts, Gods, and the Ritual Practice of Local Officials during the Song: With a Focus on Zhu Xi in Nankang Prefecture*, Journal of Song–Yuan Studies 44(2014)，PP.287 ～ 323.

［2］ Asher Walden, *Zhu Xi, the Four-Seven Debate, and Wittgenstein's Dilemma*," Philosophy East and West 65.2(2015)，PP.567 ～ 581.

［3］ Gregory Aisemberg, *Saving Creativity in Whitehead and Saving Whitehead through Zhu Xi*,Philosophy East and West 65.4(2015)，PP.1149 ～ 1173.

［4］ Hiuyu Cheung, *Sequence of Power: Ritual Controversy over the Zhaomu Sequence in Imperial Ancestral Rites in Song China* (960 ～ 1279)，Ph.D. diss. Arizona State University, 2015.

［5］ Ibid.,PP.7 ～ 14.

［6］ Jaeyoon Song,*Traces of Grand Peace: Classics and State Activism in Imperial China*,Cambridge: Harvard University Asia Center, 2015.

［7］ Ibid.,PP.17.

（作者单位：美国亚利桑那州州立大学国际语言文化学院）

# 朱子“命”思想研究述评

⊙ 许春伟

“命”是儒家思想中的重要范畴，对“命”的思索贯穿整个思想史、哲学史。每个中国人或多或少地都会思考“命”的问题，因为这是实实在在影响人自身，渗透到每个人生活中的，如何处理安身立“命”的问题更是人们直面的话题。然而对“命”的研究，学界多集中于孔孟视界或殷周与两汉的天命论思想，对于两宋尤其是朱子的“命”的思想则缺乏系统而深入的讨论，显得过于单薄乏力。朱子作为我国伟大的哲学家，思想家，其所构建的理学体系宏达开阔、广大精微，任何一个方面都自成体系，整齐圆融。朱子命论亦是如此，开前人之广博，成自家之邃密。因此对朱子“命”思想的研究仍需进一步拓展、开挖。兹就前人之研究略做综述，以飨读者。

## 一、天命、性命

以历史为脉络，以“命”为线索。一般的哲学史、思想史以及期刊、论文等涉及的关于儒家“命”之流变的思想，主要是从天命、性命等方面展开的论述。

（一）考证、训诂的手法。傅斯年《性命古训辨证》（商务印书馆，1940年4月）充分考证了“性”“命”来源及其发展形式，生与性，令与命之关系及其在古代思想史上的地位。作者对“性”“命”二字从字源学的角度进行解说，自殷周溯源，认为《告子》《吕氏春秋》《荀子》等文献中“性”当作“生”字，解读了“令”与“命”的语言学关系。为我们理解传统的天命、性命观开拓了一个新的视野。

（二）以历史的眼光探讨命的含义。张岱年《中国哲学大纲》（中国社会科学出版社，2004年）对“命”也做了专门的讨论，以历史脉络的方法对古代哲学家关于“命”的思想进行了梳理。从孔孟荀出发，对庄周、墨翟之言命亦有剖析。孔子认为命乃人力所无可奈何者，孟子则主张肯定自己的命运，对之不存疑虑，要修身以俟之，即立命。王充则分命为二：一为遭逢之命，一为生死之命，并且对命有正命、随命、遭命的说法。作者对此仅仅陈述，并未做深入的分析。接着作者论述了张载、二程的“命”的思想，如张子讲义命合一，分命与遇为二。程颢反对张子的分命与遇为二，认为义是主，命是辅，平时只言人事之当然，到不得已时方可归之于命。程颐大旨与明道意思相同。朱子称赞程子言义不言命之说，但朱子所言之命，却颇与王充相近，认为生死寿夭贵贱贫富皆由于气禀。对于人的生活遭遇的不同，朱子也认为生来既已决定。最后作者略述了王船山、颜习斋等人关于命的说法。并认为中国哲学中所谓命，还有赋予的意思，即“天命之谓性”是也。朱子、阳明以及习斋、东原等的性论中之所谓命，亦都是天所赋或分于道的意思。

（三）以关键词的形式，多方位把握命的思想。由王月清、暴庆刚、管国兴共同编著的《中国哲学关键词》（南京大学出版社，2011 年）中，也讨论了“命”这一概念。该著作从考证出发，论述了“命”的源流，从西周的“受命”一说论起，到周公“唯命不于常”的重要观点。作者认为在《论语》中，孔子正面谈到“命”与“天命”的地方并不多，但孔子一生最深沉最无奈的感叹又常常诉之于命。到《中庸》，始把“天命”与人的德性联系起来，而孟子不仅继承并发展了《中庸》的思想，而且打通了内在心性与外在天命的联系，并提出了俟命、顺命、正命等重要观点，奠定了后学论命的基本基调。荀子认为命是作为偶然性而存在的，人们可以“制天命而用之”。到汉代，有三命之说，而王充认为在命面前，人的无能为力，充分否定人的主观能动作用。紧接着作者论述了韩愈、刘禹锡的天命思想，其中刘禹锡揭示了天命论的社会根源和认识论根源。最后一部分，作者阐述了张载将“命”与“遇”区别为二的观点。朱熹将命分为理之命和气之命，并认为理气相即、理命气命不可分。“性之命”可以改变，而死生之命不可改。接着简略说明了王夫之“造命”的观点。由庞朴主编的《中国儒学·第四卷》（东方出版中心，1997 年）一书中，也对“命”“天命”等词条进行了收录。作者认为儒家讲命，首先指天命；其次指不以人的意志为转移的客观必然性，对此要知命、俟命。从广阔的历史展开，作者梳理了从殷周到明清关于“命”的讨论，脉络清晰，使读者可以直观感受到人们对“命”的认识是一个不断理性化的过程。

胡家祥的《中国哲学原理》（中国社会科学出版社，2012 年）从三个方面阐述“命”，即天命与命运、天命之谓性、性理及其与性命的关系。在第一部分中也谈到了关于对待命的几种态度，并做了简单的评判。作者以深入浅出的语言谈论这个看似玄乎的“命”，并以现代人所熟悉的故事做说明，明白易懂，却不失儒家性命之学的博大。

相关论文如向世陵《儒家“安身立命”思想发微》、蒙培元、任文利《儒家哲学中关于“命”的学说》、丁为祥《命与天命：儒家天人关系的双重视角》、唐文明《顺天休命：孔孟儒家的宗教性根源》、耿加进《儒家“命”论及其人生态度》等等，主要从天命、宿命、性命、自由意志以及对待命的态度展开，论述有力、观点深刻。

概而言之，“命”是中国哲学史上的一个重要概念，涉及“命”概念的著作、论文可谓汗牛充栋、不胜枚举。诸多学者或纵向或横向，从不同角度对于天命、性命等思想研究广泛、视野开阔，这对于我们了解“命”思想的渊源和流变意义重大，也让我们在流变中看到了朱子“命”论对于前人的突破，这是其优点。但缺点也很明显，对朱子“命”思想的梳理较少，形而上的论述也缺乏支撑，立论显得不足，缺乏深入、邃密的分析和论证。杨立华先生说：“思想史有利于我们疏通一个观念的来龙去脉，以及这种思想与当时社会的关系等等。但是，思想史不具原创的动力。”（《宋明理学十五讲》，北京大学出版社，2015 年）

## 二、理气论奠基之命

对宋明理学、朱子学等做整体性研究兼涉朱子“命”论的思想或以朱子“命”为核心展开的深入研究，主要涉及“性命”“理命”“气命”“正命”等概念。主要分为三个方面：

（一）以性和命的关系为视角展开的研究。首先是牟宗三《心体与性体·下》（上海古籍出版社，1999 年）中以“性命对扬”的解法阐释朱子“命”的思想。以朱子《集注》关于“性也，有命焉，君子不谓性也”“命也，有性焉，君子不谓命也”为开篇，首先解释了至不至得不得等等即所谓命也，然在此人不应诿之于命，吾人不应因体现表现上之命限而废尽性之功，人生的种种限制虽是命，但此中亦有性焉。“性也，有命焉”一联是“性者生也”的传统，即告子、荀子的立场。作者认为朱子在注此联时，不是孟子之本义，而将命令之命与命限之命混淆。其次作者就《朱子语类》中关于“口之于味也”章的讨论做了自己的分析并认为朱子所解有两点不妥。其一是朱子之泛认知主义之即物而穷其理，就存在之然以推证其所以然以为性理，此非孟子就内在道德性言性之义也。其二作者认为理之命是就“虽富贵之极，亦有品节限制”说，气之命是就穷贱说，此两命义实不同，但朱子却混视之而为一命。其次是张立文的《中国和合文化导论》（中共中央党校出版社，2001 年）和《和合学》（中国人民大学出版社，2006 年），作者认为性与命相融突，命是性的隐在性、本然性和主体性相对应的显在性、本然性、客观性。并举出了孟、荀、张载、二程、朱熹的观点论证之，另一方面作者也阐述了道家的“命”观，并认为儒道论命，殊途同归，同体异用，形成正负、阴阳、刚柔的互补互通。

前者认为性命对扬，朱子之诠释多有谬误。后者认为性命和合，属于本然性和必然性的冲突，通过主体涵养和内外转换，性命整体贯通。从中我们可以看出性和命之内涵广阔，关系复杂，不过二者的论述铿锵有力，对人无疑有醍醐灌顶之用。

（二）以范畴为核心的延伸性研究。蒙培元的《理学范畴系统》对宋明理学中的一些重要名词、术语做了纵向的梳理，对每个理学范畴的演变都从宏观上进行把握，单个阐释，然而并没有割裂各个范畴相互之间的联系。相反的，更加注重彼此之间的融通和牵扯，以期构建一个紧密的、有机的系统。在该书中，作者对"性命"这个理学范畴做了清晰的梳理。从孔子罕言性、命到孟子对二者区别对待，认为"性"作为主体所固有的内在本性，是"求有益于得也"；"命"作为外在的必然性，是"求无益于得也"。这些论述对理学"性命"范畴的确立有着直接的影响。接着作者对理学先驱李翱、周惇颐、张载、二程的性命观做了说明，进而引出了朱熹的"性命"思想，作者认为"命"有理气之分；人物都有性命，但亦有区别；通过对"继善成性"的解释，说明了性与命的关系。作者在关于性命的论述中，明显地侧重于"性"，对"命"并没有做详细深刻的剖判。作者以"性命"为线索，梳理了自孔孟至清末诸思想家关于"性命"的论述，这就决定了对每一个思想家"性命"观的解读都不可能占较大篇幅，也不可能做深邃细密的研究，但也无疑为我们打开了历史的眼光。

（三）以理气论、所禀所值为视角展开的探讨。钱穆《朱子新学案》（九州出版社，2011 年），在该书第二册第一部分的第四节，对朱子的"命"的思想有专门论述。其观点有：言性本即是命，惟偏于理者谓之性。言命虽即寓性，而多偏气言。其次认为命亦可转，能赞化育。性虽命于天，然既禀赋在身，则是在己在内，当勉求其尽。圣人不言命，为众人言命也是欲勉众人能自尽于义而已。圣贤不是上天安排，只是偶然。第三作者认为朱子言命，又兼"禀受之命"与"遭遇之命"而两言之。对于具体事物的分析，作者认为要从这两方面出发，有合而言之、有分而言之。最后作者论述了朱子正命、知命的思想，并认为朱子能很好地践履之。

陈荣捷在《朱子新探索》（华东师范大学出版社，2007 年）中对"朱子言命"做了条分缕析。其论点如下：首先从《北溪字义》出发引出"命"的概念，并认为陈淳"命"观皆从朱子而来。接下来分析了朱子关于"命"的思想，主要从五点论述，即：（1）如何是命？（2）命有理气两种。（3）命与性。（4）人事与命。（5）穷理尽性至命。唐君毅《中国哲学原论·导论篇》（中国社会科学出版社，2005 年）在论及朱子命的思想时主要就"天命流行"之分疏、理气观角度而言。作者认为朱子之命论较前人精密者，在于将天命之流行，分为动静两面看，比二程混言一天命流行，多一分疏。从理气观的角度认为朱子将命分为三种，即专以理言之命；合理与气而言之命；专以气言之命。作者认为朱子亦不分命与遇之别，于正命非正命同谓之命。由卜道成著、谢晓东译的著作《朱熹和他的前辈们：朱熹与宋代新儒学导论》，在书中“朱熹的人性论”篇对朱子“命”的思想也有讨论。作者认为，不同个体有不同禀赋的现象就叫作命；命本身有两层含义：其一指天命，即天无所不在的创生意志。其二指“Destiny”，即天所赋予的物理方面的意义。这二者并没有直接关系，甚至完全相反。而宿命论的出现不仅可能而且是必然，但朱熹认为这个理论具有合法的运用。本人认为朱子是否持宿命论的观点有待进一步商榷。

张炳尉的《儒家性命思想视野中的文道关系诸问题》（北京师范大学出版社，2013 年）一书中，对性命关系做了较为充分的讨论。在上编中对“性命古训”进行了再议，重点论述了阮元、傅斯年、徐复观对“性”“命”的解诂及其失误。在第二章“口之于味”歧解会通中，说明了朱熹对此章以理气二分模式的阐释方法。其观点有：朱熹引入气的概念，以气质之性解释了口腹之欲仍可被称为性的原因，以气禀清浊解释了仁义道德的实现何以会受制于命运。以气说性，能很好地把欲望与道德区分开来。以气解释欲望的产生和道德的实现受制于命运，能归结出以理为主，不为气所限。在第五章中从命自天降、性之谓天命、天命之谓性、天人相分四个方面说明了儒家性命思想的演变机制与内在困境。因为本书主要讲述的是文道关系诸问题，对于性命观只是作为一种切入点和大环境进行说明，故其对“命”尤其是对朱子论命的讨论着墨较少，视野也相对偏狭。但其对“性”“命”的训诂考证和儒家性命思想的论述颇有可取之处。

罗光所著《中国哲学史·宋代篇》（台湾学生书局，1980 年 1 月）在数处提到了“命”这个概念。以“命与才”为话题，论述了张载关于命的思想，认为命是人不能抗，天不能改的，人所受的定分就是命。程颢承认有命，认为命是上天对于福祸寿夭的安排；知命，即知道这个原则。而程颐主张命是指生命发展的必然形式，本人不能抗拒这种必然的形式；在精神生活方面，主张改易天命；人要安于命。对于朱熹论命的思想，作者认为有自理而来之命，有自气而来之命，二者都出于天命。命不出自人的性或心，命不是人力所能抵抗。

相关的论文主要有魏义霞《理气双重的审视维度和价值旨趣——朱熹性命之学研究》（《社会科学战线》，2006 年第 2 期），作者主要从“命有两种”、人性双重——天理之善与气质有恶、存心、格物、致知——去欲存理的性命观三个方面解读朱子的性命之学。（新加坡）龚道运的《朱熹论命》（《朱子学刊》，1995 年第一辑）、汪学群的《朱熹对命的思考》（《湖南大学学报》（社会科学版），2013 年 7 月）、史少博的《朱熹论“命”》（《管子学刊》，2007 年第 3 期）、赵金刚的《朱子论命》(《中国哲学史》，2015年第3期）等。这些论文多从理命、气命入手，并兼论所禀、所值视角的命的形态。其论点与上述专著多有重复，故不赘述。

以宏达的朱子哲学理论为基础，以“命”的相关范畴为切入点，深入浅出，视角独特，析论严密，展现出了朱子“命”思想的核心内容。上述诸多视角解读，不乏真知灼见。在理气论范畴方面的研究，大体皆备。但另一方面，并未将“命”作为一个重要议题进行阐发，往往与其他概念如心、性、情、才等一并解读，这就造成视野的偏狭。在“命”的认知层面也没有涉及，可以说某种程度上并没有完全反映出朱子“命”的全部内容和意义，蔽于一隅。而且众多学者对朱子“命”思想的解读，于细节处甚略，缺乏对材料的条分缕析，甚至三言两语，故仍有很大空间有待挖掘。

## 三、认知之命

历史上，人们对命的思考从未停止过，是一个逐渐理性化、系统化的过程。在认知层次上，不同的人对命都有着不同的解读与处理，但都不可能将其取消。

（一）从认知的角度思考。张立文《中国哲学范畴发展史·人道篇》(中国人民大学出版社，1995年）的引论中阐述了性和命的关系，并以历史为脉络、儒道为双轨分成五个方面探讨对命的认识。认为性、命都是主体所追求的，是主体的不同需要。吴付来《义命论》(中国青年出版社，2001年）则集中探讨了义命思想，作者认为义命就是指人们对道德和命运之间的根本看法，它所讨论的是人在天地间究竟处于什么样的地位。作者通过—— 一、义：道德的应当；二、命：人生的必然；三、先贤的教诲：以义安命；四、理性的思考：自由与必然四个方面集中论述了义命思想。讲述了行为主体在道德选择中的意志自由与道德必然性之间的关系问题。

（二）从境界的角度进行立论。冯友兰《贞元六书》(上)(中华书局，2014年）中也论述到了性与命及其关系，不过篇幅较小，仅千字左右。着重解释了《中庸》中的天命含义（某事物所必依照之某理）和孟子所说之性（作者认为，孟子所说之性，是行下底；而程朱所说之性，是行上底），在本书的第九章也略述了命运之命，并以人生如打牌的事例解释之。在该书的下册，作者为我们解读了才命。从命是力之所无可奈何者、命与才及力是相对待的、人都受才与命的限制等几个方面为我们打开了视角。作者认为，一个人命的好坏，影响到他在社会上所处地位的贵贱；一个人命的好坏，表现于他所遭遇的环境是逆是顺；而在道德境界或天地境界中的人，其意志不受以求利为目的的欲望的决定，其行为不受才与命的限制。而求道德境界或天地境界的主要功夫，是致知用敬。

相关论文则有史少博的《对朱熹“罕言命”的思考》(《兰州学刊》，2015年第5期)、苏军敬《朱子论命：双重命观与命可移》(《展望未来的朱子学研究——朱子学会成立大会暨朱子学与现代跨文化意义国际学术研讨会论文集》，厦门大学出版社，2012年第5期)。这两篇论文都从对待命的态度展开，分析较为细密、完整。前者集中于对“罕言命”的人生价值观，后者则以广阔的视角阐明朱子对待“命”的态度。主要从朱子理气框架下的双重命观、朱子认为命可移、朱子提出对待命的五种主张三个方面展开论述。

关于朱子“认知之命”研究的专著和论文较少，研究者都讲到了对朱子对“命”的态度，并基于命的本然之义，阐明我们个人作为社会主体应采取的措施，如何至于命以及如何在客观必然性中重塑道德自我，充满了人文情怀。

## 四、几点思考

反观朱子之研究，我们看到诸多可喜之成就，这是一个令人振奋的事实。他们或考证或文本研究或跨学科切入，视角多重，成果显著，这也为进一步研究朱子“命”思想奠定了基础。笔者认为，以后之研究可在此基础上做如下方面的求索。

对朱子“命”思想做整体性研究。对朱子命思想的阐释往往出现在朱子学著作中、哲学史中，以极小的篇幅呈现。虽然也有牟宗三《心体与性体》、陈荣捷《朱子新探索》等著作中以某一章来论述，但仍然不能完全反映朱子“命”思想的整体概况。故可以将朱子“命”思想与理气论、人性论等哲学命题一并考察，以“命”为核心，深入肌理，找出思想的内在贯通性，给予“命”在朱子整个思想体系中的地位一个揭示。

朱子“命”思想与当时社会环境、人文环境的关系。两宋是一个令人神往的时代，在政治、经济、文化等方面可圈可点，要想全面把握朱子“命”的思想就要结合当时的整体社会思潮，整个社会民众的生活方式、思维方式背后的哲学根据。哲学是一种从根源上谈道理的方式，“命”思想有其深刻的社会现实根据，找出其成长的土壤和依托，把握其内在趣味，才能更深刻理解其内涵。

朱子“命”思想如何突破古人、遥接当代。任何思想的产生都不会是无源之水、无本之木，哲学史是一系列思想英雄的较量，更是滴滴智慧的承传和创新。朱子作为理学大师，其思想多体现于解经、注经当中，以自己的创造性发挥了前人的智慧，更推动了前人的智慧。对于“命”这一核心思想而言，如何超越前人的？与前人的“命”的思想究竟有哪些渊源？朱熹的哲学被称为生命的学问，那么，今天这些思想究竟还有没有意义？当今社会，科技发达，文明鼎盛，思想多元，“命”思想究竟还有没有生存的空间？它能否再为当今人们提高心性修养做出指导？是否仍可作为安身立命的根本？笔者认为，这些问题在新的时代环境下都要做出人文性的探讨。

综上所述，学界对朱子“命”思想的研究虽有很大进展，但仍有较大空间需要开挖。相比之下，对孔孟“命”思想的研究已蔚然大观，而对朱子这方面的研究却凤毛麟角，缺乏系统严密的爬梳和求索，这俨然与朱子在我国哲学史、文化史上的崇高地位不合符节。基于此，对朱子“命”思想的研究，尤显迫不及待。在当下，我们一方面要以敬畏的心情去分梳朱子原著、语类中“命”的思想。另一方面也要体现我们的时代眼光和要求，以新的角度、新的方法、新的胸怀承传和发展朱子学。

（作者单位：厦门大学哲学系）

# 朱子学书评

# 一部朱子学研究的必备书籍

## ——读张立文先生主编的《朱熹大辞典》

⊙ 段海宝

朱熹是我国南宋时期著名的哲学家、思想家、教育家，也是中国传统文化重要的代表人物之一，其思想曾作为封建社会的正统而影响至巨，对中华民族精神的塑造、培育起了重大作用。今天，我们面对朱熹的思想，仍叹服其体大思精、宏博绵密，其人文睿智透过时空的距离，从历史深处蜿蜒而来，启人良多。

朱熹的思想是丰富而富有层次的，天理是朱熹哲学思想的核心范畴，“天地间只是一个道理”，但由于理作为净洁空阔的世界，无情意、无计度、无造作，必须落实在一个“实体”上，这个“实体”便是气。从天理出发，朱熹融合儒、释、道三教，建构了理（太极、道、天理）→气→物（五行、事物）→理的哲学逻辑结构。在化生万物以后，如何由物而体认形而上的理，即由物返归理，朱熹提出了格物、致知、知觉、心思、知行等范畴，开展其哲学逻辑结构的体认活动。格物的目标是穷天理、明人伦、讲圣言、通世故；“致知”即推致我心的知识，以达到全知。格物致知，蕴含着知与行的关系。朱熹承继前人对知行关系做了综合性的解释，认为论先后则知为先，论轻重则行为重，又主张知行“常相须”。以此哲学认知为基础，朱熹将其目光投射到社会领域，从天理至公、君民一体的观点出发，他认为君主在政治上一方面应为政以德，修德感人，另一方面则要任贤使能，远嬖近直。经济上则批评夺民之财而富其君的行为，制止君主对百姓的厚敛。朱熹的这些思想都需借助传统的资源和文本以诠释出来，他在“五经”之外，格外重视更能表现其思想的“四书”。他越出汉唐“家法”“师法”的藩篱，而义理训诂并重，给传统经典以新的诠释。

以上所言，只是对朱熹思想挂一漏万的略说，要真正进入如迷宫般的朱学之堂奥，无论对初学者还是研究者而言，都需要一部详备而又清晰凝练的书籍作为引导和辅助。近来，由上海辞书出版社隆重推出的《朱熹大辞典》一书，可谓恰逢其时。

《朱熹大辞典》是由著名哲学家、哲学史家、朱熹研究权威张立文先生任主编，由国内近百位相关研究专家学者历时四年多，几经商讨、精心打磨而成。全书以条目的形式，对朱熹的生平、思想、后学及其影响进行了提纲挈领的评述与研究。除朱熹综述外，分四大部分：

第一部分介绍其生平事迹；第二部分介绍其同道及弟子后学；第三部分从不同方面论述其思想内容；第四部分介绍其传播与研究状况。该书在广泛搜集国内外相关研究资料，精细考证、反复思索的基础上撰写而成，可以说是相关研究领域的一个里程碑式和标志性的成果，具有相当高的学术价值。从内容看，笔者觉得它主要呈现出如下特点：

第一，必要性。中国传统社会后期有朱子后学以传其薪，日本、朝鲜、越南等国有朱子学以广其流，其学磅礴遒劲，流深播远，蔚然成风。对朱熹思想和对朱子学的研究向来是学界的热门，未尝衰歇。但面对这样一个盛产而又深邃的思想家，研究者往往如面对海之浩浩，不知津梁。朝鲜古代学者奇大升就《朱文公文集》的"闳博无涯"、卷帙浩繁，指出"学者观之，有惶然骇然之叹"。因此，李朝朱子学大家李退溪编纂《朱子书节要》，"以资讲论玩绎之益"，选取其切要、精粹，便于学习者学习和领会其要义。这不过是就《朱文公文集》而言，若再加《朱子语类》、补遗及其后学和现代学者的研究成果等，那更是无有边际，难以入手了。这正是《朱熹大辞典》出版的必要性，学界呼唤类似书籍的出现。该书为从事这方面研究的学者提供了极大的便利，它不仅对朱熹的核心思想做了言约旨远的介绍，也对其思想体系中的核心范畴与命题做了精练的概括和阐释，同时对朱熹后学在各个时期的代表人物进行了精心筛选，对其思想进行了抽绎。这不仅可以使初学者对朱熹及其后学有一个梗概的了解，也可以使研究者对朱熹及朱学的规模了然于胸。

第二，权威性。一部好著作的出现，必要性只是前提，还需要有此一方面的权威学者肯干才能使事情落到实处。《朱熹大辞典》的编纂很幸运地满足了这个条件。主编张立文先生，是我国传统文化领域内的著名学者，是朱熹及朱子学研究的权威，其《朱熹思想研究》是改革开放后大陆第一部朱熹研究专著，具有开拓性的学术价值，在国内和国际上都引起了广泛关注并产生了重大影响。在此基础上，张先生又完成了《朱熹评传》和《宋明理学研究》等专著，对朱熹各方面的思想成果进行了深入探索和分析。在朱熹思想研究的基础上，他把研究目光投向海外朱子学，对朝鲜李朝朱子学大家李退溪进行了系统研究和深刻分析，完成出版了《李退溪思想研究》《退溪书节要》及《朱熹与退溪思想比较研究》等专著。这一系列的研究成果不仅在学界引起了重大反响，取得了重要共识，而且开辟了新的研究领域，使朱子学的研究走向更为宽广的境地。《朱熹大辞典》涉猎广泛，不仅涉及朱子的思想大旨，而且涉及与朱熹同时代的思想家及其后学和在海外的传播，如果没有宽广的学术视野和长期的学术积累，是难以胜任主编这一角色的。张立文先生精湛的学术造诣和宽广的学术视野使他可以为该书坐镇掌舵，保障该书的学术质量。同时，该书的几位副主编、编委会成员及主要撰稿人如徐刚、朱杰人、向世陵、方国根、蔡方鹿、李甦平、彭永捷、李方泽、潘立勇、韩钟文、吴长庚、汤勤福、徐公喜、朱人求、陈代湘等人，也都各有所长，在朱熹及朱子学研究领域有深厚的造诣。他们不仅熟知朱熹的思想及朱子学的沿革流变，而且对当前学界的相关研究成果了然于胸，这使该书的编纂有了强有力的人才保障，从而也保证了该书的学术水准。

第三，全面系统性。该书“凡例”言：“本辞典所收词目，涉及朱熹生平事迹，同道及其弟子后学，思想学说如政治、经济、哲学、伦理、教育、文学、经学、史学、法律、心理、科技、子学、佛道思想，以及朱熹思想在国内外的传播和研究等方面，包括名词术语、人物、学派、组织、会议、著作、刊物等约 1900 条。”[1] 这段话道出了该书的一个特点，它全面而系统。该书以朱熹和其思想为核心，上溯其源，下探其流，旁搜其枝叶。从生平事迹上来讲，不仅对其生平重大关节点进行了提要式的概括，也介绍了其先祖和后人，同时兼采一些传说，以使读者了解到一个更为全面的朱熹。从学术上来讲，不仅对其思想进行了综合式的论述，而且以现代学科制和古代学术分类相结合的方法，将其思想从政治、经济、哲学、伦理、教育、文学、经学、史学、法律、心理、科技、子学、佛道思想等方面进行了条分缕析式的论述。从学术渊源和传播上来讲，不仅追溯了朱熹学术的师承脉络，也叙述了朱熹思想的影响以及后来朱子学的传承发展。从对朱熹及其学术研究的角度讲，不仅介绍了朱子之后的重要代表著作，也介绍了在这个过程中的一些重要代表人物，同时兼顾了一些对朱熹及其思想研究起过推动作用的学会等等。这些头绪繁多而又不可不介绍的方面，需要编者有一定系统的思维，以使其繁而不乱，能够纲举目张。从实质内容来看，该书词条的编排并未采用按照拼音或者笔画的顺序，而是按照朱熹思想本来面目进行逻辑展开，只是在附录的部分按照词目笔画做了索引以便读者查阅，这使读者更容易走进朱熹的思想世界。例如，由“理”范畴展开，而有理气、道器、心理的关系，进而有认识论上格物致知、即物穷理的问题，再由推天道以明人事的思维模式由所以然之故进入所当然之则，从而有知行关系的论述等等。这些条目的安排，体现了作者的缜密思维和对朱熹哲学思想的精深把握。这可以看作该书的实质性系统，即条目的安排有内在的逻辑结构。

第四，实用性。任何工具书的编纂最重要的就在于其准确性和实用性。该书“凡例”第一条明示：“本辞典的编写，是为国内外宋明理学和朱熹的爱好者和学者提供知识和研究的方便。”该书确实达到了他的目的而能为爱好者和学者提供方便。其一，该书的词条众多且凝练精准，能通过有限的篇幅提炼出最想要传达出的意思，这使初学者能够一目了然，通过最短的时间对朱熹及其思想有一个初步的了解。其二，对于研究朱熹及其后学的人而言，该书更具切实的作用。朱熹本身就是一个盛产的思想家，关于他的资料已使后学者惶然骇然，再加上他的弟子后学及历代的相关研究成果和在海外的传播，更是让人茫然不知端绪。该书条分缕析、繁而不乱，从政治、经济、哲学等方面提炼出最重要的范畴和命题，使研究者能对朱熹思想的核心精神有快速的了解。同时，该书不仅将朱熹的弟子一一梳理出来，而且对其学术特点和思想做了简明扼要的介绍，这对研究者有提示的作用。对研究者更有实际作用的是，该书对朱熹以后的重要研究著作和代表性人物进行了仔细搜集和研究，并对这些重要著作主要内容和代表人物的观点进行了精准的概括。对于研究朱熹思想的人而言，搜集这些资料并对其进行整理、消化是必修功课，如果拥有此书，研究者可以在其指引下省去许多功夫。这是事半功倍的事情。此外，该书后面的词目笔画索引，有助于读者查阅。

## 注　释：

[1] 张立文主编:《朱熹大辞典》，上海：上海辞书出版社，2013年。

（原载《社会科学战线》，2015年第4期，
作者单位：人民出版社哲学与社会编辑室）

# 深入理脉　悠游义理

## ——读杨立华《宋明理学十五讲》

⊙ 许春伟

杨立华老师的《宋明理学十五讲》是一部充满乐趣的书。读起来令人欢欣愉悦，急不可待。

《宋明理学十五讲》属于“名家通识讲座书系”，是2015年10月由北京大学出版社出版的一部关于宋明理学的著作。看到这本书我们会不自觉地将其与钱穆先生的《宋明理学概述》、陈来先生的《宋明理学》相比对，因为他们都是通识教育的典范、大学课堂的教本，对于了解宋学和理学可谓必不可少。前者文风典雅、朴实规整，并将宋学分为初期宋学、中期宋学和南渡宋学，将明学分为初期明学、中期明学和晚期明学，在论述宋明诸儒时更是明确区分与佛老的界限，可以说是其绝大特色。后者则以考据精审，诠解精当为特点，成为研究宋明理学的入门读物。与二者相比，杨立华先生的《宋明理学十五讲》更加通俗易懂、满腹情怀、妙趣横生、创见时新。兹从三方面略加论述，以阐心得。

### 一、以问题为中心、以理论承续为主线

全书以“如何为儒家生活方式奠定基础”这个问题为核心，以“宋明儒学”的复兴为脉络而展开。中晚唐时期，无论政俗，整个社会都充斥着一股宗教迷狂，真正的儒者越来越少，在佛老充斥的氛围中，如何延续华夏民族固有的生活方式成为当时最大的问题。一批知识分子如韩愈、李翱、宋初三先生，感于时事，奋然而发，举起了理性主义的大旗；以范仲淹为代表的士大夫倡导着“乐以天下、忧以天下”的时代担当精神，人格的高洁清新之风兴起，由此儒学的复兴大幕开启。

从整本书或者某个儒者而言，作者的论述很像一篇记叙文，对于时间、地点、人物，事件的起因、经过、结果都交代得很清楚。整本书有起承转合、有过程和高潮，带领读者重新穿越了两宋。韩愈、三先生等始有自觉，周惇颐奠定着宋儒的哲学框架，邵雍、程颢进行着道学话语建构的努力，张载、程颐愈发精微宏达，到朱子成为集大成者，理学也致广大、尽精微，当然这也是故事

的高潮部分。至陆九渊、王阳明、罗钦顺则显得是故事的余绪，处处透露着朱子的痕迹与影响，在某种程度上，也可以当作朱子思想的流连与演化。

儒家哲学是一种生活式的哲学，是人伦日用间的思考。人们不断去探索一种好的、善的生活安排，也需要感知有意义的人生路向，让自我在最生活化的安排中觉醒到真实。这种安排背后肯定有其价值选择和哲学依托。宋明诸儒尤其是两宋儒者做的便是这一工作，通过对天地自然的观察和体会，对人的本质的认识，对合道理的儒家生活方式进行了思考和论证。经过诸儒的努力，他们成功了，“哲学是从根源上谈道理的方式”，他们返之以儒家经典，对时代的生活方式、生活态度重新思考和把握，对佛老思想积极面对，迎接挑战。诸儒开始批判，这种批判贯穿整个时代，也贯穿着诸多大儒的一生。批判是划清界限，是确立自我的主体性，开始建立自己思想的起点。作者认为：“宋明理学的诞生是中国固有文化对自己文化、文明的主体性的又一次自觉。”当面临佛老思想的冲击时，任何一种文化都不可能过分地包容，过度的包容则意味着诸般文化界限的模糊，意味着自我主体性的丧失。找不到自我存在的文化形式，就缺乏自我的文化认同和归属感。儒学有界限，儒学是最理性主义、最人文主义、最符合人的本质的学问。经过努力，宋儒身上处处焕发出伟大的活力和创造精神，找到了人们日常生活背后的哲学奠基和价值依托。

不仅整本书的问题意识鲜明，作者在论述宋明诸儒时，每个哲学家也有自己的问题指向和时代要求。比如在讲到程颢的重要性时，程颢到底有没有自己的哲学建构，他的哲学贡献是什么？程颐与程颢最大的区别是什么？杨立华先生在书中还深情地记录了与学生读《二程集》的场景。这样的问题意识也可以说是本书的一大特点。

## 二、逻辑与历史相统一，史思互辩为视域

哲学史展现的就是高尚心灵的更迭，思想英雄的较量。能写出哲学史是一件不容易的事，能生动形象、趣味横生地写出一本哲学史更是不易。作者以史与思的统一为视域，重构儒学的演化形态。在论述宋明儒对儒家合理生活方式的哲学追问和求索时，运用史与思相互动，承传与发展相递接的呼应手法，这是构成本书具有内在张力的一个方面。

《宋明理学十五讲》处处洋溢着作者热情的思考和独特的创见，在介绍具体哲学家的思想时，总离不开对具体历史时空的考察和前后思想逻辑演变的思考，以历史为基础，以分析为手段，准确揭示出思想的嬗变。比如在分析北宋前期时，作者认为北宋开国基础薄弱，以弱势得天下，其政权与君主在最初便

被注入了谨小慎微的特征，“畏”的心态贯穿始终。由“畏”带来了两个效果，一是宽容，一是疑忌。因为有“畏”，所以下不敢残虐百姓，上不敢苛待士大夫，所以宽容，所以形成了宋代士大夫与皇帝共治天下的局面。因为疑忌，所以防范；因为防范，所以管制；因为管制，所以牵绊制衡，所以细化，所以冗官、冗政。这是具有历史见地的思考。在解读程颢、张载的哲学思想时，特别重视概念、范畴、道学话语的分析与建构，并联系时代之前后，指出其承上启下之功绩。

钱穆先生说：“在中国历史上，前古有孔子，近古有朱子，此两人，皆在中国学术思想及中国文化史上发出莫大声光，留下莫大影响。旷观全史，恐无第三人堪与伦比。”[1]作为《宋明理学十五讲》里的高潮部分，作者对朱子的解读也是细致精微，精彩万分。不仅描绘了一个真性情、生活化的朱子，也让我们看到了一个时代化、空间化的朱子。在介绍朱子的思想时，不仅有朱子对北宋五子的承续与思考，作者也说明了其与吕陆的交游，与阳明心学的差别，处处流淌着作者在大时代背景下对朱子思想的把握。

杨立华先生认为“我们始终要以理性的态度，现代人的自觉去看待儒家的思想”。作者不仅将当时的哲学思想与当时的时代问题相关联，更用现代人的视角去解读，求证。儒家的学问是生活的学问、生命的学问，作者在阐解宋明儒学时也把自己的现实关怀放在人的心性修养和人生境界的提升上，找出其现代价值，也使得本书更具情怀。

## 三、文风生动，现场感强；如临其境，如其欢笑

《宋明理学十五讲》是一部充满激情、生命力、现实关怀、活泼泼的一本著作。

“对于中国学者而言，儒学首先是哲学思想，是对宇宙、道德、知识的知性探究，也是对人心、人生、人性的内在体验，又是对理想人格和精神境界的追寻与实践。”[2]在书中，杨立华老师始终在践行着自己讲道理的方式，追寻美好的人生境界（虽然作者一直在强调自己更注重工夫论）。可以看到，杨老师与学生之间互相尊重，彼此平等的关系，如文中数处都谈到学生陈睿超在阅读经典文本时的独特认识和创见。杨先生的真性情也时有表露，严肃而又活泼，在引入某个哲学家时娓娓道来，充满趣味，仿佛自家邻居一般。解读哲学家的思想时也融通着自己的读经感受，并谈到自己不同的年龄段所焕发出来的不同精神状态和道德觉醒。“山脚下的人不说山顶上的风景”杨先生在书中也打趣道：自己可能已经站在半山腰上了，但即使这样仍然不能去讲山顶上的事，这

是在讲明境界和工夫的问题。

“旧学商量”“新知培养”，杨先生在践行着这样的修养和学术历程。

## 四、结语

“我常常在想，如果在未来儒学有第三期的发展，那么它一定指向一种中国式的现代生活——不是复古的生活——的形上学基础的确立。这种精神的确立，须有孔孟思想的内在渊源，同时要接续儒学的第二期发展。”[3] 生活在转换，传统文化在焕发着时代性的光彩。人在变化，自然、社会、心理都在变化，而这都是下期儒学发展的内在资源和伟大力量；面对这些，儒学也必将做出新的回应和论证。

## 注　释：

［1］钱　穆:《朱子学提纲》，北京：生活·读书·新知三联书店,2002 年，第 1 页。

［2］同上。

［3］杨立华:《宋明理学十五讲》，北京：北京大学出版社，2015 年，第 105 页。

## 参考文献：

［1］陈　来:《宋明理学》，上海：华东师范大学出版社，2000 年。

［2］钱　穆:《朱子学提纲》，北京：生活·读书·新知三联书店，2002 年。

［3］钱　穆:《宋明理学概述》，北京：九州出版社，2011 年。

［4］杨立华:《宋明理学十五讲》，北京：北京大学出版社，2015 年。

（作者单位：厦门大学哲学系）

# 一部渗透道德教育精神的文学研究专著

## ——读《朱熹文学思想研究》

⊙ 时名早

## 一、简介

李士金教授以十年之功所著的《朱熹文学思想研究》已由人民文学出版社于 2013 年 11 月出版。细细阅读全文，我们能够感受到书中渗透的浓厚的道德教育精神。朱熹是中国历史上著名的理学大家，他的文学思想与理学精神息息相关，研究他文学思想的专著透出浓浓的道德教育气息也许并不奇怪，难能可贵的是，本书能够在阐述朱熹文学思想的过程中自然而然地流露出来，这既显示了朱熹文学思想的真实面目，也使得朱熹的道德教育精神更容易被读者感知和接受。

## 二、内容概述

第一章研究朱熹《诗经》学，揭示了朱熹文学思想的核心：对国家、民族、社会健康发 展之高度关注。[1]这开阔了读者的视野和心胸，让读者理解了大贤关注国家民生的思想。这种自然的道德思想渗透要比单纯的道德说教更有效果。“淫诗说”是朱熹诗学中一个很敏感的关于男女关系的道德问题，800 年来，许多研究者为此争论不休。本书作者独辟蹊径，深刻理解朱熹“淫诗说”的道德规范意义，洞察朱熹“淫诗说”的深远用心。[2]确实，对于情感关系，决不能单单从个体的欲望来判断是非，应该从社会整体的和谐关系来考虑其合理性。一般人以为朱熹是道学家，是道德说教者，他提倡“存天理、灭人欲”是为了维护统治阶级的利益。阅读本书，我们会发现朱熹反对官员腐败，甚至勇敢地揭发腐败官员唐仲友的贪赃淫乱不法行为，而对于正常的男女之情是理解和支持的。[3]本书许多辩证分析使得朱熹的道德教育更容易被年轻人所理解接受。

第二章研究朱熹的楚辞学所渗透的道德教育观念主要与屈原伟大爱国主义精神有关。爱国主义精神始终是青少年道德教育的核心课题。如何更好地让青年学生理解爱国与爱家、爱国与爱己的关系是难题之一。因为个体利益不可忽略，否定个体利益的爱国主义精神教育很难被人们心悦诚服地接受。但说到底，人人必须以国家利益为重。本书在阐述朱熹《楚辞集注》的时候，对这一课题有着十分精辟的理解。[4] 青少年阅读这样的书显然既能增长文学知识，又能在不知不觉中受到科学的爱国道德的熏陶。道德教育的本质在于使人趋向美善。封建社会中悲剧不断正因为善人少而恶人当权。道德教育的意义在于使得人人追求做君子，行正道。显然，每个人的道德教育应该受到重视，这既关系到国家社会管理人员的素质修养，同时也关系到整个国家人民的文化素养水平，关系到各个阶层的沟通交流协调能力。

第三章论述朱熹通过研究历代作家作品来探究文学的时代变化[5]，从中可知文学作品必然反映一个时代的道德风气。而一般的文学研究专家则很难像朱熹这样的理学大家如此关注国家社会道德问题。朱熹批评韩愈、苏轼诸大家，往往多从义理出发，批评他们的做人道德问题，这给我们一个启示：即使是中国历史上第一流的大作家，如果用理想主义的标准来衡量，在道德上也是有缺陷的，并会反映到他们的作品中去。朱熹对欧阳修评价很高，但对欧阳修晚年的颓废表示不满；对曾巩这样的大作家很偏爱，却照样批评他“无根本功夫”，其缘由也多因深层次道德问题；对大文豪苏轼的批评更是尖锐。[6] 本书阐述朱熹对于大作家道德深层次的批评很有价值，对于提高读者的道德水准和审美能力极为有益。在朱熹看来，德者，得也，义理得之于心者也。倘若不能得之于心，将混淆义利关系，影响世道人心。朱熹批评历代作家作品特别关注其品行道德，当他把欧阳修与范仲淹加以比较的时候，显然更欣赏范仲淹，说：“范文正公好处，欧不及。”可见，他对范仲淹文章的“和气”的赞赏，渗透着对作家的道德评价，本书在这方面的阐述细致入微，读者从中能够获得很多启发。

本书后三章是研究朱熹文学思想理论体系，在具体论述中仍然渗透着社会人生哲理之道德气息。比如第四章论及《伯夷颂》思想内容矛盾现象。一方面是武王的“万世标准”，一方面是伯夷、叔齐的“特立独行”。从人生价值取向看究竟谁是谁非呢？这是个复杂的高层次道德规范问题，朱熹认为二者都是对的。本书阐述认为，圣人经天纬地，追求社会整体利益的最大化，其思想行为很难被大多数人理解。武王革命救民于水火实在是天理自然，伯夷叔齐特立不顾，也是天之所命为后世做光辉的榜样。君臣之义既不能不顾，天理流行又不可逆转，所以只能各行其是，各遵良知，各成其仁。[7] 王救民于水火之中是现实政治之大德，伯夷叔齐忠心不改、始终如一是忠臣信义之真理，都是人生行为最高的道德楷模。从这一对于道德规范的深层次理解，可知程朱道德哲学绝非空洞的说教，而是蕴含无穷义理的思想宝库，值得后学认真考察研究。本书第五章论述朱熹广义创作思想，其中同样自然流露出很强的道德意味，比如剖析韩愈写作心态亦体现朱熹重视道德人品。韩愈是唐代古文运动的领袖人物，在中国古代文学史上影响极大，但在朱熹看来，他的写作仍然受到其道德涵养的局限，在上宰相书中出现了差错。本书作者对此做出了深刻的社会心理学分析。个人道德涵养在现实社会生活中呈现出复杂的心理变量，道德修养在关键时刻会受到严峻的考验和挑战。本章论述朱熹对于时文的批评实际上关涉整个时代道德风气，知识分子为名利所牵扯，使得整个社会道德滑坡，世风日下。本书认为的“朱熹批评时人形式主义写作风气，意在国家社会”[8]，是很符合实际的结论。从本书的研究可见，朱熹批评时文的胸怀境界、思想深度超过了清代的著名小说《聊斋志异》和《儒林外史》，本书的阐述对于中国知识分子进行道德反思内省具有促进意义。本书第六章是朱熹文学理论专题研究，自然流露出对于人类生命的终极道德关怀，比如本书认为朱熹文气论深刻意蕴的本质在于提倡文章文学为社会稳定和谐发展服务，他赞扬和欣赏丰富多彩的诗文风格，尤其重视文章文学的和气，目的也是为了文章文学能够更好地提高一个国家和民族、人民的整体道德素质与文化水平。[9]这些崇高的境界不是作为政治道德的传声筒故意表达出来，而是在阐述朱熹文学思想过程中自然流露的道德境界和高尚情操，正因此更容易被读者所接受，更容易感染读者的心灵。

## 三、内容评析

当然本书也存在美中不足之处，比如作者于朱熹的道德教育思想多做正面的同情和理解，其意义和价值已如上述，但是本书对朱熹道德教育价值的封建思想局限未做任何分析，似有不妥；再如朱熹理学有特定的时代思想背景，本书对朱熹理学思想赞扬备至，究其本质而言固然有深刻意义，但对于其时代局限性理应做出阐释或者说明，而本书作者无条件地崇尚理学，难免有溢美之嫌。总体看，阅读《朱熹文学思想研究》能够使读者在愉悦的文学审美活动中自然受到道德精神的熏陶，这也许是此一文学研究专著与许多著述的最大不同，却是本书具有普遍教育意义和价值的特性。这一特征与朱熹平生最重要的著作《四书章句集注》在思想上是完全一致的。如孔子云：“弟子入则孝，出则悌，谨而信，泛爱众，而亲仁。行有余力，则以学文。”朱子解释说：“力行而不学文，则无以考圣贤之成法，识事理之当然，而所行或出于私意。”[10]在解释《中庸》“道也者，不可须臾离也，可离非道也”时，朱子云：“道者，日用事物当行之理，皆性之德而具于心，无物不有，无时不然，所以不可须臾离也。若其可离，则为外物而非道矣。”[11]这与本书所阐述的“三代圣贤文章皆从此心写出，文便是道”的观点完全一致。一个人首先必须做一个堂堂正正的人，仁义礼智信缺一不可，孝敬父母，友爱兄弟，朋友有信，仁民及物，这是立身之本，在这样躬行而有余力的情况下，可以广泛阅读研究思考“诗书六艺之文”。[12]换句话说，倘若根本的道德问题不解决，不能修“行”正道，而却奢谈诗书六艺文章，显然是弃本逐末、背道而驰。《朱熹文学思想研究》一书中自然流露出来的道德教育思想与《四书章句集注》完全吻合，不但值得爱好文学的青少年阅读，也可以作为一般道德教育的参考书。

## 注　释：

［1］李士金:《朱熹文学思想研究》，北京：人民文学出版社，2013 年，第 14 页。
［2］同上书，第 17 ～ 18 页。
［3］同上书，第 30 页。
［4］同上书，第 72 页。
［5］同上书，第 113 页。
［6］同上书，第 150 ～ 151 页。
［7］同上书，第 183 页。
［8］同上书，第 238 页。
［9］同上书，第 330 页。
［10］朱　熹:《论语集》，北京：中华书局，1986 年，第 49 页。
［11］朱　熹:《中庸章句》，北京：中华书局，1986 年，第 17 页。
［12］朱　熹:《论语集》，北京：中华书局，1986 年，第 49 页。

（原载《教育观察》，第 4 卷第 19 期，2015 年 7 月，
作者单位：淮阴师范学院文通学院）

朱子学
年鉴
（2015）

# 朱子学研究论著

学术专著

## 朱子哲学思想的发展与完成

刘述先 著，长春：吉林出版集团有限责任公司，2015 年 1 月，648 页

全书对朱熹哲学思想的介绍分三部，共十章：第一部四章，分析朱子哲学思想的发展，着重于介绍朱熹思想演变从早岁至成熟期前对于生活、师承及中和说与仁说的讨论。第二部两章，研究朱子哲学思想的完成，主述朱熹思想体系，以心性情及理气论为阐述架构。第三部四章，讨论朱熹哲学的历史地位及其思想之现代意义，包括朱子与现实政治以及功利态度之对立、道统之建立与朱子在中国思想史上地位之衡定、王学与朱学：阳明心学之再阐释等内容。作者在写作的安排上巨细靡遗地征引朱熹文献以为思想发展的脉络说明，以及论理深浅的层层演绎，朱熹思想的种种论述脉络及面向皆得彰显。

## 宋代经学哲学研究·基本理论卷

向世陵 主编，上海：上海科学技术文献出版社，2015 年 1 月，263 页

该书作为宋代经学哲学研究的理论结晶，突出的是宋代哲学基本理论的建构和发展。它既是逻辑展开为复性论、本体论、理气论、心性论、性理学等为标志的新哲学体系的创立，又体现出每一理论自身形成和发展的历史蕴涵。宋代理学是宋代哲学的标志性成果，理学家认为他们所创立的以实理、实性、实气、实心等为标志的实学，是克服佛老空虚之学的最有力的武器。新儒学的哲学理论，不论是理性命的沟通，心性情的关联，还是心迹一致与心即理，都既区别于汉唐“旧”儒学的章句训诂，也与西方哲学向“物理学之后”追寻超越本体的路向不同。哲学不仅是学问，更是修身的基础，它需要满足儒者安身立命和精神寄托的需要。全书十个部分：引论：经学变革与理学的兴起，九章：“本体”与“本体论”、“反

本”“复性”论、理气虚实论上（北宋）、理气虚实论下（南宋）、性理学、心迹论、心性情一致、“本心”与“心即理”、“安身立命”说等。

## 宋代经学哲学研究·理学体贴卷

向世陵 主编，上海：上海科学技术文献出版社，2015 年 1 月，265 页

宋明理学的生发和展开，离不开宋代偃武修文国策的支持、士大夫文化主体和政治主体意识的勃兴与作为外缘的佛道思想的融摄抗辩，但该书通过对作为理学开创者的周惇颐、二程、张载思想形成过程的分析，指出更为重要的因素，是当时儒者在性命义理的话语框架下，从思想主旨与方法把握上对儒家传统经学资源的重新定位和选择，并伴随着核心话语转换下经典文本的拣选与扩展。理学正是经由此而得以创生。全书立足经学新诠和哲学思辨去解释与协调各部经典，并最终以四书统领五经的完整而有机的理学经典新格局得以建立。就此而论，理学新话语系统的出现，乃是儒家经学内在孕育和儒家学者自身体贴的结果。全书主要内容为：宋初儒学复兴的社会政治语境、经学新诠的历史轨迹、与佛老的抗辩及性理话语的容摄、核心话语转换下经典文本的拣选与扩展、从《周易》《中庸》到《太极图说》与《通书》、程学的经典与天理的体贴（上）、程学的经典与天理的体贴（下）、发于《易传》的张载气学、宋学方法论与理学理论创见、理学的新经典与话语系统的形成。

## 东亚朱子学的新视野

朱人求 〔日〕井上厚史 主编，北京：商务印书馆，2015 年 1 月，410 页

该书为 2013 年 1 月 26 ～ 28 日在日本爱媛大学召开的“韩国儒学之位相”国际学术研讨论文集。中日文版，共收录《从比较视域看韩国儒学研究——脉络化与去脉络化》（中国台湾李明辉）、《真德秀〈心经〉与韩国儒学》（中国朱人求）、《退溪学在朱子学中的文化价值》（中国高令印）、《李退溪“敬”说之特征——从朱子后学敬说系谱谈起》（日本井上厚史）、《近世日本的儒礼实践》（中国台湾田世民）、《伊藤仁斋的“天下公共之道”与“民”之政治觉醒》（韩国高熙卓）、《近世日本“敬”说的容受与展开——以近世前期的中江藤树与山崎暗斋为中心》（日本板东洋介）等 9 篇韩国、中国、日本朱子学研究论文。全书集中展示了中、日、韩学者有关东亚朱子学的最新成果，开拓了东亚朱子学研究的新视野。

## 朱熹学派与闽台书院刻书的传承和发展

方彦寿 著，福州：福建教育出版社，2015 年 1 月，384 页

该书系福建教育出版社“考亭学术系列”之一，是作者三十几年来陆续发表在各类学术刊物上的研究论文的结集。全书共分三辑：朱熹学派刻书的传承与发展、闽台书院刻书的传承与发展、闽学著名学者著作版本考略，收录 34 篇文章，这些文章可独立成篇，相互之间又构成了一个比较完整的体系，通过对朱熹学派与闽台两地书院刻书历史的追溯，分析了朱熹以及以他为代表的朱子学派与南宋刻书业、出版业之间的关系，揭示了朱熹学派与闽台两地之间密不可分的文化、教育和学术渊源。该书作者的刻书研究，尤其是书院刻书、建阳刻书和朱熹学派的刻书，在许多方面都是具有开拓性的。书中还附有作者多年来搜集的珍稀古本书影。

## 朱子的旅游世界

——朱熹旅游文化与文化旅游研究

兰宗荣 著，北京：光明日报出版社，2015 年 1 月，474 页

全书围绕朱子与旅游这条主线，以朱子的旅游思想、朱子一生的游踪及后世开展的朱子文化旅游为研究对象。回溯了朱子旅游思想产生的背景，论述了朱子旅游思想中的本体论、主体论、旅游审美方法论，探讨了朱子的旅游客体与环境取向、朱子与旅游介体的关系；考证和梳理了朱子一生五个阶段即任官以前、出任同安主簿时期、奉祠家居时期、任职南康及浙东时期、晚年时期的游踪，向世人呈现其平生山水心的情怀与执着精神；回顾了朱子文化旅游的历史，并对“重走朱子之路”修学旅游的历史与现状展开探讨，提出了改进措施，还对朱子文化旅游的优势、弱势、机遇、威胁做了探索，并提出了朱子文化旅游的发展战略。

## 朱子晚年全论

［清］李　绂 著，段景莲 点校，北京：中华书局，2015 年 3 月，410 页

《朱子晚年全论》一书，取朱子正、续、别三集所载，自 50 岁至 71 岁与人答问及讲义、题词之类，排比编次，逐条各附考证论辩于下，以此证明朱、陆晚年之争，乃门人各守师说越于一偏所致，而朱、陆晚年“所学者符节相合”，所论者亦非“冰炭不相入”。此书之所以称之为“全论”，乃是据王阳明的《朱子晚年定论》而来。不过，《朱子晚年全论》较之《朱子晚年定论》，资料

更详尽，评论更客观，是研究朱熹、陆九渊学术思想较有参考价值的一部书。

## 闽学研究十年录

黎　昕主编，福州：福建人民出版社，2015年3月，360页

该书为最近十年来在福建省闽学研究会举办的学术研讨会上发表的部分论文的结集。编者精选了41篇闽学研究的论文，这些文章大部分已在国内公开刊物发表过，这次结集出版，意在对闽学十年的发展做一个总结和梳理，并推动闽学研究进一步发展。主要编目有：论朱熹的释义学、朱熹视域中的佛教伦理论、朱子学在中华文化史上的价值和作用、朱熹与南剑三先生、当代海外的朱子学研究及其方法、论朱熹的仁学思想、李约瑟对朱子学的理性眷注、朱熹思想在现代台湾地区之学术地位与学术影响、重建家族制度与鬼神信仰——论朱熹的理学鬼神观及其实践意义、从《论语序说》看《论语集注》在解释重心上的转变、朱子的心性之学及其理论问题简论、论朱子学派与福建慈善事业传统、颜元对朱子学批判述评等。

## 朱熹《楚辞集注》研究

李永明 著，上海：上海古籍出版社，2015年3月，180页

朱熹的《楚辞集注》是《楚辞》最重要的注本之一。《朱熹〈楚辞集注〉研究》深入探讨了朱熹《楚辞集注》的成书过程，揭示了其撰写的政治原因、个人情感原因以及学术文化原因；研究了《集注》的版刻源流、域外流传情况，训诂体例、内容、方法以及其文学思想、诗歌美学观、赋比兴的分析方法等。通过对《楚辞集注》之研究，阐明了朱熹的理学思想、宋学思想以及美学思想在《楚辞》注释中的发挥和运用。全书共分为：引言、朱熹《楚辞集注》成书考论、《楚辞集注》版本研究、朱熹《楚辞集注》训诂研究、朱熹《楚辞集注》诗学研究五个部分。

## 朱子学与河图洛书说研究

黄　昊著，成都：西南交通大学出版社，2015年3年，269页

该书从文化的视角对朱子学与河图洛书说中所蕴含的科学内容进行科学的文化研究，全面分析了科学文化和科学文化学，并以朱子学与河图洛书说研究为例阐述了传统文化与科学

文化之间的碰撞和融合，讨论了碰撞的理由，阐述了融合的方式，最后提出中国传统文化与科学文化要实现可能的跨越式发展的方式与思路。全书共六章：绪论、朱熹的科学素养及科学活动与朱子学、河图洛书说、朱熹对于河图洛书的研究特点、朱熹以后朱子学中的河图洛书说、中国传统文化与科学文化的碰撞、融合和跨越式发展。

## 经典诠释与义理体认
### ——中国哲学建构历程片论

朱汉民 著，北京：新星出版社，2015 年 4 月，387 页

该书是作者在从事中国哲学研究的过程中，逐步形成的有关“中国哲学”学科的一些看法。论述了先秦、魏晋、宋明、晚清四个历史阶段中，中国哲人以经典诠释、义理体认的方式，建构“中国哲学”的历史过程，并探讨了当代“中国哲学”如何既坚持中国文化主体性，又积极参入全球化文化交流等问题。全书分为五辑：中国哲学建构的反思、先秦理性、魏晋玄理 、宋明近思 、晚清转型，主要内容包括：当代中国哲学建构的双重理据、义理之学——中国哲学原型简析、易学与中国传统思维方式、中国知识传统的审思、中国传统“内圣外王之道”、谁误读了“格物致知”、“五经”思想的信仰与理性、原始儒学的经典诠释与义理建构、先秦的性命学说、先秦儒家“文化”概念的“软实力”内涵、儒家主体性伦理和安身立命等。

## 《心经附注》对退溪心学形成之影响研究

周月琴 著，北京：学苑出版社，2015 年 5 月，238 页

该书是“列国汉学史书系”之一，研究范围设定在朱子学心学化发展中，以《心经附注》在朝鲜半岛传播与发展为线索的圣贤心学一系的思想，及作为明代心学思潮标志的“和会朱陆”思想对程敏政、王阳明、李退溪哲学思想的影响，来分析李退溪通过自己的哲学探索所完成的圣贤心学对朱子理学的哲学发展意义及其在朱子学中的思想地位。全书主要内容包括：朱子学心学化的思想渊源、从《心经》到《心经附注》：朱子学心学化及其历史展开过程、程敏政《心经附注》心学与阳明心学比较、《心经附注》对退溪心学形成的思想影响、《圣学十图》：圣贤心学思想体系的理论完成、圣贤心学对心经心学与朱子学理论的发展、退溪心学与阳明心学——朱子学心学化的理论完成等。

## 朱子《易》注考源

赵文源 著，北京：语文出版社，2015 年 5 月，418 页

该书以朱子对《易经》词语的全部注释为考察对象，通过语源的考辨，字义的疏证，来揭示朱子的易学思想。朱子在融裁诸家《易》说的基础上，以还《易》本来面貌为旨归，创建了与以程颐为代表的义理学和以邵雍为代表的象数学鼎足而立、气象迥异的理－数－占易学体系。该体系以太极为最高范畴，以占筮书为《易》之基本定位，以由象数生发义理为一贯理路，是朱子在重新梳理历代易学象数系统，整合北宋五子易学成就的基础上，集大成的创造。全书共五章，主要内容包括：绪论、朱子注《易》特色、朱子注《易》发例、《周易》上经、《周易》下经。

## 《朱熹陈淳研究》第 2 辑

陈支平　叶明义 主编，厦门：厦门大学出版社，2015 年 6 月，626 页

朱熹是中国宋代理学的集大成者，也是中国儒家思想发展史上重要的里程碑式的人物。陈淳是朱熹的重要弟子，素称“闽学南传第一人”。该书是 2014 年 10 月朱子学会和漳州市朱熹陈淳研究会等单位举办的第二届海峡两岸朱熹陈淳学术研讨会论文结集，收录论文 57 篇，内容包括朱熹哲学的生命意识、朱子文化与当代道德建设、《朱子家训》的普世意义、朱子学的文化价值和义理纲脉、在认知转变视域下对朱熹“理”的经验诠释、静存动察：朱熹工夫论思想探析、朱子人心道心说中的理气问题、天人之际：陈淳《北溪字义》对“命”义的诠释、论陈淳天命观的人本主义精神、道学即实学：论陈淳对朱子学最重要的贡献等，提出许多新见解新论断，充分展示漳州深厚的历史文化底蕴，反映了近年来朱子研究、陈淳北溪学派研究的新成果，拓展了朱子陈淳研究的新视野。

## 文献家朱熹：朱熹著述活动及其著作版本考察

陈国代 著，北京：北京师范大学出版社，2015 年 6 月，431 页

书稿对朱熹纵贯一生的著述活动及其著作版本做了详细的考察，使读者对朱熹全部的著述活动、著作版本及其成书、刊印和在历史上的流传情况，都能有一个总体的了解，具有一定的学术价值和意义，书稿以“老去光阴八百年 尚留简册在人间”“推究易理知回避 珍视彝论莫等闲”“捐序就诗寻本义 分经别传赶先鞭”“残篇孔壁同瑰宝 硕学鸿儒重诤

言”“缛节繁文生厌倦 循规蹈矩引疑嫌”“堪悲坟典遭秦火 援手门徒登乐坛”“不解春秋明史事 频擦心镜辨伪奸”“四书集注成名著 一脉相承壮道南”“孝顺培根传美德 教材给养筑长安”“三才兼论求真理 六艺齐观胜涅槃”“编定群芳为样板 刊行卷帙惠时贤”等为章节名，文化气息浓厚，可读性强。

## 朱子学说与闽学发展

黎 昕 主编，北京：中国社会科学出版社，2015 年 6 月，263 页

闽学是理学，是指以朱熹为核心包括其门人在内的南宋朱子学派的思想，以及其后理学家对朱子学的继承和发展。闽学作为一个独特的学术思想流派，是相对于宋明理学中其他地域学派如江西庐山濂溪周惇颐的濂学，河南洛阳程颢、程颐的洛学，陕西关中张载的关学等而言的。朱熹是闽学的核心，朱熹的学术思想是这个学派的学术主张，所以闽学又称朱子学。由于朱熹晚年在考亭讲学，闽学学派又称考亭学派。全书分 8 章对朱子与闽学进行了研究：

福建历史文化发展与闽学的产生、朱子学说与闽学的理论渊源和思想传承、朱子学说与闽学思想的基本内核、朱子学说与闽学的社会教化论、朱子学说与闽学在台湾地区的传播与发展、我国朱子学研究及其方法、国外朱子学研究及其方法、朱子学说与闽学的历史地位和当今价值等。

## 原性命之理

方旭东 著，上海：华东师范大学出版社，2015 年 6 月，252 页

《易传》有“穷理尽性以至于命”之说，宋代新儒家由此发展出一套以穷理为基础的学问系统。《原性命之理》自觉继承新儒学的穷理旨趣，同时积极借鉴西方哲学的问题意识与分析手段，立足当代，对道德哲学的一系列重要问题做了有史有论的研究。《原性命之理》由十篇论文构成，主要内容包括：道德实践中的认知、意愿与性格——论程朱对“知而不行”的解释、意向与行动——王阳明知行说的哲学诠释、道德情感是能力吗？——论牟宗三对康德“道德情感”概念的误读、作为一种道德品质的“公”、“以物观物”：伦理应用与哲学论辩、论“自然”作为人类行动之依据、求真与从亲——关于“孝”的一个比较文化研究、预期后果的免责证明——对《春秋公羊传》“祭仲逐君”论的哲学研究等。

## 闽学脉
### ——从朱熹到严复

林　怡著，福州：海峡文艺出版社，2015年6月，273页

全书通过对朱熹、严复等人的研究，讨论中国历史在某些关节，具有真知灼见的思想家、哲学家如何斟酌旧学与新知，如何在新与旧之间创立出一种既继承传统又有异于传统的新认知、新思想、新思维、新学说，从而推进中国学术思想继续前行和发展。内容包括：闽学新议、以学为政：从朱熹到严复——论“理学”实践品格的历史传承及其当代启示、道学即实学：论陈淳对朱子学最重要的贡献及其影响、“自由”视域中的语言与性别——论严复对中国文化现代转型的推动、中西文化交流视阈下的闽籍翻译家等。

## 朱熹：舌尖上的天理和人欲

卿　磊编著，合肥：黄山书社，2015年7月，264页

该书精选朱熹的语录，分为奋斗篇——积累铸就成功、处事篇——刚柔并济、方圆兼备的交际艺术、修养篇——求仁得仁的修身之道、教育篇——从小学到大学的育人之术、论学篇——理学大师的经验之谈，从不同角度讲述了朱熹的哲学思想和教育理论。朱熹主张“存天理、灭人欲”。他笃信孟子关于人性本善的学说，认为每个人基本的物质和精神需求都是合理的，只可惜尘世生活会放大人的贪欲，导致人性的扭曲和道德的沦丧。朱熹所希望的便是遏制人欲，让它重回合理的范畴之内，让人性回归最初的善良与纯净。卿磊创作的《朱熹——舌尖上的天理和人欲》告诉我们身处物欲横流的时代，我们真正想要的是什么？如何才能平静下躁动的内心？怎样才能获得长久的快乐？朱熹早有答案。

## 《朱子学刊》第24辑

姜广辉　徐公喜主编，合肥：黄山书社，2015年7月，264页

书稿共收录了有关朱子研究的论文三十多篇，反映了朱子研究的最新理论成果，具有较高的学术价值。主要内容有：朱子的修身功夫论体系、朱熹价值哲学研究、天道根源与价值意义——论朱子《仁说》的核心问题、“物理”还是“道理”——作为实学的朱子“格物”论、儒道佛三教争立视野下的程朱“格物致知”思想、朱子书函教育及其特色、雄健笔力：朱子书论与文论审美旨趣之契合、朱子《诗序》观析论、《牧斋净

稿》鸟鸣虫鸣意象解读、天理架构下的朱熹和谐思想、论青年朱熹对“心”的理解——以《延平答问》中的讨论为中心、管仲与朱熹:国家治理思想的比较分析、元代浙江儒学形势与义乌朱子后学发展、《二程遗书》“昨日之会”考释、二程理学体系之善治思想等。

## 《朱子学年鉴》(2014)

朱子学会 编,北京:商务印书馆,2015 年 8 月,382 页

《朱子学年鉴》2014 卷“特稿”栏目选登了清华大学国学研究院陈来教授和美国夏威夷大学哲学系成中英教授的文章,前者探讨了朱子学的精神与未来,后者比较分析了朱熹与张栻的思想。“朱子学研究新视野”栏目推介了张立文教授的《旧学新知——朱熹思想及其价值综论》、朱汉民教授等的《朱熹人性论与儒家道德哲学》、陈支平教授的《朱子学 · 理学:唐宋变革与明清实践》等。“全球朱子学研究述评”栏目比较详细地梳理了 2014 年中国、美国、韩国、日本朱子学的研究现状,介绍了目前全球朱子学研究的最新进展。“朱子学书评”“朱子学研究论著”“朱子学研究硕博士论文荟萃”“学者简介”“朱子学研究机构”“朱子学研究重大课题”“朱子学动态”“资料辑要”等栏目尽可能全面地展示 2014 年全球朱子学界的最新成果和学术动态。

## 孔门传授心法:朱子《四书章句集注》的解释与建构

杨　浩 著,上海:东方出版中心,2015 年 8 月,356 页

朱熹(1130 ~ 1200)《四书章句集注》凝聚了其一生学问的精神,体现了其对儒学思想在新时代的建构。朱子将儒学典籍打造成句句是真理的经典,其建构的经典解释中本末皆赅、逻辑严密、体系完备。该书在吸收古人及今人的研究成果的基础上,拓展出如话语体系、解释框架、概念诠释、文献征引、语文解读等多种分析思路,尝试解析出朱子四书原文解释与思想体系建构之间的一种错综复杂的关系。全书主要内容包括:“四书”的升格、朱子“四书”思想的形成、《四书章句集注》的话语体系、《四书章句集注》的解释框架、《四书章句集注》的概念诠释、《四书章句集注》的文献征引、《四书章句集注》的语文解读、《四书章句集注》中“四书”各自的解释特色、经典解释与思想创新、《四书章句集注》的后世影响等。

## 朱熹训诂研究

贾　璐著，北京：中国社会科学出版社，2015 年 8 月，295 页

该书以朱熹的《诗集传》《四书章句集注》《楚辞集注》和《周易本义》为主要研究材料，综合运用训诂学、音韵学、文字学、词汇学、语法学、修辞学、校勘学等学科的理论，深入探讨了朱熹的训诂原则和训诂方法，认为朱熹的训诂原则主要为：重视旧注，博采群说；实事求是，阙疑处不强作解；不墨守成说，自创新解；结合文化，以文化通训诂等，分析了朱熹对古籍语音、古籍词汇、古籍语法、古籍修辞等的研究，从而总结朱熹的训诂成就与不足。全书既在共时的平面上研究朱熹训诂的内容及方法，又把朱熹放在训诂学史的背景中考察其训诂得失。在理论总结方面，既注重朱熹自身对训诂的理解与认识，又结合朱熹的训诂实践来与这些观点相互印证，全面阐发了朱熹的训诂思想。

## 朱熹礼学基本问题研究

叶纯芳　乔秀岩编，北京：中华书局，2015 年 9 月，517 页

朱熹是中国经学史上最具典范意义的学者。元明至清代前期，礼学以朱熹为宗；近代以来，朱熹则以哲学思想为学者所重，礼学渐被淡忘。该书正是一部探讨朱熹礼学的论文集，共编辑 21 篇文章（又有 3 篇存目，不收录），分为四组，分别从不同角度讨论朱熹礼学的特点、朱熹礼学逐渐形成的过程以及特性、礼制与礼学的关系等问题，同时对研究朱熹礼学的核心文献《仪礼经传通解》进行版本详考。主要篇目有：朱子学派礼学中的祭礼——对美德伦理学的启迪、江永及其礼学著作——兼论其于朱熹礼学的态度、论《五礼通考》与朱子礼学之关系、朱熹《仪礼经传通解》对《礼记》经、传的界定、朱熹、黄榦及杨复祭礼学的形成、朱子《通解》引录《仪礼》郑注文小考等。全书内容丰富多彩，同时主题明确，对朱熹礼学研究提供了可靠的基础及丰富的启发。

## 跬步探儒

陈学凯著，北京：中国社会科学出版社，2015 年 9 月，317 页

该书为集作者近二十年心力的研究之作，全书共分四卷。第一卷是先秦儒学，较为集中地论述了孔子思想和原始儒学的一些基本理念，以不同的角度和方法重新审视了孔子以及儒家的思想体系。第二卷是秦汉儒学，它的不同之处是从思潮史的角度，论述了易经与秦汉思想融合与流变的关系，秦汉时代盛行的天人合一理念，以及由此而产生的天君同道观和社会

模式论，并由此而涉及了汉代儒学的关注与局限等问题。第三卷是宋与明清儒学。宋代是儒学发展史上重要的转折期，宋代新儒学即理学的出现，开启了宋元明清近八百年儒学的黄金时代，从而使儒学真正成为那个时期唯一独尊的思想体系。作者通过对四书尤其是《大学》《中庸》的梳理，试图揭示理学的本质精神、它的体系及其思想精髓、"诚"道思想的内涵与功用，并提出了"诚即良知"的重要观点。第四卷是朝鲜李朝儒学。本章主要记述朝鲜李朝时代朱子学派的重要代表人物曹南冥的理学思想，并介绍了他的生平和事迹。作者的目的是想通过朝鲜半岛儒学的研究，使人们能够认识到儒学在古代东亚的崇高地位和影响。

## 宋明理学十五讲

杨立华 著，北京：北京大学出版社，2015年10月，304页

宋明理学亦称"道学"，是指宋明时代居主导地位的儒家哲学传统。从中唐开始，面对佛道二教的强势冲击，以韩愈为首的儒者开启了以重树儒家主体地位为目标的儒学复兴运动。至北宋，儒学复兴的思想自觉，落实在为儒家生活方式奠定哲学基础这一根本的时代课题上。基于这一思想自觉，周惇颐、邵雍、二程、张载都做出了杰出的哲学贡献，并在南宋被整合进朱子集大成的理学体系当中。《宋明理学十五讲》详细介绍了理学产生的社会文化背景，理学发展中的重要论题、人物及文化事件，展现了这一时期儒学思想的蓬勃景象和精神气质。主要内容包括：韩愈与儒学复兴运动、北宋士大夫精神与宋初三先生、诚体与太极：周惇颐的哲学、《易》兼体用：邵雍的思考、自立吾理：程颢哲学的精神、气体与神化：张载的哲学建构、形上定体：程颐的思想、理气动静：朱子的哲学、自做主宰：陆九渊与朱陆之辩、无善无恶：王阳明的心学、理只是气之理：罗钦顺的思想等。

## 道南学派研究

姚进生 主编，厦门：厦门大学出版社，2015年10月，411页

该书是武夷学院举办的学术会议的论文合集，分为三个部分：上编为"杨时、游酢研究"，中篇为"罗从彦研究"，下篇为"李侗研究"，内容大致涵盖目前道南学派研究的主要领域。主要篇目有：游酢理学三论、关于游酢杨时道南研究的几个问题、杨时"中庸"思想及其主要特征、杨时思想对朝鲜大儒的影响、罗从彦"静观躬行知止"说及其当代价值、罗从彦"君子寡欲"的当代意义、从罗从彦、李侗到朱熹之圣人治国政治思想——兼与西方柏拉图"哲学王"治国思想

比较、论罗从彦对朱熹学术思想的影响——以《遵尧录》与《八朝名臣言行录》之异同为中心、李侗的理学思想探微、李侗：从“外王”到“内圣”的思潮引领、李侗之“仁”思及践履、《延平答问》与李侗对朱熹的理学思想影响、李侗对朱熹四书学的影响等。

## 朱子学与退溪学研究：中韩性理学之比较

张品端 主编，厦门：厦门大学出版社，2015 年 10 月，501 页

该书是中韩朱子学与退溪学国际学术研讨会的论文集结，全书依据会议主题论文划分为五个部分，即“朱子学与东亚文明”“性理学交涉与九曲文化的展开”“朱子学（退溪学）与书院文化”“退溪学或朱子学与地域文化”“朱子、退溪与工夫论”，基本涵盖了目前朱子学的研究领域。主要篇目有：朱子学是“东亚文明的体现”、试论朱子思想在朝鲜半岛的传播与影响、李混对朱熹理学的继承和发展、论朱子与退溪对心学的评价及其意义、朱熹兴复白鹿洞书院的理论贡献、作为朱子学的退溪学与独立的退溪学、新安理学：朱子学的地域化、朱熹与闽南文化、朱子的修身功夫论体系、“诚”是朱熹工夫论的最高境界——以《大学章句》、《中庸章句》为中心的讨论等。

## 理学渊源考辨丛书

徐公喜 主编，南京：凤凰出版社出版

《理学渊源考辨丛书》一套四册，包括周海门《圣学宗传》（曹义昆点校，2015 年 10 月出版）、孙奇逢《理学宗传》（万红点校，2015 年 10 月出版）、张伯行《道统录》（苏敏点校，2015 年 10 月出版）、李清馥《闽中理学渊源考》（徐公喜、管正平、周明华点校，2011 年 12 月出版）和熊赐履《学统》（徐公喜、郭翠丽点校，2011 年 6 月出版）由凤凰出版社出版，出版时间 2011 ～ 2015 年，该丛书既是江西省高校人文社科重点研究基地招标项目，也是上饶师院朱子研究所与福建省武夷学院武夷山世界文化遗产研究中心的合作项目。出版以来颇受学者欢迎和好评。

从宋代到清代理学著述形成了融会贯通、体例丰富、著述繁多等特点，但是由于书籍繁多、内容繁多等原因，很难进行有效的整理，从而影响后人的学术研究工作。因此目前学术界对于探讨理学渊源的古籍整理呈现出一种零碎化、简单化的现状，相关内容多数还是散落或部分出现于各类理学古籍中，这对于欲深刻了解并掌握理学渊源的现代研究者来说是不便利的，使研究者的研究思想方法也难以进一步扩展。《理学渊源考辨丛书》最终选择理学史著述中成就较为突出而且

点校稀少的五本古籍，辑而为一。该丛书的出版发行，一方面可以廓清理学发展的脉络，多角度地探究理学渊源；另一方面可以为学者提供除了《明儒学案》和《宋元学案》等经典著作以外的丰富资料，拓宽学者的研究视野，有助于开拓理学、中国哲学乃至中国传统文化的研究领域。

## 韩国儒学思想史

邢丽菊 著，北京：人民出版社，2015年11月，629页

作者从韩国儒学的渊源入手，从檀君神话以及记录韩国古代社会的文献资料出发，考察了古代韩国人的精神世界，从中发现中韩儒学的共通之处。其次按照王朝史的年代顺序依次考察了韩国历史上的三国时期、统一新罗时期、高丽时期以及朝鲜时期儒学思想的发展。分析过程中重点介绍各个时期儒学思想发展的特色，然后考察其中代表学者的儒学思想。在分析朝鲜儒学思想的过程中，除了对前期李退溪、李栗谷思想的阐述外，还对朝鲜后期儒学的各个学派——性理学（畿湖学派、岭南学派、礼学派）、阳明学、实学派的学问特征及代表人物进行了考察。对于目前学界没有重点关注的朝鲜后期最大的思想论争——湖洛论争的具体论题以及争论焦点也进行了细致分析与整理。然后对韩国近代儒学对西方文明的回应、韩国近代民族宗教运动以及现代韩国社会对儒学的认识进行了系统分析。最后综合分析了韩国儒学对中国儒学的贡献与发展。为了加强中韩儒学的比较研究，附录部分附上了研究中韩朱子学的重点文献《朱子言论同异考》（朝鲜时期儒者韩元震所编），供国内学者研究参考。

## 朱熹易学思想研究

张克宾 著，北京：人民出版社，2015年11月，327页

全书从中国易学发展史之整体视野出发，基于翔实的文献考辨，对朱熹易学思想进行了深入而系统的研究，以朱熹提出的“《易》乃卜筮之书”为基源问题，层层分析、上下推展，阐明了朱熹易学中理、象、数、辞、占的思想内涵与相互关系，既勾画了朱熹易学的理论脉络，又揭示了其背后的学术关怀，并在太极阴阳的义理架构下，呈现了朱熹易学与理学交相融合的学术面貌。书中所论为准确认识朱熹易学的学术地位和思想价值扫清了障碍，对于学界深入认识理学与经学的关系问题具有重要的理论意义。具体内容包括：朱熹早年所受《易》教及其思想的转变、卜筮之书：《易经》文本的新探索、三圣分观：

《周易》经传关系的新诠释、河洛先天之学：理数之本然的象数化表诠、后天之学与占筮之术：气数之变化的象数化体究、太极生生之妙：天道性命贯通下《易》与理的融释等。

## 朱子之路

黄胜科　李崇英 编，福州：福建教育出版社，2015 年 11 月，275 页

朱子传记虽然已有很多版本，但该书由朱子故里学者编写，有其独到之处。全书九章三十五节，立足武夷，详略有度，浓墨记述朱熹在闽北，尤其是在武夷山生活、成长和朱子文化在武夷山孕育、形成、传播、发展的历程，详细介绍了朱熹在武夷山相关遗迹的历史与现状，填补了不少其他同类作品的缺失，让读者更加了解武夷山，了解朱熹及其理学与武夷山的渊源关系，了解武夷山作为朱子文化发祥地在中国古代文化史上不可替代的地位。书中主体部分以时间为序，紧扣朱熹与武夷山的关系，详细论述了朱子从幼年到晚年的一生各时期的主要事迹及思想发展的历程。

# 学术论文

## 宋人道统论
——以朱熹为中心

〔德〕苏费翔 《厦门大学学报》（哲学社会科学版）2015 年第 1 期

自宋代以来，“道统”观念便成为儒家的重要话题，而朱熹的道统论尤为后辈学者所尊重。“道统”一词并非朱熹首创，其最早的出处是唐代初期曲阜县令盖畅的墓志铭，意即儒家传道的系统。在朱熹的不同文本中，道统的谱系略有不同，但都体现出一种哲学化的意味和“爱本朝”的思想。考察北宋以来“道统”一词的用法，可以看出其与“治统”的关系非常密切。余英时认为，朱熹这样的理论在他的时代是有具体目标的。一方面，朱熹建立尧、舜、三代的“道统”系针对着陈亮为后世（包括宋代）“骄君”助威的议论而来；另一方面，朱熹要证明孔子“开来学”的主要作用，就是让将来儒者有方法可以治国平天下。

## 朱子学的知识体系及其在东亚的普遍意义

〔日〕吾妻重二 《厦门大学学报》（哲学社会科学版）2015 年第 1 期

朱子学是一个巨大的知识体系，我们不仅要在中国哲学史中，还要在教育史、礼仪史乃至于人类文化史的历史长河中来理解。作为东亚普遍知识形态的朱子学，它的成立被誉为“东亚的世界史性事件”。朱子学之所以会在东亚世界广泛传播，关键在于其所揭示的普遍主义。东亚书院或学塾的发达，与朱子学有着密切的关系。朱子学不仅在思想的层面上而且在礼仪的层面上，依然存活于今天的东亚世界之中。

## 论奇大升理气混沦的儒学思想

李甦平 《社会科学战线》2015 年第 1 期

文章详细论述了韩儒奇大升（号

高峰）的理气观。他在继承朱熹“理气不离”思想基础上，提出了“理”与“气”是混沦而不可分开的。以此为理论批评了李退溪所主张“四端”与“七情”为异质的思想，提出了“四七同质”说，即主张“四端”与“七情”同质性，并创造性地指出“七情”有善有恶，“四端”亦有善恶。奇高峰关于“四端七情”的一些论述，既依据朱熹思想，又是对朱熹思想的细化。这是韩国性理学对中国理学的发展。“四端七情”的论辩也标示着具有朝鲜特色的韩国儒学的形成。

## 帝、儒、中、心之间
### ——朱子前十六字心诀流传阐释考论

冯国栋 《哲学研究》2015 年第 1 期

古文《尚书·大禹谟》所载“人心惟危，道心惟微，惟精惟一，允执厥中”的虞廷十六字对于宋明新儒学的道统论、心性论、工夫论皆甚为重要，意义不容忽视。该文认为朱子之前十六字的流传阐释经历了由“帝学”而“儒学”、由外王之道而内圣之学的扩展深入。而宋儒对十六字解释的侧重点，也经历了由“中”而“心”，由本体论、境界论向工夫论转移的过程。

## 从《大学章句》引注考看朱熹经典解释学的特点

戴兆国 耿芳朝 《东岳论丛》2015 第 1 期

在《大学章句》中，朱熹主要引用了郑玄、程子和吕大临的注。以这“三家”十个引注为例，考证、梳理每条引注的源出处和作者，进而分析朱熹在引用时所遵循的原则、引注的倾向，以此推进对《大学》思想的解读和朱子经学诠释学的研究。解读朱子引郑氏注，可发现汉儒、宋儒解经之别，以及朱子训诂与义理并重的解经方法。朱子引程子注则兼采训诂和章节刊定裁分，并且融会二程子意以注《大学》。引吕氏注则彰显朱子解经治学不流于学统门户之见、广博援引各家学派观点的解经思路。

## 马一浮、牟宗三对朱熹“性即理”的不同解读

乐爱国 李志峰 《杭州师范大学学报》（社会科学版）2015 年第 1 期

现代对于朱学与陆王学的研究，大都以“性即理”与“心即理”区分朱学与陆王学，并将二者对立起来，把朱学界定为“理学”，把陆王学界定为“心学”。与此不同，一些学者

反对把“性即理”与“心即理”对立起来，甚至通过强调二者的相互联系，把朱学与陆王学调和起来。马一浮虽强调“性即理”与“心即理”的不同，但是以朱熹“性即理”涵摄“心即理”。牟宗三则通过分析朱熹“性即理”与陆王“心即理”的截然不同，并以为“朱子实非孟子学”。这些莫衷一是的学术观点是进一步研究朱熹“性即理”及其与陆王“心即理”之关系的学术基础和可供参考的学术资源。

## 朱子“中和旧说”发微
### ——以“人自有生”四札为中心

崔海东 《孔子研究》2015 年第 1 期

朱子“中和旧说”关于本体与工夫的见解经历了五层发展：一是学延平静坐求中而不得；二是自悟性体心用，学南轩省察识仁；三是因南轩“二物”之评，更以“一念已具体用”；四是定型“中和旧说”；五是因工夫无下手处，遂整体怀疑反思“旧说”。此五层见解有三大问题：一是无关“中和”本旨，故造成本体、工夫皆误；二是在本体上混两种体用而不知，故不能明确界定未发之中；三是在工夫上缺失涵养一节，故不能抵达“未发之中”。

## 日本内阁文库藏本《书集传》中的“文公亲帖”

方彦寿 《合肥学院学报》（社会科学版）2015 年 第 1 期

元麻沙刘氏南涧书堂刻本《书集传》，现存于日本内阁文库。该书卷首，有朱熹写给门人蔡沈的四通手书，称为“文公亲帖”。一直以来，罕为学界所知。从文献的角度看，此“亲帖”乃朱子手书，其内容比所有传世版本都更准确。将此四通书信内容，对照四部丛刊本或朱子全书本，文字有不少优胜之处，因而也就更具校勘价值；从书法的角度看，此帖的重新发现，为朱熹传世的手书遗墨增添了新的品种。

## 权宜之计：康熙五十一年朱熹升配孔庙十哲之次的政治史发覆
### ——兼论钱穆、葛兆光先生有关康熙时代思想专制的诠释

赵　刚 《华东师范大学学报》（哲学社会科学版）2015 年第 1 期

康熙五十一年（1712），清廷颁旨，下令把朱熹在孔庙祭祀的位置从诸儒群贤提升到十哲之次。钱穆、葛兆光等学者视之为清代以理学为主体

的官方意识形态对思想文化控制的进一步强化，导致民间思想的萎缩和士大夫自由空间的丧失。根据中国台湾地区方志中保存的有关一手文献，重新考辨解剖这一事件的有关记载、来龙去脉及其政治背景，可以发现此案实际上是康熙对当时权倾一时的朝臣李光地拉拢和打击并行以图有效驾驭的步骤之一。要研究 18 世纪国家权力和文化的关系，不应将前者等同于 20 世纪才出现的全能型国家体制，而应具体地分析其文化思想宣示背后的政治思想脉络，才能对此关系给出具有解释力的分析。

## 朱熹的形上学：解释性的而非基础主义的

黄　勇　崔雅琴　《社会科学》2015 年第 1 期

形上学有两种类型：基础主义的和解释性的。持后形上学立场的学者对形上学的批判大部分指向前者而非后者。朱熹的形上学，特别是其关于人性的形上学，是解释性的而非基础主义的，因此，它可以避免来自后形上学思想家所提出的批评。它从以下两方面的经验事实出发并试图对这样的经验事实做出解释：存在着恻隐之心、羞恶之心、辞让之心和是非之心等人类情感；人禽之辨，前者可以在道德上臻于完善而后者不可能。朱熹的人性形上学对我们的道德修养起到一种重要的规范作用。

## 简论朱熹的训诂原则

贾　璐　《江南大学学报》（人文社会科学版）2015 年第 1 期

朱熹是宋学的集大成者，不仅是理学大师，而且在训诂学上亦颇有建树。朱熹采取由训诂以通义理的做法，既注重义理也绝不偏废训诂，其训诂原则可以概括为以下几个方面：重视旧注，博采群说；实事求是，阙疑处不强作解；不墨守成说，自创新解。这些原则从不同角度反映了朱熹对待训诂的态度，几乎贯穿于朱熹的整个训诂过程中。朱熹的训诂在汉语史上是起了承前启后的作用的，他的兼采汉宋、注重训诂考证的思想，为清代小学的繁荣奠定了基础；他反对传统解经的泥守成说，在训诂实践中常多新解，创获颇丰，在中国训诂学史上占有重要地位。

## 简论宋儒“一体之仁”的思想及其现代意义
### ——以张载、二程、朱子的“一体之仁”思想为例

吴根友　Peng Ping　《孔学堂》2015 年第 2 期

宋儒提出的“一体之仁”的命题，是对先秦原始儒家仁学思想的一次新发展，张载、二程、朱子等

人对于“一体之仁”的理解并不完全相同，但都认同这一命题，体现了宋儒在仁学思想方面的一致性。宋儒“一体之仁”的思想经过明代哲学家王阳明的发展，再经过王门后学的一支“泰州学派”王艮的发展，中经李贽，再穿过清代，到晚清谭嗣同的解释，发展出“仁以通为第一义”的新命题，从而与近现代的人道主义思想发生了内在的关联。这一命题在当代仍然可以与生态主义思想发生联系，并且可以为生态主义提供中国式的哲学根据。

## 从朱熹到王阳明：宋明儒学本体论的转向及其基本路径

朱晓鹏 《哲学研究》
2015 年第 2 期

传统儒学本体论和其他传统本体论一样都具有两个基本维度即其认知维度和价值维度。从朱熹到王阳明的形上学演进，在历史和逻辑两方面实现了一个重大的本体论转向，即向本体论的认知维度和价值维度相统一的转向。王阳明的良知本体论不但深化了其本体论的认知维度，而且塑造了良知本体的意义世界，实际上重建了儒家形上学的价值之维，最终实现了本体论的认知之维与价值之维的统一，使阳明心学在融摄三教的基础上不仅提供了一幅独特的形而上的世界图景，而且展示了其所蕴含的昂扬的主体性精神和丰沛的意义世界，表现了一种不同于宋儒的本体论取向，达到了宋明儒学的形上学高峰。

## “义”·“人情”·“礼乐器数”
### ——朱熹论“礼”的传承与修订

冯　兵 《哲学动态》
2015 年第 2 期

朱熹几乎终其一生都在进行宋代新礼学的建构与实践，而“礼”的传承与修订原则，则是其中的核心命题。在朱熹看来，“礼”“理”一体，然亦需“义”作为“礼”在日常生活中体现和实践天理的枢机与准则，因此，“以义起”便构成了“礼”的传承与修订最基本和最重要的方法。此外，强调礼乐实践主体的情感元素在“礼”的传承与修订中的主体性地位，以及对“礼乐器数”的物质化传承功能的重视，亦同样构成了朱熹对“礼”的传承与修订原则的基本认识。在宋学背景下，朱熹在“礼”的传承与修订实践及相关的理论探讨中，显示出了难能可贵的理性和务实的理论面向，对传统礼学的现代转换与传播也有较高的理论借鉴价值。

## 朱子所谓“四子”何指

——四子：六经之阶梯；近思录：四子之阶梯

石立善 《衡水学院学报》2015年第2期

从朱子本人对“四子”一词的用法，从朱子对“四子”与“六经”的关系的认识与阐发，从记录者陈淳对“四子”一词的理解，从朱子这段话的内在逻辑结构，从后世儒者对朱子这段话的理解等5个层面进行了分析，得出结论：“四子”无疑就是指《四书》，即《大学》《论语》《中庸》《孟子》。将“四子”解作周惇颐、张载、程颢、程颐，看似合理，其实是非常荒谬可笑的。读书要从记载了北宋理学家周、张、二程的话语的《近思录》入手，《近思录》是通往《大学》《论语》《中庸》《孟子》的阶梯，而《大学》《论语》《中庸》《孟子》又是通往《周易》《尚书》《毛诗》《三礼》《春秋》等六经的阶梯。

## 从“理同气异”到“一本万殊”

——论朱熹与黄宗羲对佛教“一切众生悉有佛性”的回应

米文科 《中国哲学史》2015年第2期

在佛教“一切众生悉有佛性”思想的影响下，对于人物之性，朱子提出了“理同气异”和“气异理异”的说法，一方面来回应佛教，另一方面则维护孟子的“人禽之辨”。但“理同气异”与孟子的人性论有着本质区别，从而使儒家的性善论走向泛性善论。黄宗羲则根本否定了朱子的说法，他从“天人一气”的角度出发，指出人物之性是“一本万殊”的，即人物之性都来源于一气，但人之所禀是“有理之气”，而物之所禀则是“无理之气”，故唯有人具有仁义礼智的道德属性，而草木禽兽只有知觉运动，从而使理学的人性论又回到孟子的性善论中去。

## 李二曲“心体”论诸说

——从对朱子理学与阳明心学的融摄说起

常　新 《中国哲学史》2015年第2期

“心体”系宋明理学一重要概念，具有本体论意义，它直接肯定道德主体与道德法则之同一性。在李二曲哲学中，对“心体”问题的辨析是其建立道德形而上和道德主体论的拱心石，也是二曲解决内圣之境何以可能的切入点。其“心体”之意大致指心的本然性质、面貌、状态；心之“体”即性之理。二曲“心体”论既像朱子那样重视其认知之义涵，强调心体之“虚明”，又继承王阳明重视“心体”

作为道德本体之传统，强调心体之“至善”。李二曲“心体”论体系所涉及概念较多，概念之间存在一定差异，这些差异蕴含着主体意识、道德本体、修养工夫等内容。其“心体”论逻辑终点为“人心”，它有可善、可恶之可能性，当人心与世运发生冲突之时，李二曲主张“明心”与“体理”，使“心体”能明善复初，葆有其性。

## 人心道心相为始终说是李栗谷的最终定论吗？

谢晓东 《中国哲学史》 2015 年第 2 期

韩国大儒李栗谷的人心道心相为始终说，是一种独特的人心道心论。但是，该学说存在明显的内部矛盾，故而是一种不稳定的观点。明确意识到人心的普遍性之后，栗谷实际上就放弃了该观点。他的晚年定论是道心人心统一论，即道心为主人心听命，从而相当程度上向朱熹的观点回归。

## 朱熹对待扬雄与《反离骚》态度及其原因探析

徐 涓 《湖北大学学报》（哲学社会科学版）2015 年第 2 期

朱熹注释《楚辞》时对扬雄及《反离骚》极尽讽刺。其实在现实中，朱熹对扬雄的态度比较复杂，他对扬雄学问有批评也有肯定。究其原因，有现实政治方面的因素，更重要的是朱熹持道文统一并以道为本的道文观念。朱熹认为文从道中流出，道之形体便是性，性乃心之本体，包含仁义礼智信等道德，心之用为情感、意志。在评价作家作品上，他并不是追求文字背后所蕴含的道理，而是通过对文章作者道德之考察，来评判其作品优劣。朱熹因不满扬雄失节，便批评其人及其作品，但对扬雄学问却也不得不肯定，显得有些勉强。

## 朱熹《大学章句》“诚意”注解定本辨析

陈 林 《孔子研究》 2015 年第 2 期

朱熹晚年对《大学章句》“诚意”章多有修订。他放弃了原来把“毋自欺”理解为要人在几微毫厘处做工夫，以求达到十分为善的思想，而最终把“自欺”理解为人知道应该为善以去恶，但内心所发之意念有所不诚的心理状态。朱熹对“诚意”章的修订，理顺了诚意、自欺、自慊、慎独之间的关系，使“诚意”章全篇文义通畅无碍。朱熹最终把《大学》经文“欲正其心者，先诚其意；欲诚其意者，先致其知”中的“诚意”注解为“实其心之所发，欲其必自慊而无自欺”。

## 从朱熹的诠释思想展望中国现代诠释学

李清良　夏亚平　《中国文化研究》2015 年第 2 期

朱熹的诠释思想是整个中国经典诠释传统中的理论高峰和典型代表，对于我们探讨中国现代诠释学的建立和发展极有启发。综合考察朱熹的诠释思想，可以说它实质上是一种古典的“仁学诠释学”，即以儒家仁学为基本原则对诠释活动加以全面系统的反思、解释和规定，从而将诠释之道从本质上视为在意义世界中修身成己、安人成物的仁道，并将诠释活动从根本上视为在意义世界中践行仁道而修己安人的工夫。进一步看，作为中国经典诠释传统之主流与大宗的儒家诠释传统，其理论思考其实也可以说是古典“仁学诠释学”。中国现代诠释学乃是中华文明基于其诠释传统而自觉建立的现代诠释之道，其主要发展方向应是力求将古典“仁学诠释学”转化为现代“仁学诠释学”。

## 论理雅各对朱熹《诗》学的接受

董　娟　《孔子研究》2015 年第 2 期

理雅各英译《诗经》与朱熹《诗》学有着密切的关系。理雅各不仅赞同朱熹“自然的”批评风格，而且在废《序》言《诗》、比兴标定等具体问题上亦与朱熹保持了高度的一致。这使得英文世界第一部全译本《诗经》自面世以来就带着浓厚的宋学色彩。当然，理雅各对朱熹的推崇并不是毫无判断的盲从，而是批判性的欣赏。理雅各对朱熹批评方式和批评能力的张扬呈现出宋学于传教士汉学研究中不断上升的趋势，也体现出该时期有别于前汉学和现代汉学时期独特的“耶儒互动”与中西比较风格。

## 朱子对程门后学心性论思想的批判和总结

李敬峰　《孔子研究》2015 年第 2 期

心性论是洛学建构的核心内容。程朱之间的程门后学接续二程，阐释和深化洛学的核心话语，使心性论思想上的分歧和共性更加显豁地展示出来。朱子为重塑道统，采取扬弃的态度审视程门后学的心性论思想，从气质之性、工夫论、仁学三方面对程门后学的心性论思想进行反思、批判、总结和开新，最终建构了集大成的闽学体系。

## 《近思录》的“教学之道”与朱熹的教育思想

秦　月　程水龙　《温州大学学报》（社会科学版）2015年第2期

朱熹的教育思想与《近思录》“教学之道”的语录文字连接紧密，二者存在相当的一致性；《近思录》语录文字是朱熹辑录与发明，是有意张扬四子思想，并借以表达自己教育思想之取向。程朱理学，注重人之禀赋的开掘，达成圣贤；强调早期教育，“以豫为先”，养成“圣贤坯璞”；对传统教学内容的继承与拓展，尤重洒扫应对；对教法阐释透彻，继承而推新。这些在当下对我们有很好的启示。

## 人格的不完满性及其先天根源
——论朱子气质之性的核心内涵

江求流　《船山学刊》2015年第2期

朱子的仁义礼智之性是主体的内在本性，而气质之性则是主体的现实品格，即人格。人的现实品格总是表现为种种差异性；这种差异性，相对于圣贤那种理想人格而言则是不完满性。气质之性形成是由于每个人生来所禀之气的品质不那么清明纯粹，从而使得主体内在的仁义礼智之性的功能受到抑制，因而是气禀这种先天因素造成的。因此，气质之性与人格在内涵上的等价性，也就意味着现实人格的不完满性并非简单地是由家庭环境、社会风俗、学校教育等后天因素造成的，而是存在着其先天的根源。

## “反朱”思想研究：发展历程与内在逻辑
——以宋明清理学为中心

李山河　《沈阳工程学院学报》（社会科学版）2015年第2期

“反朱”思想是指称理学思想内部反对朱子思想或与朱子思想路向不相契合、存在内在强烈冲突的个别思想家或某个思想流派的总的汇称。这不仅是对反朱历史现象总特征的一个概括，而且为理学在宋明清三代的理论发展提出新的研究视角。总体来说，“反朱”思想经历了宋明时期“心性义理”层面的“反朱”、明末清初“实事实行”层面的“反朱”和清代中期社会伦理层面的“反朱”。“反朱”思想的历史展开尽管不同时期不同面貌，但其遵循了共同的内在逻辑，表现为都以朱子作为潜意识的对话客体，都是建立在曲解或错解朱子思想的基础上，都在反朱过程中无形助推了朱子学的不断发展。

## 历史世界是如何可能的

——环绕余英时《朱熹的历史世界》之思考

徐　波　《清华大学学报》(哲学社会科学版)2015年第3期

《朱熹的历史世界》是余英时先生对宋代政治文化史潜心研究的结晶。正如康德以回答"先天综合判断是如何可能的？"这一问题从而在哲学史上进行了一场"哥白尼式的革命"，余英时则在描绘朱熹及其所处时代士大夫政治文化生活的基础上，推动了学界对于相关领域研究进路的一次"哥白尼式的回转"。全书架构及其行文逻辑都有着鲜明的余氏风格，而其留有余地而锋芒毕露的风格亦引起了一些争议，书中提及的内圣外王、道统等重要概念的辨析和相关史料的考证值得进一步探讨。哲学与历史的进路须要兼顾彼此，不能人为"搁置"任何一方，而朱熹的历史世界也只有在这两者"体用一源的显微无间"之中才可能得到较为公允的认识。

## 朱子论"命"

赵金刚　《中国哲学史》2015年第3期

朱子对于"命"的讨论首先在于对与"命"有关的相关范畴的界定与厘清，尤其是分析这些概念之间的异同。在朱子那里，命、性、天、理等范畴是"即同又异"的。在朱子思想中，命是一个综合性范畴，"命"可以从理气、天命流行的角度来讲，与此同时，朱子对命的讨论也容纳了传统"命"说当中的诸多含义，如前定、所遇、所值等等，朱子将这些内容都综合进一个自然造化的命的流行过程之中，通过流行中固有的理与气去容纳传统所讲之"受命""遭命""随命"等内容。朱子之命更偏向理，单独的"气命"的言说在朱子那里不可能成立，而一旦要谈所谓的"理命"时，气也必然在其中。气在命中的地位更多的是解释性的，而命之于理则更强调后天的人的实践性。

## "两样鬼神"何以"不是二事"

——论朱熹鬼神观兼及江户儒者的质疑

傅锡洪　《杭州师范大学学报》(社会科学版)2015年第3期

在朱子学的理论构造中，有关鬼

神的论述涉及“鬼神主乎气而言”和“鬼神以祭祀而言”两大论题。朱熹极力主张“两样鬼神”“不是二事”，而这一命题与儒家天人合一之学有密切的理论关联。那么“两样鬼神”何以“不是二事”呢？首先，从《乐记》“明则有礼乐，幽则有鬼神”的观点出发，“鬼神即是礼乐道理”，此点结合《礼记》《易传》的相关论述，可以窥看天道与人道是如何沟通的；其次，就朱熹“鬼神之理，即是此心之理”之说，祭祀之时求阴求阳、诚报气通，人神“合莫”而绝非假设；最后，从东亚儒学视域出发，日本江户儒者对“两样鬼神”“不是二事”之说有所解构。在中国传统儒学中，人道本于天道，人伦基于自然，故“神道设教”被诠释为神妙之道，即礼乐之道，即天地自然之道。然而对于这一观念，自江户中期以来如荻生徂徕，则将其理解为绝对的宗教信仰，而且具有重要的社会教化功能。

## 朱熹“诗”学通论

郝　永　《西南民族大学学报》（人文社会科学版）2015 年第 3 期

所谓的朱熹的“诗”学通论，是基于其《诗》学、诗论和诗作整合为一的考察。朱熹于《诗》学上降次而不废黜《诗》，其路径是：在以《诗》为诗认知前提下，先废黜汉唐政教美刺的《诗经》学体系，再建立新的理学化《诗》学体系。在诗论诗作上，作为理学家也以“作文害道”的理念贬抑诗，但却贬而不废，有“诗人之言”的诗论和千三百首的诗作。在诗歌美学上是一个“平易”的主张：以里巷歌谣、朝廷宗庙乐歌解《诗》；诗论中反复申说“平易”；诗作也贯彻着“平易”主张。降而不黜《诗》、贬而不废诗歌以及“平易”诗美主张，和朱熹对诗歌本质即真情实感的即时抒发而非搜索枯肠的苦“做”，以及理学家、诗论家及诗人的集多重身份于一体有因果关系。朱熹的“诗”学思想是为人生的一派，于诗歌为艺术的特质上存在不足性。

## 对朱熹《阴符经考异》的再考察

王宗昱　《世界宗教研究》2015 年第 3 期

清代初年开始以朱熹的名义行世的《阴符经考异》实际上是一个被逐渐改造成的本子。它的注解文字出于蔡元定之手。其他文字则是黄瑞节从朱熹以及其他学者的著作中汇编成的，而且是作为附录。能够揭开历史真面目的是元代黄瑞节编辑的《朱子成书》。但是，在《朱子成书》以前就出现了朱熹注解《阴符经》的说法。《朱子成书》本也在明代被作为“崆峒道士邹䜣注”的名义进入了《正统道藏》，抹杀了蔡元定的著作权。本文描述了《朱子成书》本被改编改名的过程，指出被四库全书收录的《阴符经考异》文本来自吕留良刻印的《朱子遗书》。朱熹撰写《阴符经考异》的说法定型于清初甚至更早。这个著作权的演变可以看作是一段朱熹神话。

## 易学视域下之朱熹“理”“气”关系探微

吕相国　李美玲　《徐州工程学院学报》（社会科学版）2015 年第 3 期

朱熹“理”“气”关系贯穿其思想之始终，“是整个朱子哲学的生发之源”，而其对“理”“气”关系问题的回答亦主要来源于《周易》。就“理”“气”关系在朱熹易学中的地位而言，他是以“理”“气”关系为框架来融摄“象数”和“义理”两派，从而能终成其“集大成者”的学术地位。他主要沿着如下逻辑脉络进行论述：首先，在朱熹看来“易即道”，且“易即理”，从而实现易学与“理”“气”思想的沟通；其次，朱熹基于《周易》为我们提供了三种比较稳当的“理”“气”划分方式，即“形上形下”的划分、“一阴一阳之谓道”的划分、“易有太极，是生两仪”的划分；再次，他认为“阴阳”二气之间存在着两种关系形式，“流行底”和“对待底”；最后，他得出“易只是个阴阳”的命题结论。

## 从伊藤仁斋“道论”的重构来看德川儒学“反朱子学”之特色

吴　震　《河北学刊》2015 年第 4 期

伊藤仁斋为 17 世纪日本“古学派”的重要代表人物之一，是德川早期“反朱子学”思潮的重要推手。他以复原儒学古义为方法，通过批判宋儒形上学，以重建儒学“道论”，形成了独特的仁斋学。他认为“理本死字”而“道本活字”，提出了“一乎生故也之理”“一乎生故也之道”的命题，将理和道视作宇宙生生化化之过程本身，其道论思想的特质在于：道在事中、俗中，强调“道”的人伦日用性、平常可行性，反对宋儒将“理”或“道”解释为“来历根原”的形上存在。仁斋学之“反朱子学”的案例表明，近世日本儒学已开启了“日本化”进程，仁斋学便是儒学日本化的典型形态；而这一形态又充分说明，儒学在东亚完全有可能产生新的转化。

## 气质以言性：朱熹“气质之性”概念的哲学分析

张锦波 《安徽大学学报》(哲学社会科学版)2015年第4期
中国人民大学复印报刊资料(中国哲学)2015年第9期转载

“气质之性”这一概念并非朱熹首创，但朱熹在他理学思想的语境下对它重新进行了理解、使用和讨论。文章从“气质之性”这一表达本身入手，从“性”“气质”两个角度来考察朱熹的“气质之性”概念。通过对朱熹“气质之性”概念的分析，可以看出，朱熹以“气质”言“性”，在其理学视域下突出“性”之本义(“生”)，并使他关于“性”的诸问题的思考在上贯形上层面的同时也始终着落于现实世界，着落于实处，这彰显出理学家关于“性”的思考始终葆有对现实世界的现实关怀，也体现了朱熹理学思想的实践品格和迥异于佛老人性论的理论特质。

## 朱熹与王淮交游考略

顾宏义 《华东师范大学学报》(哲学社会科学版)2015年第4期

对于朱熹与丞相王淮之关系，因淳熙九年(1182)朱熹弹劾唐仲友及此后王淮反“道学”之事，故世人多着眼于两人间之交恶纷争，而对朱、王两人此前的密切交往却甚少关注。依据朱熹致王淮的书信以及相关史料，可以探考两人的交游始末。据朱熹《建宁府崇安县五夫社仓记》，朱、王初识于乾道四年(1168)，此后两人关系亦颇为融洽。直至朱熹弹劾唐仲友一事后，两人再无往来。

## 朱子之仁：道德实践的自律主体

赖尚清 《孔子研究》
2015年第4期

当代新儒家之一的牟宗三以朱子道德为他律道德而判定朱子哲学是别子为宗，其核心理据是心是气心，理是但理，性只存有不活动，心具理是当具而不是本具。因此，朱子道德哲学没有道德主体，只能成就他律道德。其实，朱子之仁，作为仁心则是善良意志，是道德实践的自律主体，是道德理性与道德情感的统一，仁作为心之德本身即具有实现道德法则的力量；作为仁理，则是仁心所颁布的道德法则；作为仁情，则是具有先验性的道德情感，乃是道德主体对道德法则的一种表象，即四端；作为仁境则实现了意志之自由，即意志之积极自由与消极自由，其结果是康德自律道德之证成，自由意志之实现。

## 日本接纳《易经》的一个侧面
——以伊藤仁斋的《易经》解释为中心

土田健次郎 《河北民族师范学院学报》2015 年第 4 期

伊藤仁斋是日本江户时代最著名的儒者之一。他在批判朱子学的同时，主张直接回到孔子和孟子。此外，他否认了朱熹将《易经》视为卜筮之书的看法。仁斋认为卜筮的存在本身是与儒家的原则相悖的，因此他坚持，根据卜筮的结果比如“吉”或者“凶”来改变未来的行动是一种功利主义。因为孟子主张行为应当以从利中彻底区分出来的义为依据，因此他认为卜筮是与义相对立的。然而，朱熹在仁斋的批判之前就已经意识到了这个问题，他认为应当无视卜筮的结果，道理不当为，自是不可做。但是另一方面，朱熹认为只有在无法抉择何为道德上的当为之时，卜筮才能被允许。仁斋对此表示反对，因为他认为道是易知的。他否认朱熹，但是实际上却极大地延展了朱熹已经注意到的问题。如前所述，仁斋拓宽了朱熹之学，同时批判了整个朱子学。在江户时代有许多的反理学，它们以朱熹之学为基础却反过来否定朱子学。总之，受益于朱熹之学的存在，日本的古学（以回归古代儒学为主旨的学派）开始发轫。此外，如对卜筮的观点一样，仁斋表示出了对动机纯粹性的尊崇，这恰是日本理性思维中一贯流动的特征之一。

## 体验主义视域下对朱熹道德理论家庭模型的探析

张 寿 《东疆学刊》2015 年第 4 期

在体验主义视域下，朱熹的理学乃至道德理论具有“理是道德的权威”“理是道德的力量”“理是道德的秩序”等核心隐喻，这意味着朱熹的道德理论主要是以由上述三个核心隐喻所决定的“严格的父亲”家庭模型作为基础和根据建构起来的。这种经验诠释，一方面印证了体验主义相关主张的正当性；另一方面也初步探索了朱熹道德理论被建构成符合当今新的认知科学知识的，即“以经验为主地负责任”的道德理论的可能性。

## 论朱熹的题咏、题画诗

胡迎建 《洛阳师范学院学报》2015 年第 4 期

朱熹有两类相关的诗——题咏、题画诗。一是赠给主人的诗，是为其建筑（如堂、屋、轩、藏书阁、园林）而题咏。这类诗既写出了建筑的特点、建筑本身的美，又根据建筑物命名之意进行阐发，兼写主人的胸怀、志节。通过题咏此物，见出对主人的劝勉、叮嘱。二是题画诗，此类诗多采取前两句写画中景，后两句展开议论的章法，议论以补充画作未有之意。从中可见，朱熹深明诗画同源之理，具有很高的艺术品鉴能力，诗中情感深厚，爱憎分明。这两类诗均充溢情趣景趣，见其真性情。

## 朱熹陆九渊无极太极之辩与道家道教的关系

孔令宏 《上饶师范学院学报》2015 年第 5 期

朱熹与陆九渊的学术辩论是宋代以来中国哲学史上的重要事件，其中无极与太极的关系是双方辩论的问题之一。文章将其放到儒道关系的大背景中予以考察，并阐明这一问题所涉及的形而上哲理的一个侧面，即无极与太极关系所代表的道与物的关系的两种解释方向：本源论与本体论。道家、道教讲无极而太极，多是就本源论而言，阐明道生万物的关系。朱熹把无极解释为无形，是想把太极解释为理，凸显理的本体地位，阐述“无形而有理”的观点。

## 论曹南冥的“主敬”工夫及其特色

——兼论曹南冥“主敬”工夫的横渠学渊源

林乐昌 《南昌大学学报》（人文社会科学版）2015 年第 5 期

16 世纪朝鲜大儒曹南冥倡导和实践的“主敬”工夫，在其以“敬义”标宗的性理学中占有突出的位置，并展现了笃学力行、修道进德和博求经传、敛繁就简、反躬造约的特色。其“主敬”工夫有不同于前哲时贤的特色为：“以主敬为求放心之功”；“整齐严肃”，心肃容敬；佩铃自警、书壁为铭；“存心”“穷理”“以制事变”的思想脉络和“下学上达”的进学之序。曹南冥“主敬”工夫来源于《易》《论》《孟》《学》《庸》以及二程与朱子之学，同时也受到横梁学的深刻影响。

## 朱熹辞赋通论

郝　永 《河南大学学报》（社会科学版）2015 年第 5 期

朱熹辞赋通论是对他辞赋思想与辞赋创作的贯通性讨论，研究的文本对象有《楚辞集注》、他关于辞赋的论述以及《白鹿洞赋》等辞赋作品。朱熹辞赋内在地存在理学的本体、以

《诗》诠赋的方法和尊崇骚赋的价值观等贯穿其辞赋思想与辞赋创作的共性特质。理学的本体是一以贯之的主线；以《诗》诠赋是楚辞解释的新境界，但却仅是一种方法论，因为他依然视辞赋为“文”而没有将其当作诗歌；基于规讽之旨和平易之文主张，他尊崇骚赋而贬抑汉大赋、俳赋、律赋、文赋等，是为其辞赋价值论。集哲学家、辞赋理论家和辞赋作家于一身，是导致贯串朱熹辞赋思想与辞赋创作三大共性特质的内因，也是其积极意义和局限性的根源所在。

## 对朱熹“罕言命”的思考

史少博 《兰州学刊》
2015 年第 5 期

朱熹认为死生有定命，是宿命论者，但是朱熹又主张“罕言命”，其原因是他认为“人欲避祸，终不能避”；“气之命”无法操控、“理之命”人可以把握；“若尽言命，恐人皆委之于命，而人事废矣”。朱熹“罕言命”虽然存在瑕疵，但是当今对我们仍有启迪。朱熹的“罕言命”启示我们不畏命，把握“理之命”，相信自己，只要我们有上进心，有勇气、有信心、有恒心，就会不断战胜困难，不断进步，努力把握自己的命运。另外，朱熹“罕言命”对当今破除迷信也有重要的积极意义。

## 论朱熹基于先天学的卦变说

张克宾 《周易研究》
2015 年第 6 期

卦变说是揭示卦之所自来的有着独特理论内涵和功用的象数义例，与变卦说不同。朱熹认为，卦变说非画卦作为《易》之本旨，属于后天之学。但细究其《卦变图》则不难发现，他是以先天卦序作为其卦变图建构原则的。这是朱熹以先天为体、后天为用思想的一种运用和落实。考诸《周易本义》注文，朱熹卦变有其突出的特点。据此，不少学者指出朱熹《卦变图》与《周易本义》注文不合。然详考其实，二者之间并不存在理论冲突，朱熹《卦变图》是一个纵横互通的系统，其施用原则非常灵活。朱熹卦变说是对程颐卦变说的批评，也是对李之才卦变说的发展，无论是在卦变理论特性的根本定位问题上，还是在具体卦变系统的建构和施用问题上，都取得了很大的突破，但同时也失去了或者说舍弃了卦变说中一些原有的理论意义和内涵。

## 朱熹《四书集注》语言诠释方法论的建构与运用

周光庆 《武汉大学学报》（人文科学版）2015年第6期

与300年来一些学者的估计不足相反，朱熹确实建构起了新的《四书》语言诠释方法论，成为其《四书》诠释方法论的重要组成部分。而且，他在创立语言诠释方法论时，既有对语言诠释的根本性即“义理从文字中迸出”、指向性即“正欲以语道”等理论性问题的探讨，又有对语言诠释的详密有序法即“循序而渐进焉”、立足语境法即“各随本文意看”、循环反复法即“终而复始，通贯浃洽”等具体性方法的建构，并努力使这两方面融合成为语言诠释方法论的整体，以应用于《四书》诠释的实际，获得了《四书》诠释史上开创性成果，同时也推动了中国古典诠释学的发展。

## 冯友兰、牟宗三对朱熹“理”之不同诠释

乐爱国 《社会科学研究》2015年第6期

冯友兰、牟宗三对于朱熹的“理”做了完全不同的诠释，主要在于：冯友兰把理诠释为“共相”，并在此基础上把理先气后诠释为“逻辑在先”，讨论理的“无动无静”；牟宗三则把理诠释为形而上的“存在之理”，并在此基础上把理先气后诠释为“形而上的先在”，特别强调理的“只存有而不活动”。虽然他们都认为朱熹的理是客观的，并否定气由理而产生出来，但是，牟宗三反对冯友兰“以新实在论的思想解析朱子”，并且强调朱熹的理“只存有而不活动”是对于理的道德意义的减杀。从这个意义上说，冯友兰对于朱熹“理”的诠释，是哲学史的诠释，而牟宗三的诠释则是儒学史的诠释。

## “新道统”理念下的偏见

——朱熹讨伐“苏学”的文化诉求

沈松勤 《北京大学学报》（哲学社会科学版）2015年第6期

在朱熹的心目中，风行于朝野的“苏学”既使广大士人“被其毒者沦肌浃髓而不自知”，又严重地阻碍自己“新道统”的创构与张扬，因此展开全面深入地讨伐与清算。朱熹创构与张扬以“心性”为内核的“新道统”是对高宗的“道统”传承权与掌控权的公然否定，目的在于以“道统”传承者的身份，劝君行道，以“新道统”的理念引领君王治天下，

具有强烈的政治儒学化的文化诉求。“新道统”是朱熹处理文道关系的思想基础，形成道主宰文、“文便是道”的文道观，忽略文学独立存在的价值，与他对“苏学”的讨伐一样存在明显的偏见。对此须联系朱熹勇于挑战君权，张扬“新道统”的历史场域及其文化诉求加以认识。

## 朱熹易学的诠释特色

### ——兼论朱熹对程颐的批评

唐　琳　《孔子研究》
2015 年第 6 期

朱熹认定《周易》为卜筮之书的性质，并结合卜筮之书的特点，开创性地阐发了卜筮、象数和义理的关系，形成了他以卜筮为基础，由象数入于义理，经“悟象”入于“修德”的易学特色。朱熹以《易》为卜筮之书绝不是泛泛之言，而是关联着他对《易》文本自身特点的认识。其在具体阐发中不乏新见。尤其是基于卜筮之书的这种定性，对卜筮和道理的内在关系的分析，以及通过假托说以弥缝《易》教“洁净精微”的诠释，均极富特色和新意，值得关注。

## 朱陆异同论的历史形态考察

徐公喜　《江淮论坛》
2015 年第 6 期

“朱陆异同”是中国学术思想史上极为重要的讨论课题，从南宋淳熙二年（1175）鹅湖之会至绵延今八百多年，其间研究者不乏其人。朱陆异同不仅是难解的论题，而且围绕朱陆异同所衍生的学术问题与思索，可以说是理解南宋以来学术发展的一条极为重要的线索。诚如清代章学诚所言：“宋儒有朱、陆，千古不可合之异同，亦千古不可无之同异也”。对朱陆异同论这一学术现象的研究，不能仅仅将朱陆之异或朱陆之同作为一个孤立的观念系统，而应与时空、个体与学派以及社会政治文化等诸多层面结合起来看待。本文在总结前人研究成果的基础上，将朱陆异同论的发展轨迹概括为发轫、异化、消融、流变、鉴证等五个演进历程，并将其在不同进程中所呈现的历史形态总结概括为朱（朱子）陆（象山）之辩、门户之见、朱陆之和、早晚之争、方法之变等五种。

## 论程端蒙对朱子学的体认与阐扬

周茶仙 《江淮论坛》2015年第6期

朱子学的鼎盛，其门人的贡献功不可没，他们对朱熹学说的承继、发扬、传播，实有不可磨灭的作用。同时，历代学者的学术思想，绝非凭空乍起，必是前有所承，后有所启，若是忽略师承的部分，便无法得知其人对师说的阐扬与省思，会造成学术史研究的断裂甚至空阙。程端蒙作为朱子门人，对朱子学的追求虽不是对学说的高深探究，而更多的是一种学术的选择，而且尽管在朱熹看来，程端蒙对义理之体悟未精，“于所谓亭亭当当恰好处，未免不子细也”，但他始终能够以朱子为依归，承学、吸收了不少朱熹的思想主张，有很多唱和、鼓吹朱子学之处，并形成了自己的思想理路，所以其思想仍有可观。

## 理学美学视域下朱熹的文艺批评观探究

刘桂荣 《西北大学学报》（哲学社会科学版）2015年第6期

朱熹不仅哲思渊深，且广涉博览，其文艺批评思想丰富而独步。“文从道出”成为其文艺批评的本体建构；“心统性情”倡言以“心”为主体；“法度即自然”的创作观尊崇法度也推崇自然；提出“得意妙神，以寄真赏”的鉴赏观；强调“观乎德性”的价值观，其文艺批评思想彰显出对自身生命及艺术精神的独到理解，主张文艺创作“未必要人看”，文艺生命的存在不是以外在为最终目的。

## 20世纪以来朱熹经学与文学研究综述

赵聃 《文艺评论》2015年第6期

在中国历史上，由于特定的意识形态背景，“为数众多的经学家兼治文学，文学家亦擅长经学，而经典本身又蕴藏着丰富的文学思想，具有很高的文学价值。”而朱熹就是这样一位经学与文学皆擅长的学者，其经学思想与文学思想有着千丝万缕的联系。正如蔡方鹿教授所说：“朱熹的经学思想是他整个学术思想中十分重要的组成部分，甚至可以说是他整个学术思想的根基。”朱熹的一切思想，“都是建立在他的经学思想基础上”。因此，在经学史与文学史的交叉视野中来研究朱熹经学与文学的重叠、共生状态，有利于我们从整体上把握朱熹经学与文学的动态关系。

## 朱熹对书法与诗文贯通一气的审美追求
### ——以劲健雄浑之笔力为中心

杨万里 《暨南学报》（哲学社会科学版）2015 年第 7 期

朱熹提出“字随年长”的书论观念，以为随着功力的加深与真气的充盈，文艺笔力亦逐渐走向老健。他在诗文、书法创作与批评实践中极力推崇雄健笔力，认为文艺作品劲健雄浑的笔力是对主体君子人格与高逸胸次的彰显，如此也便可以借推崇雄健笔力之机振起当时萎靡世风，此正是其功利文艺观的体现。从根源上说，朱熹对雄健美学的推崇亦有其扶阳抑阴的哲学思想与追慕君子人格的道德理想为支撑。最后，除雄健笔力外，他对书法与诗文贯通一气的审美追求在其他方面也有体现，如萧散风神，中正体势和古雅气韵等，这些共同诠释了他意在“中和”的文艺美学追求。

## 程门学派对朱子学的挑战及与王学之遥契
### ——以黎立武的《大学》诠释为中心

许家星 《哲学研究》2015 年第 8 期

朱子对《四书》所做的创造性诠释，奠定了理学话语体系，其中尤以对《大学》的诠释影响深远。如何面对朱子的《大学》，成为“后朱子时代”学者无法回避的重大课题。朱子学的发展壮大是在与诸多学派的论辩、竞争、统合中完成的，一方面是对象山学派、浙东功利学派的“攘外”，另一方面是对程门内部各分支学派的“安内”整合，即把二程思想“系统化”与“格式化”，最终形成了以朱子学为主干的新的经典体系与道学认同。但就学术史来看，即便在已为“世所宗尚”的宋元之际，朱子学仍然遭到了来自程门分支“兼山学派”的有力竞争，黎立武即是其代表人物。就宋元明这一广阔思想背景来看，黎立武率先扛起《大学》古本的大旗，力主格致传并无缺失，倡导《易》与《大学》融通互诠，视“知止”为《大学》枢纽，其思想独到而富有开创性，并与明代王学具有某种程度的遥感与呼应。

## 从孟子到朱熹、戴震
### ——试析孟学发展的心路

张允熠 《哲学研究》2015 年第 8 期

孟子之学在先秦属儒家八派之一，秦灭之后，其徒被灭。西汉时司马迁始为孟子作传，至东汉列《孟子》为传记博士，不及五经博士。有赵岐其人推崇孟子，始得“亚圣”之称。唐代韩愈为抗衡佛教而矢志接续儒家道统，提出“求观圣人之道，必自孟子始”，孟子之学才发扬光大。至宋代朱熹“始著”，继承了孟子的心性之学和王道仁政思想，并将其纳入理学的逻辑框架，从而真正奠定了孟子在儒家道统上的历史地位。清代是“古学复兴”的时代，戴震致力于解蔽被朱熹理学化了的《孟子》一书，试图恢复原始儒学的本真面貌。但戴震的研究也并没有真正回到孟子的始点，而是完成了对孟子原典的“否定之否定”历程。

## 朱熹是泛认知主义吗？

——兼论牟宗三对朱熹“知论”的诠释

陈永杰 《福建论坛》（人文社会科学版）2015 年第 9 期

牟宗三先生认为朱熹是泛认知主义，判定其学理没有活动性，不能产生道德实践。我们不是从道德形上学，而是从道德动机结构的角度来展开讨论。一方面，有足够的文本证据证明朱熹晚年与心学并非格格不通，同样重视“即存有即活动”；另一方面，朱熹所论之“知”尤其是“真知”包含了发动道德行为所需要的情意欲等要素，与行的工夫并非割裂对立。因此，视其为喜爱分解、横摄静涵的泛认知主义系统显然有欠妥当。

## 朱子《孝经》学评议

陈壁生 《哲学研究》 2015 年第 10 期

朱子的《孝经》学为《孝经》学史上的一大转折。他的《四书章句集注》代替《孝经》成为五经的基础。正是由于朱子的理学立场，他不像汉代人那样从政治的角度，而是从个人道德的角度来思考《孝经》。这样，《孝经》中讲“孝”也不再是孔子立法的基础，而成为个人修身的格言。在这一基础上，《孝经》的一些内容也被认为是“害理”而受到朱熹的批判。朱子对《孝经》的这种理解，极大地影响了后世的《孝经》学。

## 李侗与朱熹的辩证思维方法之比较

张品端 《中共福建省委党校学报》2015 年第 10 期

李侗、朱熹的分合论和动静观在其辩证思维方法中独具特色。在分合论上，朱熹提出了“一生两”“一个包两个”的思想，并通过一切事物都有对和事物的相反相成，说明对立统一是普遍现象；李侗提出“分而为二”和“合二为一”的结合是周悉而无偏的方法，并将其运用到“四端七情”说中。在动静观上，朱熹提出：动静无端始，不可分先后；动静相为对待，不能相无；动静互为其根，静中有动，动中有静；动极复静，静极复动等动静思想。李滉进一步指出：理有动静、太极有动静，并运用体用关系，进一步解释动静论。但他们受历史的限制，其辩证思维方法都有一定的局限性。

## 唐君毅论朱子学中的“人心与道心”

蔡家和 《宜宾学院学报》
第 15 卷第 11 期

唐君毅先生对朱子学的态度，与牟宗三先生有别，虽二者都见识到朱子学的援引外学，但牟先生判其别子为宗，而唐先生却赞朱子学的伟大。人心、道心，乃朱子《中庸章句序》所关心的问题，颇受韩国朝鲜学者关心，如李栗谷有“人心道心说”，韩元震曾认为朱子人心、道心之见解前后四变。而唐先生以一心、二心、三心言之，视朱子言人心道心，虽有不同的前后变化，但可以相合：一心者，“虚灵知觉一而已矣”；二心者，心之知觉于“道”与“形气之私”之不同；三心者，乃在于人心处又可分为二，一种是已成的自私之心，而另一种是人心、饮食等，能不违于道心者之心。唐先生对于朱子学的前后期看法之合会，是唐先生的圆融个性之表现，其中对于恶的产生，也有细心体会。

## 从对“致知在格物”的不同诠释看新儒学的问题意识：从朱熹和王阳明到熊十力

张庆熊 《社会科学》
2015 年第 11 期

“致知在格物”是中国儒家古代经典《大学》中的名句。宋明时期，朱熹和王阳明对于这句话中“致知”“格物”及其关系的含义做了不同的诠释，反映出程朱理学与陆王心学之间的重大差异。到了现代，熊十力在《读经示要》中讲解《大学》时主张把王阳明对“致知”的诠释与朱熹对“格物”的诠释结合起来，表现出他所意识到的宋明理学与心学中各自的问题，以及他所发觉的以“良知”为基础的道德和以“认知”为基础的科学之间的张力。熊十力的这种综合工作标志着中国现代新儒家从致良知的内圣中开出科学民主的外王努力。

## 朱熹"中和新说"与关学关系探微

刘学智 《哲学研究》
2015 年第 12 期

朱熹心分体用的"中和新说"直接受到程颐的启发。而程颐先是力主性为未发、心为已发，后在与关学学者吕大临论"中"的讨论中，了悟到心也有未发、已发的不同；前者为心体，后者为心用。朱熹受此影响，遂有"己丑之悟"，实现了从"中和旧说"向"中和新说"的转变。朱熹后在解释张载"心统性情"说时，以"中和新说"对此做了进一步的发挥，使这一观点更为鲜明。

## 《大学·首章》发微

——立足于对朱熹注解的批判继承

王新水 《人文杂志》
2015 年第 12 期

朱熹以《大学》为孔孟儒学入门的纲要，但是他对其首章的注解不但有不少支离和自相矛盾之处，而且与他自己也无法否认的诸多孔孟要旨相疏离。他对"亲民""止于至善"和"明明德于天下"的解释，完全忽视了孔孟养民先于教民、以德取位和以"修己以安百姓"或"博施于民而能济众"为最高境界等要旨。他没有阐明"止于至善""明明德于天下"与"平天下"三者之间三位一体的关系。解释修身与正心的关系时，他没有对心之三用——道德心、认知心和情欲心——做出必要的分疏。他对"致知"的范围做了超出"诚意"所需的扩大，进而导致他对"格物"也做出了完全越出《大学》首章语境和旨在建构其自己理论体系的诠释。八条目中各相邻条目之间的逻辑关系有两种：必要条件和充要条件。

朱子学年鉴（2015）

# 朱子学研究硕博士论文荟萃

# 博士论文

## 修为以复性
### ——朱子哲学的问题意识及其展开

江求流（华东师范大学2015年，指导教师：杨国荣教授）

论文基于对朱子哲学原著的阅读，在充分吸收现代朱子学研究成果基础上，从本体与工夫这一基本视域出发，探讨了朱子哲学内在的问题意识及其整体性结构。主要涉及以下几个方面的内容：第一章主要处理朱子哲学中的理气论问题。在作者看来，朱子的理气论实质上是针对在当时具有重要影响的佛教的性空论。而性空论又涉及真如缘起思想，即天地间的万物都是真如本心幻化而成的。在朱子那里，性空论的克服构成了理气论的核心问题，而对性空论的克服又涉及气化生物的问题。朱子认为从本源上说万物都是气化所生，而气内在地具有生理，这种生理在气化万物的过程中就内化为万物内在的性，这也就是在朱熹哲学中具有地位的“性即理”这一命题的基本内涵。而通过气中内在地具有理这一观念的揭示，朱子实际上对《中庸》的“天命之为性”进行了转化，从而无论是对万物生成还是对万物之性的来源问题的理解都不再诉之于神学目的论。因此，理气论也内在地包含着对目的论的消解。对性空论的克服是第一章的主要内容，而在朱子那里，对性空论的克服所关注的核心问题是对人性实在性的论证。人性的实在性在朱子那里主要是涉及本体的问题，而体总是离不开用，因此比人性实在性更重要的是人性的功能是什么的问题。朱子对人性功能的论证实际上是对孟子性善论的一种继承。在他那里，人性是一种感通能力，主体由于内在地具有这种感通能力，在人伦日用之中就能够自然而然地为善。因此，人性构成了人伦日用的本体论基础，或者说，人性构成了人伦秩序的内在法则。而作为主体内在的感通能力的人性之所以受到重视，也与朱子对人伦秩序的关注有关。正是因为人伦这种存在秩序非常重要，那种作为人伦秩序基础的人性才显得重要。概言之，人性的功能及其对人伦秩序的意义构成了论文第二章的主体内容。朱子对人性功能的阐发实际上是以性善论为基本内容。但性善论必然面临性恶论、善恶混等不同人性论的挑战。在朱子看来，人性本善，但这种为善的能力会受到气禀和人欲的抑制。气禀是人生来就有的，因此是抑制人性功能的先天因素，而人欲实际上是在人性功能发用之时，主体对它的有意违背，因此是抑制人性功能的人为因素。朱子哲学中的气质之性与天命之性之间的关系主要涉及的是气禀对人性的抑制问题，而天理人欲之间的关系问题则涉及人欲对人性功能的抑制问题。朱子通过对这两个方面内容的分析，实际上既坚持了性善论的，也回应了性恶论、善恶混等不同人性观的挑战。因此，论文第三章主要围绕抑制人性功能的双重因素展开的。人性受到气禀、人欲的双重抑制，因此只是以潜能的形式存在。然而，人性虽然潜能化，但它作为本体仍然具有重新发用的可能，这就涉及工夫的问题。因此工夫论之所以在朱子哲学中如此重要，就在于正是通过工夫，也就是后天的修为才能使得那种先天的人性潜能开发出来。这在朱子那里也就是复性的问题。而谈到工夫，就不可避免地涉及工夫的具体进路问题。但这一问题不同学派有着不同的理解。朱子与湖湘学派关于察识与涵养关系的辩论实际上主要涉及工夫进路的问题。而朱子心性论中的中和旧说向中和新说的转变也与工夫进路的问题密不可分。总之，修为以复性的工夫及其具体进路构成了论文第四章的主要内容。从朱子与湖湘学派的辩论可以看到，工夫进路的恰当与否对于复性的修养目标非常重要。但工夫进路不能盲目进行，它实际上有其当然之则，即有其规范性，对朱子而言，这种规范性必须通过格物致知才能弄清。因此，朱子那里的格物致知问题所涉及的首要问题就是对工夫进路的引导问题。当然，对朱子而言，格物致知不仅涉及工夫进路的引导问题，还涉及实践活动的如何进行的问题。这是因为，工夫问题以复性，即德性的成就为目标，实际上培养的是德性主体，但朱子这些儒家学者必须面对家国天下的众多实践事务，而处理这些事务也有其规范性，否则实践活动就会陷入盲目性。因此格物致知还涉及实践盲目性的克服问题。因此，论文第五章从工夫进路的指引与实践盲目性的克服两个方面展开了对格物致知问题的分析。总之，在作者看来，朱子哲学主要涉及上述所论的人性的实在性、人性在人伦日用中所承担的功能、抑制人性功能的双重因素、开发人性功能的工夫及其具体进路等问题。而其中以复性为目标的修养工夫问题无疑是朱子哲学关注的核心问题，因为对人性实在性以及功能性的论述实际上展现了人性的重要性从而也是复性何以必要的根源所在，而对抑制人性功能的双重因素的分析，则显示出修养工夫的必要性，此外对工夫进路的论述以及格物致知对工夫进路的引导性功能都与修养工夫有关。

# 南宋理学视阈下的《中庸》思想研究

王晓朴（河北大学2015年，
指导教师：李振纲教授）

对南宋理学视阈下的《中庸》思想进行研究，其意义在于吸收、借鉴相关古籍文献和理论成果，全面把握南宋理学家借助《中庸》阐发义理、找到复兴儒学本体化依据，进而对南宋理学学术发展做出描述和评价。“理学”之名始于南宋，主要是指义理之学，与汉唐之际的考据之学相对。汉唐儒学没有能够承继先秦儒学的本体化发展趋势，加之其烦琐化、神秘化倾向日益突出，偏重于文字的训诂与辩解，忽视对儒家经典书目的整体把握，严重束缚了儒学的发展与创新。宋代学者要重新复兴儒学在学术思想上的正统地位，就必须对原有的训诂之学进行否定，用义理之学诠释经典书目，确立义理之学的主体内涵。宋代学者对儒学的复兴，一方面要同佛老异端之学进行理论层面的对抗；另一方面需要解决自身的理论问题：首先是对天人之道进行内在的贯通，找到契合点，构建符合儒学的本体形态；其次，对人的心性问题进一步提升和扩充，实现人性与心的内在统一。他们依据先秦儒家的经典文本寻求答案，通过筛选找到了本体化的依据。以《中庸》为代表的一批著作，其所蕴含的价值和形态，更加适合宋代学术发展尤其是儒学思想的回归。根据南宋时期《中庸》思想的发展过程，论文结构主要分为以下几个部分：第一部分，主要探究《中庸》的出处以及《中庸》的主要框架和思想内涵，并对南宋以前的《中庸》思想发展做简短的概括。首先，以中、庸二字为出发点，对《中庸》一书的结构（天人之道、诚论和君子之道）进行分析；其次，从先秦儒家孔子、孟子和荀子的中庸观，至汉唐时期《中庸》思想发展脉络做一梳理；再次，以北宋学者对《中庸》思想的诠释为线索，重点把周惇颐到二程的《中庸》思想发展状况进行归纳和总结。第二部分，重点探讨以杨时为代表的学者在南宋初期对《中庸》思想的阐释以及发展过程。从南宋初期的政治和经济背景入手，挖掘其内在的理论根源；其后主要介绍杨时对《中庸》思想进行的诠释，主要从天人之道、君子之道、圣人之道、对荆公新学的批评等方面入手进行分析和评价。第三部分，介绍罗从彦“静坐体验未发”的“中庸”工夫论思想。从罗从彦对中庸的解释、对天命理的解释、静中体验未发之中、“主静”求中说和对后学的影响方面进行论述。第四部分，论述李侗“静默澄心，求得未发之中”的“中庸”工夫之旨。从李侗体验未发修养学说的来源、静中观喜怒哀乐未发之法、未发之中即是性以及对朱熹“逃佛归儒”等思想影响方面进行归纳和总结。第五部分，着重介绍理学大家朱熹对

《中庸》思想体系的诠释和研究。从朱熹对《中庸》道统之传的重视、对中庸的释义、《中庸》首章的诠释理路、中和旧说和新说的演变过程、对程门弟子《中庸》诠释思想的批评和建构等几个方面进行了系统的论述和评价。第六部分，简要对南宋中后期叶适和杨简的《中庸》思想进行梳理。主要概括南宋中后期理学发展的情况，并对二人的《中庸》思想分别进行论述。针对他们的《中庸》思想，以《中庸》的批评和解构为出发点，从“已发未发”“致中和”“道即中庸”等方面进行了阐述和梳理。南宋理学家依据《中庸》所阐发的义理思想，确立了儒学的道德规范和天人之际的内在关系，以及如何通过内在修养和主体体认达到终极之境。在佛老之言甚广、天理人欲不明的社会背景中，理学学者们用彻底的理性主义精神，建构起以“四书学”为文本的普遍哲学意义形态，重新确立了南宋时期儒学的根本价值和人文关怀。

## 元代理学与社会

朱　军（西北大学 2015 年，指导教师：张岂之教授）

肇起于北宋的理学，是中国思想史上的高峰，理学的产生与发展体现了中国文化特有的会通精神。延至元代，这一时期的理学，在延续宋代特色的基础之上，因其独特的社会构成，产生了新变化，出现了新内容与新特点。元朝建立以后，蒙古人入主中原，少数民族取代汉族成为国家的统治者，先进的汉族文化激发了蒙古帝王对汉文化学习的渴望，认识到理学维护统治的作用之后，蒙元统治者开始大力提倡理学。同时，民族矛盾与社会矛盾并存于元代，在此社会结构下，汉族和少数民族的理学家们针对种种矛盾，对理学进行了改造和创新。在底层知识分子当中，无法进入政治统治中心的乡绅和士人，将理学应用于社会实践，将理学融入社会生活之中。通过各种力量的合力，理学在元代完成了官学化和社会化的转变，深刻地影响了理学的后续发展。因此，以元代社会与理学的关系为研究中心，既阐述理学在元代社会发展中的独特作用，又说明元代社会影响理学的发展的原因，最终揭示元代社会与理学之间复杂而微妙的互动关系。基于上述原因，文章的结构与内容如下。第一章从宋、金、元之际社会的政治、经济、文化概况着手，考察元代理学产生前的社会发展状况，为元代理学的产生与发展寻得社会历史层面的依据。进而从元代社会相较于宋代社会的巨大变化，考察元代统治者对理学的态度，特别是蒙元统治者在民族文化冲突加剧的情况下，逐渐意识到汉文化的重要性，随着汉化程度的加深，蒙元统治者对理学的态度完成了从成吉思汗朝的“排斥、冷漠”，到忽必烈朝的“思考、接纳”，再到仁宗朝的“支持、崇尚”的转变，最后，理学随着科举的复兴而成为元代的官方学术。第二章论述了元代朱熹后学的发展。以赵复、姚枢、许衡、刘因、北山学派以及新安学派的众多理学家为例，着重考察了元代朱子后学在道统论、本体论、心性论等方面的论述，分析其创新之处，旨在说明朱子后学在元代理学传播中所做出的重要贡献。第三章论述了元代陆学的延续以及朱陆和会思想的概况。元代朱学兴盛，陆学却并未因此消亡，而是在陆学传人的努力下艰难传承。与此同时，部分朱陆两家的学者，通过反思朱陆异同，主张打破朱学与陆学的门户之见，提出了朱陆和会的会通思想，这是元代理学发展中出现的复杂情况，也代表了理学在元代发展中出现的新特点。第四章考察了元代的少数民族理学家。元代是少数民族建立的政权，大量的少数民族士人接受了汉族文化教育，在理学与少数民族思想文化的碰撞中，他们被理学所吸引，众多蒙古族、回族、西域的学者接受了理学思想，并在心性义理上有独到的见解，他们以少数民族的身份在实践中对理学思想进行传播，使理学在内容与发展上具有了少数民族文化特色，最终又融入元代的民族融合之中。在元代，理学已经不再是汉族士人的专利，体现了由民族融合而文化认同、文化融合的特点。第五章论述了元代理学对底层社会的影响。就社会层面而言，理学在宋、元两代的大不相同之处在于元代理学的世俗化：理学不再只是士大夫们的心性玄谈，而是以生活化的方式渗透到元代社会的方方面面。乡村社会的士绅以及无法晋身仕途的儒生，在社会底层寻找实现理学理想的途径。乡村自治是中国古代乡村社会的一大特点，元代的乡绅们通过收摄宗族、制订乡约的方式，以此来收摄人心，试图建立稳定的以血缘为纽带，却又处处体现“礼”的社会秩序，这正好符合宋代理学家们所构想的社会秩序。在士人群体当中，儒生们或选择著书立说，将理学的观念渗透到文学、史学等领域；或者从事教育，讲学于书院，在大众中传播；再或者转向杂剧创作，在作品中实践理学。这些行为，都深刻地影响了元代的社会构成和社会发展。理学在元代社会特殊的环境影响下表现出独特的特色，正如元代是中国历史中不可或缺的一段一样，元代理学也是理学发展史上不可或缺的环节。

# 硕士论文

## 李侗朱熹师弟子的生活世界

赵常淇（陕西师范大学2015年，指导教师：丁为祥教授）

在朱子的一生中，结缘李延平是一个关键，是其人生的一大转折。在与李侗交往以前，朱熹泛滥释老十余年，深受邪说浸渍；结交李侗以后，朱熹才开始走上儒学正路，以至于日后成就为理学的最大宗师。李侗与朱熹交往的十一年里，二人的关系经历了从“论学不契”到“书信问答”，再到“确立师弟子关系”这样一波三折的过程。伴随着这一过程，二人在学术、政治以及情感诸方面均发生了广泛且深入的交流，师弟子之间形成了一个全面而丰富的生活世界。学术切磨是李朱交往的首要内容。延平以其深潜纯粹的学问将朱子从释老的泥淖中唤醒，带领他走上理学之路；随之而来的是，朱子对延平的态度亦从最初的“父执”进而为后来的“师事”，完成了被后人称之为“逃禅归儒”的重要转变。李侗与朱熹二人不同的政治关注侧重，同样是师弟子生活世界中的一个重要内容。作为理学正宗的李延平，始终坚持“内圣”对“外王”的独立性与超越性，以塑造自身之理想人格、高扬北宋之理学精神为毕生追求，“结茅林下四十载”，坚决不与世俗合污；朱子则一定坚持“内圣外王”的统一性，力求从“内圣”转出“外王”，将儒家的社会理想变成“为万世开太平”的实际功业。李侗与朱熹交往的十一年里，二人的关系日渐亲密。延平对朱子也愈加看重，常常表露出欲与朱熹面会团聚的期许。延平去世后，朱子悲痛欲绝，作《行状》、挽诗、《祭文》等，表达对老师的怀念与哀悼。尤其值得注意的是，朱子此时已经把李侗看作是儒家“道统”的正宗继承人，给了延平最高的学术地位。另一方面，这其实也反映出朱熹欲要承继此“道统”的愿望和决心。

## 《朱子语略》研究

傅　雪（上海师范大学2015年，指导教师：徐时仪教授）

朱熹逝世后，门人弟子相继将平时所记朱熹讲学语录整理刊印。《朱子语类》是现在普遍流行的一个语录版本，既展现朱熹的理学思想形成轨迹，亦反映了当时社会概貌。《朱子语类》主要由“五录三类”一脉发展而来。《朱子语略》则是单独一支，且成书时间较早。《朱子语略》以简练为主，比起卷帙浩繁的《朱子语类》，能够更快地引领求学者进入理学之门。《朱子语略》也保留了许多其他朱子语录通行本未收录的内容，可为补充《朱子语类》未收录条目。本文基于对《语略》和《朱子语类》全面校勘基础上，通过《语略》对《语类》进行版本与语言的考探，全文共分四章。绪论回顾了20世纪以来，一些前贤对《朱子语略》的研究状况，提出了本文的研究方法及意义。第一章详细介绍了《朱子语略》的版本刊刻情况，并且利用《朱子语略》自身的文本内容，对说法不一的编者身份进行辨析。第二章仔细比勘《朱子语略》与徽州本、成化本系统《朱子语类》。第三章利用统计学，生成图表，来考察编者选编《朱子语略》的内容和方式，由此可以看出该书的流行情况。第四章通过《语类》和《语略》用词的对比，以及对一类概念聚合词语的考察，借以反映当时的词汇面貌。这部分还辨析了“灵魂”一词的使用发展情况，试图从语言学角度考察这种“古义用新词”的情况。附录附上部分《语略》的校勘样稿。

# 朱子“格物说”别探

徐国明（上海师范大学2015年，
指导教师：苟小泉教授）

当我们不再仅仅局限于“格物”两字而是取宏观之视角以研读朱子之著作时，我们会发现，朱子实以“格物”为始点、为下手处，以通乎“道”入圣人之域。朱子以为人与物乃“理”与“气”和合而生，其必禀此“理”然后有性，必禀此“气”然后有形。然而其所禀之“理”受所禀之“气”之拘蔽已非“其初”，已转成性。确切而说即为气质之性，而“其初”实际即是所禀之“理”，因此“理”已与“气”相和合、已堕于“气”中，故不可称“理”而应称“性”，即极本穷源之性、天地之性、天命之性。于人而言，须克服气禀之拘蔽，须变化其气质，以复“其初”，即复其极本穷源之性、天地之性、天命之性，也即复性。而“格物穷理”要在“读书”，“读书”正在变化气质；欲“无有气质物欲之累”，则“必先之以格物致知之说”。故克服气禀之拘蔽、变化气质以复“其初”，下手处在“格物”。以“格物”为始、为下手处以通道，也是在明心中所具之“理”，即克服气禀之拘蔽、变化其气质、复其性。随其对气质所变化的不同程度或对其性所复的不同程度，则其心中所具之“理”所彰显的程度亦不同，而其距“道”之远近、所成就之人也不同。如或为人或为士或为贤，或距

“道”最近得“道”与“道”为一入“圣域”而成圣。此是一条“希天”向上前行，由“格物”通“道”入“圣域”之路。反之，其所禀之气或未克服移易、性未复亦未昧，则其便成为一般之“人”；或所禀之气反而渐次加重对其心中所具之“理”的拘蔽、性渐次晦暗，则其便沦为“愚不肖”“禽兽”“植物”（非人）。这便走向了一条“堕落”之路：不望变化其气质、不望复其性的人“性”堕落之路。

## 朱熹经典诠释学研究
### ——以《论语集注》为中心

耿芳朝（安徽师范大学 2015 年，指导教师：戴兆国教授）

朱熹经典诠释学渊源于中国古代经典诠释传统，其理论自成体系，是中国哲学经典诠释理论的重要代表。论文尝试以《论语集注》为中心，通过对引注来源的考究及分析探讨朱熹经典诠释学思想。文章分四部分：第一部分，尝试从经典诠释传统的影响、新诠释理论的支撑和立足时代现实的需要三个方面梳理朱熹经典诠释学的产生背景和理论渊源。第二部分，扼要考察《论语》的成书及历代注疏史，线性把握从《论语》到《论语集注》的发展脉络；并借由《论语集注》引注来源的考证、分析，分别总结汉唐和宋代经学的注经路数、特点及其对朱熹经典诠释学的影响。第三部分，从四个方面揭示朱熹经典诠释思想的特色：其一，朱熹注经简明扼要、力达文意，一定程度上克服了汉宋注经之失，重新整合诠释路径；其二，系统化地运用“语言文献法”和“心理体验法”以求文本本意和圣人之意，重组经典诠释方法；其三，通过注经实践，整合出兼顾训诂注经和义理演绎的注经体例；其四，朱熹注经博采众家之长、坚持实事求是，创新了经典诠释精神。第四部分，总结朱熹经典诠释学对古代经学和传统儒学的影响，探讨朱熹经典诠释思想的贡献；基于新观点的论证和综合的审视，对朱熹经典诠释思想予以合理的分析和评价。当然，朱熹经学思想和理学观点在其注疏实践中难分难离：一方面，朱熹在经典注疏的同时逐渐形成了颇具时代气息的理学思想。另一方面，又不可否认的是其思想的萌芽、发展与成熟自始至终寓于经典的注疏与诠释之中。所以说，朱熹经典诠释思想是经学发展到宋代的产物，是传统经学发展到宋代的新形态。

## 朱熹的蒙学思想与训蒙诗

王　彬（曲阜师范大学 2015 年，指导教师：张玉璞教授）

宋代科举制度在继承隋唐科举制

度的基础之上，有了进一步发展，社会影响力进一步扩大，并延伸到了蒙学领域。宋代蒙学科举化主要表现在儿童自幼小之时，就开始学习以诗赋为代表的科举时文。面对这样的社会现实，朱熹等理学家深表不满，朱熹提出了他的蒙学思想。在理论上，朱熹是要借鉴西周的“六艺教育”，而在事实上，朱熹的蒙学思想以及整个教育思想从孔子思想处获得更多的启迪。朱熹将教育划分为“大学”与“小学”两个阶段，在“大学”阶段，朱熹主张教“理”；在“小学”阶段，朱熹主张教“事”。教“事”的原则是朱熹蒙学思想的核心内容。然而，朱熹的蒙学思想并没有体现在他的训蒙诗代表作《训蒙绝句》上。《训蒙绝句》的主要内容是讲“理”的，“事”“理”冲突，若以朱熹的蒙学思想为评价标准，《训蒙绝句》当不是训蒙诗；以实论之，朱熹的《训蒙绝句》更适合做“大学”阶段的入门读物。但《训蒙绝句》在流传的过程中是双线发展的，它不仅是性理诗，同样也被视为训蒙诗。究其原因，从宋末开始，程朱理学渐渐成为官方哲学，朱熹的《四书章句集注》在元代又成为科举考试中的“法定教科书”，《训蒙绝句》凭借其作者的身份、“理”的内容以及与《四书》密切的关系，借着科举之力，在蒙学领域得到了一定的推广与传播。陈淳是朱熹的得意门生，陈淳的蒙学思想来源于朱熹。陈淳《小学诗礼》的主要内容是“礼”，“事”“礼”和谐，《小学诗礼》堪称朱熹蒙学思想的“还魂”。通过《小学诗礼》可以察见，合乎朱熹蒙学思想的训蒙诗就是以诗歌的形式写成的《童蒙须知》，目的是通过诗歌这种“可以兴”的形式，教给儿童洒扫、应对、进退等具体规范。

## 朱熹的道德修养说研究

管　茜（南京师范大学2015年，
指导教师：邵显侠教授）

个人道德水平的提升、政府人员的官德建设、社会道德体系的完善一直是我们建设现代社会主义的关键，也是历代哲学家和思想家所关注的焦点。南宋儒家的代表人物朱熹就一直致力于复兴正统儒学，他在二程的思想基础上，融合佛道思想并对儒家的义理进行了自己独特的解释，形成了系统的道德修养理论。可以说，“他自己成了这一学派无可争议的领袖，他的学说日后为学界所公认，也为国家所采纳”。道德修养理论是朱熹思想的主线，贯穿了朱熹伦理思想的各个方面。在道德修养的主旨上，他认为只有从统治者自身的“正心”出发才能够感化朝臣，匡扶朝纲，纯化社会风气。而万民受风气感化也必能拥护爱戴统治者，最后就能够归于儒学的最终目的，即治道，最大限度地促进社会秩序的整顿与安定；在道德修养说的基础上，朱熹认为道德规范是理的体现，是神圣至上的，理的分有不同，造成了人区别于物，而人因为“气禀”的清浊出现了道德上的差异，这就需要道德修养来进一步加强心对于“性及情”的主宰作用，真正达到“存天理，灭人欲”的境界；在道德修养的具体做法上，朱熹将其大致分为内外两种途径。认为由外在的格物，再通过内心的持敬达到理的贯通，从而做到致知、穷理，臻于通天理的纯然境界。朱熹极其重视道德修养，并将这种思想提高到了国家治理的层面上，对于我国的“德治”建设有着一定的借鉴意义。立足于当代，我们在完善社会道德体系的同时，应该更加关注人民的切身利益和官员的诚信建设，进一步重视道德动机的考察，加强道德行为的实施，促进个体的全面自由发展与社会道德水平的整体提升。

## 朱熹与王阳明的“格物致知”论的比较研究

杨　美（河北大学 2015 年，指导教师：李振纲教授）

阳明学与朱子学的关系问题一直是宋明理学研究中最为重要的命题之一。对“为学之方”的重视是宋明理学的一贯传统，王阳明与朱熹对“为学之方”的重视主要体现在他们对“格物致知”论的理解上。论文从理学和心学的角度探究了阳明学与朱子学的“格物致知”论产生差异的理论根源，阐释二人“格物致知”论的思想内涵，并探究二人“格物致知”论的一致处和不同处。指出朱熹的“格物致知”论是在理学本体论的基础上展开的，朱熹的格物主要是通过对事物具体之理积累，积习既多，最后达到豁然贯通，实现对天理的认识。朱熹在格物时主张居敬。王阳明的“格物致知”论是在心学本体论的基础上展开的，王阳明的格物主要是格心，格物就是将人的良知推到事事物物身上，事事物物就能得天理，王阳明把格物变成了纠正不道德意识和不正的本心。王阳明主张在格物的过程中要诚意。虽然二人的哲学理路不同，但二人的本理论、认识论和心性论都体现了对人生终极目的的关怀、对儒家道德原理内在性的体认和对道德实践原则的价值取向。也就是说，朱熹和王阳明虽然在本体论和认识论上有所不同，但是对德性的追求却殊途同归。具体章节为：一、朱熹与王阳明“格物致知”论的理论依据；二、朱熹与王阳明“格物致知”论的思想内涵；三、朱熹与王阳明“格物致知”论的异同；四、从“格物致知”论看阳明学与朱学的关系。

## 朱熹美学思想浅析

刘云硕（河北大学2015年，
指导教师：卢子震教授）

朱熹是中国哲学史上的一集大成者，更是当时的一座高峰，让人望而敬畏。朱熹在理学方面继承二程和周惇颐的思想，并且还吸收了道家和佛家的某些内容，形成了一个以“理”为核心的庞大的哲学体系。简单地说，他的“理”包含有事物的本体、规律和伦理道德准则等意思。但实则其内容非常之深刻，因此从古至今对于朱熹理学研究之学者及著作非常丰富。朱子的美学一直为广大学者所贬抑，因为朱子被人所熟知或影响深远的是他的理学思想，并且认为理学与美学是水火不相容的，因而其美学思想未有多大的传承。朱熹不光是一集大成的理学家，更是一位相当有造诣的美学家。无论是从他的文学作品还是小至诗词，无不透露出他的美学思想和成就。朱熹美学可以说是继承和发展了传统美学，从形而上的本体上对人生境界进行审美，是一种审美的哲学精神。首先，通过对朱子美学的广泛和更深入的研究，对于朱熹在中国美学史上的地位重新确立和正当的评价将会有更中正的定位，让我们能真正完整地认识朱熹。其次，朱熹的美学，在中国古典美学的发展史上将填补相当的空缺，他使理学与美学真正地结合，这对于中国古典美学领域的理论研究大有裨益。再次，朱熹的理学美学填补了中国古典美学上的不足与空白，这将使中国的美学体系更加完整，使我们更能系统地研究中国美学。

## 儒家朱子学と中日近世家族制度の形成について

### ——中国近世家族制度の形成への朱子学の影響を中心に

姜　婧（内蒙古大学2015年，
指导教师：胡树教授）

为了日后更深入地研究中日家族制度的不同点，论文主要分析朱子学对中国近世家族制度的影响。对于近世家族制度的形成，作者认为儒家朱子学的影响是不言而喻的。论文一共有六章。第一章和第二章分别探讨近世家族制度和世家大族的家族制度的具体内容，主要从家谱制度、祭祀制度、婚姻制度、继承制度、家族秩序五个方面进行分析。第三章将第一章和第二章不同的家族制度进行分析比较，找出不同之处和家族制度的变化。第四章简述日本近世的朱子学和家族制度。第五章根据第三章和第四章的分析结果，针对不同之处和变化，通过对朱子学天理、孝以及朱熹对三纲五常的理解等思想的分析，讨论对近世家族制度形成的影响。第六章简述近世家族制度在我国（含台湾和香港）某些农村依然存在的现象。最后对全文进行总结，得出结论。

## 元初朱子学流衍考

李宏涛（内蒙古大学2015年，
指导教师：宝音德力根教授）

论文考察蒙古入主中原之初，朱子学之发展情况。全文以元初朱子学之代表许衡、刘因、吴澄为研究对象，通过对三先生理学思想的论述达到梳理元初朱子学发展之脉络的目的。论文由绪论、正文及小结组成。绪论部分介绍了文章写作的意义、前人研究述评以及研究方法，前人研究述评范围包括中外元初朱子学研究成果。第一章论述宋代理学发展情况与元初朱子学的特征，介绍了自宋代理学开山到集理学大成的朱子之间的情况。第二章从辽宋金元之际的社会状况、金元之际夷夏观的新变化、蒙元统治下的中州儒士心态与出处选择论述蒙元统治下的中州儒士心态。第三章许衡理学思想与朱子学，分别从天道论、心性论、功夫论三方面论述了许衡的理学思想以及与朱子学的关系。第四章刘因的理学思想与朱子学，重点探讨其天道思想、观物思想。第五章吴澄理学思想与朱子学，从太极说和理气论两方面阐释其理学思想，从格物路向、尊德性与道问学方面论述其功夫论。第六章论述元初朱子学的理论贡献与影响，元初朱子学的理论贡献在和汇朱陆的过程中一定程度上纠正了朱子后学的泛滥支离之病，其重大影响是开启明代心学之端。

## 论朱熹的礼学思想

### ——以工夫论为视角

邱振华（吉林大学2015，
指导教师：翟奎凤副教授）

礼是中国思想的核心之一。作为宋代儒学集大成者的朱熹，礼学无疑是其儒学思想体系中不可或缺的一部分。朱熹的礼学思想是对传统儒家礼学的继承和发展，使礼获得了本体论的理论依据，同时将礼纳入到其心性论的范畴之中，从而使得礼成为其儒学工夫论不可或缺的一部分。朱熹通过天地之心，以生气流行之统体的观念诠释仁，实现了对仁的本体论建构。而礼是仁体之直接显发，作为仁体之节文的礼由此获得了形上学的本体内涵。朱熹通过“礼与理”以及“礼与仁”的结构，确立起了儒家的礼所具有的本体论意义。但朱熹的礼学最终是要落实到心性修养和道德践履的工夫论上。朱熹的工夫论可谓是主敬的工夫论，不管是从作为朱熹敬论内涵之一的对于外在容貌词气“整齐严肃”的要求，还是主敬工夫所要求的对于应接事物所不可缺少的礼仪准则，以及朱熹试图以主敬的工夫来弥补当时小学不行的状况以达到小学与大学的贯通，都可以看出，朱熹的敬论与其礼学思想有着十分密切的联系。朱熹晚年在主敬的工夫之上，又强调“克己复礼”的工夫论，更加突出了礼在其工夫论体系中的地位。朱熹的工夫论对礼的强调是由其心论所决定的，他的工夫论是渐进式的工夫论。礼使得这一渐进式的工夫修养方式有了可以具体入手的方法，也使得在如何确保工夫的适当性上有了一个儒家的准则与规范。可以说，朱熹的工夫论为一般资质的普通学者都提供了一个可以操作、践履的工夫论体系。朱熹之所以强调礼以时为大，要情文相称，注重儒家礼仪的具体践行，正是其试图将礼纳入到工夫论体系中的应有之意。

## 朱子题跋研究

汪亚琳（华东师范大学2015年，指导教师：方笑一副研究员）

“题跋”是附着在一定写作对象之后的一种文体，让我们可以从中更好地发现作家较为真实的一面。文学与理学大家朱熹创作了三百余则题跋。这些题跋不仅数量可观，质量亦高。客观上时代的激发以及主观上朱熹本人的精神意识与朱子题跋的写作关系十分密切。论文从不常被人注意的题跋入手，希望发现和挖掘其中所呈现的朱熹不为人注意的一面。论文立足文本，按朱熹题跋文的题材针对对象进行分类，同时分析其题跋文的艺术特色，以期对朱熹题跋文的全貌进行探究。朱熹题跋文除了延续北宋以来题跋文评诗论文、谈书论画的传统以外，更是从自身出发，融入自身诸多感慨。论文还以朱熹题跋文作为切入视角，探讨朱熹题跋文所折射的文艺思想文化意蕴。全文分为五个部分：绪论部分对现存朱熹题跋的大概情况做了概述，总结了目前对朱熹题跋研究的现状，阐发了论文的选题意义。第一章是南宋以前题跋的文体发展，主要对题跋文的含义进行阐释，并通过纵向梳理，了解题跋文在南宋以前的文体发展情况。第二章考察朱熹题跋文创作背景。包括当时的文化背景和朱熹个人经历。前者包括南宋的文化传承与文人自身的创作需求，后者包括朱熹个人家学、师学以及个人经历。第三章对朱熹题跋的文本分析，从题材内容、体式和艺术特色三方面做细致的考察，并加以具体的个案分析。第四章探讨朱熹题跋的文艺思想与文化意蕴。从作品出发，探索题跋所呈现出的朱熹在诗歌、书法、绘画等方面的文学思想以及艺术见解，进而分析其题跋的文化意蕴。

# 朱子对《大学》“三纲”内涵的诠释

吴得福（云南大学2015年，指导教师：杨勇副教授）

论文以朱子之理学思想为大背景，以其对《大学》“明明德”“新民”“止于至善”的诠释为主要内容，通过以下几部分把握朱子《大学》之思想：第一部分，探讨朱子发掘“明明德”的思想历程。通过解释“道”“理”“德”等范畴，明晰“德”“明德”以及“明明德”之间的关系，指出朱子对“明明德”的理解和把握是以其理学化思想的建构为关键。第二部分，首先探讨“明明德”到“新民”的过渡，指出“明明德”是成己，而“新民”是成物，二者所指主体和对象不同；其次重点论证朱子改“亲民”为“新民”，一方面是其理学思想的建构，一方面又内含丰富的儒家教化思想。第三部分，首先探讨“明明德”“新民”到“止于至善”的过渡，明晰“至善”和“止于至善”的区别，指出“明明德”和“新民”落到实处就在于“止于至善”；其次指出朱子对“止于至善”内涵的诠释有两方面，一方面指出“止于至善”不仅为己，也为人；一方面和小学之工夫相较，“止于至善”是为大学之工夫，也是朱子内圣外王思想或者说是圣人为己之学思想的建构。第四部分，以阳明和船山思想为例，讲述朱子分经别传的《大学》文本（《大学章句》）对后世思想家的影响。第五部分也是最后余论部分，进一步指出朱子一生可以说是和《四书》思想共同发展、丰富的一生。其对《大学》义理的诠释过程也是朱子之理由初期探索、发展至逐步完善的过程，而任何思想家的思想完善过程是十分复杂的，朱子心性论的建构就是例证，对于朱子思想的把握也是需要一个不断深化的过程。

# 再论燕岩的朱子学认识

孔清清（曲阜师范大学2015年，指导教师：金东国副教授）

朱子学形成于中国南宋时期，在高丽末期传入朝鲜半岛，对朝鲜半岛产生了十分深远的影响。朴趾源作为朝鲜时期北学派的典型代表于乾隆年间来到清朝的中国，目睹了清朝的盛世繁华，这对他产生了很大的冲击。他回到朝鲜以后，把在清朝的见闻写成了《热河日记》，作为其朱子学认识重要组成部分的北学思想和华夷思想贯穿《热河日记》始终，通过对清朝的描写突出了清朝的先进与朝鲜的落后，以期由此唤起人们北学中国的热情。但是当时朝鲜国内自上而下都深受“尊攘之义”的影响，有很强的排清情绪。为此，他提出了新的华夷论来为他的北学思想提供支撑。他以“地圆说”和“地球自转说”为依据，提出在地理位置上没有“华”“夷”之分；同时，他主张文化没有“华”“夷”之分，清朝虽然由“蛮夷”统治，但是它的文化却是继承了原有的中华文化，因此，清朝的文化与正统的中华文化是没有区别的，据此，他进一步指出只要能让百姓“衣食足”，即便是“蛮夷”国家的文化也是值得学习的。但是朴趾源的新“华夷论”的提出只是为了给他的北学思想提供理论支撑，并不意味着他完全摆脱朱子学倡导的传统意义上的华夷思想。他主张北学的目的在于强盛朝鲜，使之足以与清国抗衡并击败清国，实现“正德”。由此可见朴趾源对朱子学实际上是持矛盾态度的。朴趾源在清国期间了解到一些清国知识分子批判朱子学，他把这归因于朱子学的御用化，他的这种看法有一定的合理性，但是并不全面。清朝知识人批判朱子学既有朱子学思想逐渐落后于时代的发展的原因，也与当时盛行的汉学有紧密的联系。

## 《朱子语类》对语文教学的启示

李　琳（南京师范大学 2015 年，指导教师：杨霞副教授）

朱子的教育思想是中国传统教育思想之大成，《朱子语类》则是研究朱子教育思想的重要文献。论文旨在通过对《朱子语类》中有关语文教育思想的内容的提炼与分析来寻求解决当前语文教学问题的答案。第一章主要从教育内容上来进行分析。朱子的教育内容重在从“尊德性”与“道问学”两个方面入手。在德性方面，朱子要求学者修炼道德秩序、社会大我以及超道德三层境界；在学问方面，朱子则要求学者广泛涉猎学习各种门类的知识。这两方面对当今语文教育的“德”与“智”有明显的补充与启发。第二章主要从教育方法上来进行分析。主要选取朱子教育方法论中的知行合一、格物致知以及读书之道。朱子知行合一强调“知在行先，行重于知”，要求教师引导学生在写作中说真话，要写自己有体验有感悟的生活，同时应当加强教学中对应用文的重视。而格物致知思想强调“即物穷理”，这启示我们语文教学的根本在于积累。在读书之道方面，朱子强调得比较多，这里，文章主要选取静以虚心、不责效、怀疑精神、深研文本义理、沉潜用力五个方面加以补充前人曾经提取出的“朱子读书法”。第三章主要从教育评价的角度出发，首先论述朱子教育评价的目的及风格，朱子批判当时已落入格式化的科举考试，提出教育的目的是高则为圣人，下则为君子，由此引出当前语文教学中的底线评价与顶线评价。在风格方面，朱子借助“设问”和“比喻”等手法彰显出一种“活泼泼地”特色，更是为今日的语文课堂增添活力，为体现师生平等对话，张扬学生个性助上一臂之力。

朱子学年鉴（2015）

# 朱子学界概况

# 学者简介

## 成中英

Prof. Chung-Ying Cheng，1935年11月生，祖籍湖北省阳新县。1955年毕业于台湾大学外文系，1958年获华盛顿大学哲学与逻辑学硕士学位，1963年获得哈佛大学哲学博士学位。现为美国夏威夷大学哲学系终身教授，近十年来历任国内与欧美著名大学哲学客座教授、讲座教授，包括北京大学、台湾大学、耶鲁大学、柏林大学、牛津大学等。主要研究领域为：中西哲学比较、儒家哲学及本体诠释学，治学思路为：深入西方哲学核心，弘扬中国哲学精华，中西兼治，古今互诠，重视方法，肯定本体，建立体系。成氏长年致力于在西方世界介绍中国哲学，为中国哲学走向世界做出了划时代的巨大贡献，被公认为是“第三代新儒家”的代表人物之一，是享誉中外的英文《中国哲学季刊》（1973）的创立者和主编、《国际中国哲学学会》（1974）、《国际易经学会》（1985）、《国际儒学联合会》（1993）等国际性学术组织的创立者与首倡者。主要著作有：《中国哲学与中国文化》《科学真理与人类价值》《归纳法理论研究》《戴震原善研究》《中西哲学精神》《知识与价值》《合外内之道：儒家哲学论》《创造和谐》《成中英自选集》《成中英文集》《当代中国哲学》《本体与诠释》《中国文化的新定位》《易学本体论》《儒家哲学论》《本题与诠释》《中国文化的新定位》《中西哲学精神》《知识与价值》《易学本体论》《美国哲学归纳法理论研究》《周易策略与经营管理》等，学术论文百篇。

## 郭齐勇

1947年生，武汉市人。武汉大学国学院院长，博士生导师。1978年考入武汉大学哲学系，1984年研究生毕业留校任教，1992年8月获武汉大学哲学博士学位。社会兼职有：国家社会科学基金哲学学科评审组专家、国际中国哲学会副执行长、中国哲学史学会副会长、中华孔子学会副会长、国际儒学联合会（ICA）理事暨学术委员、湖北省文史研究馆馆员等。主要从事中国哲学史的教学与研究工作，专长为儒家哲学与20世纪中国哲学，是国家重点学科“武汉大学中国哲学学科”学术带头人。2008

至2012年主持国家社科基金重大项目“中国哲学史教材编写”。在海内外学术刊物上发表论文两百余篇。独著有:《中国哲学智慧的探索》《中国儒学之精神》《中华人文精神的重建》《中国哲学史》《儒学与儒学史新论》《熊十力哲学研究》《熊十力传论》《郭齐勇自选集》《文化学概论》《守先待后：文化与人生随笔》等，合著有:《诸子学志》《梁漱溟哲学思想》《钱穆评传》《传统氤氲与现代转型》等，与冯达文共同主编《新编中国哲学史》，主编《中国古典哲学名著选读》《当代中国哲学研究》《中国哲学史经典精读》《儒家文化研究》辑刊等。主讲课程有：中国哲学史、国学通论、《四书》导读、《老子》《庄子》导读、中国文化、儒家哲学专题研究、哲学史方法论、《礼记》会读等。

## 张学智

1952年生，宁夏中卫人。北京大学哲学系教授、博士生导师。1982年北京大学哲学系本科毕业，1986年北京大学哲学系获哲学硕士学位，1999年4月～2001年4月在日本东京大学文学部任教，2001年获日本东京大学文学博士学位。兼任中国哲学史学会副会长、中华孔子学会理事会副会长、国际儒学联合会副会长兼学术委员会副主任、《中国哲学史》杂志副主编、国际中国哲学会（ISCP）中国大陆分会副秘书长等职。主要研究领域为：中国哲学史、儒家哲学、宋明理学。主要著作有:《贺麟》《缁门警训注译》《明代哲学史》《心学论集》《中国儒学史·明代卷》《中华文明史》《中国文化导读》(合著)、《莱布尼兹和儒学》(译著)、《贺麟选集》(主编)等。在《中国社会科学》《哲学研究》《中国哲学史》《北京大学学报》《文史哲》《孔子研究》《孔孟月刊》(中国台湾)、《儒教文化研究》(韩国)等国内外期刊发表论文百篇。近年科研项目有：中国儒学史·明代卷，国家社科基金后期资助项目。

## 李景林

1954年11月生，河南省南阳市人。北京师范大学哲学与社会学学院教授、博士生导师。1982年吉林大学哲学系哲学学士毕业；1985年吉林大学哲学系哲学硕士毕业，同年留系任教；1991年吉林大学古籍研究所思想史史学博士毕业。2001年7月调入北京师范大学哲学系任教。现为北京师范大学中国哲学与文化研究所所长、辅仁国学研究所所长。兼任中国哲学史学会副会长、中国政法大学国际儒学院兼职教授、四川大学古籍所兼职教授及《儒藏》学术委员会委员等。主要研究领域：儒学哲学、道家哲学、中国传统文化。出版《教化的哲学——儒学思想的一种新诠释》《教养的本原——哲学突破期的儒家心性论》《教化视域中的儒学》《教化儒学论》《仪礼译注》（合著）、《中国哲学史通》（合著）等学术著作，在《中国社会科学》《光明日报》《哲学研究》《哲学动态》《孔子研究》《哲学与文化》等海内外学术刊物上发表学术论文100余篇。讲授中国哲学、中国哲学专题研究、中国哲学方法论研究、中国哲学原典研究、哲学前沿等课程。主持多项国家、教育部课题，现任国家社会科学基金2014重大项目《中国传统价值观变迁史》首席专家。

## 郭　齐

1952年11月生，四川资中人。四川大学古籍整理研究所教授，博士生导师。古典文献专家，长年从事《儒藏》编纂工作，朱熹诗文研究成果突出，出版《朱熹新考》、《朱熹集》（校点，第一作者，全十册）、《朱熹诗词编年笺注（上、下）》、《二程文选译》、《辽史选译（第一作者）》《朱熹传》等著作，在《史学史研究》《中国史研究动态》、《古籍整理研究学刊》、《中国文化月刊》（中国台湾）、《橄榄》（日本）、《国际文化》（日本）等海内外期刊发表论文百余篇。主持或参与科研项目:《全宋文》《宋会要辑稿》《儒藏》《巴蜀全书》《资治通鉴外纪》整理研究、《魏了翁集》整理研究等。主讲课程有：文字学、文献学专题、史料学等。

## 杜保瑞

Duh，Bau-Ruei，1961年1月生于台湾省台北县，祖籍山东邹城市。台湾大学哲学系教授，博士。1993年台湾大学哲学所博士毕业，论文题目为《论王船山易学与气论并重的形上学进路》。曾任华梵大学哲学系主任、文学院院长。现兼任中国哲学会秘书长（中国台湾），中国易经学会理事长（中国台湾）。研究领域：中国哲学史、中国哲学方法论、宋明儒学、当代中国哲学。发表论文百余篇，著有《北宋儒学》《南宋儒学》《庄周梦蝶》《基本哲学问题》《刘蕺山的功夫理论与形上思想》《论王船山易学与气论并重的形上学进路》《反者道之动》《功夫理论与境界哲学》《哲学概论》（合著）等。主讲课程：中国哲学史、宋明儒学、南宋儒学、朱熹哲学、当代新儒家哲学、东方人生哲学等。

# 朱子学研究机构

## 浙江省朱子学研究会

梁　杰

浙江省朱子学研究会成立于2015年12月1日，由杭州师范大学国学院、浙江省社科院哲学所和温州市朱子学术研究院联合发起，经浙江省社科联和浙江省民政厅批复成立。这是继中华朱子学会、中国朱子学会之后，浙江首个朱子学研究会，是以研究传统儒学、普及朱子文化为宗旨，联谊朱氏后裔，共同发展为目标的合法社团。现注册会员有200余人，下设学术研究委员会和宗亲联谊委员会。

浙江是朱熹生前为官的地方，是朱子理学形成的重要地域。广阔的浙江大地至今还保留着许多朱熹生平的足迹和文学资料，这是与时俱进的浙江精神的有机组成部分。浙江省有150多万的朱氏后裔，是弘扬、传承朱子文化的重要区域。

浙江朱子学研究会的成立，止是立足浙江，致力于研究朱熹生平、著述、学术思想、渊源影响及相关学科，吸收朱子学精华，弘扬中华优秀传统文化，加强与海内外学术文化及企业界的联系，提升浙江省朱子学研究水平，扩大浙江省传统文化研究队伍知名度，促进浙江省文化强省建设，同时使朱子文化辐射全国、走向世界，着力打造成国际传统文化品牌。

研究会会址在杭州市西湖景区满觉陇路1号桂客山庄，法人代表为朱晓冬。浙江省朱子学术研究会揭牌的同时，组织召开了第一届第一次理事会，并选举了会长、执行会长、秘书长，理事长，任命副会长、副理事长。聘陈来教授、朱杰人教授为名誉顾问，束景南教授为名誉会长，选举何俊教授为会长，任命陈永革教授、王宇研究员、王锟教授、范立舟教授为副会长，任命朱振先先生为秘书长。

近年的主要工作规划有：

一、2016年深入调查了解朱熹在浙江的足迹，以及朱子学对浙江大地的影响，开展朱子学堂到基层的教育活动；

二、2016年完成《家风》杂志首刊；

三、2016年完成拍摄公益歌曲《朱氏一家亲》的MV制作；

四、筹拍《赈浙——朱熹》电视连续剧，2016年底前完成电视剧本，

2017年完成拍摄；

五、进一步开展学术交流与研究，争取2017年举办首届《西湖国际朱子学术研讨会》。

（作者单位：浙江省朱子学研究会）

## 德国儒学学会

德国儒学学会为一公益性的学术团体，成立于2009年3月，并于2009年6月在波恩市地方法院正式注册。注册的德文名字为Deutsche Konfuzianische Gesellschaft e.V.（DKG）。德国儒学学会的会徽是体现儒家精神与核心价值的“仁”，网址是www.kongfuzi.de。

目前的理事会由四个人组成：会长：杜仑（Dr. Du Lun），杜伊斯堡-埃森大学（Universität Duisburg-Essen）；副会长：苏费翔（Prof. Christian Soffel），特利尔大学（Universität Trier）；司库：Christine Du；记录员：Dr. Uwe Holtschneider。

德国儒学学会目前有五个学术顾问：成中英教授（美国夏威夷大学），叶翰教授（Hans van Ess，德国慕尼黑大学）、郭沂教授（韩国首尔大学）、李明辉教授（台湾“中央研究院”）和单纯教授（中国政法大学）。

2009年11月，德国儒学学会作为集体会员被接纳加入国际儒学联合会（International Confucian Association (ICA)）。杜仑博士与苏费翔教授是该联合会的理事。此外，杜仑博士是“欧洲中国哲学联合会”（European Association for Chinese Philosophie(EACP)）理事；苏费翔教授则是该组织理事会的德国代表。

德国儒学学会的宗旨是“推动儒学的研究，促进中国与欧洲的文化交流以及世界各民族之间的相互理解”（Völkerverständigung）。根据这一宗旨以及为了实现上述长远目标，德国儒学学会把儒学的研究与普及相结合，主要开展以下活动：

一、德国儒学学会单独或与大学及其他机构合作举办儒学学术讨论会、报告会、工作坊。2009年11月，德国儒学学会与德国慕尼黑大学一起举办了一个工作坊，讨论儒学研究的新动向。2012年，在德国儒学学会和科隆大学哲学系的创意下，由图青政治教育学院（Akademie für Politische Bildung Tutzing）和中国国际儒学联合会主办，科隆大学哲学系和德国儒学学会等协办，在慕尼黑附近的小城图青（Tutzing）举行了题为“理性与道德的基础：中德哲学之间的对话”（Foundation of Reason and Morality? A philosophical Dialogue between Confucianism and German

Philosophy）的国际会议。会后决定每两年举行一次类似的会议，2014年的主题为“中德哲学的哲学方法”（Philosophical Method in Chinese and German Philosophy）。

特里尔大学汉学系一般每年与其他学术团体在德国特里尔大学举办一次儒学讨论会。德国儒学学会经常参与组织，比如，参与2014年7月举行的“儒家历史观与经世致用思想”（Historicity and Pragmatism in Confucianism）国际会议，中国方面的合办单位是“中国实学研究会”。

同时，德国儒学学会的成员也积极参加其他学术单位及机构组织的儒学学术讨论会，包括参加2010年5月在波恩大学举行的“儒学与汉学研究的复兴（Renaissance of Confucius and Chinese Studies）”学术讨论会、2014年10月在斯洛文尼亚首都卢布尔雅那举行的“第三届当代东亚与儒学复兴国际学术研讨会”（The 3rd International STCS Conference on Contemporary East Asia and the Confucian Revival）国际会议，特别是参加每五年9月在北京举行的“纪念孔子诞辰的纪念会暨国际学术讨论会”。

除了学术讨论会外，德国儒学学会也邀请学者做学术报告。比如2010年2月与鲁尔都市孔子学院共同组织了李明辉教授的报告会，2011年德国儒学学会年会由郭沂教授做了《儒学的创新发展》的报告。

二、德国儒学学会组织读书班，与各界人士一起研读儒家经典。从成立开始共有波恩、慕尼黑和杜伊斯堡三个读书会。目前活跃的是慕尼黑和杜伊斯堡，读《论语》《孟子》《中庸》等经典。参加者主要是德国人和中国人，一般是在读原文的基础上，结合当今问题讨论儒家学说，包括基本概念、历史背景和当今意义。

三、德国儒学学会的成员在德国大学、市民大学（Volkshochschule）、中小学等机构做关于儒家思想的普及性的报告和讲座，比如在特里尔大学举办“当今中国儒学”（Konfuzianismus im heutigen China）讲座、在杜伊斯堡和杜塞尔多夫的市民大学举办“人性学说”（Lehre der Menschlichkeit）讲座等等。此外，还给旅居德国的华人讲儒家思想，比如在柏林中国文化中心大愚读书会举办“‘仁’也是一种生活意义”讲座，在德国波恩文德书院/波恩华侨中文学校举办“海外华人不需要学习儒家思想吗？”（Konfuzius und das Lernen）讲座等。

# 朱子学研究重大课题

## 宋明道学核心价值研究

2015 年国家社科基金
重大招标项目

（课题编号：015ZDB008）

⊙ 丁为祥

“宋明道学核心价值研究”为陕西师范大学政治经济学院目前承担的一项国家社科基金重大招标项目，首席专家为丁为祥教授。

从宋明道学的形成来看，它是在汉魏以来佛教东传、本土的老庄思想道教化基础上又经过近八百年儒释道三教融合的产物；而从中唐至五代，社会的战乱频仍以及由此所形成的人心思治格局也就为北宋儒学的复兴提出了一个如何才能长治久安的重大问题，这成为北宋道学崛起的重大历史背景。所以，所谓“出入佛老，返于六经”也就成为“北宋五子”之一种共同的思想经历，而其前仆后继的“造道”追求也说明道学本身就是在三教融合基础上对儒家“天道性命”主题的重新论证，从而既表现着儒家道德意识的形上本体化，同时也是对儒家做人精神之天道、天命根源的重新论证。

到了南宋，以朱子为代表的“东南三贤”在对北宋五子的“天理”本体论进行普遍化拓展的同时，又以“理一分殊”之宇宙论规模，将儒家做人之道德原则提升于宇宙本体的高度。至于东南三贤之间的具体差别，则又是其不同关怀侧重的表现——朱子始终坚持天理本体之形上超越的含义，张栻则坚持以心著性之主体性精神，至于从吕祖谦到陈亮，则又始终坚持着其历史与现实相统一之政治关怀的视角。

从江西二陆开始，宋明道学进入到一个新的发展环节，这就是超越的道德本体意识如何进行人生落实，并如何才能具体化为现实人生中的主体精神，这也是心学崛起的根本动因。因为两宋道学原本就是围绕着做人精神展开的，所以，虽然朱陆关于尊德性与道问学之关系确实发生过激烈的争论，但他们的关怀侧重并不在同一层面：朱子主要坚持客观的宇宙本体论原则以及道德修养之认知性前提；

而象山则主要关注作为道德实践之具体入手的主体基础。如果将其置于同一层面进行非此即彼的抉择，其相互就会成为“几如冰炭”的关系；但如果从民族精神总体架构之不同关怀侧重的角度看，则可以清楚地看出其相互的继起与递进关系。

由宋到明，经过元代的“朱陆合流”思潮后，加之明代皇权专制之进一步强化，终于使以主体性见长的心学成为明代道（理）学的主流，并以所谓“觉民行道”为主要方向；而由程朱理学演变而来的气学则承担着民族精神总体架构之客观性与学理建构的任务。至于从陈白沙之“静中坐养出个端倪”到王阳明作为“古今人人真面目”的致良知再到泰州学派的“百姓日用即道”，最后落实为刘蕺山的诚意慎独之学，也就清晰地表现出宋明道学之道德超越意识向现实人生落实的走向。

但对于明代道学而言，却存在着两个重大关节需要重新解读与重新澄清：其一即心学与气学的关系；其二则是心学内部的关系。关于心学与气学的关系，虽然其相互批评是历史的事实，但其相互批评实际上是以其对人伦文明之不同的关怀侧重为前提的，刘蕺山所谓的“心即气之聚于人者，而性即理之聚于人者。理气是一，则心性不得是二。心性是一，性情又不得是二”，其实也就代表着宋明道学对于理气、心性问题的一个总体澄清，当然也是对北宋以来“天道性命相贯通”问题的总体回答。至于心学内部的关系，虽然黄宗羲曾从地域出发对王门后学进行了细致的划分，但作为王阳明道德主体精神具体表现的良知教之人生落实，则主要体现在浙中的形上思辨化、泰州的伦常实践化与江右的人生信仰化三种不同的走向之中。而这三种不同走向既是对阳明良知教的人生落实，同时也包含着道德理性人伦日用化过程中许多极为重要的经验与教训。至于明代气学，虽然承担着民族精神总体建构的任务，但通过认识以走向信仰以及通过格物致知以走向科学认知精神，则仍然存在着不少值得反思的理论关节。

因此，在经历了20世纪各种理论化诠释以及派别化分析包括所谓“得君行道”追求的研究之后，首先应当恢复其做人精神以及其高扬的道德理想并以之作为人生信念与信仰的本来面目。所以，在融合“三教”的基础上将儒家道德原则形上本体化，又通过“理一分殊”的方式使其遍在于万事万物之中（包括所有的社会形态与人伦文明），最后则又通过道德实践的方式使其落实于人生的方方面面，也就代表着宋明道学核心价值的真正形成。

本选题的内容主要包括以下几个方面：（一）宋明道学紧紧围绕国人的做人精神及其人生的信念与信仰追求而展开，主要是通过古文运动、经学复苏、政治改革一直到北宋五子的"造道"追求才逐步展开其探索规模的；而范仲淹的"先天下之忧而忧，后天下之乐而乐"，则充分表现了宋明道学的理想人格及其超越追求精神。（二）宋明道学又是一个前仆后继的民族精神再塑运动，所谓不同派别的分歧不过是其不同关怀侧重之相互过渡与相互转换而已，并不具有真正对立的性质。（三）从民族精神总体建构及其整体架构来看，道学各个派别之间的相互批评，不过是其不同的关怀侧重、不同的思想层级以及其不同发展进程中的相互纠偏而已。比如从邵雍、周惇颐的"太极"、张载的"太虚"一直到二程的"天理"，既表现着儒家道德意识的形上本体化，同时也是对儒家做人精神之天道依据的重新探索，并不具有相互对立的性质。再比如，从程朱的"天理"到王阳明的"良知"，似乎存在着主客观之别，实际上则主要表现了儒家道德理性从遍在性拓展到主体性落实的一个转向，同样不具有根本对立的性质。至于心学与气学的相互批评，又不过是民族精神整体架构之不同侧面与不同层次的表现，并不具有相互对立的性质。（四）宋明道学的天理本体论既具有丰富的哲学意涵，同时又是一种源于天道本体的做人精神或信仰情怀；而其"理一分殊"的架构，则既坚持着普遍与超越之人类共同的理想指向，同时又始终坚持着从民族与文化之特殊性出发的具体性与历史性智慧。至于道德良知的个体落实，则既存在着紧扣现实人生、重视人生实践的一面，同时又将人生超越的道德理想贯注于具体的生活实践之中，并且也始终起着人生底线与人生信仰的作用。（五）对明代气学走向的梳理以及对其格物致知之不同含义的澄清，对于当代的文化建设而言，则又具有极为重要的借鉴意义。

（作者单位：陕西师范大学政治经济学院）

# 中国书院文献整理与研究

## 2015年度国家社科基金重大项目

（课题编号15ZDB036）

⊙ 刘艳伟

"中国书院文献整理与研究"是湖南大学岳麓书院承担的一项国家社科基金重大研究项目，首席专家为湖南大学岳麓书院邓洪波教授。

书院源出于唐代私人治学的书斋和官府整理典籍的衙门，是中国古代士人享受新的印刷技术，在儒、佛、道融合的文化背景之下，围绕着书，开展包括藏书、读书、教书、讲书、修书、著书、刻书等各种活动，进行文化积累、研究、创造与传播的文化教育组织。经过近一千多年的发展，书院成为读书人文化教育生活不可或缺的组成部分。它为中国教育、学术、文化、出版、藏书等事业的发展，对学风士气、民俗风情的培植，国民思维习惯、伦常观念的养成等都做出了重大贡献。

任何一项研究都无法脱离其所依据的文献资料，书院研究也不例外。尽管早在民国时期书院研究已经开始，至今将近百年时间，研究成果丰硕，蔚为大观，但近年来，与其他研究相比，书院研究发展势头并不强劲，其中文献整理的相对滞后是制约研究的一个瓶颈。不仅如此，从文献学角度而言，书院文献也是一笔巨大的历史文化遗产。但由于各种原因，书院文献损毁严重，其保护现状堪忧，亟须通过系统、集成式整理，加以保存、传播、利用，避免珍贵文献散落、损毁情况的进一步加剧。因此，对书院文献的整理、研究时不我待。

书院文献种类繁多，本课题整理与研究的主要对象是其中最为大宗的专书文献、整本文献。就其体裁而言，可以分成书院志、学规、章程、课艺、讲义、讲录、会规、会约、会录、会纪、同门谱、藏书目录、刻书目录、山长志、学田志、日记、札记、自课文等不同类型，据抽样调查估算，其存世总量有1500种左右。历经数百年发展，积累至今的书院文献，堪称一个学术资源宝库，其内容涉及书院史、教育史、科举史、思想史、社会史、经济史、文献学等诸多领域。同时，这也是一份极为重要的文化遗产，其中的一些优秀的思想、理念，在今天依旧熠熠生辉。

书院文献的整理与研究意义重大。书院既是教育组织，也是学术组织，书院文献是研究中国古代教育史、学术史的关钥，对书院文献进行整理，无疑能为这方面的研究提供史料支撑。书院是在特定的政治、经济、文化环境中形成的，其文献也包括政治类、经济类、文学类等领域的相关文献，因而书院文献既是书院学研究的重要内容，也是中国古代政治史、经济史、文学史所应关照的独特视角和场域。此外，书院文献的整理与研究，还可以推进书院学、历史文献学、目录学、档案学、图书编纂学等学科建设。

书院文献整理与研究不仅具有学术价值，还具有现实意义。教育教学是书院的主要功能，书院教育模式在未来的教育改革中有广阔的发展空间，书院文献的整理与研究，有望为书院教育的研究奠定史料与学术基础，于当今教育改革有重要意义。书院是儒家文化、中华文明最核心的要素之一，对书院文献的整理与研究，对于深入理解儒家文化的本质、特征、运作模式，探求其发展过程的规律及其与中华文明的关系，及评估中华文明在世界中的独特地位而言，都是一条重要的路径。书院与孔子一样，是中国文化的一种特殊符号，是儒家文化、中国文明区别于其他文明的重要标志。书院文献的整理与研究，将会为中国文化软实力的提升提供理论支撑与历史借鉴，将向世界更加清晰、完整地再现中国传统书院的面貌，再现中国作为礼乐文化大邦的形象。

在整理与研究书院文献时，需要用到多种方法。在文献整理的过程中，需要用到历史文献学的研究方法，注重利用版本学、校勘学方面的知识。在研究的过程中，则采用教育史、学术史的研究方法，并将文献整理与文献研究相结合，文献研究与书院学术研究相结合。

课题研究成果主要包括以下几个方面：通过对书院文献进行大规模的普查统计，理清书院文献的现存状况，撰写《中国书院文献提要》。在此基础之上，选择其中具有代表性的文献进行点校，汇成《书院文献丛刊》，再配合书院文献影印项目，力图初步构建书院文献体系。综合文献学、历史学研究方法，对其中最为重要的书院志文献进行研究，理清宋元明清时代书院志的编纂情况并对其进行研究，考察书院志在不同时期的编纂思想、编纂特点，考察书院志在书院史、教育史、学术史以及地方志研究上的史料价值，撰写《中国古代书院志史》。

（作者单位：湖南大学岳麓书院）

# 朱子《近思录》东亚版本研究

2015年国家社科基金项目

（课题编号：15BZX041）

⊙ 程水龙

“后人治宋代理学，无不首读《近思录》”，作为宋代理学的首选经典，《近思录》不仅被后世广泛认定为程朱理学体系确立的标志，而且还被东亚各国奉为程朱理学的入道津梁，“最能反映、最能代表朱子的理学体系方面的构想和造诣”，其内容不尚空论，在乎切近日用的修治践履，在悠久而广泛的历史空间有着世界性影响，其各种传本在程朱理学研究领域拥有独特价值，而且这部东亚典范性汉籍《近思录》文献的系列版本与各国各时期衍生的版本，纷繁多姿，流布极广，甚至连朱子一生特别用力、被朝廷悬为功令的《四书章句集注》也难与比肩，对程朱之学的传播弘扬发挥过重要作用。因而，从事东亚儒学研究者若想对程朱学术思想有较全面的认识和理解，就有必要阅读代表不同时期思想发展演化的经典著述。该项目能对存世《近思录》文献中的中国传本200种、韩国现藏传本近90种、日本现藏传本近100种分国别、分类进行考订。

因为这些现存文献是东亚各时期

程朱理学的基础典籍，具有重要的文献价值、学术价值，能够反映东亚此类文献传播与接受的历史，及程朱理学的遗际。可是学界尚无研究《近思录》系列文献在东亚历史区域版本演变、刊行流布的专著，无人将朱子学的传播、发展与此类典籍版本流布进行纵横联系，因此有必要以东亚现存《近思录》系列文献为中心进行历史考察，去探究各时期各国阐释、续编、仿编、讲说的《近思录》，全面深入研究历史上这些理学典籍对该区域程朱理学传播的影响，其文献编纂方法在东亚理学文本再造时的效应，程朱理学思想体系又如何借助这些文献在各地生根、开花、结果。

此项目立足于历史上的东亚区域，在现代国内外研究者陈荣捷、钱穆、束景南、宋熹准、严佐之、黄俊杰、朱高正等研究的基础上，侧重对《近思录》系列文献，包括《近思录》及其注本、续仿编本、讲读本的版本情况进行全面系统研究，考察近八百年来程朱理学在东亚文化思想影响上的广度和深度，阐明各时期各国《近思录》文献的特色与程朱理学在该区域的学术地位、思想价值，以及各时期不同地域对以《近思录》为代表的程朱理学的反思。

《近思录》是进入程朱理学大门的最佳引导者。该项目以东亚最具代表、最能反映程朱理学体系和造诣的《近思录》系列典籍为中心进行历史考察，以它们在东亚的版本流变为研究重点，并关注同时期该区域程朱理学的传播与发展，将理学入门典籍的本土化、顺应时代发展的史实与理学思想承传进行联系，阐明他们之间的相互关系，揭示这些文献的接受传承对各时期各国朱子学传播的推动作用。从中可以发现：程朱理学思想体系借助《近思录》而在东亚儒学文化圈产生过悠久而广泛的历史影响，各国往往与时俱进地衍生出《近思录》后续著述，以之导引本邦探求性理的学者入道;《近思录》的编纂方法成为东亚相继编纂性理学入门文本争相效仿的典范，由此产生的文本有着明晰的理学渊源、相通的思想脉络，且呈现多元化、本土化色彩；不同时期各国学者对《近思录》文献的传刻、阐释、续编、评译，千姿百态，反映了程朱之学对各地思想文化影响的广度与差异，体现出各民族受容特色、意识倾向。通过对《近思录》白话本、注解本、续编本、讲读本等类版本的考订，可让读者一览该文献在东亚历史上的全貌，知晓程朱之学便捷传诵的途径，明确《近思录》系列文献流布与程朱理学思想传播的互动相成，同时从中可察中、朝、日朱子学建立、发展的差异与特色。

而且，此课题相对于东亚哲学、思想层面的一般性研究，其价值则在于将古文献研究与学术思想史相结合，尤其是以文献版本的考证为根基，去探究与之相关的学术、思想、文化；以存世文献与新发现的文献资料为基础，采用文献学、学术史、思想文化传播学的交叉研究方法，对东亚历代《近思录》系列文献进行辨章学术，考镜源流。

由此可见，该课题重在以东亚《近思录》文献为研究对象，将各国不同时期对程朱理学的认识、接受、再传播，与其本土化的《近思录》进行联结整合，可突破一般性古文献版本考订窠臼，去审视中国传统儒学典籍在域外的遭际，在东亚悠久而广泛的历史空间所具有的世界性影响。研究成果将有益于东亚朱子学发展、演变与影响的研究，有助于古代东亚图书出版的社会文化史研究；既可发掘前人书目未著录之文献，又可获取新资料，为相关课题研究提供翔实可靠的基础文献，弥补东亚儒学研究不重文献和文本之缺憾，成果具有综合性的研究成效，能为当下及将来从事东亚程朱之学研究者提供可靠而有价值的立论基础，可资相关专业做精深研究。

（作者单位：温州大学人文学院）

## 两宋《中庸》学及其现代价值研究

2015年国家社科基金项目

（课题编号：15BZX061）

⊙ 张培高

陈寅恪先生指出："华夏民族之文化，历数千载之演进，造极于赵宋之世。"与以往的文化相比，宋文化的特色之一就在于形成了与"五经"并列的"四书"文化系统，而《中庸》是"四书"中理论性最强的一部著作。不仅如此，《中庸》在宋代受重视的程度远甚于汉唐，不仅得到了儒士和佛教徒的普遍重视和广泛研究，而且受到了朝廷的高度推崇，进而形成了蔚为壮观的《中庸》学。

20世纪以来，学术界大致从以下四个层面对宋代《中庸》学展开了研究：第一，在研究思想史、经学史、哲学史、政治史时，涉及对宋代《中庸》学的研究。第二，在研究《中庸》的思想或《中庸》的某一个概念（如"中庸""中和"）时，涉及对宋代《中庸》学的研究。第三，对"宋代《中庸》学"的专项研究。第四，在对宋代具体思想人物的研究时涉及他（或他们）的《中庸》诠释或对其《中庸》诠释的专门研究。毫无疑问，上述的研究所取得的成果是斐然的，不仅深入讨论了某个宋代思想家的《中庸》诠释而且也从整体上探讨了宋代《中庸》学的发展历程，为我们的继续研究奠定了基础，但与此同时学界的研究还有不足之处（尤其表现在《中庸》学兴起线索不明晰、发展脉络不太清楚、《中庸》在宋代思想家各自的理论体系中的地位不清楚等三个问题上），引发了我们进一步的思考。

课题研究方法：

1. 哲学史与政治史的研究交互为用

既要从哲学理论上探讨《中庸》

学本身的逻辑进程，又要从宋代的社会现实（尤其是政治）上分析宋人是为何及如何对《中庸》进行重视与诠释的。

2. 比较的方法

在宋代,《中庸》的诠释者为数不少，既有宗教徒（如智圆、契嵩等），也有理学家，还有其他儒士（如范仲淹、胡瑗、司马光、王安石、苏轼等）。这些人在诠释《中庸》的时候，必然受到前人的影响，还可能受到同时代人的影响。所以，为了准确把握他们的《中庸》诠释，必须从纵向和横向的双重角度来加以比较。所谓纵向的比较，就是指把后人的研究与前人的研究相比较，看看后人的解释是否有了新的突破；所谓横向的比较，就是指把同时代人的研究加以比较，看看同时代人在互相借鉴与批评的过程中，是否促进了思想的演变与创新。

3. 逻辑与历史相统一的方法

宋代《中庸》学的兴起与发展，既是宋代社会时代问题的反映，又是各家的学术思想内在逻辑发展的结果，因此在研究过程中必须遵循逻辑与历史相统一的原则，既要分析时代问题，又需把握诸家思想的内在发展逻辑。

课题研究意义：

1. 学术价值

第一，有助于理解与把握《中庸》学在宋代兴起的线索及其内在的学术发展脉络。

第二，有助于把握《中庸》在宋代思想家理论体系中的地位，进而能够更深入地理解和掌握他们的思想。

第三，在了解与掌握诸家对《中庸》诠释异同的基础上，有助于更进一步理解宋学的形成和发展。

第四，本课题所运用的“哲学史与政治史的研究交互为用”与纵横比较的研究方法，既有助于重新审视诸家对《中庸》解释的异同，又有助于重新审视《中庸》学在宋代发展的内在逻辑进程，还有助于推进汉唐、明清等诸朝思想家对《中庸》诠释异同的比较研究。

2. 应用价值

宋代《中庸》学之繁荣主要得益于一大批宋儒的推动与研究，而宋儒表彰与研究《中庸》的主要目的之一就是重新建构儒家的价值观，尤其是“内圣外王”的价值观。通过对其进行研究，既有助于推进社会主义核心价值观的理解与传播，又有助于增强文化和价值观的自信。

（作者单位：西南石油大学马克思主义学院）

## 南宋理学流派竞合关系研究

2015 年国家社科基金项目

（课题编号：15BZX046）

⊙ 周茶仙

从 20 世纪 90 年代以来，学界开始从地方文化的角度出发，以个案式的方法展开南宋区域学派的研究。相较于国内学者的研究，国外学者更注重思想与环境的互动，他们运用“区域”的观察视角清晰、准确地解读精英的思潮和文化活动。综观现有的南宋理学学派研究，大多从思想层面，特别是哲学史的角度展开，对于一些影响较大的学派已有广泛的论说和丰富的研究成果，但仅仅是分而述之，孤立地探讨，未能从一个整体来考察分析，特别是对学派之间的互动很少涉及。因此，这是课题重点解决的一个问题。作为一个学术整体，学派之间的互动是不言而喻的。想要了解这种互动及它们之间的相互影响的程度，需要通过仔细的分析才能明晰，由此探讨学派竞合关系是十分有意义，不仅可对此类研究做出一些有益的补充，还能使我们从一个角度去认识当时的历史。

课题在已有研究基础上从地域文化史角度研究学派竞合关系，这不单是研究方法的选择问题，而且是新的研究价值取向的选择问题。以朱陆之争这个话题为例，对朱陆之心灵意图和思想内涵的揭示仅仅是研究朱陆之辩的一个面向。实际上，朱陆之争还有着深刻的社会文化背景，这些背景包括地域的思想传统、家族的家学传承以及学术交游圈的聚合等，只有认清背后的社会文化背景，才能真正理解朱陆之争。我们认为思想文化的区域史研究不是太多而是太少，而且中国各地的学术文化相互交流与同质性问题只有在认清了各地的文化的情况下才有可能被更深刻地揭示。所以，此课题的研究将是全面、完整、准确地把握南宋理学发展脉络的重要前提，更是深化南宋理学研究之必然。

一般来说，在学术发展史上，学派为了追求自身存在的价值，往往会排挤其他学派，但是南宋却出现了诸种学派并行于世并横向地展开论辩的现象。南宋理学学派林立，主要有朱学、陆学、吕学、湖湘之学，还有浙东事功之学包括永嘉学派与永康学派等，它们并行发展，精彩纷呈。理学家之间和学派之间互动博弈，相互诘辩、相互渗透，不断展开思想交锋、理论争鸣、直接辩论，使理学呈现鼎盛局面。因此，开展竞合关系研究对于探知南宋学术文化，厘清甚至准确把握南宋理学发展脉络非常重要。

课题的主要框架如下：

第一章从南宋政局以及社会状况两方面描述南宋理学学派发展的社会背景；第二章从分期、分系与分地等三个基本线索叙述南宋理学学派发展情况；第三章从道统观与学派领袖、“吾党”的界定以及学派间的批判等三方面讨论南宋理学学派的门户确立情况；第四章从“求合”意识、“自是”心理、“卫道”观念等三方面梳理南宋理学士人对竞合关系的体认；第五章从面讲、书传以及合著等三方面讨论南宋理学士人交流与合作的方式；第六章主要考察南宋理学学派对一些主要问题论辩及其关系；第七章从师出多门、转投师门以及恪守师门等三个方面梳理南宋理学学派的师承竞合关系；第八章考察南宋理学学派的朱子学化倾向；第九章论述朱子后学集团的形成与分化。

课题的研究思路与创新之处：

课题将从社会文化史角度，以影响较大的南宋理学学派为中心进行考察，主要对学派学理（内在理路）和实践（外在理路）两大层面的互动竞合进行分析。一方面，我们需要探究各学派对于共同使用的话语体系是如何各自表述的，并要考察这种多样化的表述对于它们的关系产生了怎样的动态影响，即它们是如何分裂又是如何融合的，或者说融合的对接点在什么地方；另一方面，我们要探究各学派在社会实践层面的互动竞合，主要包括庙堂之争及地方经营，因为这是各学派将其学术理念予以具体化的重要渠道，通过其中人、事变化发现学派的互动竞合之态势。

课题将运用多学科交叉研究方法，以学派间的互动竞合为主线，撮取双方对同一个问题的论述，比较其异同，辨析学派思想文化的差异与角力。通过具体而微的研究，细致、细腻地勾画出南宋理学学派的互动竞合，即考察南宋理学是如何在异中有同、同中有异的对话与互动中日趋精微和成熟的，揭示南宋理学学派的互动竞合是一个各学派被朱子学同质化和朱子学被各学派异化的过程。通过分析区域性的地域社会结构、家族发展及学术交游圈在学派竞合中究竟发挥了何种作用，了解学派互动竞合的另一个面向，从社会文化史的视角对学派互动竞合做出新的诠释。

（作者单位：上饶师范学院朱子研究所）

## 朱子学在英语世界的翻译研究

2015 年国家社科基金项目

（课题编号：15BZX051）

⊙ 赖文斌

朱熹是我国继孔子之后又一位伟大的思想家、教育家和哲学家，是新儒家（Neo-Confucianism）的代表，其作品和著述是具有世界影响的思想学说，被称为朱子学，受到世界各国的重视，并产生一定的影响。朱子学在中国古代历经元明清三代，早在 13 世纪就跨越国界传入邻邦的朝鲜、日本、越南及东南亚其他国家；到 16 世纪朱子学开始被翻译并传入西方，18 世纪进入美国。此后，朱子学在西方国家的翻译和传播加大，并于 1982 年在美国夏威夷召开国际朱子学研讨会，1993 年还成立了世界朱氏联合会，进一步推动朱子学在英语世界的翻译传播。

朱子学向世界传播的途径虽然有多种，如国家之间官方及民间的各种交往及相互移民；欧洲启蒙思想家的大力宣传，中国学子游学国外并加入介绍传播等等，但最重要的途径和方式还是西方国家来华的耶稣会传教士的介绍与翻译，如最早的也是最为重要的西方传教士利玛窦（Matteo Ricci，1552 ～ 1610）在其著作《天主实义》中对朱熹的理学思想持否定和批判态度。从 19 世纪 30 年代开始，朱熹著述又开始被译成英文、德文、法文等西方文字。据陈荣捷先生考证第一个将其译成英文的是裨治文（E. C. Bridgman）于 1849 年对《朱子全书》中关于宇宙、天地等的翻译（Notice of Chinese Cosmogony：formation of the visible universe，heaven，earth，the sun，moon，stars，man，beasts，and selected from the ‘Complete Works’ of Chu Hi，of the Sung Dynasty）；之后，麦格基（T. McClatchie）1874 年译《朱子全书》中理气为英文（Confucian Cosmogony - A Translation of Section Forty - nine of ‘the Complete Works’ of the Philosopher Choo Foo Tze）；到现代，丹尼尔·加德纳（Daniel K. Gardner）1990 年译《朱子语类》的第 7 至 11 章（Learning to Be a Sage：Selections from the Conversations of Master Chu，Arranged Topically）、阿伦·惠腾邦（Allen Wittenborn）1991 年译《续近思录》（Further Reflections on Things at Hand：A Reader）等，使得朱子学在西方世界中越传越广，并产生一定的影响。另外，还有一些旅美华人对《朱子全书》章节和《近思录》（Reflections on Things at Hand：The Neo - Confucian Anthology Compiled by Chu hsi and Lü TsuCh ’ ien）等的翻译。

随着世界文化交流的不断发展，朱子学已不再是简单的中国哲学，而是世界哲学的重要组成部分。不过，其文献的翻译（主要指英译）及相关研究却为数不多，且存在以下不足：（1）译者以国外为主，目前除了前文提到的陈荣捷等几个旅美华人和唯一的《朱子语类选译》外，无其他国内译者对朱子学文献进行翻译；（2）缺少系统的完整的朱子学翻译研究，如上述朱子学在海外传播研究只是国内在这方面的开始，缺乏系统性和完整性，而且还没有一部完整的《朱子语类》英译，更不用说《朱子全书》了；（3）翻译的错误和问题不少，严重影响了其有效传播，如加德纳误以为“小学”为“少学”故译“小学”为“lesser learning”，“大学”则为“多学”（greater learning），这都与对理学思想和中国文化理解偏差有关。因此，在中国加强中华文化“走出去”的今天，有必要加强朱子学文献的翻译与出版工作，努力将朱子学文献更多更好地向英语世界传播。

党的十八届四中全会《报告》明确提出，要建设社会主义文化强国，增强国家文化软实力。要增强国家文化软实力就要推动中华文化走向世界，要求哲学社会科学“走出去”。

新儒学代表朱子学的翻译研究试图开拓“走出去”研究新领域和新思路，这既有一定的理论意义，也具有很强的现实意义。

（1）有助于了解朱子学和儒家经典在英语世界的传播。通过课题研究，我们将试图查找出现有朱子学翻译的历史、译者和翻译文本等问题，并尝试翻译朱子学相关内容，从而推动和实现海外朱子学，甚至中国学研究的新发展。（2）对推动朱子学等典籍的汉英转换具有重大影响。在当前的英汉翻译学界，对其他儒家典籍的翻译研究较多，但对朱子学研究较少。研究朱子学的翻译对于我们了解和应用典籍翻译理论具有重要的理论意义。

课题选择朱子学作为研究对象，旨在探讨朱子学在英语世界的翻译及传播情况。对朱子学在英语世界的翻译历史进行梳理，对译者和译读者接受情况进行研究，深入探讨译者翻译的动机及其翻译策略等。通过研究朱子学翻译的相关问题以期寻求在新世纪全球化语境下和中国文化“走出去”战略背景下中国儒学经典翻译的改进与朱子学世界传播的新思路。

（作者单位：上饶师范学院朱子研究所）

# 朱熹与道家道教关系研究

2015年国家社科基金项目

（课题编号：15BZX050）

⊙ 兰宗荣

国内外对朱熹与道家道教（以下简称两者）关系的研究主要集中在道家老庄思想对朱熹的影响上；普遍比较认同道教对朱熹的影响要大于佛教的影响；朱子理学之所以在封建社会后期成为官方主流思想而独步天下，与朱熹对道教思想的吸收是分不开的。但是朱熹对道教的影响除了朱熹所著的道教经典《参同契考异》等外，很少涉及；而两者融摄和互动及道教对朱熹的回应方面还不清晰；两者思想精华如何进行当代转化的研究很少。

课题研究的意义：

1. 增加研究内容和扩大研究范围。以往对两者关系的研究是单向度的，也就是道家道教对朱熹的影响研究得多，朱熹对道教的影响研究得少。

2. 形成研究体系。将在两者的关系包括两者相互融摄的动因、路径、模式和效应等方面以及各自思想文化体系等方面丰富、完善和发展若干理论问题。

3. 为当今人们的文化养生、心灵环保提供宏观的指导和方法论的支撑。两者都重视心性之学，都主张通过个人修养达到天人合一。

4. 可以促进对自然环境的关怀。当前世界面临严重的环境问题。道家道教是自然主义者，追求道法自然。而朱熹也自认为人具有林野之性，也很重视人与自然的关系。

5. 要在中国特色社会主义背景下的新理学和新道教，这也是中华民族复兴的文化基础。

课题研究的主要内容：

1. 朱子学与道家道教总论

两者的文化符号视域；两者的阴阳学视域；儒家与朱子学、道家与道教；圣与仙、道与理；天地不仁与生生之德；无为与赞天化育；两者心性修养之学的若干特色；两者的信仰方式分析；两者的互动、互补及在中国文化史上的地位。

2. 朱熹的道缘

朱熹与道教名山武夷山、庐山、阁皂山、委羽山、烂柯山；朱熹一生与道士社会交游网络及与道士书信研究；朱熹与《参同契考异》《阴符经考异》；朱熹的道号；两者的互动；两者的隐逸观比较；道士的云游对朱子旅游的影响。

3. 朱熹对道家道教的融摄与批判

道家道教思想对朱熹构建理学体系的作用；朱子学对道家道教思想的吸收与转化；朱熹《牧斋净稿》中的丹功道意诗词分析；朱熹诗文中的仙人；朱熹一生的道教宫观祠禄生涯；朱熹评说老子、庄子、列子；朱熹的理气之说与道家道教的渊源；道家道教思想对朱熹心性论、境界论、功夫论、自然观的影响；朱熹论道教尊神；朱熹论道家道教得失。

4. 道教对朱熹的回应

道教各派代表人物对朱熹的崇敬；南五祖白玉蟾道教典籍中对朱熹的评价；江西南昌逍遥山《净明忠孝全书》对朱熹的歌颂；道教风云人物张与材对朱熹《参同契考异》的评价；朱熹的《阴符经考异》等道教著作对宋末元初道教学者俞琰、雷思齐、张理、张三丰的影响；“我命在我不在天”与“天命不可违”；朱子学与道教的太极动静相济的养生之道；宋元以来朱子学在道区的流行与道士的儒学化。

5. 朱熹与道家道教思想及其当代价值走向

世俗化对朱子学与道家道教的影响；朱熹“内圣外王”与道教“长生久视”的现代开展；两者对人的生命价值的安顿与超越、对当代心灵环保的意义、对人性修养的现代价值、对构建和谐社会的作用；两者的德育风格及其重要启示；两者论科学、民主与自由；两者践履精神的现代意义；儒道两家的“家国”思想与“为己之学”比较；两者生态观的逻辑路线比较与生态智慧探索；两者的境界学说与当代价值；两者天人合一观异同；两者艺术精神的会通；两者休闲哲学比较；两者理想人格及其启示；两者互补视阈下的科技发现与应用；两者“乐”的境界。

（作者单位：武夷学院朱子学研究中心）

# 朱熹易学思想研究

## 2015年教育部规划基金项目

（课题编号：15YJA720005）

⊙ 唐　琳

本课题主要内容如下：

1.《易》为卜筮之书

以“《易》为卜筮之书”为中心，朱熹对《周易》文本做出了四个层面的考察，即对圣人作《易》之本意追溯并明确“《易》因卜筮而作”；三圣《易》的区别和联系及其在《周易本义》中的体现；《周易》象数的根源及对画前之《易》的探讨；今人如何读《易》。这四个不同的相关层面，共同构成了朱熹对《周易》文本的问题域，并通过《周易本义》的撰写而充分体现出来。

朱熹认为，与象占相比，义理不过是“偏旁带来的道理”，所以仅仅从义理上去理解《易》，这就误解了圣人的本意，割裂了卜筮和义理的精蕴关系。在具体阐发这个观点时，朱熹不乏有许多创见：其一，朱熹认为《易》本卜筮之书，其中自然有道理，道理本是依托象占而说。其二，《易》是假托说，包含说，易象和易辞都只是虚设，并非实指，对于读者而言，关键就是要解得“活”。客观地说，朱熹对于象占和道理的理解，是适应时代发展而做出的合乎逻辑的推进。朱熹对象占和道理关系的理解，是一种理性地对待卜筮的态度，是通过解读象占和道理的自然生成关系而实现的，既保留了传统意义上“《易》以神道设教”的功能，骨子里又没有任何迷信的成分。在这个意义上，朱熹超越了两汉象数易学和后来的义理派易学，既尊重历史，又结合时代的发展做出更新，可谓是具有开创性的易学家。

2. 易学中的图书、象数思想

朱熹非常重视易学图式，《易学启蒙》和《周易本义》都列有易图。在朱熹这里，两种著作中的图式所表达的侧重点是不相同的。通过《周易本义》的图式，朱熹表达的是不同易图时间上有先后之别，不可将伏羲以上先天易图与文王、孔子的后天易图等同而论。这与《周易本义》区别三圣《易》的思想相契合，是朱熹有意而为。而《易学启蒙》重点表达的是，《易》中“画卦”“揲蓍”等象数内容乃气数之自然而形于法象，假圣人之手所画出，其核心就是太极阴阳之妙。所以《启蒙》一书，并不是简单地示给初学者，而是朱熹系统地发挥自己的象数学思想。

朱熹于《启蒙》一书重新梳理了易学的象数系统，建构了以太极为最高范畴的易学体系。朱熹非常强调易学象数的自然流出，反对人为的刻意雕琢和烦琐拘泥。主张将取象与卜筮结合起来，充分发挥《易》以为训诫而决吉凶的意义。朱熹还认为，言与象在达意的功能上有深浅之别，即“言之所传者浅，象之所示者深”。尽管易象是易学的基础，但今人读

《易》，却只能略略说过，不可解得过深。对于汉代的诸多象数条例，朱熹取分析的态度，既不一概肯定，也不一概否定，他以是否合于自然的象数为标准，评价象数易学的诸多条例。

3. 易学中的义理思想

义理的层面，朱熹通过讲《易》阐发了儒家的修养论和道德学说，但他始终认为，先见象数，方得说理，不然事无实证，虚理易差。也就是说，义理须以象数为本，不能脱离象数空谈义理。此外，作为理学家，朱熹在训释《易》书时不可避免地会论及理气，表现出其易学诠释“崇理性”的特点。这部分内容，从易学的角度看，是朱熹对于易学发展的推进和贡献，从理学的角度看，是朱熹借助于谈《易》而深化其理学思想。朱熹兼取张载的道气论和程颐的理本论，磨合二者为一个有机的体系，既分辨了理与气、道与器、形上形下的不同，同时又指出了二者相即不离，强化了理的逻辑地位，弥补了汉代元气论只重视形而下的偏颇。

与朱熹对其他儒家经典的解释比照，朱熹的易学诠释特别突出了求真性，因为这是文本解释的基础，只有立于这个基础，才能展开理念的申发。又由于受理学的濡染涵润，朱熹的易学诠释又体现出崇理性的特点。求真性和崇理性在朱熹易学中并不抵牾。朱熹一方面讲明《易》是卜筮之书，又讲论太极之理是周易象数的根源，是周易筮占的内在理论，只是百姓日用而不知（当然也没有必要知道）。朱熹主要的目的是劝说读书人掌握正确的读《易》方法，也就是要认识到卜筮之书的性质。理与其在《易》中苦苦求得，反不如在《四书》中看得清楚明白。

（作者单位：华中科技大学哲学系）

朱子学年鉴（2015）

# 朱子学学术动态

会议信息

# “朱子与阳明的‘良知说’”学术讨论会

胡荣明

2015年5月22日，由江西上饶师范学院朱子学研究所与贵阳学院阳明学与地方文化研究中心联合主办的“朱子与阳明的‘良知说’”学术研讨会在阳明学与地方文化研究中心仁文厅隆重召开，共20余位专家学者参加会议。贵阳学院阳明学与地方文化研究中心系贵州省高等学校人文社会科学重点研究基地，前身是成立于2005年12月的贵阳学院王阳明研究所，并于2007年12月组建，中心致力于阳明学与地方文化研究，并努力把学术成果运用于社会服务中，积极参与贵阳城市精神的培育和地方文化的传播。

会议中，贵阳学院副校长焦艳教授出席会议并讲话，阳明中心赵平略教授主持了开幕式，两个基地还进行了互赠图书活动和合影留念。此次学术会议由贵阳学院图书馆馆长阮朝辉教授主持学术讨论。与会的专家学者们以发掘、探讨和阐释朱子与阳明的“良知说”为宗旨，围绕朱熹的“良知”说及其王阳明的“良知”说的异同比较、“知行合一”与“致良知”学说的关系、王阳明与贝克莱对心物关系看法之比较、王阳明的廉政思想、阳明心学论证中的谬误辨析、黔中王学治理思想及其特质等六项议题进行了深入的讨论和热烈的论辩。专家学者们一致认为，在中国哲学史中，朱熹和阳明分别作为宋代理学和明代心学的最杰出的代表，其思想异同一直是学界讨论的重点和难点，因此如何在学术研究中，开阔眼界，拓展视域，扩宽维度，进一步深化理学乃至中国哲学研究，正是本次会议的目的所在。

下午，基地建设交流与合作讨论会由朱子学研究所所长徐公喜教授主持。与会人员积极发言，就协同创新中心和基地的持续发展建言献策。最后，阳明中心主任赵平略教授总结会议。双方均表示通过此次学习交流，在学术研讨和交流方面取得一定的成果，期待双方此后开展持续、深入的学术交流，更好地推动、传承和创新中国传统文化。

（作者单位：上饶师范学院朱子学研究所）

## "海峡两岸朱子齐家思想与当代家庭建设"学术研讨会

2015年6月18日，由南平市妇联、武夷文化研究院、武夷学院朱子学研究中心、南平市台办、台湾海峡两岸朱子文化交流促进会、闽北朱子后裔联谊会联合主办的"海峡两岸朱子齐家思想与当代家庭建设学术研讨会"在武夷山举行。来自海峡两岸的专家学者、朱子后裔以及在家庭建设中承担主要工作和重要角色的妇联干部妇女姐妹、武夷学院师生近200人参加了活动，共同研究朱子齐家思想，探讨当代家庭建设。参会的两岸人员在武夷学院师生的领诵下，齐诵《朱子家训》。两岸专家还分别从"朱熹的道德思想对家庭美德建设的价值""朱子对孝的诠释及其对现代社会的启示""修身是齐家之本，齐家是治国之本"等多角度，论述朱子齐家思想的社会价值和对两岸家庭建设的意义。

（编辑部）

## "尊德性与道问学：纪念朱陆鹅湖之会840周年"学术研讨会

胡荣明

南宋淳熙二年（1175），由吕祖谦邀集，哲学大家朱熹、陆九渊就为学之方即以尊德性为先还是以道问学为先，太极与无极等问题于江西信州鹅湖寺举行辩论会，史称"鹅湖之会"。此会造就了学术研究的自由风气，影响极为深远。为了增进朱子学研究的交流与合作，值此朱陆鹅湖之会840周年到来之际，2015年7月21日至22日，由江西省2011朱子文化协同创新中心、中共上饶市委宣传部、中国书院学会、上饶师范学院朱子学研究所联合举办的"尊德性与道问学：纪念朱陆鹅湖之会840周年学术研讨会"在上饶师范学院召开。来自海内外100余位专家、学者聚集一堂，本着"朱陆之辩"的学术自由宗旨，思效先贤，畅所欲言，参与学术研讨。

在两天会期里，中国人民大学韩星教授、浙江省社科院钱明研究员、台湾学者朱高正博士、浙江大学孔令宏教授、湖南大学岳麓书院肖永明教授、上饶师范学院徐公喜教授以及台湾"清华大学"杨儒宾教授围绕朱陆之学与书院分别做大会主题发言，反响热烈。

会议代表围绕朱陆之学与书院文化两大主题开展分组讨论。其中讨论重点为：一、朱陆学术异同之研究。此次会议正值朱陆鹅湖之会840周年，因此研究朱陆学术异同的论文是居于首位的，学者们对朱陆之辩的历史发展、朱陆太极无极易学异同比较、朱陆为学工夫之辩、海外朱陆异同之辩等问题进行多方面纵横对比，提出了诸多创新见解。二、朱子学与陆王心学。部分学者分别从朱子学文献与诠释研究、朱子哲学相关研究、朱子后学问题、陆学相关问题进行研究，以此进一步梳理和阐述朱子学与陆王心学的异同。三、制度书院与书院制度研究。此次会议的另一主题是书院文化研究，因此学者们从书院与理学发展研究、地方政府与书院建设研究、书院变迁考证研究、书院社会功能研究、书院的现代发展等问题深入探讨，收获颇丰。

此外本次会议还创新了学术研讨会的形式，精心组织了关于朱陆鹅湖之会、学院制度的两场学者会讲。每场会讲由四位学者主题陈述、相互论辩，然后对代表提问进行答疑以及最后陈述，对相关问题进行了深入探讨。

（作者单位：上饶师范学院朱子学研究所）

## 2015年两岸四地朱子学研讨会暨儒商论坛

2015年8月2～4日，由上饶师范学院朱子学研究所、台湾朱子学研究协会、福建省闽学会、安徽省朱子研究会及台湾大学人文高等研究院主办，台湾师范大学东亚文化与汉学研究中心、台湾海峡两岸朱子文化交流促进会协办的“2015年两岸四地朱子学研讨会暨儒商论坛”在台湾大学召开，研讨主题为朱子学的普遍命题与地域特色学术，共有来自海峡两岸的近百名专家学者参与研讨。在研讨会上，清华大学陈来教授、华东师范大学朱杰人教授分别做了主题演讲。台湾海峡两岸朱子文化交流促进会朱茂男会长表示，从“儒商鼻祖”、孔子的弟子子贡延续至今的儒商“义利合一”原则，是儒家道德放之四海皆准的处事原则。“富而思源、富而好仁、富而好礼”，朱子文化不再是遥不可及的高深学问，而是深入在日常生活的常行之道，在潜移默化中提升了庶民的精神生活。

（编辑部）

## “纪念《近思录》成书840周年”海峡两岸学术论坛

2015年11月15日，由中国社会科学院哲学所、武夷学院朱子学研究中心、台湾海峡两岸朱子文化交流促进会、台湾朱子研究协会等主办的纪念《近思录》成书840周年海峡两岸学术交流活动在武夷山举办。台湾朱子研究协会会长潘朝阳、台湾知名学者朱高正、华东师范大学教授严佐之等围绕“《近思录》的历史意义和时代价值”进行研讨。两岸专家学者共同认为，《近思录》是一部串起

700年理学史的著作，对复兴儒学、传播儒家精神和文化，具有不可替代的历史作用和长久影响。持续挖掘《近思录》学术思想价值以及弘扬朱子文化成为两岸与会专家共识。

（编辑部）

## 朱子与朱子学文献研讨会暨中国历史文献研究会第36届年会

2015年11月16日，朱子与朱子学文献研究讨论会暨中国历史文献研究会第36届年会在武夷学院举行。来自全国各地100多名中国历史文献研究会的专家学者和武夷学院的部分师生参加会议。中国历史文献研究会会长、华东师范大学朱杰人教授做开幕讲话。他指出，朱熹是南宋著名的理学家和教育家，同时也是一名文献学家，他的《近思录》收罗了“四子”共21本主要典籍的精彩论述，这本身就是一种文献的收集和整理行为。一部《近思录》孕育着朱子文献学的思想、理论与方法。从文献学的角度研究《近思录》，不仅可以开拓它的文献价值，更可以开拓它的哲学价值。来自苏州大学文学院的周生杰教授认为，朱熹还是一名出色的藏书家，他的这一身份一直被作为理学集大成者的思想家的身份所掩盖。中华书局总编辑顾青在会上做了《关于中文古籍数据库的思考》主题报告。

（编辑部）

# 朱子学研讨会综述

## “朱子门人后学研究”国际学术研讨会综述

许家星

由中华朱子学会、南昌大学江右哲学研究中心、上饶师范学院联合主办的“朱子门人后学研究”国际学术研讨会于2015年4月10～12日在南昌大学召开。来自清华大学、法国西巴黎大学、台湾东海大学、韩国高丽大学等高校的40位专家学者，以朱子门人后学研究为中心，在朱子研究、朱子学研究、朱子门人后学研究三方面展开了积极的学术讨论。

一、朱子研究的进一步深化。朱子思想研究的深入对推进朱子门人后学研究具有重要意义。会议讨论了朱子的工夫论，学者提出朱子的《大学》工夫是一整套系统，格物诚意“不是两事”才是朱熹工夫论思想中的终极之论、出彩之处。以往研究过于强调朱子工夫论的格致说，而相对忽视了他的涵养说，其涵养论具体包括集义养气、由静而敬。学者还讨论了朱子的四书学，指出朱子以章句集注体式组织的四部经典文本，在集注者的价值理念和通注方法的构造下，实现了逻辑的契接和新整合，组成了儒家经典又一个新的群体系统。指出朱子《大学或问》中的“格物致知”补传是在程颐思想基础上长期思考并提炼升华的结果，对朱子门人后学产生了重要影响。

学者还就朱子思想的其他命题做了阐发，提出“全体大用”是朱子哲学的基本精神，是其最高境界和最终归宿，朱子的政治实践、社仓建设、书院教化、家礼普及都是“全体大用”思想的落实，后世全体大用思想亦是在朱子思想的影响下展开。学者还从经济治理、政治治理、教育教化三方面分析了朱子思想研究相对薄弱的“治世”思想；从生命格调、褒贬庄周、引庄入理等方面探讨了朱子身上的庄学镜像。学者对朱子思想的批判性诠释亦有精彩论述，指出朱子对张载“清虚一大”命题的批评性诠释做出了符合自身理气观建构所需要的取舍，舍弃了张载的太虚之天，而又取其气论；朱子从气质之性、工夫论、仁学三方面对程门后学的心性论思想进行了批判、总结，最终建构了集大成的闽学体系。

二、朱子学研究的拓宽。广义朱

子学包括对朱子学形成产生影响的两宋思想。会议指出，宋代书院与理学的发展密切相关，南宋理学家通过创建书院学祠、开展祭祀来建构书院学统，以确立书院在道统史上的意义、地位；提出宋明理学的“中”，既是宋明理学道统主旨大本，也和社会法治价值联系在一起的，具有社会现实意义；探究了冯友兰、唐君毅、钱穆等对朱子“理生气”说的不同诠释，认为形成了逐层深入的学术史发展态势；讨论了作为朱子学前期创始人之一的张南轩的“心”论，分析了心为主宰、本心、心之思维、操存、心主性情等问题。叙述了朱熹和好友汪应辰在隆兴北伐与和议中的政治交游情况。

会议对朱子学的研究还将视野拓展至朝鲜朝的朱子学。指出李退溪总结和发展了朱熹的性情学说，从“心与理”“心与性情”“道心与人心”三个方面对朱子的性情学说进行了阐发，使朱子性情学说更加完备。认为李栗谷的道心人心说，从对立论发展到统一论，两种善问题是其人心道心说遇到的最大问题，需要回归朱熹的人心通孔说来解决。学者还从政治学的角度探讨了栗谷的时务三论与更张之说，其时务有创业、守成、更张三阶段，其中，更张最难。

三、朱子门人后学研究的明显进步，取得了超过以往的学术成果。国家社科重大项目“朱子门人后学研究”首席专家就朱子门人后学研究的总体情况及研究计划做了细致论述，指出相对于阳明后学研究的兴盛，朱子门人后学研究总体上显得过于沉寂，亟待开展系统深入的研究。研究拟从朱子门人后学总体研究，朱子门人、再传、三传，门人后学经学思想研究五个方面开展全面系统研究，以较全面具体地观察朱子理学思想的内在的历史演变与发展，揭示宋元时期理学思想运动的全貌。会议对朱子首席弟子黄榦的研究形成了一个专题。有学者对黄榦所有门人做一次全面考证和全新审视，索得黄榦63位门人的事迹，以及大致从学时间与地点；讨论了黄榦对朱子五行次序说的质疑，认为黄榦对五行次序的新解，对于理解造化本然之体具有积极意义，是朱子学发展过程中取得的重要成果；分析了黄榦中庸体用论，认为其思想继承和展现了朱子学体用论，在更深微的理论层次上推进了儒学发展；探究了勉斋的论语学，指出他对朱子四书学的阐发，形成了羽翼、辨正、转向兼具的多元诠释路向，奠定了诠释朱子四书的基本样式，构成了独具特色、影响深远的勉斋学派，为朱子学的发展做出了重要贡献。

学者还讨论了蔡元定、蔡模、张洽、陈淳、程端蒙等朱子弟子的思想，他们的思想各有特色。论述了蔡氏诸儒的易学著述、研究现状与研究计划，指出蔡氏诸儒是朱子象数思想的重要参与者、建构者和发展者，研究蔡氏诸儒易学思想，是深入认识朱子学术的一个重要课题。分析了朱子《孟子集注》的第一部注疏——蔡模的《孟子集疏》诠释方式及其思想；探讨了陈淳的心论，并比照朱子对心的见解，认为陈淳仅论及心性不离，而没有论及心性不杂，与朱子思想有所异同。分析了程端蒙的思想，以见出朱子门人对朱子学的接受与阐扬；论述了张洽《春秋集注》中父仇不报非子的复仇观。

也有些学者进一步延伸研究视角，分析了朱子再传及元代朱子学者。探讨了真德秀的君主论，为朱子学之君主论以及其与王权之关系提供了新的线索与参考。还从义理功利之学、理心关系、因循程朱与开拓创新三方面，指出魏了翁与胡居仁各自在理学传承背景的学术特色及角色担当。分析了元代朱子学者胡炳文"圣圣相传，只传此心"的道统观，认为其既批判地继承朱子之学，同时对陆学有很大程度的吸收和发展。探究了陈澔的《礼记集说》所反映的礼学思想及与朱子的异同。还讨论了朱子学者关于孔子与《尚书》关系的怀疑思想。

"朱子门人后学研究"是国内首次召开的专门以朱子门人后学为研讨主题的会议，会议安排在南昌大学首个国家社科基金重大项目"朱子门人后学研究"开题报告会的次日进行，学校党委书记和分管校长出席了两次会议，显示出南昌大学对该课题研究的重视；来自中国哲学史学会、中华朱子学会、中国历史文献研究会、中国书院研究会等学会领导及海内外同道的襄助，反映了学界对南昌大学朱子学研究的关注与认可，亦昭示了南昌大学朱子学研究未来发展的良好潜力。

（作者单位：南昌大学江右哲学研究中心）

# "东亚朱子学国际学术研讨会——日韩朱子学的传承与创新"会议综述

⊙ 刘　昊

2015年12月26～27日，由复旦大学哲学学院、《复旦学报》主办的"东亚朱子学国际学术研讨会——日韩朱子学的传承与创新"在复旦大学哲学学院成功举行，来自中国、日本、韩国的24位专家学者在会议上宣读了论文。会议最后另辟"圆桌论坛：儒学与东亚"专场座谈会，就东亚儒学、朱子学以及儒学在东亚的历史传承及未来发展等问题展开了深入讨论，引发了学者的积极响应。

"朱子学"历来有广狭两义，专指朱子本人的思想乃是其狭义，而由朱子门人及后世朱子学者对朱子思想的继承和拓展而形成的朱子学则是其广义。本次会议的主题乃是围绕广义朱子学而展开，包含13世纪传入日本和韩国（朝鲜）之后，经由日韩儒者的再诠释而形成的日本朱子学或韩国朱子学，当然，中国本土的朱子学也是主题之一。

本次会议的论文发表可谓异彩纷呈，或由日本学者讨论韩国朱子学，或由韩国学者讨论日本朱子学，或由中国台湾地区学者讨论韩国朱子学，在发表场次的组合上，也特意将来自不同地区的学者进行交错重叠，因而在讨论环节往往出现不同国家或地区的学者对同一个问题有不同甚至完全相反的看法，由此发生观念上的碰撞、引起学者的热议。

## 一、传统朱子学研究议题的深化与突破

在中国朱子学方面，朱子学研究中的一些关键性问题仍然是与会学者聚焦的重点，如气与道德的关系问题、仁学如何重建的问题以及围绕朱子的真知、独知等问题展开了集中的讨论，表明朱子学研究仍有不少可突破的空间。复旦大学吴震认为朱子的仁学乃是儒家“新仁学”。中山大学陈立胜对朱子与王阳明的“独知”概念做了比较研究。复旦大学林宏星探讨了朱子的“真知”理论的特征及其动机效力。台湾“清华大学”杨儒宾经过研究发现朱子其实并没有证明论述过“德性之知”，他强调这是非常值得关注和探讨的问题。复旦大学郭晓东围绕朱子对孟子“浩然之气”章的诠释，对“气”是否具有道德意义进行了探讨。

## 二、韩国朱子学的在地化及其传统论争

在韩国朱子学方面，朱子思想传入后的影响和发展是学者们关注的重点。朱子思想传入朝鲜，呈现出了与中国朱子学不同的面貌，存在实践伦理和心学的特点。日本东京大学川原秀城认为朝鲜朝后期出现了朱子学相对化的倾向是西学东渐所导致的结果。成均馆大学辛正根指出这一时期普遍存在好奇尚新的风气对朱子学及近代思想的走向产生了重要影响。韩国朱子学的传统论争亦是本次会议的焦点。成均馆大学崔英辰从韩国性理学三场重大论争出发探讨了这些论争的关联及其意义。复旦大学邢丽菊揭示了韩国儒学中“理”概念的发展变化及其思想史意义。韩国岭南大学崔在穆利用其新发现的史料，对金范和李滉的《圣学十图》进行了比较研究，指出二者之间存在异同关系。台湾地区东海大学蔡家和通过对宋时烈《朱子言论同异考》论四七之辩的分析，反思朱子学研究中的方法论问题。厦门大学谢晓东积极评价韩南塘的人心道心说达到了一定的理论高度。台湾地区“中央大学”杨祖汉通过比较田艮斋与牟宗三对朱子思想的诠释，指出两者竟有不少类似之处，但在理论归趣上终究迥然不同。

## 三、江户时代朱子学及其拓展

在日本朱子学方面，江户时代的朱子学无疑是重中之重，尤其是伊藤仁斋和荻生徂徕的思想。早稻田大学土田健次郎探讨了德川儒学中反朱子学与朱子学的复杂关系，指出反朱与拥朱的同时并存恰恰表明日本儒学多样性、多元性的特色。日本庆应大学山本正身对伊藤仁斋的“天人合一”的观点进行再评价，指出“天人合一”唯有在“人伦世界”中才能得以实现。台湾大学蔡振丰指出徂徕学的“鬼神”观的神律伦理的特色反映了其儒学思想鲜明的日本性。日本关西大学吾妻重二依据藤井懒斋的《二礼童览》，介绍了朱子《家礼》在江户日本的流传衍变的过程及其特色。此外，新材料的发现往往有助于推动学术研究，早稻田大学永富青地根据大量尚未被学界所关注的佐藤一斋所著的《栏外书》系列著述，意外地发现阳明学者佐藤一斋其实对朱子学也有深入的研究。

## 四、结语：东亚儒学的未来——普遍性与多元性共存

大会最后进行的“圆桌座谈”由土田健次郎和杨儒宾分别做主题发言，华东师范大学朱杰人等六位学者参与综合讨论。土田指出东亚儒学具有“类型共有”与“内容分歧”的特点，儒家传统的“单一天下观”在东亚儒学内部出现了分化，导致“双重天下观”，最终趋向“分化的世界主义”。杨儒宾强调朱子学与自然科学存在密切关系，并指出儒学或朱子学如何能做到在合理地保留文化民族主义的同时，又要坚信儒学的普遍主义立场，这是一个充满紧迫感和现实感的时代课题。在综合讨论中，朱杰人等对儒学在东亚的未来发展提出了看法，对儒学或朱子学在东亚的未来发展充满期待。不过也有学者担忧对于儒家传统的一元中心论的天下观倘若缺乏反省批判意识，或有可能发展为狭隘的民族主义。吴震在总结中指出“东亚儒学”或“东亚朱子学”是一个历史文化学的概念，它既是一种历史传统，又有丰富多样的文化内涵，因此进一步推进儒学、朱子学乃至东亚儒学的学术研究、加深东亚地区学者的人文交流与思想对话必将有助于我们对未来儒学发展以及建构文化中国等问题的思考。

（来源：国学网，作者单位：复旦大学哲学学院）

# 宋明理学研究的热点问题

## ——“朱子文化与宋明理学”研讨会学术综述

⊙ 张品端

2015 年 10 月 17 ～ 18 日，由福建社会科学院、中国社科院哲学所宋明理学研究中心、福建省闽学研究会和福建哲学学会共同主办的“朱子文化和宋明理学”学术研讨会，在武夷山召开。来自中国 17 个省市的 60 多位研究中国哲学的学者参加了这次研讨会。本次会议时间虽短，但由于学者们的全心投入，各抒己见，对朱子文化与宋明理学做出了广泛、深入的探讨，获得了丰硕的学术成果。

## 一、宋明理学核心范畴新解

宋明理学是中国哲学发展的一个历史新阶段，它的发展吸纳、融汇了道家哲学和佛家哲学，在哲学的形上学方面达到了更高的层次。与会学者就宋明理学、朱子学的一些核心范畴展开了深入的讨论。

南京大学李承贵教授认为，作为宋代新儒学最高范畴的“理”，受到了 20 世纪哲学家的特别关照。“理”在他们的那里被赋予新意，如王国维的“理性之理”、熊十力的“通心物之理”、胡适的“平等之理”、冯兰的“共相之理”、唐君毅的“生生之理”、张岱年的“事物之理”等。他们希望通过对“理”的诠释而既传承其蕴含的精义，又赋予其新的观念与价值。由于哲学家们的多元诉求，使处于 20 世纪中国哲学的“理”，在内容上担负着宽广的道义与深沉的情感，在形式上则追求透明的理性与缜密的逻辑。基于这些诠释的实践，我们获得的不仅是 20 世纪中国社会的情形，而且是中国传统哲学改造、更新的参照。贵州省社会科学院王路平研究员认为，朱子理学应属于逻辑思辨之形上学，其“理”在现实中不能凭空存在，必依“气”而存在，理只是逻辑在先而已。但朱熹理学的重点又在于建立一个道德形上学，从而将天地万物之理与伦理道德之理混为一谈，结果导致社会的伦理道德被提高到自然法则的地位，被赋予了与自然法则同等的永恒性、必然性和普遍性。这就被陆王一派认为其有支离之病。山东大学沈顺福教授从“形而上”“形而下”视角来分析朱熹“气”论，认为阴阳之气，是生命之元，是生物之本。五行之质，虽为材料，却也是实在，无形而不可知晓，先于物体存在。所以“气”与“质”，相应与形而下之器物，都是形而上者，而非形而下者。这是对朱熹认气（阴阳之气）和质（五行之质）为形而下者的修正。

南开大学吴亚楠副教授从朱熹与张栻关于“太极”与“性”关系的不

同解读进行了分析，认为朱熹立足于《易传》“继善成性”说所提供的逻辑层次，并对《中庸》“天命之谓性”进行解读，突出“性”与“理”的差别，做出了以“太极”为“理”，反对“太极”为“性”的结论。河南师范大学冷天吉教授认为，朱熹在对《大学》的阐述中，从天理论的角度对《大学》的“格物致知”作了“补传”，不仅个人的道德修养（内圣），而且社会政治的治理（外圣）都要建立在对“理”的认知上，一个应然的社会政治不仅要合乎外在的天理，更要合乎人的理智。广东佛山大学宁新昌教授从境界形而上学的视角，探讨朱熹的“天即人，人即天”命题，认为，朱熹哲学的本体和境界是统一的。其哲学中的本体“理”既是实在的，亦是境界的；“心”具有形上和形下、先验和经验的意义。华南师范大学周织成教授认为，朱熹的两轮哲学体现在尊德性与道问学、涵养和进学等方面。它把两种东西的关系看作兼容、配合的关系，与西方的二元论把两种东西（如共相与殊相、心与物、现象与物自体等）的关系看作不相容、抗衡的关系是不同的。朱熹的两轮哲学是他在中国哲学上的创新。复旦大学林宏星教授以“真知必能行”何以可能？对朱子关于“真知”的相关论述进行了考察，分析了朱子论“真知”的理论特征。江西师范大学曾勇副教授以亚里士多德的“节制”与“自制”观为背景，考察了朱子“存天理，灭人欲”命题的基本意涵及其普世意义，认为节制、自制与存天理、灭人欲所要求的约束欲望、适当享受，不仅仅是个人应当具有的德性与品质，还是这个社会持续发展的根本之所在。这或许就是古今中外文化之共性，也是人类文明价值之共相。武夷学院朱平安教授认为，朱子《仁说》是先秦以来儒家仁学的集大成之作，其“仁者天地生物之心”的命题，极大地拓展了仁学的内涵和境界，具有深刻的生态哲学思想。

此外，与会学者还对宋明理学、朱子学的其他基本问题进行了讨论。中国社会科学院哲学所李存山研究员认为，朱熹确立周惇颐的《太极图说》在宋明理学中的开山地位，又作《太极图说解》《西铭解》，编成《近思录》，由此将周惇颐、张载和二程的思想综合在一起，从而完成他的思想体系的建构。安徽省社会科学院哲学所余秉颐研究员认为，方东美将宋明理学的理论归趣为两方面，即“归趣孔、孟、荀之古典传承”和“染上了一层道家及佛学色彩”。这是东方美高度肯定宋明理学，对中国哲学发展的贡献。安徽大学王国良教授考察了朱熹理欲观流变与影响，认为过去的学术界对朱熹的“理欲观”的批判有一定片面性，对其合理因素持肯定的成分过少，有失公允，应本着实事求是、一分为二的态度去重新审视这一传统文化，取其精华并发扬光大。上饶师范学院徐公喜教授认为，宋明理学则从追求“中”之法律价值出发，提倡“以严为本以宽济之”的司法主张，是与宋明时期社会状况相适应的。道德与法律各有其功用，结合起来才会运用恰当。台湾大学宋家复助理教授以朱熹《跋黄仲本朋友说》为例，分析朱熹的“朋友之道”，认为五伦关系都属于天理自然的秩序，而“朋友之道”具有相对独立性。“责善辅仁”即朋友之道的实践，为五伦天理系统中一个必要组成分子的系统性职责。武夷学院教授兰宗荣从旅游文化的视角考察了朱熹旅游哲学思想，认为朱熹旅游哲学有四要义，即“玩物适情”是旅游者生命自觉的本质要求；“从容潜玩”是旅游者深层体验的审美方法；“俯仰自得”是旅游者身心修养的主要目的；“以游以居”是旅游者诗意栖居的理想范式。这四要义分别回答了旅游的本质、方法、目的与人生的关系问题。

## 二、宋明理学与佛学

宋明理学家大多出入佛老，其哲学思想无论是本体论、心性论，还是认识论，都与佛学有密切联系。开展宋明理学与佛学的讨论，有利于研究的深入与拓展。河南商丘师范学院高建立教授认为，朱熹在排佛的同时，又对佛学思想进行了吸收和融会。在本体论上，他把佛教“佛性”“真如”转换成一种抽象寂然的“理”，使之思辨性特征和本体论特征得到了提升，从而丰富发展了传统儒学。南京大学代玉民博士认为，宋代寂音惠洪禅师成功地将其文字禅思想融摄于对儒家伦理的理解，从内容上看，拓展了儒佛融合的新领域，是对儒佛融合的深度推进；从方法上看，注重内在体验的文字禅方法纳入对儒家伦理的理解，凸显了儒家伦理当下即是、无限缘发的特点；从对儒佛的影响来看，惠洪禅师的儒家伦理观既是对佛教生活化、世间化、伦理化的发展，又是对儒家伦理的心性建构的启示，从而开创了佛教视域下的儒学伦理的新面向。四川成都市社会科学院罗明研究员认为，弘一法师入释后的文化行持，融朱子理学于佛教文化行持中。弘法实践，“知”“行”结合，倡导佛教文化精神与时代、现实社会相宜；“居敬”“持敬”修为，彰显传统文化人格自为意志；“涵养省察”，倡导法门与根器契合相适的修为。其朱子理学涵养，凸显出“知廉耻”“存敬畏”的“本心”养成，具有民族优秀传统道德精神典范意义。泉州师范大学林振礼教授通过对朱子与大慧宗杲的儒佛思想对话互动的分析，认为朱熹为《大学》作“格物补传”，是对以大慧为代表的禅师以佛释儒的回应。朱熹对“理一分殊”的阐发，是从“格物致知”作为出发点的。朱熹“格物”“分殊”之滥觞，发生于初仕泉州后期，亦即潮州告别大慧之初。李侗的启发，泉州社会现实的政治、经济、文化环境对朱熹的刺激，使他由泉州一郡窥视整个南宋社会，从而产生从主“悟”到主“静”而后主

“敬”的“弃禅归儒”的思想转变。

## 三、元明学者对朱子学说的阐发

与会学者针对元明后学从不同的视域对朱子学说进行的修正和发展展开了讨论。广东省社会科学院哲学所黄明同研究员认为，陈献章及弟子湛若水开启了明代中叶的心学，对朱子学既有传承，也有检讨与变革。在本体论上，构建“道气同为体”论，既不同于陆九渊，也不同于后来的王阳明，而是继承了朱熹的思想。在涵养方法上，以“静养端倪”替代“格物致知”，由“向外”而变为“向内”，由“格尽”到“感悟”，这是从朱子学到陈湛心学的重要变革。

黑龙江大学魏义霞教授认为，朱熹建构了知行观的道德形态；王夫之建构了知行观的认识形态。他们都强调知行相依，并且都重行。但其观点是基于不同的致思方向和价值旨趣，比较朱熹、王夫之的知行观，不仅有助于深刻把握两人的哲学思想，而且有助于理解宋明理学与早期启蒙思潮的思想异同。福州理工学院方彦寿研究员认为，元代陈普将“事事穷其节文”的礼学实践视为“万理之节文”，与“万殊之总会”的仁，构成了理一分殊的关系。即以仁为本的众礼与仁所构成的“一本”与“万殊”的关系。这是对朱子“识礼求仁”思想的发展。内蒙古大学杨泽讲师认为，元代胡炳文在解读朱子“性即理”和“心具众理”的基础上，又借鉴陆九渊心学思想，突出心的地位，用心取代性，提出心与理“浑乎为一”“心外无理，理外无事”，使心、理、事合一，目的在于强调心与理的实在性，避免理事分离而造成的支离与空虚。山东大学王蕾博士后认为，明初曹端对朱熹的“理一分殊”思想，从本体和人生领域进行了义理诠释和分疏，在深化“理一分殊”的伦理内涵的基础上，重点彰显了它的形而上之意蕴，从即超越即内在的角度，打通形上与形下，建构了一个和谐、有序而通泰的人类社会之图景。江苏省社会科学院胡发贵研究员从罗钦顺和王阳明关于《朱子晚年定论》学术之争进行分析，认为罗钦顺较之王阳明的以心为本，不迷信程朱甚至孔孟，显然更为保守，但也正是这一保守，显示出程朱理学在明儒中的影响，特别是朱熹在道统上的重要地位。江西师范大学邓庆平副教授认为，黄榦的《朱子行状》具有极高的理论价值，为东亚朱子学研究的重要文本，对后世的影响是多方面的。安徽大学解光宇教授认为，徽州新安理学是朱子学地域化的典范。它继承和发扬传统儒学中的求真务实精神，特别是对“理”的诠释，体现了对朱子学继承和发展的统一，坚持和创新的统一。上饶师范学院冯会明副教授认为，明代江西理学家“和会朱陆”之学，在继承、恪守朱学的同时，也吸收了陆学的心本论，把“心”提升为核心概念；在工夫上，以治心养性、主敬存心为本原，高扬主观能动精神；在为学上，倡导学贵践履，实学经世的学风。

此外，与会学者还讨论了日韩朱子学。武夷学院张品端研究员认为，日本藤原惺窝从排佛论、理气论、格致论、工夫论等方面对朱子学进行深入的阐发，为朱子学在日本本土化的发展做出了努力。福建社会科学院周元侠副研究员认为，韩国李退溪以朱子的“理有体用”为根据，提出“物格理到”说。该说是“物格”注释翻译史上的重大突破，体现了韩国儒者诠释朱子学的创新之处，同时也展示了儒家经典在反复诠释中仍具有建构新体系的无限可能性。

## 四、朱子教育思想新论

宋代以来，理学的传播与书院的发展息息相关。

安徽大学史向前教授以朱子学行为中心考察理学道统与书院祭祀，认为书院教育的主要目的就是传道，即传承光大道统，而书院祭祀是古代尊崇孔子及其孔子之道的最为物化和最为直接的方式。朱熹一生建书院设祭，开启了书院祭祀先贤的传统，进一步彰显了尊道意识。书院祭祀成为书院教育最为核心的组成部分之一。

武夷学院姚进生教授认为，朱熹把儒家伦理道德上升为天理，以心性论为基础，构建了道德教育的形上学。培养理想的人格是道德教育的根本目的；“变化气质”是道德教育的价值和功能；修养论是道德教育的重要方法和功夫。我们对朱熹的道德教育思想进行继承创新，对当代道德建设具有现实意义。

台湾暨南国际大学郑淑娟助理教授以《白鹿洞书院学规》《玉山讲义》为考察对象，探讨朱子生命教育观，认为自我内在、人我、人与大自然之和谐乃一以贯之，是仁学的最高境界，也是朱子生命教育观的核心价值，在21世纪的今日，仍具有普遍性意义。

武夷学院陈利华教授从李侗授学朱熹的视角进行分析，认为李侗的教育思想主要表现为：力行开启蒙智的早教意识和言传身教的人格影响；注重“深潜缜密”的读书方法和师生相友的为学理念；倡导“主静存养”的修为习惯和“默坐澄心”的治学境界。这些彰显个性的教育方法，不仅具有独立鲜明的思想特征，而且对朱子理学的形成和发展产生了深刻影响。

可以展望，通过本次会议，对朱子文化与宋明理学多角度、多领域的研究，将大大拓展而进一步深化。这也正是当代中国学术史的期待。

（作者单位：武夷学院朱子学研究中心）

# “朱熹及其复兴努力：创新、社会改革、知识论”国际学术研讨会介绍

〔德〕苏费翔

## 一、背景与学术出发点

在11、12世纪的中国出现道学家（以朱熹为最著名的代表），为中国思想史一个核心的转折期，常被视为一个新时代的开始。西方学者的用词“Neo-confucianism”（即“新儒家”）虽为有争议的概念，却含有这样的意思。然则，朱熹思想虽然蕴含许多崭新的看法，但是朱熹本人一般避免直接说出他会创造或提倡一些“新”的思维。刚好相反，他经常说他只是在阐述古代儒家真正的思想。

2015年7月11～12日在德国特里尔大学召开了“朱熹及其复兴努力：创新、社会改革、认识论”国际学术研讨会（Zhu Xi and his Efforts for Renewa：Innovation，Social Reform and Epistemology），这一研讨会的目的就是从社会背景的角度来分析朱熹有关“创新”与“改革”的哲学思想。

另外，中国大陆最近有很多人谈论儒家思想的复兴，许多社会人士也积极参与这种公共论坛。朱熹的思想在此做出很大的贡献。同时，中国的学者开始改新朱熹的思想（如《朱子家礼》），使它可以适用于现代社会。

在20世纪的下半期，朱子学研究大多专注于朱熹的论理学、修身学与形上学。近二十年以来，愈来愈多的学者研究朱熹的历史观与道学家的社会活动。在这个背景之下，探讨朱熹改新社会之思想的热情也变得愈来愈明显。

- 本次研讨会探讨如下学术问题：
- 道学家与儒家传统的来源。
- 从朱熹的哲学来谈其知识论。
- 从朱熹的文学来谈其知识论。
- 朱熹论“新民”。
- 朱熹论王安石新学。
- 朱熹的思想与当代中国社会。
- 朱熹的家礼在当代中国。
- 此次会议使用跨时代的角度，融合有关宋代的研究成果与当代的中国思想，用跨领域的方式来分析朱熹哲学、政治学与文化学的主题，兼顾中国学的许多科目。其中，比较新的方式是用知识论（epistemology）来探讨这些问题。会议亦涉及对中国文化传播到其他地区的研究。

鉴于现代中国热烈讨论复兴传统中国文化，本次会议的主题亦与当代中国社会论坛密切相关。因为朱子学的特别使用与开放，有关国际文化交流的热烈讨论得以展开。

二十多年以来，在中国已形成一

些较为系统的朱子学的研究架构，甚至把“朱子学”看作是一门学科。这些机构包括世界朱氏联合会与厦门大学的朱子学会。但是在德国（即使是整个欧洲）朱子学仍然很分散；研究朱熹的学者虽然不算少，其研究成果也颇为可观，但是分布在不同地方，合作较少。因此，本次研讨会的目的之一就是请中国朱子学专家来到德国，让他们与欧洲的朱子学研究者交流，扩大朱子学研究的国际合作。此为欧洲首次举办以“朱子学”为主题的研讨会。会议的语言为英文、中文。

为鼓励尚未与朱子学机构合作的学者前来参与本会，会议组委会曾于2014年11月公开发布《征稿启事》，学者响应很多，包括不少本人与中国专家目前都不认识的欧洲朱子学研究者。另外，成功地申请到德国科学基金会（Deutsche Forschungsgemeinschaft，DFG）的经费补助。

## 二、与会学者报告

分为三个重点：

其一、政治与社会

美国亚利桑那州立大学田浩教授（Hoyt Tillman）很热情地发表专题报告，说明朱熹的学说对世界各地都有很大的作用，尤是在目前的状态下，不少国家吸取西方文化不好一面的，而忽略其好一面的。朱熹的思想可以提供一个空间，让东方与西方的文化进行交流与对话。田教授尤其提出朱熹的《朱子家训》可以带给全世界普世价值。（在此可以参考曾亦、郭晓东编著:《何谓普世？谁之价值？》，上海：华东师范大学出版社，2013年。）

史克礼教授（Christian Schwermann）的报告，虽然专论荀子的学说，但是也可以用来解说朱熹的思想。他探讨荀子的“经济思想”（economic thought）之与伦理学的关系。目前学者极少顾及朱熹与早期儒学的效益主义（utilitarism）间的关系，因为一般人皆以为朱熹接续孟子的传统。实际上，荀子有很多在当代世界很实用的思想，这与朱熹的一些思想吻合。

衷鑫恣教授分析道学群体在明清时代的困境，其原因主要在于道学家把原先儒家较注重个人教育的思想扩大为整个社会的理论。同时，世儒嫉妒道学家的成就，在当时造成一些负面的影响。

其二、知识论

杜杰庸教授（Guillaume Dutournier）应用历史哲学的方法与欧洲思想家——如休谟（David Hume）与哈托格（François Hartog）——的论点来分析朱熹如何看待“古”与“今”之关系。杜教授指出，宋代儒家实际上有采用新的方法创造新的思想，只是不太敢直接说出来。

朱人求教授研究朱熹知识论的著名原则“致知格物”。他强调其与

“工夫论”的关系，而提出目前罕所谈论的“全体大用”思想。在此可以看出朱熹整全观（holistic）的立场，亦可充实其社会或政治的活动。戴鹤白教授（Roger Darrobers）详细地诠释了《大学章句》“格物致知”的知识论概念，并加以分析朱熹《四书或问》《朱子语类》《经筵讲义》中世所罕论的一些数据。

杜仑教授批判朱熹“理”观的一些概念，认为伦理主要归为上天之事，恐怕会约束人类寻求道德规范的空间。另外，他提出朱熹用“理”字的另外一个解释的可能性，就是将“理”解为“理解”。

刘思羽教授从文学的角度来分析朱熹的知识论。目前研究朱熹文学的人较少。读朱熹的诗可以发现，朱熹经常想办法让“道”在日常生活中感觉出来。在中国传统中，诗常常代表感情，而且因其模糊性较适用于阐述佛家与道家的静坐状态。在朱熹的文集当中，诗占有很特殊的地位。

于宏教授找出目前没有人发现过的朱熹与钱钟书之间的关系，证明这两位学者虽然学派与时代相异，在知识论方面却有很多共同处。

其三、编辑学

朱杰人教授涉及与上述论文不同的领域。他研究《朱子语类》各种版本，发现一般编者是将一个版本作为基础而增补其余版本相异的字句。朱教授认为，这样的做法是不太理想的，因为早已流行的成化刻本与最近才发现的《朝鲜古写徽州本朱子语类》并不是互为依据的两种版本，其各有不同的哲学含意与结构。朱教授很认真地将这两个版本的差异列举出来，并加以详细注释，从中显示朱熹极为深奥的思维。朱杰人教授准备出版一个新的《朱子语类》标准版本，兼收以上两种版本，为此，他在会议上收集各位学者专家的意见，以期将来的出版品更为完善。

除上述几篇论文之外，尚有许多佳作，在此无法逐一介绍。

（作者单位：德国特里尔大学汉学系）

## “朱熹及其复兴努力：创新、社会改革、认识论”会议综述

⊙ 王凯立

2015年7月11～12日，由德国儒学会和德国特利尔大学主办的“朱熹及其复兴努力：创新、社会改革、认识论”（*Zhu Xi and His Efforts for Renewal*: *Innovation*, *Social Reform*, *Epistemology*）国际学术研讨会在德国特里尔大学隆重召开。来自中国、美国、德国、法国等多个国家的朱子学研究者参加了本次会议，并围绕“朱子学的传承与创新”“朱子学与社会改革”“朱子学的认识论研究”三

个方面展开了深入研讨。本次会议是一次朱子学的国际性会议，其会议成果代表了全球朱子学研究的最新进展。

## 一、朱子学的传承与创新

作为朱子学的核心，朱熹哲学是在朱熹与他人的反复论辩中逐渐走向成熟的。在《朱陆之辩：朱熹时代的知识更新与辩论实践》一文中，来自法国巴黎社会科学高等研究院的杜杰庸（Cuillaume Dutournier）博士，强调了“论辩”在朱熹知识更新实践中的中心地位。杜杰庸从朱陆之辩切入，在研究了朱陆之辩的相关材料后，指明了隐藏在两位文人思想家关系背后的思想分化过程。杜杰庸认为，在朱陆之辩中，观念的相互作用暗示了一种文本的实用取向（a pragmatic approach），基于此，杜杰庸试图坚持主位（emic）的观点，旨在形成对当时学术活动中论辩模式的更好理解。

作为一套集大成的理学体系，朱熹哲学具有独特的哲学范畴与哲学问题。在《论朱子思想中人“心”之定位》一文中，来自中国上海社会科学院哲学研究所的张锦枝指出，朱子思想中的人“心”即不能说是“理”，也不能说是“气”，这种非理非气的定位使朱熹预先规避了心学可能产生的流弊，具有独特的价值。来自中国社会科学院哲学研究所的赵金刚，着重分析了朱熹哲学中“气禀为何在源头上就有不齐”的问题。在《朱子论气运之不齐》一文中，赵金刚指出，万物之生并不是“一齐生”，每个具体存在都有自己从创生到毁灭的过程。由是，不同的根据理而生、按照理而动的气之间便产生了摩擦，这样一来，动与静、主动与被动永恒地纠葛在一起，无端无始，流行的气运之不齐也就因此产生。所以，朱子认为气运从源头上就有不齐，而这源头无它，即气之为气，气以理为根据而存在。朱子对理气的论述不仅实现了同一性与差异性的统一，也实现了必然性与偶然性的统一。

作为一种东亚现象，朱子学在东亚各国的传播与发展也独具特色，产生了许多独特的哲学问题。中国厦门大学哲学系谢晓东教授，就对韩国大儒李栗谷的“人心道心”问题做了细致分疏。在《精微之境：李栗谷对人心、道心的诠释》一文中，谢晓东指出，李栗谷对“人心”“道心”概念的界定具有两种主要视角：形上学视角和动机视角。在人心、道心的价值属性上，李栗谷始终如一地认为道心是纯善的，而对人心的价值属性判断则经历了从恶到不是恶再到有善有恶的演变。在人心与道心的关系问题上，李栗谷经历了从对立论（人心道心相为始终说）到统一论（道心为主人心听命）的转变，其转变的关节点是1572年夏天栗谷与牛溪的论辩。谢晓东认为，李栗谷人心道心说所遇到的最大问题是两种善问题，即道心与人心之善是否为同一种善？解决这一理论困难的最佳方案有赖于回归朱熹的人心通孔说。

作为中国乃至世界的精神财富，朱子学的当代研究也是生机盎然。在会上，德国波恩学者陈琦向我们介绍了德语区宋明理学的研究情况。陈琦指出，汉学大师福克（Alfred Forke）于1927～1938年间陆续出版的三卷本《中国哲学史》，奠定了德语区中国哲学研究的基础，书中首次大量翻译宋明理学经典的重要段落。福克将朱子学说分为形而上学，自然哲学，心理学和伦理学四个部分，并视朱子为可以和亚里士多德、托马斯阿奎那或莱布尼茨相提并论的中国最伟大的哲学家。在此之后，德语地区陆续都有关于朱熹研究的专著出版，而21世纪的前十年在经典名著翻译与评注方面更是硕果累累。此外，朱熹的文献整理工作，对于当代朱子学研究更是有着至关重要的影响。会上，中国华东师范大学出版社董事长朱杰人教授汇报了《朱子语类》合刊本的编修计划。朱杰人指出，《徽州刊朱子语类》早于黎靖德的咸淳刻本，而作为《徽州刊朱子语类》的摹写本，《朝鲜古写徽州本朱子语类》（简称“古写本”）区别于黎靖德咸淳刻本系统，而具有独立的文献价值。然而，学界却一直将古写本作为现存成化本[1]的校勘本，这不仅破坏了《徽州刊朱子语类》的原貌，而且也不能突出它存在的意义。因此，为了更直观全面地展示《朱子语类》的重要文献价值，将古写本与成化本编纂为《朱子语类》合刊本对世界朱子学研究具有重大意义。

## 二、朱子学与社会改革

朱子学的传播与发展演绎着儒家哲学内圣外王的基本逻辑。在外王层面上，朱子学作为一种文化现象，必然勾连着社会多方面的改革内容，而其中礼学更是对社会改革产生了重要影响。中国华东师范大学胡秀娟博士在《朱熹和士庶通礼》一文中指出，朱熹的《家礼》标志着中国传统社会的礼的应用已经从“礼不下庶人”转变成为“士庶通礼”。相较于司马光与程颐，朱熹《家礼》在冠、婚、丧、祭四方面对士庶通礼的损益内容，使得此后的礼仪与“礼不下庶人”的传统文化迥然有别。当然，朱熹并非一味注重从简从俗从众，他始终坚持对古礼进行适宜有度的去取折中，这对当时礼义亡阙的社会现实产生了良好的影响。然而，来自中国浙江大学哲学系的衷鑫恣博士认为，道学实现的某些社会变革却反过来导致了道学为人所不喜甚或痛恨不绝如缕的现象。第一，道学将早期儒学的士人之教扩至士庶全体之教，这样一来，俗众普遍地视礼教为枷锁就会使道学大受敌意；第二，程朱以来，道学家之间好以讲学为事，风气相许，渐渐形成无形的道统集团，如此，势必被当权者所嫉，而终使政治与民间对道学的反对声汇流。

包括朱子礼学在内的宋代礼学，其特点之一便是注重“礼”之义理的阐发，这与汉代礼学注重“礼”之考据的学术风气迥然不同。正是由于这一不同，清代礼学形成了汉宋之争。在《试析清儒以“礼”解经的多重进路——以〈论语后案〉为例》一文中，中国湖南大学岳麓书院的肖永明和陈峰，将黄式三的《论语后案》视为清儒以“礼”解经的典范之作，并对其以“礼”解经的多重进路做了具体分析。文章指出，黄式三所著的《论语后案》以郑玄礼学为学问宗主，在重视三《礼》与《论语》互证的基础上以《周礼》为正。与仅以考证言“礼”的汉学家不同，黄式三更加注重礼意的建构，其治经既采纳汉学所擅长的经史考证之学，同时也吸收宋学注重义理建构的长处，试图以礼学统摄汉宋学术，从而消泯门户之争。从肖永明和陈峰的文章中，我们可以隐隐看到，礼学似乎是中国文化的一个一贯之处。

朱子学不但对东亚各国的传统社会改革产生了积极影响，时至今日，朱子学依然是中国乃至世界社会改革的重要理论资源。来自美国的田浩（Hoyt Cleveland Tillman）与田梅（Margaret Mih Tillman）便在会上探讨了朱熹哲学与普世价值的问题。他们以《朱子家训》为中心，介绍了世界朱氏联合会在文化与政治的互动中推广《朱子家训》的历程，同时也分析了在当今中国的文化与政治环境下，中国政府与儒家学者对待普世价值的敌意态度。田浩与田梅指出，在历史的角度而言，中国无须对讨论普世价值如此敏感和防卫，而西方亦应理解中国终会对“普世”做出调整或改变，将独特性融入普世性中，并可能影响全球。随着中国不断地权力集中化和提高全球地位，中国的学者和大众知识分子会继续受到政治统一和全球地位提升的影响。他们会重新注释普世宗教，亦会重新注释普世价值，这些“普世性”定会附上特定的中国痕迹和特点。

在朱熹哲学的成长过程中，以陈亮为代表的功利主义儒家一直是作为朱熹哲学的反对者而存在着的。德国波恩学者史克礼（Christian Schwermann）在会上发表了《功利主义儒家的起源：荀子如何发现经济》一文，文章从田浩《陈亮对朱熹的挑战》一书中对陈亮功利主义的探讨出发，将功利主义儒家的起源追溯到荀子。通过对《荀子·富国》的分析，史克礼指出，早在亚当·斯密（Adam Smith）以前，荀子就已提出劳动分工以及社会各阶层的协作是“上下俱富”的重要手段。在这里，荀子事实上是基于一个分配正义的观念而提出了剩余财富的再分配。对于君王而言，荀子认为君王应当为了社会财富的流通而储存余粮且刺激经济，由此方能使包括农民阶层在内的整个国家利益最大化。从史克礼的文章中我们可以看到，功利主义儒家的理论亦蕴含了对社会改革的诸多有益因素。

## 三、朱子学的认识论研究

朱熹的“格物致知”思想是朱子学理论体系中最具代表性的内容之一，它代表着中国哲学在认识论上的突破。来自法国西巴黎大学的戴鹤白（Roger Darrobers）指出，朱熹对《大学》“格物致知”原文的补注，是其在程颐思想的基础上长期思考并提炼升华的结果。在回答门人有关“格物致知”问题的诸多答文中，朱熹为阐释《大学》中的知识起源论而增加了许多重要的要素。在《朱熹对“理”这一范畴的发展是认识论上的一个进步吗？——从先秦儒家的“道”论出发评析》一文中，来自德国杜伊斯堡·埃森大学的杜仑认为，朱熹混淆了人类对自然界的“运行规律”和对主体自己，特别是主体的“伦理原则”认识的区别。除此之外，朱熹把道德观念形而上化为“理”，提出了认知和保存“理”的道心等概念，虽然继承发展了先秦的“知行观”，却不仅减低了天作为至上神在人类道德修养中的作用，而且也限制了人类在发展自己道德观念中的主动性。

事实上，对于朱熹“格物致知”思想的研究可以从多个角度进行。在《诗歌视域下的朱熹认识论》（*Zhu Xi's Epistemology in Light of His Poetry*）一文中，来自中国北京师范大学的刘思宇指出，朱熹留下的大量诗作对于更好地理解其格物致知认识论具有重要意义。在诗歌的创作过程中，朱熹必须要面对那种以华丽辞藻描绘外在客观世界与内在自发情感的诗歌传统。此类诗歌因其所带有佛道的超越倾向，故与朱熹通过格物致知在此世寻“道”的认识论有所抵触。在朱熹与此类诗歌的斗争过程中，外在世界、内在情感和哲学倾向间的张力在朱熹的诗歌中被强化了，同时其对人和自然关系的探讨也更为集中和敏感，这便使得诗歌能够成为理解朱熹认识论的一个鲜明的新视角。

朱熹的“格物致知”思想在根本上区别于西方哲学意义上的认识论，因为“格物致知”从根本上说是儒家内圣外王的工夫论，而“全体大用”就是这一工夫所要达到的境界。来自中国厦门大学哲学系的朱人求教授，将话语分析的方法创造性地引入中国哲学研究。在《朱子全体大用观及其发展演变》一文中，朱人求从一个较为宏观的视角审视朱子哲学，一针见血地指出“全体大用”思想是朱子哲学的基本精神。在对朱子全体大用观进行话语分析的过程中，朱人求指出隐藏在“全体大用”背后的信息十分丰富。在哲学层面，全体大用是格物致知的最高境界和最终归宿。在社会实践层面，“全体大用”思想又落实在朱子的政治实践、社仓建设、书院教化、家礼的推广与普及等社会活动之中。从哲学层面到社会实践层面，全体大用思想显示出了从“心之全体大用”到“理”之“全体大用”的过渡，基本遵循了儒学从“德”到“治”，从内圣到外王的内在逻辑。此外，朱人求还指出，在“全体大用”思想所建构的社会语境中，后人对全体大用的理解经历了一个漫长的“层累”的历史过程，这一过程伴随着社会权力关系及意识形态的再生与变化。由此可见，朱熹的“格物致知”思想并不只是思维意识的认识活动，其以“全体大用”为境界指向，关乎着从个人到整个社会的现实成长。

纵观本次会议，来自世界各地的学者围绕着朱子学的前沿课题展开了深入研讨，其观点之新颖，视角之多元，争论之激烈，都显示出朱子学全球化进程中的繁荣景象。朱子学不仅是东亚世界的思想财富，更是全球人民的文化瑰宝。本次会议不仅充分展示出全球朱子学研究的最新进展，而且对于朱子学的全球化普及亦会产生深远的影响。

**注　释：**

[1] 成化九年陈炜复咸淳刻本而成，咸淳刻本现已亡佚。

（作者单位：厦门大学哲学系）

朱子学年鉴（2015）

# 资料辑要

# 2015 年部分朱子学新书目录

班志铭:《宋朱熹书城南唱和诗》，黑龙江美术出版社，2015 年 8 月。

陈国代著:《文献家朱熹　朱熹著述活动及其著作版本考察》，北京师范大学出版社，2015 年 6 月。

陈学凯:《跬步探儒》，中国社会科学出版社，2015 年 9 月。

陈支平、叶明义主编:《朱熹陈淳研究　第 2 辑》，厦门大学出版社，2015 年 6 月。

方彦寿著:《朱熹学派与闽台书院刻书的传承和发展》，福建教育出版社，2015 年 1 月。

黄　昊著:《朱子学与河图洛书说研究》，西南交通大学出版社，2015 年 3 月。

黄胜科、李崇英编:《朱子之路》，福建教育出版社，2015 年 11 月。

季惟斋:《宋儒忘筌编》，华东师范大学出版，2015 年 10 月。

贾　璐著:《朱熹训诂研究》，中国社会科学出版社，2015 年 8 月。

姜广辉、徐公喜主编:《朱子学刊》（第 24 辑），黄山书社，2015 年 7 月。

金　浩编著:《朱熹：舌尖上的天理和人欲》，黄山书社，2015 年 6 月。

兰宗荣著:《朱子的旅游世界　朱熹旅游文化与文化旅游研究》，光明日报出版社，2015 年 1 月。

黎　昕主编:《闽学研究十年录》，福建人民出版社，2015 年 3 月。

黎　昕主编:《朱子学说与闽学发展》，中国社会科学出版社，2015 年 6 月。

[清]李　绂著，段景莲点校:《朱子晚年全论》，中华书局，2015 年 3 月。

李永明著:《朱熹〈楚辞集注〉研究》，上海古籍出版社，2015 年 3 月。

林　怡著:《闽学脉：从朱熹到严复》，海峡文艺出版社，2015 年 6 月。

刘述先著:《朱子哲学思想的发展与完成》，吉林出版集团有限责任公司，2015 年 1 月。

孙毓修编:《朱子　文白对照本》，团结出版社，2015 年 12 月。

[东汉]魏伯阳著　[宋]朱　熹等注:《周易参同契集释》，中央编译出版社，2015 年 1 月。

向世陵主编:《宋代经学哲学研究・基本理论卷》，上海科学技术文献出版社，2015 年 1 月。

向世陵主编:《宋代经学哲学研究・理学体贴卷》，上海科学技术文献出版社，2015 年 1 月。

邢丽菊:《韩国儒学思想史》，人民出版社，2015 年 11 月。

严佐之、戴扬本、刘永翔主编，［清］陈沆、郭嵩焘、吕永辉，张文、严佐之、任莉莉校注：《近思录专辑（第11册　近思录补注 近思录注 国朝近思录）》，华东师范大学出版社，2015年3月。

严佐之、戴扬本、刘永翔主编，［宋］陈埴、蔡模、佚名 ［明］江起鹏、宗韵、程水龙、顾宏义、丁小明校注：《近思录专辑·第2册　近思杂问 近思续录 近思别录 近思后录 近思录补》，华东师范大学出版社，2015年9月。

严佐之、戴扬本、刘永翔主编，［清］刘源渌，黄坤校注：《近思录专辑·第10册　近思续录》，华东师范大学出版社，2015年11月。

严佐之、戴扬本、刘永翔主编，［清］茅星来，朱幼文校注：《近思录专辑·第7册　近思录集注》，华东师范大学出版社，2015年8月。

严佐之、戴扬本、刘永翔主编，［清］汪永、汪绂，严佐之、丁红旗校注：《近思录专辑·第9册　近思录集注 读近思录》，华东师范大学出版社，2015年10月。

严佐之、戴扬本、刘永翔主编，［宋］杨伯嵒、叶采程水龙校注：《近思录专辑·第1册　泳斋近思录衍注 近思录集解》，华东师范大学出版社，2015年2月。

严佐之、戴扬本、刘永翔主编，［清］张伯行，罗争鸣校注：《近思录专辑·第4册　近思录集解》，华东师范大学出版社，2015年8月。

严佐之、戴扬本、刘永翔主编，［清］张伯行，张文校注：《近思录专辑·第5册　续近思录 广近思录》，华东师范大学出版社，2015年8月。

严佐之、戴扬本、刘永翔主编，［清］张习孔、李文炤，方笑一、戴扬本校注：《近思录专辑·第3册　近思录传 近思录集解》，华东师范大学出版社，2015年9月。

杨　浩著：《孔门传授心法：朱子〈四书章句集注〉的解释与建构》，东方出版中心，2015年8月。

叶纯芳、乔秀岩编：《朱熹礼学基本问题研究》，中华书局，2015年9月。

张克宾著：《朱熹易学思想研究》，人民出版社，2015年11月。

张品端主编：《道南学派研究》，厦门大学出版社，2015年10月。

张品端主编：《朱子学与退溪学研究 中韩性理学之比较》，厦门大学出版社，2015年10月。

章衣萍：《写给儿童的名人故事——朱子》，团结出版社，2015年9月。

赵文源著：《朱子〈易〉注考源》，语文出版社，2015年5月。

周月琴：《〈心经附注〉对退溪心学形成之影响研究》，学苑出版社，2015年5月。

朱人求、〔日〕井上厚史主编：《东亚朱子学的新视野》，商务印书馆，2015年

1月。

［宋］朱　熹编:《国学启蒙经典 大学中庸》，世界图书出版广东有限公司，2015年9月。

［宋］朱　熹编撰:《朱子小学读本》，福建教育出版社，2015年1月。

［宋］朱　熹集注，郭万金编校:《论语集注》，商务印书馆，2015年10月。

［宋］朱　熹著，吕祖谦编:《国学课堂 近思录》，吉林大学出版社，2015年5月。

［宋］朱　熹注，郑　同校:《宋刻周易本义（全四册）》，华龄出版社，2015年2月。

［宋］朱　熹著:《楚辞》，知识出版社，2015年5月。

［宋］朱　熹著:《楚辞要籍丛刊 楚辞集注》，上海古籍出版社，2015年12月。

［宋］朱　熹著:《钦定四库全书 楚辞集注（全二册）》，中国书店出版社，2015年8月。

［宋］朱　熹著:《钦定四库全书 近思录（全二册）》，中国书店出版社，2015年8月。

［宋］朱　熹著:《钦定四库全书 诗经集传（全二册）》，中国书店出版社，2015年8月。

［宋］朱　熹著:《钦定四库全书 四书章句集注（全二册）》，中国书店出版社，2015年8月。

［宋］朱　熹著:《钦定四库全书 孝经勘误 阴符经考异 周易参同契考异 朱子读书法》，中国书店出版社，2015年8月。

［宋］朱　熹著:《钦定四库全书 伊洛渊源录（全二册）》，中国书店出版社，2015年8月。

［宋］朱　熹著:《钦定四库全书 易类原本周易本义》，中国书店出版社，2015年8月。

朱子学会编:《朱子学年鉴2014》，商务印书馆，2015年8月。

# 2015 年部分朱子学论文索引

毕劭莹:《国学经典教学指导医学职校学生践行社会主义核心价值观研究——以〈弟子规〉〈朱子家训〉为例》,《湖北函授大学学报》,2015 年第 11 期。

蔡方鹿:《朱熹思想与社会主义核心价值观》,《朱子文化》,2015 年第 2 期。

蔡家和:《唐君毅论朱子学中的“人心与道心”》,《宜宾学院学报》,2015 年第 11 期。

蔡忠良:《日本江户时期朱子学之兴盛及其原因》,《岭南师范学院学报》,2015 年第 4 期。

常　新:《李二曲“心体”论诸说——从对朱子理学与阳明心学的融摄说起》,《中国哲学史》,2015 年第 2 期。

陈壁生:《朱子〈孝经〉学评议》,《哲学研究》,2015 年第 10 期。

陈　来:《韩国朱子学新论——以李退溪与李栗谷的理发气发说为中心》,《厦门大学学报》(哲学社会科学版),2015 年第 1 期。

陈利华:《最美不过是“养成”——小谈以养成为特色的朱熹家庭教育思想》,《朱子文化》,2015 年第 5 期。

陈　林:《义理与考据之间:“朱陆异同”学术史的内在发展理路》,《求索》,2015 年第 4 期。

陈　林:《朱熹〈大学章句〉“诚意”注解定本辨析》,《孔子研究》,2015 年第 2 期。

陈　林:《朱子晚年工夫思想的发展与完善——以“已发未发”为中心》,《江淮论坛》,2015 年第 6 期。

陈　群:《朱子论〈大学〉“八条目”之关系》,《中州学刊》,2015 年第 4 期。

陈天洁、曹顺仙:《浅析〈朱子家训〉家庭伦理道德教育对现代社会的启示》,《中外企业家》,2015 年第 25 期。

陈永杰:《朱熹是泛认知主义吗?——兼论牟宗三对朱熹“知论”的诠释》,《福建论坛》(人文社会科学版),2015 年第 9 期。

陈　勇:《钱穆的朱子学研究》,《宜宾学院学报》,2015 年第 5 期。

程碧英:《〈朱子语类〉“体”类词群的文化阐释》,《成都大学学报》(社会科学版),2015 年第 3 期。

程碧英:《〈朱子语类〉中“涵”类词群的文化解读》,《四川文理学院学报》，2015年第6期。

程得中:《理学话语体系的构建——朱熹的语录编纂》，《兰台世界》，2015年第10期。

程利田:《论儒学朱子学对伏尔泰的影响》，《朱子文化》，2015年第5期。

程　荣:《理学视域中的朱熹诗论及诗教价值取向》，《合肥学院学报》(社会科学版)，2015年第1期。

崔海东:《朱子“中和旧说”发微——以“人自有生”四札为中心》，《孔子研究》，2015年第1期。

崔海东:《朱子两种主“动”的涵养工夫辨析》，《中州学刊》，2015年第10期。

崔涛、韩金燕:《试论朱子对儒家道统的礼学实践》，《江汉论坛》，2015年第11期。

戴兆国、耿芳朝:《从〈大学章句〉引注考看朱熹经典解释学的特点》，《东岳论丛》，2015年第1期。

邓晨媛:《朱熹齐家思想探微——以朱子“居家四本”为例》，《朱子文化》，2015年第6期。

丁为祥:《朱子与李延平》，《朱子文化》，2015年第2、3期。

董　晨:《朱熹对“干禄文风”的批判——以其书院教学为中心》，《西部学刊》，2015年第12期。

董　娟:《论理雅各对朱熹〈诗〉学的接受》，《孔子研究》，2015年第2期。

杜俊青:《浅析朱子学在江户时代的地位》，《品牌(下半月)》，2015年第6期。

杜文霞、罗小平:《论罗从彦“君子寡欲”的当代意义》，《朱子文化》，2015年第5期。

段海宝:《一部朱子学研究的必备书籍——读张立文先生主编的〈朱熹大辞典〉》，《社会科学战线》，2015年第4期。

鄂　非:《朱熹生态伦理思想及当代价值研究》，《兰台世界》，2015年第36期。

方彦寿、林潭生:《被遗忘的出版家朱门弟子陈宓》，《朱子文化》，2015年第2期。

方彦寿:《李侗著述古今公私书目题跋汇编(上)》，《朱子文化》，2015年第6期。

方彦寿:《刘子翚与明正德刻本〈屏山集〉》，《朱子文化》，2015年第4期。

方彦寿:《日本内阁文库藏本〈书集传〉中的“文公亲帖”》，《合肥学院学报》(社会科学版)，2015年第1期。

方彦寿:《杨时著作古今公私书目汇编》,《朱子文化》，2015 年第 3 期。

方彦寿:《游酢“三答”的文献考辨》,《朱子文化》，2015 年第 5 期。

方彦寿:《游酢草书与“千古之谜”》,《朱子文化》，2015 年第 3 期。

方彦寿:《在武夷山阐扬朱子学的元代名儒陈普》,《朱子文化》，2015 年第 4 期。

方彦寿:《朱熹及其弟子的孝道理论与实践》,《福州大学学报》（哲学社会科学版），2015 年第 4 期。

方彦寿:《朱子学由闽入台浅析》,《福建史志》，2015 年第 2 期。

冯　兵:《“义”·“人情”·“礼乐器数”——朱熹论“礼”的传承与修订》,《哲学动态》，2015 年第 2 期。

冯国栋:《帝、儒、中、心之间——朱子前十六字心诀流传阐释考论》,《哲学研究》，2015 年第 1 期。

冯　塞、王新春:《浅议程朱关于“敬”的思想》,《内蒙古民族大学学报》（社会科学版）, 2015 年第 1 期。

冯　青:《〈二程语录〉与〈朱子语类〉新词新义之比较》,《江西科技师范大学学报》，2015 年第 2 期。

冯　青:《陈淳、黄义刚所录朱熹词汇比较研究》,《中国典籍与文化》，2015 年第 1 期。

冯　青:《宋刻本〈晦庵先生语录大纲领〉相关问题考论》,《图书馆理论与实践 》，2015 年第 4 期。

付丁群:《〈朱子家训〉中的传统伦理思想对当今社会的影响》,《通化师范学院学报》，2015 年第 7 期。

付天睿:《从“理一分殊”看朱熹理学的思想特征》,《人文天下》，2015 年第 7 期。

傅锡洪:《“两样鬼神”何以“不是二事”——论朱熹鬼神观兼及江户儒者的质疑》,《杭州师范大学学报》（社会科学版），2015 年第 3 期。

傅小凡、邹秀季:《民国时期吕思勉的朱子学研究》,《南昌大学学报》（人文社会科学版），2015 年第 2 期。

高建立:《从本体论看朱熹对佛学思想的吸收与融会》,《天中学刊》，2015 年第 6 期。

高晓锋:《从〈知言疑义〉看朱熹与胡宏儒学思想之歧异》,《社会科学论坛》，2015 年第 4 期。

高　旭:《论朱子“持守”思想及其儒学践履精神》,《武陵学刊》，2015 年第 1 期。

顾宏义:《朱熹与王淮交游考略》,《华东师范大学学报》（哲学社会科学版），2015 年第 4 期。

官国权:《朱熹犯罪预防思想与当代大学生犯罪预防》,《武夷学院学报》, 2015 年第 2 期。

郭廷廷:《试析朱熹“足食为先”的民本思想》,《思想战线》, 2015 年增刊 S1 期。

郭　文、李　凯:《论朱熹的理学时间观》,《上饶师范学院学报》, 2015 年第 4 期。

郭　文、李　凯:《心性论视域下朱熹“致知”理境探析》,《江淮论坛》, 2015 年第 6 期。

郭亚雄:《“义理先行”与“事求有据”：宋学与清代汉学之异——以道统说的成立与解构为中心》,《理论界》, 2015 年第 5 期。

韩国良:《对朱子“兴”论的探析与反思》,《渭南师范学院学报》, 2015 年第 5 期。

郝金金:《朱熹〈小学〉中的德育教育方法及其当代价值》,《教育探索》, 2015 年第 6 期。

郝　永:《朱熹“诗”学通论》,《西南民族大学学报》(人文社会科学版), 2015 年第 3 期。

郝　永:《朱熹辞赋通论》,《河南大学学报》(社会科学版), 2015 年第 5 期。

何　秀、王　宁:《“朱子读书法”的现代心理学分析》,《怀化学院学报》, 2015 年第 2 期。

洪　军:《丽末鲜初朱子学在韩国的传播》,《史林》, 2015 年第 6 期。

洪永稳:《论朱子的审美化育之道》,《合肥学院学报》(社会科学版), 2015 年第 1 期。

洪永稳:《朱熹审美阅读的方法》,《池州学院学报》, 2015 年第 1 期。

胡俊俊、胡琼:《张栻朱熹暗引故训考同——以〈论语解〉〈论语集注〉为例》,《西部学刊》, 2015 年第 11 期。

胡泉雨、魏文山:《论青年朱熹对“心”的理解——以〈延平答问〉中的讨论为中心》,《朱子文化》, 2015 年第 4 期。

胡迎建:《论朱熹的题咏、题画诗》,《洛阳师范学院学报》, 2015 年第 4 期。

黄丽奇:《回归经典——儒家修养美学下的大学生思想道德建设探究》,《朱子文化》, 2015 年第 3 期。

黄兴泉:《试论〈朱子家礼〉对漳州宗族礼仪的影响——以南靖族谱为研究中心》,《闽南师范大学学报》(哲学社会科学版), 2015 年第 2 期。

黄　勇、崔雅琴:《朱熹的形上学：解释性的而非基础主义的》,《社会科学》, 2015 年第 1 期。

黄云姬:《论朱熹的阅读思想》,《长江大学学报》(社会科学版),2015 年第 7 期。

黄在锦、梁文彬、刘建光、严道明:《尤溪朱子文化园一瞥》,《福建理论学习》,2015 年第 10 期。

贾骄阳:《论朱熹对苏轼散文的批评》,《青海社会科学》,2015 年第 3 期。

贾　璐:《简论朱熹的训诂原则》,《江南大学学报》(人文社会科学版),2015 年第 1 期。

贾　璐:《朱熹训诂中的声训分析》,《青海师范大学学报》(哲学社会科学版),2015 年第 2 期。

贾　璐:《朱熹训诂中的形训分析》,《宁波广播电视大学学报》,2015 年第 2 期。

贾　璐:《朱熹在词语训释中所体现出的训诂思想》,《汉字文化》,2015 年第 3 期。

江求流:《人格的不完满性及其先天根源——论朱子气质之性的核心内涵》,《船山学刊》,2015 年第 2 期。

江求流:《天道根源与价值意义——论朱子〈仁说〉的核心问题》,《朱子学刊》,2015 年第 2 期。

江　涛:《朱熹在历史文献学上的成就》,《长春教育学院学报》,2015 年第 2 期。

蒋　益:《由理即心——略论朱子哲学中的心灵概念对心学的预备性影响》,《绍兴文理学院学报》(哲学社会科学版),2015 年第 2 期。

蒋颖荣、叶文振:《朱熹孝伦理思想及其当代启示》,《福建江夏学院学报》,2015 年第 4 期。

孔令宏:《朱熹陆九渊无极太极之辩与道家道教的关系》,《上饶师范学院学报》,2015 年第 5 期。

赖长奇:《论朱子理学与社会主义核心价值观大众化》,《赤子(上中旬)》,2015 年第 21 期。

赖尚清:《朱子之仁:道德实践的自律主体》,《孔子研究》,2015 年第 4 期。

赖文斌:《译语之中“情”“理”之外——朱熹〈观书有感(其一)〉英译评析》,《上饶师范学院学报》,2015 年第 4 期。

兰宗荣:《朱熹、白玉蟾与李訦、杨长孺交游考》,《武夷学院学报》,2015 年第 2 期。

乐爱国、李志峰:《马一浮、牟宗三对朱熹“性即理”的不同解读》,《杭州师范大学学报》(社会科学版),2015 年第 1 期。

乐爱国:《民国时期吕思勉〈理学纲要〉对朱子学的阐释及其创新》,《南京社会科学》，2015 年第 4 期。

乐爱国：《冯友兰、牟宗三对朱熹“理”之不同诠释》，《社会科学研究》，2015 年第 6 期。

乐爱国：《冯友兰、唐君毅对朱子学的不同诠释》，《社会科学》，2015 年第 2 期。

乐爱国：《民国时期（1912 ～ 1949）朱子学研究学术编年（二）》，《朱子文化》，2015 年第 5 期。

乐爱国：《民国时期从阶级分析入手的朱子学研究》，《西南民族大学学报》（人文社会科学版），2015 年第 1 期。

乐爱国：《民国时期的朱熹门人后学研究》，《南昌大学学报》（人文社会科学版），2015 年第 6 期。

乐爱国：《民国时期何炳松〈程朱辨异〉对朱子学的阐释及创新》，《中共宁波市委党校学报》，2015 年第 3 期。

乐爱国：《钱穆、牟宗三对于朱熹“心统性情”的不同诠释》，《河北学刊》，2015 年第 2 期。

乐爱国：《清末陈澧〈东塾读书记〉对朱熹科学思想的阐述》，《广州大学学报》（社会科学版），2015 年第 4 期。

乐爱国：《朱熹的“心即理”及其与“性即理”的关系——兼论朱陆之异同》，《徐州工程学院学报》（社会科学版），2015 年第 2 期。

乐爱国：《朱子学研究的文本依据——兼评牟宗三所谓“朱子以〈大学〉为中心”》，《福建行政学院学报》，2015 年第 6 期。

黎晓铃：《略论李侗与朱熹所探讨之〈论语〉疑案》，《合肥学院学报》（社会科学版），2015 年第 3 期。

李范朝：《朱熹之师承李侗考》，《福建省社会主义学院学报》，2015 年第 4 期。

李敬峰：《湖湘学派的仁学及朱子对其的批判》，《深圳大学学报》（人文社会科学版），2015 年第 5 期。

李敬峰：《吕柟〈中庸〉首章的诠释及其对朱子的批判》，《中国社会科学院研究生院学报》，2015 年第 2 期。

李敬峰：《朱子对程门后学心性论思想的批判和总结》，《孔子研究》，2015 年第 2 期。

李路芳：《文学评论中的朱熹文学教育思想》，《哈尔滨职业技术学院学报》，2015 年第 6 期。

李　平：《〈诗集传〉排印本标点勘误》，《湖南广播电视大学学报》，2015 年第 2 期。

李清良、夏亚平：《从朱熹的诠释思想展望中国现代诠释学》，《中国文化研究》，2015 年第 2 期。

李　赛：《朱熹艺术风格论：平淡、雄健》，《现代语文》（学术综合版），2015 年第 11 期。

李山河：《"反朱"思想研究：发展历程与内在逻辑——以宋明清理学为中心》，《沈阳工程学院学报》（社会科学版），2015 年第 2 期。

李　骃：《朱熹家族与李弥逊家族交游考——兼及李弥逊曾孙从黄榦游学并建二先生祠》，《闽台文化研究》，2015 年第 1 期。

李兴斌：《为武侯辩诬：诸葛亮"借刀杀人"问题辨析——兼评朱子彦先生的治史态度与治史方法》，《济南大学学报》（社会科学版），2015 年第 1 期。

李学隆：《朱熹的家庭教育思想启示》，《邢台学院学报》，2015 年第 1 期。

李毅婷：《朱熹的孝亲观念及其现代意义》，《闽台文化研究》，2015 年第 1 期。

李智福：《朱子"天理之性"与"气质之性"的深度两难》，《哈尔滨工业大学学报》（社会科学版），2015 年第 1 期。

林　鹄：《朱子〈家礼〉中的始祖》，《中华文史论丛》，2015 年第 2 期。

林佳蓉：《万古长空一片心——从诗、文论李侗对朱熹的影响》，《朱子文化》，2015 年第 3 期。

林建峰：《朱熹的核心价值观探微》，《泉州师范学院学报》，2015 年第 5 期。

林建峰：《朱熹的人文教育思想及其现实意义》，《华北水利水电大学学报》（社会科学版），2015 年第 3 期。

林乐昌：《论曹南冥的"主敬"工夫及其特色——兼论曹南冥"主敬"工夫的横渠学渊源》，《南昌大学学报》（人文社会科学版），2015 年第 5 期。

林晓梦：《朱熹财政经济思想刍议》，《福建教育学院学报》，2015 年第 4 期。

林忠军：《论丁若镛"推移说"与汉宋易学——兼论朱熹、毛奇龄推移说对丁若镛的影响》，《周易研究》，2015 年第 3 期。

刘　博：《"良知"在朱熹理学和阳明心学中的内涵表达》，《内蒙古农业大学学报》（社会科学版），2015 年第 4 期。

刘　刚：《试论李谷对朱子学在高丽传播和发展的贡献》，《延边大学学报》（社会科学版），2015 年第 1 期。

刘桂荣：《理学美学视域下朱熹的文艺批评观探究》，《西北大学学报》（哲学社会科学版），2015 年第 6 期。

刘竞飞、刘月明：《朱熹、王阳明的格物之说及其美学可能》，《社会科学论坛》，2015 年第 8 期。

刘世军：《论朱程理学对宋代丝织工艺的影响》，《丝绸》，2015 年第 3 期。

刘小红:《朱熹〈玉山讲义〉文旨解析》,《黄山学院学报》,2015年第6期。

刘ouml娇:《朱子的“小学”思想析论》,《江汉学术》,2015年第5期。

刘学智:《朱熹“中和新说”与关学关系探微》,《哲学研究》,2015年第12期。

刘　洋:《关于〈近思录〉未收邵雍之言的研究》,《绥化学院学报》,2015年第9期。

刘银锁、邹婧婧:《论朱熹“格君心之非”思想的形成与践行——朱熹兴办书院的目的》,《天津中德职业技术学院学报》,2015年第1期。

刘子超:《〈朱子家训〉中勤俭思想的现代价值研究》,《包头职业技术学院学报》,2015年第4期。

柳向忠:《从“精神”梳释考朱陆之辨——以陈建〈学蔀通辨〉为例展开》,《孔子研究》,2015年第5期。

路新生:《“主静”与“主敬”:〈近思录〉中的“人”—“生”智慧》,《天津社会科学》,2015年第5期。

路新生:《理学开新:〈近思录〉的编纂及其内在逻辑理念》,《华东师范大学学报》(哲学社会科学版),2015年第6期。

罗爱华、林翠玲:《朱熹的茶诗述评》,《农业考古》,2015年第5期。

吕箐雯:《朱熹理解的“止于至善”及其可能内涵研究》,《赤峰学院学报》(汉文哲学社会科学版),2015年第7期。

吕相国、李美玲:《易学视域下之朱熹“理”“气”关系探微》,《徐州工程学院学报》(社会科学版),2015年第3期。

马　宾、汲　军:《从〈牧斋净稿〉看朱熹人生道路的选择》,《上饶师范学院学报》,2015年第4期。

马多勇:《刘智与朱熹人性论比较研究》,《回族研究》,2015年第1期。

马照南:《漫谈朱子文化》,《朱子文化》,2015年第4期。

米文科:《从“理同气异”到“一本万殊”——论朱熹与黄宗羲对佛教“一切众生悉有佛性”的回应》,《中国哲学史》,2015年第2期。

潘斌、屈永刚:《朱子〈家礼〉的编撰及现代启示》,《孔子研究》,2015年第5期。

潘斌:《朱子〈仪礼经传通解〉的编纂缘由和学术影响》,《四川师范大学学报》(社会科学版),2015年第3期。

彭纬璇:《〈四库全书总目〉与朱熹批判管窥——以几十篇与朱熹密切相关的提要为切入点》,《鸡西大学学报》,2015年第12期。

彭燕凌:《朱熹“时习”教学思想及其启示》,《重庆第二师范学院学报》,2015年第3期。

齐桂荣：《理学美学视域下朱熹的文艺批评观探究》，《西北大学学报》（哲学社会科学版），2015 年第 6 期。

秦　月、程水龙：《〈近思录〉的“教学之道”与朱熹的教育思想》，《温州大学学报》（社会科学版），2015 年第 2 期。

邱楚媛：《从“致敬鬼神”到持敬——儒家敬观念的形成与朱熹的阐释》，《中山大学研究生学刊》（社会科学版），2015 年第 1 期。

邵凤丽：《朱子〈家礼〉与宋明以来家祭礼仪模式建构》，《中原文化研究》，2015 年第 1 期。

邵　磊：《格物与解蔽——借镜于朱子学的荀子心论研究》，《天府新论》，2015 年第 2 期。

申冰冰：《朱熹“灯笼比喻”与宋代理学的人性观》，《宁夏社会科学》，2015 年第 3 期。

沈时凯：《朱熹元教育思想发微》，《合肥学院学报》（社会科学版），2015 年第 1 期。

沈松勤：《“新道统”理念下的偏见——朱熹讨伐“苏学”的文化诉求》，《北京大学学报》（哲学社会科学版），2015 年第 6 期。

沈　志：《朱子论家政》，《福建史志》，2015 年第 1 期。

施晓莉：《朱子理学教育在台湾的传播发展》，《上饶师范学院学报》，2015 年第 2 期。

石立善：《朱子所谓“四子”何指——四子：六经之阶梯；近思录：四子之阶梯》，《衡水学院学报》，2015 年第 2 期。

时名早、李士金：《1980 ～ 1989 年朱熹道德思想研究论文述评》，《黑龙江教育学院学报》，2015 年第 9 期。

时名早、李士金：《朱熹道德思想研究论文述评（1990 ～ 1999）》，《黑河学院学报》，2015 年第 6 期。

时名早、李士金：《朱熹道德思想研究论文述评（2000 ～ 2004）》，《赤峰学院学报》（汉文哲学社会科学版），2015 年第 11 期。

时名早：《一部渗透道德教育精神的文学研究专著——读〈朱熹文学思想研究〉》，《教育观察（上半月）》，2015 年第 7 期。

拾景欣：《朱熹〈沧洲精舍谕学者〉对现代教育的启示》，《教育观察（上半月）》，2015 年第 8 期。

史少博：《对朱熹“罕言命”的思考》，《兰州学刊》，2015 年第 5 期。

宋梦婕、朱芳慧：《浅议朱子读书法及其指导意义》，《亚太教育》，2015 年第 12 期。

苏费翔：《宋人道统论——以朱熹为中心》，《厦门大学学报》（哲学社会科学版），2015 年第 1 期。

苏鹏辉:《试论朱子经世思想中的“公论”观念》,《政治思想史》，2015 年第 3 期。

孙　晓:《韩国朱熹关联题画诗研究——以儒学大师李滉、李珥为中心》,《延边大学学报》（社会科学版），2015 年第 5 期。

唐　琳:《朱熹易学的诠释特色——兼论朱熹对程颐的批评》,《孔子研究》，2015 年第 6 期。

陶有浩:《朱熹幸福观探析》,《合肥师范学院学报》，2015 年第 5 期。

涂萤萤:《朱子辉：在劲气与天真之间》,《文艺生活》（艺术中国），2015 年第 6 期。

土田健次郎:《日本接纳〈易经〉的一个侧面——以伊藤仁斋的〈易经〉解释为中心》,《河北民族师范学院学报》，2015 年第 4 期。

王必金:《浅谈朱熹的理学思想与客家人的“天理、良心”道德观》,《朱子文化》，2015 年第 1 期。

王　彬:《论朱熹将读书法引入儒学理论体系的途径》,《济宁学院学报》，2015 年第 1 期。

王传林:《朱熹之“理”的价值内蕴与路向》,《烟台大学学报》（哲学社会科学版），2015 年第 5 期。

王国宇:《从〈朱文公政训〉看为官之要》,《领导科学》，2015 年第 19 期。

王　今:《细雨润无声　一鸣则惊人——浅说朱子木的行艺之道》,《写作（上旬刊）》，2015 年第 7 期。

王金艳、康忠德:《〈诗集传〉非叶音反切声母研究》,《百色学院学报》，2015 年第 3 期。

王开元:《朱熹论（道德）意志软弱及其心理机制》,《理论界》，2015 年第 6 期。

王利民:《刘子翚的生平思想及其对朱熹的影响》,《江西师范大学学报》（哲学社会科学版），2015 年第 6 期。

王连君:《〈朱子读书法〉论略》,《图书馆学刊》，2015 年第 11 期。

王美华:《家礼与国礼之间:〈朱子家礼〉的时代意义探析》,《史学集刊》，2015 年第 1 期。

王　媚:《朱熹生态伦理思想及当代价值研究》,《兰台世界》，2015 年第 27 期。

王敏维:《重新认识朱子的“读书法”——以〈朱子语类〉之“卷十”“卷十一”为例》,《语文知识》，2015 年第 12 期。

王　荣:《浅论朱熹伦理思想对当代中国道德建设的借鉴意义》,《中共南昌市委党校学报》，2015 年第 6 期。

王瑞良：《论人性本善及恶自何来——朱子人性论诠释》，《人民论坛》，2015 年第 35 期。

王　善：《朱熹道德教化思想及其当代价值》，《兰台世界》，2015 年第 27 期。

王　霞：《以“德”抗“位”的回归——论孟子、赵岐和朱熹的君臣观》，《湖南大学学报》（社会科学版），2015 年第 4 期。

王晓华：《以“朱子读书法”解读中国文化的慕课传播》，《教育文化论坛》，2015 年第 6 期。

王新梅：《朱熹理学：社会转型与思想建构》，《学理论》，2015 年第 16 期。

王新水：《〈大学·首章〉发微——立足于对朱熹注解的批判继承》，《人文杂志》，2015 年第 12 期。

王新宇：《“明德”与“新民”——以朱子〈大学章句〉为中心》，《南京工程学院学报》（社会科学版），2015 年第 3 期。

王　毅、费　非：《历数尧唐千载下　如公仅有两三人——朱熹行状综述》，《新闻世界》，2015 年第 12 期。

王征国：《论朱熹仁学对当代人生理想境界的启示》，《北京教育》（德育），2015 年第 2 期。

王征国：《朱熹仁学中的人生理想境界》，《理论学习》，2015 年第 4 期。

王志阳：《论朱熹“〈易〉本为卜筮之书”观念》，《社会科学论坛》，2015 年第 4 期。

王宗昱：《对朱熹〈阴符经考异〉的再考察》，《世界宗教研究》，2015 年第 3 期。

尉利工：《论朱子的〈诗经〉学诠释思想》，《东方论坛》，2015 年第 1 期。

魏兆锋：《钱穆论朱子读书法》，《新世纪图书馆》，2015 年第 9 期。

温志拔：《二程到朱熹：南宋前期闽籍道学家的文献活动》，《福建师大福清分校学报》，2015 年第 4 期。

吴得福：《试论“三严三实”的内涵——以朱子的“知、行”观为视角》，《知行铜仁》，2015 年第 3 期。

吴冬梅、庆跃先：《从孟子到朱子“以水喻性”的嬗变》，《社会科学战线》，2015 年第 6 期。

吴根友、PengPing：《简论宋儒“一体之仁”的思想及其现代意义——以张载、二程、朱子的“一体之仁”思想为例》，《孔学堂》，2015 年第 2 期。

吴吉民：《家国同构——历史视野下的儒家齐家与治国关系学说及其价值》，《朱子文化》，2015 年第 3 期。

吴孔宝：《〈周易〉损益思想与朱熹的处世之道》，《朱子文化》，2015 年第

5 期。

吾妻重二:《朱子学的知识体系及其在东亚的普遍意义》,《厦门大学学报》（哲学社会科学版），2015 年第 1 期。

吴小丽、王骁巍:《从“月印万川”观朱熹“理一分殊”思想》,《民族论坛》，2015 年第 2 期。

吴晓萍:《“行道”与“得君”——宋孝宗时代的朱熹与周必大》,《合肥学院学报》（社会科学版），2015 年第 1 期。

吴　震:《从伊藤仁斋“道论”的重构来看德川儒学“反朱子学”之特色》,《河北学刊》，2015 年第 4 期。

肖发荣:《论朱熹对张载著作的整理和研究》,《宝鸡文理学院学报》（社会科学版），2015 年第 1 期。

谢胜旺:《荀子人性论的内涵、实质及其意义——兼与朱熹人性论的比较》,《湖北社会科学》，2015 年第 6 期。

谢晓东:《精微之境：李栗谷对人心、道心的诠释》,《学术月刊》，2015 年第 11 期。

谢晓东:《人心道心相为始终说是李栗谷的最终定论吗？》,《中国哲学史》，2015 年第 2 期。

徐　波:《历史世界是如何可能的——环绕余英时〈朱熹的历史世界〉之思考》,《清华大学学报》（哲学社会科学版），2015 年第 3 期。

徐　刚、陈春红:《孔子对朱熹民众管理思想的影响研究》,《朱子文化》，2015 年第 2 期。

徐　刚、林巧仙:《董仲舒对朱熹教育思想的影响》,《朱子文化》，2015 年第 3 期。

徐公喜:《朱陆异同论的历史形态考察》,《江淮论坛》，2015 年第 6 期。

徐　涓:《朱熹对待扬雄与〈反离骚〉态度及其原因探析》,《湖北大学学报》（哲学社会科学版），2015 年第 2 期。

徐俐华、丁友兰:《朱熹〈八朝名臣言行录〉建本流传考略》,《武夷学院学报》，2015 年第 11 期。

徐玲英:《是反动还是继承——再论戴震哲学与朱熹理学的关系》,《湖南师范大学社会科学学报》，2015 年第 1 期。

徐　蒙，张志攀:《浅论朱熹的书法面貌和书法观》,《戏剧之家》，2015 年第 11 期。

许家星:《程门学派对朱子学的挑战及与王学之遥契——以黎立武的〈大学〉诠释为中心》,《哲学研究》，2015 年第 8 期。

许家星:《饶鲁〈中庸〉学的工夫论诠释及对朱子的突破》,《山东大学学报》(哲学社会科学版),2015 年第 2 期。

许家星:《饶鲁对朱子〈孟子集注〉的批判性诠释及意》,《中山大学学报》(社会科学版),2015 年第 1 期。

许家星:《朱子学的羽翼、辨正与“内转”——以勉斋〈论语〉学为中心》,《中国哲学史》,2015 年第 4 期。

许家星:《朱子学的自我批判、更新与朱陆合流——以吴澄中庸学为中心》,《湖南大学学报》(社会科学版),2015 年第 4 期。

许莹婧:《基于朱子自由思想框架下的〈瓦尔登湖〉的研究》,《鸡西大学学报》,2015 年第 3 期。

杨海文:《朱子学与朝鲜朝的未发之辨》,《学术研究》,2015 年第 7 期。

杨立华:《朱子理气动静思想再探讨》,《云南大学学报》(社会科学版),2015 年第 1 期。

杨瑞荣:《朱子文化连着两岸情——2015 年台湾朱氏宗亲祭朱熹》,《统一论坛》,2015 年第 3 期。

杨少涵:《〈中庸〉“政犹蒲卢”郑、朱注之歧异与会通》,《中山大学学报》(社会科学版),2015 年第 5 期。

杨万里:《朱熹“理一分殊”的文字观念》,《华夏文化》,2015 年第 4 期。

杨万里:《朱熹对书法与诗文贯通一气的审美追求——以劲健雄浑之笔力为中心》,《暨南学报》(哲学社会科学版),2015 年第 7 期。

杨孝青:《朱熹理学思想简评》,《重庆科技学院学报》(社会科学版),2015 年第 5 期。

杨　星:《朱子文化品牌建设正当其时》,《政协天地》,2015 年第 8 期。

杨　艳:《日本九州大学图书馆馆藏〈朱子语类〉版本辨正——与《〈朝鲜古写徽州本朱子语类〉的传播过程考订》商补》,《贺州学院学报》,2015 年第 1 期。

杨玉华:《试论朱熹的“气象”及“气象浑成”》,《中共成都市委党校学报》,2015 年第 3 期。

姚纯贞:《管窥朱熹未雨绸缪、贫富相恤的救荒思想》,《兰台世界》,2015 年第 6 期。

姚进生、陈国代、陈兴华:《朱熹教育思想文献研究》,《武夷学院学报》,2015 年第 5 期。

叶梦婷:《读书是立身强国之要——浅析朱子读书法的现实意义》,《朱子文化》,2015 年第 4 期。

叶梦婷:《修身齐家　家和国兴——学习杨时家训家教及教育思想的启发》,《朱子文化》,2015 年第 2 期。

余龙生:《朱熹“理治”政治思想的伦理意蕴》,《学术界》, 2015 年第 8 期。

余若澜:《朱子论孝:“以父母之心为心”——兼论青年子女的孝》,《朱子文化》, 2015 年第 4 期。

曾　亦:《论朱子与湖湘学者关于知行问题的讨论》,《船山学刊》, 2015 年第 1 期。

詹向红、张爱萍:《“朱子教育思想与当代教育学术研讨会”会议综述》,《合肥学院学报》(社会科学版), 2015 年第 1 期。

张德遴:《尤溪朱子文化园鸟瞰图》,《福建理论学习》, 2015 年第 10 期。

张枫林:《朱熹对俗语的研究及运用特征》,《平顶山学院学报》, 2015 年第 3 期。

张慧霞:《对于朱熹“知”与“行”的思考》,《商》, 2015 年第 20 期。

张锦波:《话头、情境与践行:〈朱子语类〉之哲学践行考察》,《池州学院学报》, 2015 年第 2 期。

张锦波:《气质以言性：朱熹“气质之性”概念的哲学分析》,《安徽大学学报》(哲学社会科学版), 2015 年第 4 期。

张　进:《论朱熹与王维接受》,《徐州工程学院学报》(社会科学版), 2015 年第 1 期。

张克宾:《论朱熹基于先天学的卦变说》,《周易研究》, 2015 年第 6 期。

张品端、林建峰:《朱熹与陆九渊论心知之异》,《武夷学院学报》, 2015 年第 10 期。

张品端:《李滉与朱熹的辩证思维方法之比较》,《中共福建省委党校学报》, 2015 年第 10 期。

张品端:《李退溪对朱熹的性情论的阐发》,《武夷学院学报》, 2015 年第 4 期。

张　倩、牛淑平、姚实林、曹　健:《程朱理学对明代新安医学的影响》,《中医学报》, 2015 年第 6 期。

张清江:《书写、聆听与超越——论朱熹“祝告先圣”行为中的意识体验及其意义》,《广西大学学报》(哲学社会科学版), 2015 年第 5 期。

张庆熊:《从对“致知在格物”的不同诠释看新儒学的问题意识：从朱熹和王阳明到熊十力》,《社会科学》, 2015 年第 11 期。

张　寿:《体验主义视域下对朱熹道德理论家庭模型的探析》,《东疆学刊》, 2015 年第 4 期。

张笑龙:《钱穆对 16 ~ 18 世纪朝鲜王朝朱子学的研究》,《齐鲁学刊》, 2015 年第 5 期。

张　岩:《朱熹道德教育思想的研究》,《教育参考》, 2015 年第 4 期。

张艳玲:《略论朱熹眼中的王安石》,《现代语文》(学术综合版),2015年第10期。

张　燕:《〈朱子语类〉中时体助词“着”用法考察》,《长沙大学学报》,2015年第3期。

张　尧:《尊德性与道问学——从朱熹与王阳明对〈大学〉之不同解读来看》,《开封大学学报》,2015年第3期。

张有龙:《朱熹“尊理体道”的教育心理思想发展及影响》,《兰台世界》,2015年第18期。

张　雨、胡晓凤:《朱熹〈论语集注〉校勘商榷》,《古籍整理研究学刊》,2015年第5期。

张　芸、罗小平:《儒家齐家思想的建构、理路及其当代意义》,《朱子文化》,2015年第4期。

张允熠:《从孟子到朱熹、戴震——试析孟学发展的心路》,《哲学研究》,2015年第8期。

张昭军:《试析程朱理学在清代的衰落》,《人文杂志》,2015年第10期。

张真真:《〈毛诗序〉和〈诗集传〉对诗旨理解的不同》,《大庆师范学院学报》,2015年第4期。

赵　聃:《20世纪以来朱熹经学与文学研究综述》,《文艺评论》,2015年第6期。

赵　刚:《权宜之计:康熙五十一年朱熹升配孔庙十哲之次的政治史发覆——兼论钱穆、葛兆光先生有关康熙时代思想专制的诠释》,《华东师范大学学报》(哲学社会科学版),2015年第1期。

赵广志:《从董仲舒的“天人感应说”到朱熹的“天理论”》,《商丘师范学院学报》,2015年第4期。

赵金刚:《朱子论“命”》,《中国哲学史》,2015年第3期。

郑友裕、丁李青、翁　滨:《朱子故里——武夷山市五夫镇》,《福建理论学习》,2015年第7期。

周　兵:《王夫之对朱熹“诚意”“正心”思想的修正与发展》,《船山学刊》,2015年第6期。

周茶仙:《地方家族与朱子学的发展流传——以江西为例》,《江西社会科学》,2015年第6期。

周茶仙:《论程端蒙对朱子学的体认与阐扬》,《江淮论坛》,2015年第6期。

周茶仙:《士人、家族与朱子学的接受及传布:以门人程端蒙为例》,《福建论坛》(人文社会科学版),2015年第5期。

周光庆:《朱熹〈四书集注〉语言诠释方法论的建构与运用》,《武汉大学学报》(人文科学版),2015年第6期。

周光庆:《朱熹建构的类推诠释方法论发微》,《长江学术》,2015年第2期。

周君燕:《论朱熹的辞赋创作》,《辽东学院学报》(社会科学版),2015年第1期。

周王萼:《天理人欲;几微之间——从互文性角度透视不同文本中朱熹"天理""人欲"思想的表述区别与内在统一》,《时代文学(下半月)》,2015年第9期。

周叶君、李方泽:《从儒家到儒教——以朱子礼学重建为中心》,《江淮论坛》,2015年第3期。

朱长良:《朱子"气禀"论之内涵及其科学印证》,《朱子文化》,2015年第6期。

朱光磊:《朱陆鹅湖之会异同新探》,《中州学刊》,2015年第9期。

朱沛忠:《还朱子原著〈家训〉的本来面目》,《朱子文化》,2015年第1期。

朱　清:《福建朱子文化研究与应用的当下要义》,《学术评论》,2015年第4期。

朱人求:《东亚朱子学研究的新课题》,《朱子文化》,2015年第1期。

朱人求:《读书的快乐——兼论朱子读书法》,《朱子文化》,2015年第4期。

朱人求:《两岸朱子文化协同发展的哲学思考》,《朱子文化》,2015年第5期。

朱人求:《朱子"全体大用"观及其发展演变》,《哲学研究》,2015年第11期。

朱　熹:《朱子家训》,《冶金企业文化》,2015年第4期。

朱晓鹏:《从朱熹到王阳明:宋明儒学本体论的转向及其基本路径》,《哲学研究》,2015年第2期。

祝　虻:《社会转型视角下民国徽州家族礼仪形式变化研究——以绩溪家族对朱子〈家礼〉的实践为中心》,《佳木斯大学社会科学学报》,2015年第1期。

邹义煜:《〈朱子家训〉与社会主义核心价值观培育》,《云南农业大学学报》(社会科学版),2015年第3期。

# 2015年中国台湾学界朱子学研究成果相关资料

⊙ 杨得煜

2015年中国台湾地区所出版与朱子学相关之研究成果，分别有专书7本；期刊论文47篇；学位论文10篇；专书论文3篇。兹列如下：

## 专书

[1] 高荻华:《从郑玄到朱熹：朱子〈四书〉诠释的转向》(第一版)，台北市：大安，2015年。

[2] 葛德娜（Gardner D.K.）著，杨惠君译:《朱熹与大学：新儒学对儒家经典之反思》(初版)，台北市：万卷楼发行，2015年。

[3] 石力波:《钱穆的朱子学研究》(初版)，新北市：花木兰文化，2015年。

[4] 宋梦琪:《流动的界线：金门人物传说与史料之间的关系》*Fluid Boundary：the Relationships between Legends of Historical Figures and Historical Sources in Kinmen*(初版)，金门县：金门大学闽南文化研究所，2015年。

[5] 孙致文:《朱熹〈仪礼经传通解〉研究》(第一版)，台北市：大安，2015年。

[6] 王玉琴:《朱熹诗学研究》(初版)，新北市：花木兰文化，2015年。

[7] 王云云:《朱熹礼学思想渊源研究》(初版)，新北市：花木兰文化，2015年。

## 期刊论文

[1] 蔡淑闵:《黄宗羲〈孟子师说〉初探——以批判朱子学为中心的讨论》,《远东通识学报》9卷，第1期总号16(201501)，第73～90页。

[2] 蔡宗齐:《〈以意逆志〉说与中国古代解释论》,《岭南学报》，第1/2(201503)，第145～167页。

[3] 陈逢源:《从〈四书集注〉到〈四书大全〉——朱熹后学之学术系谱考察》,《成大中文学报》, 第49期(201506), 第75～77、79～111页。

[4] 陈逢源:《从“中和”到“仁说”——朱熹〈四书章句集注〉“爱之理，心之德”之义理进程考察》,《东吴中文学报》, 第29期(201505), 第15～32页。

[5] 陈　林:《朱熹晚年修订〈大学章句〉〈诚意〉章的心路历程及义理探析》,《“国立”政治大学哲学学报》, 第34期(201507), 第113～164页。

[6] 陈　林:《朱子工夫思想的内在发展理路——以已发未发为视角》,《“国立”台湾大学哲学论评》, 第50期(201510), 第27～70页。

[7] 陈睿宏:《论林栗易学销沉之原由——从与朱熹之歧异进行开展》,《政大中文学报》, 第23期(201506), 第67～101页。

[8] 戴景贤:《论周濂溪“体”“用”观之思想结构、理论基础及其所展示之哲学与义理学之开创性》,《政大中文学报》, 第23期(201506), 第39～65页。

[9] 戴景贤:《论朱子之学术史地位与其影响》,《文与哲》, 第26期(201506), 第277～333页。

[10] 董学美:《朱熹对“〈诗〉教”的理学论证》,《鹅湖》41卷, 第6期总号486(201512), 第37～46页。

[11] 侯雪娟:《朱熹〈大学〉教育思想析论》,《大叶大学通识教育学报》, 第15期(201505 ), 第29～49页。

[12] 黄柏翰:《朱子理学工夫论研究的现代意义》,《鹅湖》40卷, 第7期总号475(201501), 第14～24页。

[13] 黄信二:《论象山与朱子文本所呈显之儒学宗教性》,《哲学与文化》42卷, 第10期总号497(201510), 第145～161页。

[14] 黄莹暖:《从“心之知觉”论朱子之“心”的道德动能——从“知觉是智之事”谈起》,《国文学报》, 第57期(201506), 第57～186页。

[15] 黄忠慎:《辅广、朱鉴之〈诗经〉朱学编纂比较研究》,《东吴中文学报》, 第30期 (201511), 第157～184页。

[16] 简承禾:《康熙圣裁下的朱子〈易〉学和算学》,《新亚学报》, 第32期(201505), 第271～322页。

[17] 乐爱国:《民国时期(1912~1949)的朱子学研究学术编年(上)》,《鹅湖》41卷, 第5期总号485 (201511), 第22～35页。

[18] 乐爱国:《民国时期(1912~1949)的朱子学研究学术编年(中)》,《鹅湖》41卷, 第6期总号486 (201512), 第19～36页。

[19] 李威寰:《论朱熹礼学实践中的“经权观”》,《中国文学研究》, 第40

期(201507),第 137 ～ 175 页。

［20］林永胜:《书评:陈逢源,《“镕铸”与“进程”——朱熹〈四书章句集注〉之历史思维》,《中国文哲研究集刊》,第 46 期(201503),第 159 ～ 165 页。

［21］林志鹏:《袁黄〈四书删正〉及其对朱熹的批驳》,《鹅湖》41 卷,第 3 期总号 483(201509),第 35 ～ 47 页。

［22］刘昌佳:《湛然“无情有性”说与朱熹“枯槁有性”说的“分别说”与“非分别说”的两重真理观》,《中国文哲研究通讯》25 卷,第 1 期总号 97(201503),第 163 ～ 191 页。

［23］刘原池:《朱熹对程颐易学思想之开展》,《人文社会科学研究》9 卷,第 2 期(201506),第 92 ～ 120 页。

［24］史甄陶:《论〈朱程问答〉的编纂、影响与考订作用》,《台大中文学报》,第 50 期(201510),第 41 ～ 43、45 ～ 75 页。

［25］唐格理:《Blind Spots in Itô Jinsai's Account of the Zhongyong (Chûyô)》,《台湾东亚文明研究学刊》12 卷,第 1 期总号 23(201506),第 1 ～ 24 页。

［26］唐　琳:《卜筮·图书·象数·义理:近二十年大陆朱熹易学研究》,《哲学与文化》42 卷,第 12 期总号 499(201512),第 75 ～ 93 页。

［27］王　秋:《士林哲学视域与罗光的朱子学研究》,《哲学与文化》42 卷,第 7 期总号 494(201507),第 91 ～ 108 页。

［28］王诗萍:《从“汉唐之辩”谈陈亮对王通思想之承继与开展》,《台北大学中文学报》,第 17 期(201503),第 102 ～ 117 页。

［29］王雪卿:《读书如何成为一种工夫——朱子读书法的工夫论研究》,《清华中文学报》,第 13 期(201506),第 49 ～ 106 页。

［30］许宗兴:《朱子“本性论”探析》,《华梵人文学报》,第 23 期(201501),第 40 ～ 81 页。

［31］许宗兴:《朱子“性理”内涵论析》,《淡江中文学报》,第 32 期(201506),第 39 ～ 76 页。

［32］杨建祥:《颜回平生“四字”解析》,《孔孟月刊》53 卷,第 5/6 总号 629/630(201502),第 40 ～ 48 页。

［33］杨建祥:《颜回“深潜淳粹”美誉之考辨——从〈朱子语类〉看朱熹的分析》,《孔孟月刊》54 卷,第 3/4 总号 639/640(201512),第 24 ～ 35 页。

［34］杨建祥:《朱熹对颜回“创业之材”之考辨》,《孔孟月刊》53 卷,第 9/10 总号 633/634(201506),第 12 ～ 21 页。

［35］杨俊峰:《庆元党禁前后四川的理学——兼论蜀地的道统祠庙》,《成

大历史学报》，第48期（201506），第1～56页。

［36］杨祖汉：《朱子“鹅湖寺和陆子寿”诗探索》，《鹅湖》40卷，第12期总号480（201506），第10～14页。

［37］衣若芬：《游观与求道：朱熹〈武夷棹歌〉与朝鲜士人的理解与续作》，《中国文化研究所学报》，第60期（201501），第53～71页。

［38］张经科：《朱熹对〈仪礼·士相见礼〉篇贾公彦疏文之改写与重编》，《通识教育学报》，第1期（201511），第41～80页。

［39］张清江：《祈告先圣——析朱熹“告先圣”行为的特质及影响》，《华梵人文学报》，第23期（201501），第95～122页。

［40］张莞苓：《刘蕺山“形上形下”思想探析——以朱子哲学加以参照》，《中国文学研究》，第40期（201507），第303～342页。

［41］张忠宏：《论朱熹对程颐易学的批评》，《“国立”台湾大学哲学论评》，第49期（201503），第10～49页。

［42］周欣婷：《朱熹〈易〉学与理学的交涉：以取义、取象说和理本论的关系为例》，《东吴中文学报》，第29期（201505），第33～63页。

［43］朱光磊：《朱子学思历程》，《孔孟月刊》53卷，第9/10总号633/634（201506），第1～11页。

## 学位论文

［1］黄鸿文：《朱子哲学思想重探》（博士），台湾师范大学（2015），台北市。

［2］金慧洙：《从朱子工夫论诠释其理气心性论》（博士），“中央大学”（2015），桃园县。

［3］罗咏郡：《朱子道德哲学之研究：以〈论语集注〉为主》（硕士），“中央大学”（2015），桃园县。

［4］王槐平：《朱熹与陆九渊之书院教育思想比较研究》（硕士），华梵大学（2015），新北市。

［5］吴霁芳：《朱子〈家礼·婚礼〉研究》（硕士），“中山大学”（2015），高雄市。

［6］吴略余：《朱熹四书体系的心性论述与成德工夫》（博士），政治大学（2015），台北市。

［7］许　浒：《全体大用：朱子道学之基本构成方式》（硕士），台湾大学

（2015），台北市。

[8] 杨治平:《朱熹的礼教世界》（博士），台湾大学（2015），台北市。

[9] 叶人豪:《朱熹工夫论的当代诠释与再省察》（硕士），淡江大学（2015），新北市。

[10] 周欣婷:《朱熹〈易〉学研究——尊经与崇理的交融》（博士），政治大学（2015），台北市。

## 专书论文

[1] 陈志信:《论四书章句集注对圣贤授受语境的承继与开展》,《第八届中国经学国际学术研讨会论文选集》，台北市：万卷楼，2015，03，第 491 ～ 520 页。

[2] 田富美:《明体达用：方宗诚尊朱思想及其学术论辩》,《第八届中国经学国际学术研讨会论文选集》，台北市：万卷楼，2015，03，第 521 ～ 543 页。

[3] 张高评:《朱熹之春秋观：据实直书与朱子之征实精神》,《第八届中国经学国际学术研讨会论文选集》，台北市：万卷楼，2015，03，第 353 ～ 390 页。

（作者单位：台湾政治大学哲学系）

# 2015年美国朱子学研究书目

⊙ 戚轩铭

[1] Aisemberg Gregory. *Saving Creativity in Whitehead and Saving Whitehead through Zhu Xi*. Philosophy East and West 65.4（2015）,PP. 1149 ～ 1173.

[2] Chen Xi, and Hoyt Cleveland Tillman. *Ghosts, Gods, and the Ritual Practice of Local Officials during the Song: With a Focus on Zhu Xi in Nankang Prefecture*. Journal of Song–Yuan Studies 44（2014）,PP. 287 ～ 323.

[3] Hiuyu Cheung. *Sequence of Power: Ritual Controversy over the Zhaomu Sequence in Imperial Ancestral Rites in Song China*（960 ～ 1279）. Ph.D. diss. Arizona State University, 2015.

[4] Song Jaeyoon.*Traces of Grand Peace: Classics and State Activism in Imperial China*. Cambridge: Harvard University Asia Center, 2015.

[5] Walden Asher. *Zhu Xi, the Four-Seven Debate, and Wittgenstein's Dilemma*. Philosophy East and West 65.2（2015）,PP. 567 ～ 581.

（作者单位：美国亚利桑那州州立大学国际语言文化学院）

# 2015 年韩国朱子学研究资料汇编

⊙〔韩〕姜真硕

## 一、韩国学者的朱子学研究

### 1. 朱子哲学与朱子学

［1］이치억,《송대 성리학자들의 인（仁）사상에 대한 소고 –（A Brief Review on Benevolence of Neo Confucian Scholars during Song dynasty）》,《国学研究》28 권, 2015

（李致亿:《关于宋代性理学者“仁思想”的研究》,《国学研究》28 卷, 2015 年。）

［2］이천승,《주자의 인설을 통해 본 자연에 기초한 도덕규범》,《동양철학연구》83 집, 2015

（李天承:《从朱子仁说看以自然为基础的道德规范》,《东洋哲学研究》83 辑, 2015 年。）

［3］신정근,《朱子의 仁과 知 관계에 대한 해법》,《동양철학연구》81 집, 2015

（辛正根:《朱子对仁与知关系之解析》,《东洋哲学研究》81 辑, 2015 年。）

［4］전병욱,《絜矩之道에 대한 해석을 통해 본 주자의 공동체 윤리》,《동양철학연구》제 83 집, 2015

（田炳郁:《从絜矩之道的解释看朱子的共同体伦理》,《东洋哲学研究》83 辑, 2015 年。）

［5］황지원,《『맹자』에 대한 漢代 訓詁學과 宋代 朱子學의 해석 차이와 그 철학사적 의미 – 趙岐『孟子章句』와 朱熹『孟子集註』를 중심으로 –（The Different Interpretation of Exegetics in Han dynasty and Zhu–Xi Learning in Song dynasty of Mengzi and Significance in the History of Philosophy : focused on Zhao–Qi’s Mengzizhangju and Zhu–Xi’s Mengzijizhu）》,《동아인문학》30 권, 2015

（黄志源:《汉代训诂学与宋代朱子学对〈孟子〉的解释的差异及其哲学史的意义》,《东亚人文学》30 卷, 2015 年。）

［6］천위안，《담약수의 주자 소학론 수용 양상 –（On the Acceptance of the Theory of Xiaoxue by Zhan Ruoshuir）》，《아시아문화연구》40 권，2015

（Chen Yuan：《湛若水吸收朱子小学论的研究》，《亚细亚文化研究》40 卷，2015 年。）

［7］이상돈，《이일분수론으로 보는 주자의 격물치지설》，《한국철학논집》44 권，2015

（李相惇：《从理一分殊论看朱子的格物致知说》，《韩国哲学论集》44 卷，2015 年。）

［8］이현선，《정호의 철학과 明代 유학의 탈주자학적 경향 –（Cheng Hao's Philosophy and the anti–trend of the Chu–tzu's doctrine in Confucianism of Ming–Dynasty）》，《양명학》42 권，2015

（李贤仙：《程颢哲学与明代儒学的脱离朱子学的倾向》，《阳明学》42 卷，2015 年。）

［9］김동민，《朱子의『春秋』해석방법론에 관한 연구》，《동양철학연구》83 집，2015

（Kim Dong–Min：《朱子的〈春秋〉解释方法论的研究》，《东洋哲学研究》83 辑，2015 年。）

［10］노영실，《주희 귀신론의 관점에서 본 지행의 괴리 문제 –（The Discrepancy between knowledge and Action from the Perspective of Chu Hsi's Concept of Spirit）》，《도덕교육연구》27 권，2015

（卢映实：《从朱熹鬼神论看知与行的背离问题》，《道德教育研究》27 卷，2015 年。）

［11］성현창，《朱熹의 顏回이해 –（Zhuxi"s interpretation of Yanhui）》，《철학논총》82 권，2015

（成贤昌：《朱熹对颜回的理解》，《哲学论丛》82 卷，2015 年。）

2. 比较哲学研究

［1］변희욱，《대혜（大慧）의 간화（看話）와 주희의 격물（格物）의 철학적 차이 –（Philosophical Distinction between Ta–hui's K'an–hua and Zhu–xi's Ko–wu》，《한국선학》42 권，2015

（卞熙郁：《大慧的看话与朱熹的格物的差异研究》，《韩国禅学》42 卷，2015 年。）

［2］신춘호，《德治의 목적과 난점 – 朱熹와 陳亮의 王覇論爭에 관한 고찰 –（A Study on the "Rule of Virtue" of Neo–Confucianism：Review on the Debate between Chu Hsi and Ch'en Liang）》，《도덕교육연구》27 권，2015

（申春浩：《德治的目的与难题——朱熹与陈亮的王霸争论》，《道德教育研究》

27 卷, 2015 年。)

[ 3 ] 진형준,《이원론과 일원론 : 서구의 이원론과 주자학의 이원론 비교》,《불어불문학연구》101 집, 2015

( Chin Hyung-Jun:《二元论与一元论——西方的二元论与朱子学的一元论的比较》,《法语法文学研究》101 辑, 2015 年。)

[ 4 ] 이광주,《주자학과 대순사상의 수양론 비교 연구》,《대순사상논총》24 집, 2015

( lee Gwangju:《朱子学与大巡思想的修养论比较研究》,《大巡思想论丛》24 辑, 2015 年。)

[ 5 ] 권상우,《주자학과 이슬람의 상호문화철학적 접근 – 이유전회 ( 以儒詮回 ), 以回補儒 ( 이회보유 ), 回儒共明 ( 회유공명 ) 을 중심으로 – ( A Approach to Zhuzi-school and Islam Via `Interculture philosophy` )》,《사회사상과 문화》18 권, 2015

( 权相佑:《朱子学与伊斯兰教的互相文化哲学的探讨: 以儒诠回、以回补儒、回儒共明》,《社会思想与文化》18 卷, 2015 年。)

[ 6 ] 김경수,《천인론을 통해 본 최한기와 주희의 보편성 비교 – ( Comparative study of Choi Han-ki and Zhu Xi "s Universality examined through the Theory of Cheonin )》,《한국학연구》54 권, 2015

( 金京秀:《从天人论比较崔汉绮与朱熹的普遍性》,《韩国学研究》54 卷, 2015 年。)

[ 7 ] 권상우,《유학의 대중화와 대중적 유학 – 성리학과 동학 – ( The Popularization of Confucianism and Popular Confucianism )》,《철학논총》81 권, 2015

( 权相佑:《儒学的大众化与大众的儒学——性理学与东学》,《哲学论丛》81 卷, 2015 年。)

3. 朱子教育学

[ 1 ] 이우진,《신유학의 아동교육 ( 1 ) – 주자와 왕양명을 중심으로 – ( Neo-Confucian Children Education ( 1 ) – focusing Chu Hsi and Wang Yang-ming' s views )》,《양명학》41 권, 2015

( 李愚辰:《新儒学的儿童教育——以朱子与王阳明为中心》,《阳明学》41 卷, 2015 年。)

[ 2 ] 이승연,《주자 교육 사상의 현대적 독해 – ( Modern Reading of the Juja' s Educational Thoughts )》,《사회사상과 문화》18 권, 2015

( Lee Seung-Yeon:《朱子教育思想的现代解释》,《社会思想与文化》18 卷, 2015 年。)

[3]안영석,《주자와 양명의 도덕교육론 연구》,《유학연구》32 집, 2015
（安永哲:《朱子与阳明的道德教育论研究》,《儒学研究》32 辑, 2015 年。）

4. 朱子工夫论

[1]이정상,《養生에서의 호흡법 고찰 – 胎息法과 朱子의 '調息箴' 수용을 중심으로》,《한국사상과 문화》79 집, 2015
（Lee Jung-Sang, Kim Jong-Du:《养生的呼吸法考察——以胎息法与吸收朱子"调息箴"说为中心 》,《韩国思想与文化》79 辑, 2015 年。）

[2]이승연,《이동李侗 공부론의 시대적 함의 –（The Contemporary Implication of Li-Dong（李侗）' s Kongfu-Theory（工夫論））》,《한국학논집》60 권, 2015
（Lee Seung-Yeon:《李侗工夫论的时代含义》,《韩国学论集》60 卷, 2015 年。）

[3]등경평,《주자 함양론（涵養論）초탐（初探）》,《한국철학논집》47 집, 2015
（邓庆平 :《朱子涵养论初探》,《韩国哲学论集》47 辑, 2015 年。）

5. 朱子文学

[1]정우락,《주자시의 문학적 수용과 문화적 응용 –〈觀書有感〉을 중심으로》,《퇴계학과 유교문화》57 호, 2015
（郑羽洛:《文学界对朱子诗的吸收与应用——以〈观书有感〉为中心》,《退溪学与儒教文化》57 卷, 2015 年。）

## 二、韩国儒学的研究

1. 退溪哲学与退溪学

[1]오지환,《퇴계（退溪）『성학십도』의 도덕철학적 기반》,《동서철학연구》76 호, 2015
（吴知奂:《退溪〈圣学十图〉的道德哲学基础》,《东西哲学研究》76 卷, 2015 年。）

[2]강보승,《『성학십도（聖學十圖）』에 나타난 퇴계 수양론의 구조와 그 실천적 함의》,《한국철학논집》46 집, 2015
（姜保承:《〈圣学十图〉的退溪修养论及其实践含义》,《韩国哲学论集》46 辑, 2015 年。）

[3]안유경,《천명도설의 결정체,「심통성정도」）–（Chenmyungdosul of Crystal, Toegye Ten Diagrams of Sage Learning）》,《유교사상문화연구》60 권,

2015

（安琉镜:《天命图说的精华——〈心通性情图〉》,《儒教思想文化研究》60卷,2015年。）

[4]양명수,《퇴계 사상에서 리(理)의 능동성의 의미》,《퇴계학보》138집,2015

（梁明洙:《在退溪思想中的理之能动性含义》,《退溪学报》138辑,2015年。）

[5]강경현,《退溪 李滉의 "理發" 과 "理自到" 에 대한 연속적 이해》,《철학논집》40집,2015

（姜卿显:《退溪李滉对"理发"与"理自到"的联想理解》,《哲学论集》40辑,2015年。）

[6]김동희,《退溪思想體系研究를 위한 小考－그 리기묘합적(理氣妙合的)사유》,《한국사상과 문화》80집,2015

（金东熙:《关于退溪思想体系研究的思考——其理气妙合的思考》,《韩国思想与文化》80辑,2015年。）

[7]이상익,《退溪學派의 '以心使心' 에 대한 해석》,《퇴계학보》137집,2015

（李相益:《退溪学派的"以心使心"的解释》,《退溪学报》137辑,2015年。）

[8]윤천근,《퇴계 이황의 '감성철학'－하늘 관념을 중심으로》,《퇴계학보》138집,2015

（尹天根:《退溪李滉的"感性哲学"——以天观念为中心》,《退溪学报》138辑,2015年。）

[9]정원재,《이황의 7정 이해－「예운」에서『중용』으로》,《퇴계학보》137집,2015

（Jeong Weon-Jae:《李滉对七情的理解——从〈礼运〉到〈中庸〉》,《退溪学报》137辑,2015年。）

[10]이치억,《退溪의 마음공부》,《동양철학연구》81집,2015

（李致亿:《退溪的修心工夫》,《东洋哲学研究》81辑,2015年。）

[11]이정화,《退溪詩에 나타난 마음의 의미》,《퇴계학논총》25집,2015

（Lee Jeong-Hwa:《在退溪诗中的心的含义》,《退溪学论丛》25辑,2015年。）

[12]이석주,《退溪의 '學以終身' 과 '老年의 공간'》,《한국사상과 문화》,79집,2015

（Lee Seog-Ju:《退溪"学以终身"与"老年的空间"》,《韩国思想与文化》79辑,2015年。）

[13]임식,주동진,《退溪의「活人心方」에 대한 人文學的 養生 試

論 –（A Study on the Regimen in HwalInSimBang of Toegye from a Humanities Perspective）》,《민족문화논총》59 권，2015

（Im Sik, Ju Dong–Jin:《从人文学的养生试论退溪〈活人心方〉》,《民族文化论丛》59 卷，2015 年。）

［14］구지현,《필담창화집에 보이는 퇴계（退溪）관련 필담의 의미 –（The Significance of Yi Hwang in the Written Conversation and Poetry Exchange Anthologies of the Chosŏn Missions to Japan）》,《서강인문논총》44 권，2015

（具智贤:《在〈笔谈唱和集〉中的有关退溪的笔谈含义》,《西江人文论丛》44 卷，2015 年。）

［15］김응학,《퇴계‘리발기수理發氣隨’의 서예미학적 탐구 –（A Calligraphic Aesthetic Study on Toegye’s‘Lf ā qìsuí（理發氣隨，The Principle Issues and the Material Forces Follow）’）》,《한국학논집》60 권，2015

（金应鹤:《从书法美学探讨退溪的“理发气随”》,《韩国学论集》60 卷，2015 年。）

［16］김미영,《전통혼례에 나타난 고유성과 외래성 – 퇴계〈혼례홀기〉와 주자가례의 비교 –（A Study on the Authenticity and Foreign Traits of the Traditional Wedding）》,《국학연구》26 권，2015

（金美荣:《在传统婚礼中的传统性和外来性——退溪〈婚礼笏记〉与〈朱子家礼〉比较》,《国学研究》26 卷，2015 年。）

［17］장윤수,《편지를 통한 퇴계의 손자교육（Grandson Education through the Letters by Toe–gye》,《사회사상과 문화》18 권，2015

（张闰洙:《从书信看退溪的孙子教育》,《社会思想与文化》18 卷，2015 年。）

2. 退溪政治学

［1］전세영,《퇴계의 인물평가 연구 –（A Study on the Character Evaluations by Toegye》,《한국정치학회보》49 권，2015

（全世营:《退溪的人物评价研究》,《韩国政治学会报》49 卷，2015 年。）

［2］성해준,《退溪의 對日觀에 含意된 平和思想》,《동북아시아문화학회 국제학술대회 발표자료집》，2015

（成海俊:《退溪的对日观具有的和平思想》,《东北亚文化学会国际学术大会论文集》，2015 年。）

［3］김용헌,《정치적 동반자로서 이황과 기대승 –（T′oegye Yi Hwang and Kobong Ki Taesng as Political Companions）》,《한국학논집》60 권，2015

（金容宪:《政治同伴的李滉与奇大升》,《韩国学论集》60 卷，2015 年。）

［4］김용헌,《蛇梁鎮倭變과 退溪 李滉의 和親論》,《퇴계학보 137 집，2015

（金容宪:《蛇梁镇倭变及退溪李滉的和亲论》,《退溪学报》137 辑 , 2015 年。）

［5］김언종 ,《퇴계의 행정과 일화의 여러 양상》,《퇴계학보》138 집 , 2015

（金彦钟:《退溪的行政与逸事的一些例子》,《退溪学报》138 辑 , 2015 年。）

［6］전학철 ,《李退溪的敬思想与为政论》,《퇴계학논총》26 집 , 2015

（Quan Xue-Zhe:《李退溪的敬思想与为政论》,《退溪学论丛》26 辑 , 2015 年。）

3. 朝鲜时代的朱子学及儒学

［1］우정임 ,《'言行錄' 類 서적의 수입과 이해과정을 통해 본 16 세기 道統 정립과정 연구 –（A Study on the Process of Establishing Daotong（道統）through the Introduction and Understanding of Eonhaengroklike（'言行錄' 類）Books in 16th Century Joseon）》,《역사와 세계》47 권 , 2015

（禹贞任:《从"言行录"类的书籍输入与理解过程看 16 世纪道统成立的过程》,《历史与世界》47 卷 , 2015 年。）

［2］이동희 ,《다카하시 도루（高橋亨）의 조선조 주자학 연구의 허와 실 – 오늘날 철학적 관점에서의 비판적 고찰 –（Philosophical Criticism on Dakahasih Doru's Research on Zhu–xi's Thought（Neo–Confucianism）of Joseon Dynasty）》,《한국학논집》60 권 , 2015

（李东熙:《高桥亨的朝鲜朱子学研究的虚实》,《韩国学论集》60 卷, 2015 年。）

［3］김혜련 ,《우익 지욱과 다산 정약용의 탈주자학적『논어（論語）』이해（The Understanding of Lúny（論語）of a Zen Master, Óuyi Zhixù（藕益智旭）, and Dasan Jeongyakyong（茶山 丁若鏞）with a Viewpoint of Post–neo–Confucianism）》,《한국선학》41 권 , 2015

（Kim Hye–lyon:《藕益智与茶山丁若镛以脱离朱子学倾向对〈论语〉的理解》,《韩国禅学》41 卷, 2015 年。）

［4］최진덕 ,《주자학 속에 숨은 양명학 : 노수신의 주자학과 그의 인심도심 해석》,《한국사상사학》51 집 , 2015

（崔真德:《隐藏在朱子学中的阳明学: 卢守慎的朱子学及其人心道心的解释》,《韩国思想史学》51 辑 , 2015 年。）

［5］임희국 ,《19 세기말에서 20 세기 초반 사대부 혹은 유생 출신 기독교인들의 신앙범주에 관한 소고小考 –（Portrait of Confucian Scholars from social–political Reformer to Christian during the late 19th – early 20th centuries）》,《한국학논집》60 권 , 2015

（林熙国:《19 世纪末至 20 世纪初士大夫或儒者出身的基督教徒的信仰范畴研究》,《韩国学论集》60 卷 , 2015 年。）

［6］송혁기,《朝鮮의 朱子學과『朱子大全箚疑輯補』》,《한자한문연구》10 권 2015

（宋赫基:《朝鲜朱子学与〈朱子大全答疑辑补〉》,《汉子汉文研究》10 卷, 2015 年。）

［7］장병한,《沈大允의『周禮刪正』과 王道論에 관한 硏究 –19 세기 王權・法義의 强化와 民利・國富의 齊唱을 중심으로 –（A Study on Sim Dae-yun's Commentary on the Rites of Zhou and royal politics – Focused on the 19th century theory of king's way embracing people unity and people welfare）》,《양명학》42 권, 2015

（张炳汉:《沈大允的〈周礼删正〉与王道论研究——以 19 世纪王权和法义的强化与民利和富国的提倡为中心,《阳明学》42 卷, 2015 年。）

［8］김용재,《조선시대 反양명학 문헌 조사 및 추출을 통한 양명학 비판 내용의 성향 분석과 反양명학 사조의 흐름에 나타난 특징 연구［2］– 南溪 朴世采・南唐 韓元震・石亭 李定稷의 '文獻' 을 중심으로 –（Analysis of tendency of criticisms over Yangming studies and research on characteristics displaying from anti-Yangming studies（through investigating and extracting anti-Yangming study documents of Joseon Dynasty）–focusing on Nam-gye（南溪）Park Se Chae（朴世采）・ Nam-dang（南唐）Han Won Jin（韓元震）・ Seok-jeong（石亭）Lee Jeong Jik（李定稷））》,《양명학》40 권, 2015

（金容载:《在朝鲜时代反阳明学的文献调查，批判阳明学的内容与反阳明学的思潮研究（2）》,《阳明学》40 卷, 2015 年。）

［9］김동희,《지선（至善）과 중（中）의 관계에 대한 우계와 율곡의 논변과 동실이지（同實異指）의 철학적 입장 –（The Debate of Ugye and Yulgok on the Relation of Jiseon（至善）and Jung（中）and their Philosophical Viewpoint of Dongsil-Iji（同實異指））》,《원불교사상과 종교문화》66 권, 2015

（金东熙:《关于至善之中的牛溪与栗谷之论辩及其同实异指的哲学立场》,《圆佛教思想与宗教文化》66 卷, 2015 年。）

［10］김기주,《寒洲 李震相의 理氣說 –'理發一途說' 을 중심으로 –（Hanju Lee Jinsang's Theory of Ligi : Focusing on 'Theory of Libalildo'）》,《한국학논집》60 권, 2015

（金基柱:《寒洲李震相的理气说——以"理发一途说"为中心》,《韩国学论集》60 卷, 2015 年。）

4. 星湖李瀷学

［1］서근식,《성호 이익의『대학질서』연구 –（Study on Daxuejishu（『大

學疾書』) Written by Seongho Yiik ( 星湖 李瀷 )》,《정신문화연구》38 권, 2015

( Seo Geun-Sik:《星湖李瀷的〈大学疾书〉研究》,《精神文化研究》38 卷, 2015 年。)

[ 2 ] 서근식,《성호 이익 ( 星湖 李瀷 ) 의『논어질서 ( 論語疾書 )』연구 – 인 ( 仁 ) 에 관한 해석을 중심으로 – ( A Study of SungHo Lee Yik ( 星湖 李瀷 )' s LunyuJishu: Focus on the Interpretation of the 'Ren( 仁 )' )》,《정신문화연구》38 권, 2015

( Seo Geun-Sik:《星湖李瀷的〈论语疾书〉研究》,《精神文化研究》38 卷, 2015 年。)

[ 3 ] 신현승,《星湖 李瀷의 公共性 이념과 政治哲學 고찰 – ( Study of Seongho Yi Ik' s Idea of Publicness and Political Philosophy )》,《인문과학연구》44 권, 2015

( 辛炫承:《星湖李瀷的公共性理念与政治哲学研究》,《人文科学研究》44 卷, 2015 年。)

[ 4 ] 원재린,《星湖 李瀷의 朱子 인식과 講學활동 – ( Seongho Yi ik' s recognition of the Zhuza and academic research )》,《역사와 실학》56 권, 2015

( 元在麟:《星湖李瀷对朱子的理解与讲学活动》,《历史与实学》56 卷, 2015 年。)

[ 5 ] 추제협,《이익의 사단칠정설과 성호학파의 사상적 분기 – ( Yi Ik' s Four-Seven Theory and Sungho School' s the Philosophical Branch )》,《한국학논집》60 권, 2015

( 秋制协:《李瀷的四端七情说与星湖学派的思想分歧》,《韩国学论集》60 卷, 2015 年。)

5. 书院学

[ 1 ] 임근실,《16 세기 善山지역 서원 건립에 나타나는 道統意識 - 金烏書院과 吳山書院을 중심으로》,《퇴계학보》137 집, 2015

( 林勤实:《16 世纪善山地区书院建立中产生的道统意识——以金乌书院与吴山书院为中心》,《退溪学报》137 辑, 2015 年。)

[ 2 ] 김자운,《조선시대 서원교육의 公的 기반 변화와 그 대응 – 소수서원 사례를 중심으로 – ( Changes in Seowon ( Private Academy ) Education and Its Public Foothold During the Joseon Dynasty – Focused on the Case of Sosu Seowon

( Sosu Academy ))》,《지방사와 지방문화》18 권 , 2015

（金紫云:《朝鲜时代书院教育的公共性的变化及其对应——以绍修书院为例子》,《地方史与地方文化》18 卷，2015 年。）

（作者单位：韩国外国语大学中文学院）

# 2015年日本学界朱子学研究书目

⊙〔日〕福谷彬

## 一、著作

［1］宫下和大:『朱熹修養論の研究』, 麗澤大学出版会，2016年1月。

［2］田中秀樹:『朱子学の時代—治者の〈主体〉形成の思想—』, 京都大学学術出版会 ,2015年3月。

［3］垣内景子:『朱子学入門』, ミネルヴァ文庫，2015年8月。

［4］三浦秀一:『科挙と性理学』, 研文出版，2016年2月。

## 二、论文

［1］種村和史:『段昌武毛詩集解所引朱熹詩説考』,『慶應義塾大学日吉紀要中国研究』第8号，2015年，第1～76页。

［2］吾妻重二:『「家礼」の和刻本について』,『東アジア文化交渉研究』第9号，2016年3月，第169～196页。

［3］土田健次郎:『「論語集注」はどのような書物か』,『国学院中国学会報》第61号，2015年12月，第1～16页。

［4］細谷惠志:『山崎闇斎「文会筆録」に見る明代朱子学：胡居仁を中心として』,『了徳寺大学研究紀要』第9号，2015年，第216～209页。

［5］重野宏一:『「詩經」桑中篇をめぐる呂□謙と朱熹の論爭』,『詩経研究』第36号，2014年12月，第15～32页。

［6］服部寛風:『朱熹の「論語」解釈形成に関する部分的考察』,『名古屋大學中國哲學論集』第14号，2015年，第103～142页。

［7］孫路易:『朱子の理』, 岡山大学外国語教育センター『大学教育研究紀要』第10号，2014年12月，第35～46页。

［8］石山裕規：『朱子学の「官学化」時期をめぐる一試論：宋から明を対象に』,『明大アジア史論集』第20号，2016年3月，第22～42页。

## 三、译著

［1］梅原郁编译：『宋名臣言行録』，筑摩書房，2015年。

［2］中純夫编、朱子語類大学篇研究会译注：『「朱子語類」訳注 巻15』，汲古書院，2015年。

［3］吾妻重二、秋岡英行、白井順、橋本昭典、藤井倫明译注：『「朱子語類」訳注 巻87～88』，汲古書院，2015年。

（作者单位：日本京都大学文学研究科）